民主至上主義

The Ideology of Democratism

エミリー・B・フィンレイ 著
加藤哲理 訳

柏書房

The Ideology of Democratism

民主至上主義

エミリー・B・フィンレイ 著
加藤哲理 訳

柏書房

THE IDEOLOGY OF DEMOCRATISM, FIRST EDITION
Emily B. Finley

目次

序文 …… 7

謝辞 …… 14

第1章 ジャン＝ジャック・ルソー …… 19

はじめに／社会契約論の伝統／「一般意志」の起源／ルソーの一般意志／一般意志と立法者／教育の理念／ルソーの哲学的人間学／ルソーと民主至上主義におけるグノーシス主義的思考／新たなルソー的世界観

第2章 民主至上主義の定義に向けて …… 61

はじめに／民主至上主義の空想的要素／民主至上主義 対 共和主義／リーダーシップについての民主至上主義の理論／民主至上主義と絶対主義／教育と人間本性／民主主義の歴史哲学／民主主義的帝国主義の外交政策／民主至上主義と民主的正当化／将来への含意／民主主義諸国における民主主義の春？

第3章　トマス・ジェファーソン……89
はじめに／土地均分論と庶民に対する信仰／ジェファーソンの教育哲学／「自由の帝国」／ジェファーソンにおけるキリスト教と民主至上主義／ジェファーソンの自惚れ

第4章　ウッドロー・ウィルソン……131
ウィルソンにおけるリーダーシップ／レトリックの役割／ウィルソンの統治観／教育／ウィルソンの戦争観／平和から戦争へ／市民の自由と戦時プロパガンダ組織／ウィルソンの戦争、ヨーロッパの「平和」／ロマン的な理想主義と民主至上主義

第5章　ジャック・マリタン……169
はじめに／民主主義のキリスト教的系譜学／「人格主義的な民主主義」／新たなキリスト教的平等／自由主義とカトリック／教皇と民主主義的な福祉国家／世俗内における贖罪／民主主義の唯物的弁証法／民主主義における前衛理論／民主至上主義の世俗的信仰と近代におけるグノーシス主義／キリスト教と民主主義の競合する視点／グローバルな民主主義的秩序／マリタンの民主至上主義の遺産／結論

第6章　熟議的民主至上主義……217
はじめに／手法／熟議民主主義の中心概念／ユルゲン・ハーバーマス／ジョン・

ロールズ／理性の自律？／熟議における平等／熟議民主主義はどれほど民主主義的なのか／「認識的エリート主義」／あらかじめ決められた結論に導く道徳幾何学／具体のうちにおける熟議民主主義／熟議民主主義における想像への定位

第7章　新保守主義、あるいは戦時民主至上主義……265

はじめに／「新保守」という用語／レオ・シュトラウスと自然的正／アメリカ史の新保守主義的な読解／アメリカ、例外的国家／「公共的利益」／灰燼から生まれる民主主義／文化戦争と武力使用／戦時共産主義後の「民主主義的」戦略／道徳的英雄主義の視点／「ほんものの」民主主義はすぐそこに来ている／民主至上主義の理想主義と暴力の蔓延／結論

第8章　結論……315

訳者解説に代えて……341

参考文献……368

原註……400

凡例

- 本書は、Emily B. Finley, *The Ideology of Democratism*, Oxford University Press, 2022の全訳である。
- 原註は（1）のように表記し、巻末にまとめて掲載する。
- 訳註は＊1のように表記し、見開きの左部に掲載する。
- 「　」は、原文では二重クォーテーションマークである。〈　〉は、原文では一重クォーテーションマークである。
- 『　』は、原文では書籍のタイトルを意味するイタリックである。なお論文のタイトルについては、「　」を用いた。
- 傍点は、原文では強調を意味するイタリックである。
- ――は、原文での使用に合わせている。
- （中略）は、原文での省略記号に合わせている。
- 同じ原語でも、文脈に応じて異なる訳語を充てている場合がある。また、原語を表記したほうがよいと思われる箇所にはルビをふるか、原語を併記した。
- 引用は、本書原文における英語に基づいて文脈に即して訳し直した。ただし、邦訳がある場合は適宜参照した。

序文

民主主義は反民主主義的であるのだろうか。もし民主主義のあるべき姿について絶大な影響力をもった近代的な理解の基準を採用するのであれば、この問いかけは、見かけほど矛盾をはらんだものではない。人間本性や社会に関する見方の大部分を特徴づけている、この人民による統治についての近代的な理解にしたがうならば、現実上の民主主義の実践は、「ほんものの」民主主義と考えられるべきものを欠いているか、あるいはそれを途方もなく侵害していることになるのである。このような見方は、理論家の一部の少数派集団に限られるものでもないし、最近生じたものでもない。それはアメリカや西ヨーロッパの指導的な国々、それらの植民地となった衛星国のあいだで、何世紀にもわたって強大で拡散的な影響を保ってきたのである。そのような見方は大学や知識人界隈のあいだにあっては長きにわたって顕著であり、今日ではいままでにないほど蔓延している——実際にあまりに至るところに存在するがゆえに、その考えは、民主主義やそれに関連する問題が浮上するときには、いつでも公的議論において突出した構成要素となるのだ。このような民主主義の見方が告げ知らせるのは、しばしば政治をもはるかに逸脱するような改革についての広範にわたる要求である。民主主義についてのこのような理解は、何らかの新たな生についての見方となり、また古い西洋的な信念や実践の代替物となり、そしていくつかの事例においては宗教的な次元にまで到達しているように思われる。本書を支える研究が提供してくれるのは、ある民主主義についての想像上の信念が出現したということ、そしてそれはイデオロギーのもつあらゆる性格を兼ね備えており、またさらには、ひょっとしたら近代の西洋社会における支配的な政治的信念の体系である、ということについての圧倒的な証拠である。このような見方についての証拠があまりに説得力のあるものであるがゆえに、この甚大な影響力をもったイデオロギーにはほとんどの人が気づいておらず、誰もその特質についての包括的な研究に着手していないというのは驚くべきことだ。それはまるで、ここで問題となっているイデオロギーが、その唱道者や共感者たちにあまりに自明な真実と想定されていて、いうなればそれが丸見えであるにもかかわらず見えなくなっているかのようなのである。

本書が究明するのは、この新たな政治上の「主義」と思われるもののもつ土台や主たる推進力である。この信念体系の甚大な影響力を考慮すれば、それは慎重に吟味されなければならない。このような啓蒙以後における民主主義理解に対して、私が与える名前は「民主至上主義democratism」である。ここで問題となっている現象についてこの用語を使ったのは私が初めてではないが、私の知るかぎり、本書は民主至上主義について体系的な記述や分析や評価を提供しようとする最初の試みである。

その核心において民主至上主義は仮説的ないし理念的な民主主義の構想なのだが、それは実際の多数派の人民の現実上、歴史上の欲求とは、実体のない仕方でしか結びついていない。ルソーこそが、理論上は人民による統治を要請しながら、実践においては人民主権を差し控えるような民主主義の新たな構想を精緻化した先駆的な人物である。ルソーは、人民の意志の理想的な表現を「一般意志」と呼んでいる。ルソーが『社会契約論』においてその用語を鋳造し、それに力強い表現を与えたのに対して、他の人々は、意識的ないし無意識的に、それと同じような基礎概念を自らの民主主義理解のうちへと組み込んでいる。おそらく民主至上主義とは、民主主義は理想化された人民の意志を反映しているかぎりにおいてのみ、ほんもので真正なものであるとする信念に要約されうるものである。フリーダム・ハウスの長が多数派の人民を民主主義の「脅威」であると断言したとき、彼はこのような民主主義についての民主至上主義的な構想に導かれていたのだ。いかにして多数派の人民が民主主義を脅かしうるのか、不思議に思われるであろう。民主主義が妄想のうちにおいて、ある統治の類型から抽象的で非歴史的な理念へと変容してしまうとき、その歴史上の実現形態は、間違ったものであるか、「ほんものの民主主義」でないもの、十分に民主主義的ではないものと考えられてしまうのである。民主至上主義の変わることのない特徴のひとつは、ほんものの民主主義は、ある制度的なメカニズムが設立されて始めて実現しうるという信念である。そしてそれはいつでも、まさに地平から昇りつつあるのだ。

一般意志というものが理念であるからには、指導者や指導者の集団は、それに実践的に力を付与せねばならない。ここでもまたルソーの『社会契約論』は、典型例である。全知全能の立法者こそが、変わり映えのしない政治から離脱するという、一見して解決困難な問題に対する、ルソーの解決策である。強制を伴うことなく指導できる全知全能の存在として、立法者は『社会契約論』における機械仕掛けの神《デウス・エクス・マキナ》であり、彼こそが新たな政治システムを作動させるのである。民主至上主義的な視座にしたがった民主主義を心に抱いている人びとは、よりほんものに近い新たな民主主義を実現させるために、何らかのかたちにおいて立法者に依存しているのである。見かけ上は民主主義を支持しているために、民主至上主義はしばしば、自らが「正しい」民主的な規範を促進するための立法者や前衛に依存していることを認めようとしない。民主至上主義の矛盾のひとつ、そしてそのイデオロギーとしての本性の指標のひとつは——それがどんな名前で呼ばれるにせよ——民衆から一般意志を導き出すためのエリートを必要とすることなのである。

人民により権力を与え、さらに政府と人民のあいだを仲介する制度を少なくしていくことを訴えかけることによって、民主至上主義は、高度に民主的であるかのように見えるすべての外見を有している。民主主義の辞典に由来する抽象的概念が多用されていることは、民主至上主義がイデオロギーであり、根本的に反民主主義的であると気づかせないことに一役買っているのだ。トマス・ジェファーソンや熟議民主主義として知られる思想の一派のような民主主義の著名な急先鋒が、多かれ少なかれ人民主権を拒絶するイデオロギーの事例として本書に含まれていることに、多くの人は驚かれるかもしれない。継承されてきた規範や文化的な実践を変容させる必要についての狡猾な想定が、民主至上主義者たちのうわべだけの民主主義的な思想を導いている。しかし慎重に吟味してみると、最初は理に適った変革であるように見えていたものが、実際には人々の社会規範や生き方についての劇的で革命的ですらある変化への提案であることが明らかになるのだ。民主至上主義者は、人々の実践やあるいは心理さえをも変容させるにあたって自らが期待している方法を粉飾し、技術的な側面や新たな手続きだけに焦点を絞ろうとする。しかしながら、新しい「民主主義的な」システムが採用されるかどうかは、それを受容し実践する人民にかかっているのであり、政治的革命やより小さな政治的変化の歴史が示しているように、正しい政治的建築術などには依拠していないのである。

民主主義についての民主至上主義的な理念は、統治形態としての現実上の民主主義とどの程度関係があるのだろうか。それが「人民による支配」としての民主主義という伝統的な観念とほとんど共通するところがないとすれば、この新しい支配の構想について究明し、それが望ましく、また正当化されうるものかどうかを問うことには価値があるだろう。そしてそこには、そもそも民主主義的な理想主義は民主主義を理解するうえで生産的な方法であるのかどうか、あるいはそのような理想主義は本質的に反民主主義的で、危険でさえある政治的実践を助長するものであるかを問うことも含まれている。もし民主至上主義が、人民の現実上の歴史的意志に依拠したシステムでないとしたら、それはいったい何を根拠にして正当化されうるのだろうか。これらが、このイデオロギーの指導的な代表者たち、すなわち民主至上主義者たちを慎重に吟味することを通じて、本書が究明しようとする問いである。

本書の出発点となった着想は、ここ数十年における民主主義をめぐる学術研究の大半が、民主主義についての共有された想定、つまりは現実上の民主主義は、それが民主主義の理想に合致するかに応じて、多かれ少なかれ正当なものになるという信念によって方向づけられているという考察から刺激を受けている。この想定は、ほとんど説明されることはないが、政治学や公的議論における民主主義をめぐるほぼすべての規範的な問いの根底にあるものである。さらには、民主主義の理念が規範的なものと受け取られているがゆえに、地球上のすべての国が、たとえそれらの国々が実際にそうしていることが明白でないとしても、それを求めて奮闘しているに違いないと仮定されているのである。このような想定によれば、非民主主義的な国々であっても、人民の大半は、もし彼らが自らの利害について合理的かつ明晰に思考するのであれば、西洋型の民主主義のようなもの、とりわけこのイデオロギーのエリート的な代表者が理解するものとしての「民主主義」を選択するはずなのである。私が思うに、このような民主主義についての理想主義は、マックス・ウェーバーが西洋の想像力からは消滅したと考えていたような魔術的なものの類型となっている。もちろんウェーバーは、科学的な合理性がそれ以前のキリスト教的、霊性的な生の解釈に取って代わったという点で正しかったのであるが、世界はなおも大部分において魔術的なものに憑かれたままであるとした点においても間違っていなかった。本書が主張せんとするのは、近代の西洋世界は、民主主義についての想像上の理想像によってなおも魔術にかけられたままであり、時折それは宗教的な信念とほとんど区別がつかないということである。そして宗教的な信念と同じように、そこには伝道師がいて、彼らこそが民主主義における正統派と、管理され検閲されるべき異端を定義しているのである。

私が本書の執筆を始めたのは、アメリカとヨーロッパの国々で新しい形式のポピュリズムが姿をあらわしたのが明白となる以前にあたる、二〇一六年の夏である。それ以来、私が民主至上主義のイデオロギーと考えているものの新たな発露や表現を目にしてきたことは、興味深いことであった。いずれにしても、それはいっそうあからさまで露骨なものとなっていった。たとえば、「民主主義を救う」ために何らかの政策や活動が早急に必要とされているといったことを耳にするのは日常茶飯事となった。しかし、ますます民主主義はそれ自身から救われねばならない様相となっている。民主主義は人民の多数派からすら救い出されねばならないのだ。「ポピュリスト」という用語は、矛盾したことに、いまではしばしば民主主義を破壊しようという主義主張をもっている人々を指し示すために使用されるようになった。「ポピュリスト」はしばしば、「権威主義者」や「ファシスト」として嘲笑されているのである。民主至上主義的なイデオロギーは、ポピュリズムを、一見してその対抗者であると思われるもの、つまり権威主義と等置することによって、その他の点でも困惑を招いているこの現象のための枠組みを作り上げた。民主主義を理想として解釈する人々は、現実上の多数派の意志との相関性が完全であることも近似的であることすらも必要ではないと信じているのだ。検閲や軍事行動、あるいはその他の見たところ非民主的な活動ですらも、頑迷で無知な民衆に、民主至上主義者たちがより真正な民主主義と考えるものを強制するためには、要求することが許容されるのである。選挙ですらも、それらがもし民主至上主義的な理想を推進するような結果をもたらさないのであれば、時代遅れの制度であると見なされうるのだ。もしかすると民主主義それ自体——何らかの代表の形式を通じた人民による実際の支配——がそもそも、その理想が広がるべき領域や特定の人民には相応しくない、時代に合わない統治形態であり、むしろいわゆる貴族政（ギリシア人によれば「優秀者による支配」）や寡頭政（「少数者による支配」）のような別の支配の形式すらそこでは正当化されるのかもしれない。しかしながら民主至上主義は、別の支配の形式への欲望を明示的に宣言することはない。それは見かけ上は究極に民主的なものであり、それに貢献する者たちも真の民主主義の外套《がいとう》を身にまとっているのだ。民主至上主義は民主主義思想のひとつの変種に過ぎないのか、あるいはその反対物なのか。そして人民の支配についてのこうした近代的で空想的な構想が、仮説的なものではない実際の人民による支配というより古い民主主義の概念を、どれほど曇らせているのか。その点についての証拠が慎重に考慮されなければならないのである。

謝辞

周囲のたくさんの人から受けた手厚い援助がなかったとしたら、このような本を執筆し、それに加筆修正することは、ほとんど愉快なものではなかったことでしょう。最初のデートのときに、いまの夫は、私が本書のためにものにしようとしていた認識枠組みや着想についての対話へと私を誘ってくれました。その最初のデート以来、ブライアン、あなたはつねに私を励ましてくれましたね。あなたはいつでも、学会へ参加したり、講義に出席したり、それを実施したり、講座で教鞭をとったり、とりわけ執筆を続けるように促してくれました。そうした援助をするのにあなたは決して躊躇することがありませんでしたが、それはしばしば、長きにわたって三人の子どもたちとの週末の「お出かけ」と学会のために家族全員を国中に連れまわすということも意味しました。これらすべては、あなたなしでは不可能なことでした。ありがとう。

アメリカ・カトリック大学では、クラース・リンが、本書の着想について議論し、示唆を提供し、ぎりぎりの段階で草稿を読むことに膨大な時間を費やしてくれました。あなたと参加した講座を通して、生や政治について問うにあたっては想像力が不可欠であること、また慎重で持続的な考え直しが必要とされること（なおも私が学び続けている教訓でもあります）、著作というものは決して完了することがない――異なった光で照らされることによって、それはつねに違った仕方で表現され、また改善されうる――ということに気づかされました。この最後の教訓は、いまになって初めて私がその真価を認められるようになったものでもあります。

フィル・ヘンダーソンには、とりわけウィルソンについての章とブッシュ・ドクトリンの主題についてのコメントと指導について、お礼を述べたいと思います。パトリック・デニーンには、本書が出版されるのに非常に役立つことになった助言を寛容にも与えてくれたことに感謝いたします。

大学院での最初の週に始まったルシー・ミルイェクタとの運命的な友情が、私の知的な発展の経過において果たした役割は、小さいものではありません。ブレア通りの地下室からカリフォルニアのワイン農場へと場所を変えながら、夜明け前にまで及ぶことがつねであった永遠の問題をめぐる私たちの対話は、啓発的なものでした。誰かと接することを求めてあなたの下に向かったのは、私が睡眠不足で疲れ果ててしまったときでしたが、あなたは必ず私を問題の核心へと導いてくれたのです。

本書の欠陥はひとえに私によるものではありますが、それが誕生する知的な環境を、数多くの同僚や教授が提供してくれました。アリソン・マックイーンには、スタンフォード大学における二年間の無私なる指導に感謝したいと思います。ルソーに対する私の取り組みを深めるためにあなたが提供してくれた指導は、とりわけ価値あるものでした。マレク・ホトキエヴィッチには、世界政治研究所におけるロシア政治の講座への出席を寛大にも許してくださったこと、私の学術的目的の軌道を形づくってくださったことに感謝いたします。ライアン・ホルストンには、熟議民主主義について数えきれないほど私と会話し、またこの主題に関わるご自身の著作を寛大にも共有し、そしてこの主題についての私の章の初期の草稿を読んでいただいたことに謝意を表します。ジャスティン・ガリソンには、私が助教であったときに始まった数年間に及ぶ指導に関してお礼を申し上げます。デイヴィッド・ヘンドリクソンには、ジェファーソンについての章の一案を読んでいただいたことに感謝したいと思います。私が本書において引用した人物や人々についての専門家として、あなたからフィードバックを受けることができたことは、たいへん幸運であったと思います。マシュー・カンティリーノに対しては、私が民主至上主義を定義した章の諸案を読んで、有意義なコメントをくれたことに感謝しています。あなた自身の非の打ちどころのない文体と著作から私は数多くの洞察を得てきました。エリック・アドラーには、私が訪ねた際に、親切にも出版についての助言をしてくれたことにお礼を申し上げます。

ラジャン・メノンとの学会での出会いは、ほとんど運命的なものであったと思っています。マリタンについての章の一案を読み、またオックスフォード大学出版局が私の著作のような書物にとっては自然な居場所であることを示唆してくれたことについて、メノン博士に感謝いたします。あなたが正しかったことはすぐに明らかになりましたし、またデイヴィッド・マクブライドを紹介してくれたこともありがたく思っています。彼には、私の編集者として、助言や、私の草稿に機会をくれたこと、そして査読者を見つけてくれたことに感謝いたします。草稿をかなりの程度まで改善するのに役立つようなコメントや批判をくれた匿名の査読者たちにもまた、お礼を申し上げます。

アメリカ・カトリック大学のマレン図書館の司書の方々にもお礼を申し上げたいと思います。その地域から引っ越したときでも、皆さんは親切にも、見つけるのが難しい本を郵送し続けてくださり、そのおかげで私は研究を完成させることができました。このサービスは欠かすことのできないものだったのです。

読書への愛や政治哲学への愛を最初に私に植えつけてくれた父にも、特にありがとうと伝えたいと思います。この草稿の各章を隅々まで読み、助言を与え、そして特に励ましてくれたことに感謝します。

また母にも感謝します。彼女はいつでも私の精神が広がっていくように励まし、その支えを私はつねに享受してきたのです。

私の作品と成功に対して絶えず興味をもってくれている義理の母と父であるジョアンヌとドリューにも感謝します。倦むことなく長時間にわたって子どもたちの手助けをし、知的な仕事のための貴重な時間を与えてくれて、ありがとうございます。あなたたちへの感謝は、言葉でうまく言いあらわせるものではありません。

第1章 ジャン゠ジャック・ルソー

はじめに

これから吟味されることになるイデオロギー全体に、その中心となる霊感を与えた人物を分析することから本書を始めるのが適切であると思われる。実際に彼こそが、民主至上主義にとって典型的な人物であるかもしれない。ジャン＝ジャック・ルソーが「世界を燃え上がらせた」、バイロン卿はそう語っていた(1)。「苦難の使徒」として彼について言及したとき、バイロンは、この預言者以上の存在となった哲学者を描写するには宗教的な言語を用いるのが相応しいと考えた、その他大勢の仲間入りをしている。社会学者のロバート・ニスベットは、ルソーのことを「時の人」、「聖人のなかの聖人」と名づけ、次のように語っている。「彼が与えてくれるのは、選挙による共同体に関する恩寵のごとき形式をまとった絶対的権力なのである(2)」。同じ方向性において、ジェイコブ・タルモンは、ルソーの『人間不平等起源論』を批判し、それを「革命の福音書」と呼んでいる(3)。また一方でロベスピエールが、ルソーを「聖なる存在」と呼んだとき、彼は嘘偽りのない心境であった(4)。エルンスト・カッシーラーもまたルソーの賛美者であるが、以下の数行によってルソーの政治的構想を要約してくれている。「いまそこにある強制的な社会の形式が破壊され、自由な政治的、倫理的共同体の形式に取り換えられるとき、救済のときは生じるのである――その共同体ではすべての人が、自分自身の意志として承認した一般意志にのみに服従する（中略）。しかしながら、このような救済が外からの手助けによって実現することを希望するのはむなしいだけである。いかなる神も私たちにそれを保証してはくれない。そうではなく、人間は自らの救済者となるべきなのだ(5)」。
ルソーの表向きは世俗的な民主主義の哲学は、それを宗教的な用語で把握するように多くの人を導いてきたし、またそれに応じて彼が思い描いた民主主義の類型に対する擬似宗教的な信仰をかき立ててもきた。ルソーの政治哲学の核心にあり、また間違いなく彼が創建したものである民主主義という擬似宗教 ersatz religion を明確に表現しているのが、一般意志という概念である。ニスベットが、ルソーが提供する「絶対的権力」について言及するにあたってたしかに念頭においていたのも、この概念であった。カッシーラーは、私たちの政治的救済の実現手段として、特にこの一般意志について語っている。ルソーは数多くのことを示唆してくれるのだ。本章で吟味するのは、一般意志についてのルソーの理解、ひょっとしたら彼の民主主義の哲学を方向づけているまさにこの概念が、いかにして民主主義一般について、あるいは特殊には人民の意志についての民主至上主義的な解釈を導いてきたのかである。

本章において私が強調するルソーの政治思想の側面は、私が民主至上主義と規定するところの、近代的で論争をはらんだ民主主義の理解についての断面でもある。ひとつの「偉大な原理」が彼のすべての著作を導いているというルソーの主張を、本書は真剣に受け止める(6)。「『社会契約論』における挑戦的内容はすべて、それ以前に『人間不平等起源論』にあらわれていたのであり、『エミール』における挑戦的内容はすべて、それ以前に『新エロイーズ』にあらわれていたのだ」と、ルソーは述べている。私たちは、これらやその他の著作に依拠しながら、それらのうちにはたしかに指導原理があり、それが民主至上主義を導いているのと同じものであることを発見した。ルソーの政治哲学が、私がここで包括的な政治的イデオロギーであると規定するものの範型であるということを例証するために、私はいくらか大まかな筆致をとらねばならない。微細に分け入って、ルソーの思想のあらゆる側面がもつ多くの濃淡を分析することは、結局のところ本書の目的から逸脱することになるだろう。他の章と同じように、この章にもまた、ある思想家の民主至上主義に対する特殊な連関を構築するという限定された目標がある。私は、それが彼の政治哲学に適うかぎりにおいて、立法者の概念やルソーの教育についての理解に触れるが、本章がもっとも焦点を合わせるのは、一般意志である。

当然、ルソーの一般意志についての私の解釈は、唯一のものではない。しかしながら、ルソーにとって一般意志こそがまさに人民の声であり、政治的正当性の源泉であるということについては、多くの人が同意するだろう。厳密に言えば、どうすればそれが浮かび上がり、識別されるのかということが議論の対象である――そして、それは本書の主題のひとつでもある。ルソーは、どうすれば人民の単なる集合的で歴史的な欲望から一般意志が選り分けられるかについて示唆だけは与えているが、詳細についてはほとんど語っていない(7)。ジュディス・シュクラーによれば、一般意志は、「免れがたく一人の男ジャン＝ジャック・ルソーの所有物である。彼がそれを発明したわけではないが、彼こそがその歴史を創設したのだ(8)」。すでに流布していた観念にルソーは表現を与えただけのように思われるが、それが『社会契約論』の細部よりも、ずっと息長らえることになったのだ。「代わるがわる毀誉褒貶を浴びながら、ルソー以後の歴史において、一般意志は、どのような観念や概念、言葉やメタファーよりも、情念を揺さぶってきた」と、ジェームズ・ファーとデイヴィッド・レイ・ウィリアムズは記している(9)。ファーとウィリアムズは、何人かのフランスの革命家たちに対するルソーの影響について言及しているが、たとえばアベ・シィエスは「第三身分を無から主権者へと上昇させるために」一般意志に訴えかけているし、また同時に人権宣言は、法というものが「一般意志の表現」であるべきだと主張している(10)。また彼らは、カントやフィヒテ、ロールズなど数多くの思想家への彼の影響について指摘している。しかしなかでも本書が試みるのは、ルソーの影響が、政治哲学という狭い領域をはるかに超えて、広義における民主主義や政治の近代的な解釈のうちに、無数の予期せぬ仕方で発見されうるということを詳らかにすることなのである。

社会契約論の伝統

ルソーの政治哲学と民主至上主義のあいだの関連を明らかにするには、彼に先立つ社会契約論の伝統の文脈にルソーを位置づけるのが有益であろう。ルソーが登場したのは、啓蒙および後の生と政治をめぐる思考の風潮を定めた新たなヒューマニズム――それはより古典的な類型のヒューマニズムとはまったく異なる――の勃興の時期である。この新たなヒューマニズムが、西洋の哲学的人間学に革命的な変化をもたらし、自己、家族、共同体の理解を変容させたのである。近代のヒューマニズムが提案するのは、人間はまずもって、西洋の政治哲学の基礎に長きにわたって存在し続けてきた伝統的な社会的、精神的な網の目から切り離された個人として理解されるべきである、ということである。『政治学』の第一巻においてアリストテレスは、すべてのポリスは、個人ではなく、その最小の形態を家族とする、より小規模の結社によって構成される結社の一種であると述べている(11)。新たなヒューマニズムが啓蒙によって継承されて始めて、政治哲学者たちは、第一の建築材としての個人によって構成される政治社会を想像し始めた。この人間性についての新たな理解とその政治への関連のうちには、すでに政治的な革命への種が隠されていたのであり、それは神と個人の直接的な関係を強調していた宗教改革を源泉とする思想系統に、その具体的な表現を見出したのである。教会の権威、とりわけローマ・カトリックのそれは、今日理解されるものとしての個人の自律の対立物となったのだ。そこから予想されるとおり、国王の神権に関する教義が挑戦を受けることになった。この個人の新たな政治的役割が究極的に収斂したものが、一七八九年のフランス革命である。

社会契約論の伝統におけるルソーの先駆者の一人であるトマス・ホッブズは、個人の欲望と合意の表現として政治的秩序を新たに想像した最初の主たる政治哲学者の一人である(12)。ホッブズは、教会の権威とそれに対応した王の権威の崩壊の始まりとともに広がっていた政治的不安定を目の当たりにし、リヴァイアサン的な国家によってそれに応答した。ホッブズが主張するところによれば、有意味な結社や政治的秩序は、絶対的な主権者の支配の下でのみ可能であるのだが、それは人間存在が万人の万人に対する戦争である *bellum omnium contra omnes* という信条から彼が引き出した結論である。暴力による死への恐怖とそれに付随する他者に対する権力への欲望——支配欲 *libido dominandi* ——によって駆り立てられるとき、安定した政治的秩序のための唯一の希望は、万能の国家のうちになければならないことになる。しかしながらホッブズは、一般意志についてのルソーの理解の下地を築いてもいる。ホッブズによれば、人民は、多数の声からなる彼らのすべての意志をひとつの意志へと還元すること。それはつまりは、一人の人間ないし人々の合議体を、彼らの人格を担うように任命するということでもある。それは誰しもが、共通の平和と安全に関する事柄について、そうして彼らの人格を担う者が自ら為すか、誰かに為さしめんとすることを、自分自身のものとして、その張本人であることを承認することでもある。そしてまたそれは、それによって彼ら全員の意志を彼の意志に、彼らの判断を彼の判断に従属させるということでもある。これは同意や和合以上のことである。それは同一の人格における彼ら全員のほんものの統一なのである(13)。

全能なる主権者こそが安定性と安全性を保障する唯一の道であるとホッブズは述べているが、その一方で、精神と意志において統一された「人工の人間」ないし有機体としてのコモンウェルスという彼の理解は、彼がすべての個人の意志が究極的には主権者の意志に共約可能であると想像していたことを示唆してもいる。私たちが考察していくことになるルソーの一般意志と同じように、ホッブズ的なコモンウェルスにおける統一は、人民が皆一致して主権者と同一化することに由来しており、この主権者とは、実際上においてのみならず形而上学的な意味でも一体化した彼らの多数の意志なのである。ホッブズはリヴァイアサンを「可死の神」と呼んでいるが、その強大にして畏怖すべき権力によって、「コモンウェルスの」人民のすべての意志を、安心できる平和と外敵に対する相互扶助へと落着させることができるのである。この主権者のうちにこそ「コモンウェルスの本質がある」のであって、各々の個人は自らをまた、この主権者の活動の張本人と考えなければならないのである(14)。多くの点において、ここから予期されるのは、人民のもっとも高次なる意志の完全無欠な表現としてのルソーによる一般意志の理解であり、そこでは各々の市民は、もし彼ないし彼女が社会のほんものの一般的利益を反省するのであれば、一般意志と完全に同一化できると考えられるのである。

さらにジョン・ロックが、西洋の政治哲学を、その思想を以前まで特徴づけていた連帯上の基盤から遠ざけ、社会組織の基礎的単位としての個人へと方向づけていった。西洋や、とりわけアングロサクソン圏における近代の政治思想にとって中心となっている自由についてのロックの理解は、個人こそが第一のものであるという彼の信念に基づいている。ロックの場合、財産や所有の概念が、政治についての彼の思想の大部分を導いている。ロックによれば自由とは、自由の行使が他者の同一の権利を侵害しないかぎりにおいて、自らの人格や財産を思うままに好きなようにする能力なのである(15)。個人の権利の第一の源泉は、自己－所有への彼ないし彼女の権利なのである。ロックにおいては、このような意味における自由こそが自然状態なのであって、それが教会や君主政のような歪んだ社会制度や階層秩序によって妨げられているのである。この伝統的な制度の受益者たちが依拠しているのは、社会的、経済的価値の源泉である彼ら自身の生産的労働ではなく、ロックにしたがうのであれば、世襲の富や出生や迷信を根拠とするような社会的に構築された権力の動態なのである。ロックにとって、生産的労働こそが人間の自由の表現であり、またそれを教えるものである。個々人の労働を結びつけることで財産を産み出そうとする普遍的な衝動によって、人格間の一定の精神的平等が授けられるのであり、そこにはまた個人の主権も含まれる。ロックによるならば、自らの労働の産物を保護しようとする欲望は、社会契約の背後にある主たる駆動力である。ロックが言うには「[市民社会の]主たる目的は、財産の保存なのである(16)」。コモンウェルスは、犯罪を罰し、法律を制定し、戦争を行い、和平を結ぶ権力を保持するのであるが、「これらはすべて社会の全構成員の財産を保存するためなのである(17)」。ロックは、仮説的な「自然状態」からこのような人間本性のイメージを発展させているが、それによれば人間本性の第一の特徴は自由、平等、合理性なのである。

ルソーは、新たな政治的秩序の形而上学的礎石として個人を思い描くことによって、このようなホッブズとロックの社会契約論の伝統を継承している(18)。ホッブズのリヴァイアサン的な国家は、啓蒙による根源的な人格の自律の探求と完全に両立するわけではないし、ロックにおける社会契約は、社会の階層化を助長するような物質的条件を前提としており、世襲の富の体系に支えられて制度化され続けてきた古いあり方を永続させる面もあるように思われる(19)。ルソーの斬新な貢献は、個人の自由と平等を守りながら、リヴァイアサン的な国家によって約束される保護と秩序を提供するような政治哲学を提示したことである。ルソーによれば、政治理論の問題とは、「万人に共通する力によってそれぞれの構成員の人格や財を防護でき、しかもそれによって、全員と一体となりながら各々が同時ににもかかわらず自分自身のみに服従し、以前と変わらずに自由であるような、そのような結社の形式を発見する(20)」ことなのである。伝統による束縛と政治的な階層秩序からの解放という啓蒙の要求と、共同体における永続的に平和な生活の創設をともに満足させることを、ルソーは望んだのである。ロマン主義運動が明るみに出したように、啓蒙の認識論と理性の言語は、本来性や自由についての新たな語彙に道を開き、未分化な政治システムの重要性を強調したのだ。政治的秩序は有機的であったり、歴史的に発展してきたような秩序であったりするべきではないし、慎重なる理性の構築物であるべきでもない。それが正当なものであろうとするのであれば、完全なる自由な選択の所産でなければならなくなったのだ。

啓蒙の想定の多くに対してルソーが挑戦しているにもかかわらず、究極的には彼はその根本的な認識論を共有している。社会についての原子論的人間学によって支えられた根源的な自律を彼が強調するとき、それは啓蒙における主意主義*1や合理主義と軌を一にしている。「ルソーはその精神においては、自らが克服し否定したと想定していた合理主義的な個人主義者の一員である(21)」と言うとき、カッシーラーは正しかったのである。ルソーは政治哲学についての非歴史的な手法を採用し、政治的に規範的な事柄を想像するために「自然状態」という理論的枠組みを用いながら、第一の政治的単位として個人を優位においた。同時に彼は、伝統的な社会的区別ではなく、平等や自由という概念を根拠とした共同的なあり方への膨れ上がる渇望を駆り立て、またそれを活用した。ルソーによれば『社会契約論』は、根源的な個人の自律と有意味な共同体のあいだの緊張を解決する政治理論の概略を描いているのである。

このような譲渡が留保なくされてからは、一体性は可能なかぎり完全なものとなるのであって、どの構成員もそれ以上は何かを要求することがなくなるのである。というのも、もし私的な個人に何らかの権利がまだ残されていて、彼らと公的なことのあいだの決断を下すような共通の上位者が存在しないときには、それぞれの人格は、自らが何らかの特殊な点については自らの審判であるこ

とで、あらゆる事柄について自分自身の審判であることを要求することになるからである。そうすれば自然状態はなおも存続し、結社は必然的に僭主的か、内容空疎なものとなるだろう。

究極的には、自らを全員へと譲渡することによって、各々の人格は自らを誰にも譲り渡してはいない。他者が彼自身によって授けられるのと同じ権利を、すべての他者によって彼が獲得することができることによって、彼が所有するものを保護するより大きな力とともに、彼は自らが失うものすべての等価物を得るのである(22)。

ホッブズのリヴァイアサンの亡霊がなおも生き永らえてはいるものの、ルソーは人民という源泉を強調するような新たな主権の理解の方向性を示している。絶対的な共同体が創設されると同時に個人の自律が保護されるのは、すべての個人が自らの意志によって社会という凝集体に一体化するからなのだ。何人《なんぴと》も他の者よりも多くのものを手に入れることはなく、そうして自由と平等は保護されるのである。すべての者は参加することによって利益を得ると考えられている。共同体の全体が新たな「共通の上位者」を形成し、それが各々の個人の意志と同等のものとなるのである。かくして「各人は自らを誰にも譲り渡さない」のである。

ルソーは、ホッブズやロックよりもずっと、社会契約論の非合理的ないし超越的な側面を強調してはいるが、熟慮による契約としての政治的秩序という彼の理解の背後には、啓蒙の合理主義と同じ認

＊1　主知主義の対概念。知性に対する意志の優位を主張する哲学的立場であるが、ここでは意志のもつ非合理的な側面よりも、むしろ個人による選択など人間の自由意志の強調が含意されていると思われる。

識論的立場が隠れている。ロベール・ドゥラテが言うには、「ルソーは理性の限界に対して自覚的な合理主義者なのである[23]」。ルソーは、人民を社会契約へと動かしていく力として、合理性と自然の原初的な声ないし良心の双方に依拠している。たとえば一般意志の下における市民生活についての彼の想像上の構想は、彼の政治理論における非合理的なものの重要性を明らかにしている。一般意志なるものが存在可能であり、政治についての規範的指標として役立てられるべきであるということを信じることは、何が究極的に可能かについての何らかの信仰をもつことでもある。政治、とりわけ民主主義は、ルソーにしたがえば、自己利益的な行為者の合理的な計算のような陳腐な何かへと還元可能なものではなく、道徳的で超越的な経験なのである。自然状態を脱出することは「人類における非常に特筆すべき変革を生み出すのである」と、ルソーは述べている。「そうすることで彼の行動において本能が正義に取って代わり、彼の活動にそれまで欠けていたような道徳的質が付与されるのである[24]」。民主主義についてのルソーの思想において核心となっている彼の一般意志についての理解は、彼の思考における合理性と直観ないし精神性のあいだにある緊張を明るみに出すものである。

「一般意志」の起源

ルソーは、全体意志、つまりはすべての人格の意志の集積と、理念的な意味における人民のもっとも高次の集合的意志を反映したものである一般意志を区別している。彼の政治理論において一般意志は中心にあるにもかかわらず、残念ながら、彼がそれを明確に提示したことはない。一般意志については二つの有力な解釈が存在している。すなわち、それを政治的な意志を生成させるための手続きと考える人々と、それを「実質的な価値についての優先的なコミットメントの表現[25]」と考える人々がいるのだ。それを手続きと見なす人は、一般意志を導き出すためのルソーの手引きに目を向ける。ウィリアムズが言うには、一般意志の実質的な解釈に目を向ける人は、たとえば「命令するに際して善きものや快いものというのは、人間の慣習とは独立して、事物の自然本性によって、そのようなものである[26]」というようなルソーの言葉に注目する。一般意志が何らかの理想を表現したものであり、「ルソーの形而上学的に優先されるべき価値へのコミットメントに由来する」ということについて、私はウィリアムズに同意するものの、それは偽りの二項対立であるようにも思われる[27]。私が本書で議論していくように、手続きがその帰結を形成するのに果たす役割は小さなものではないし、そこにはすでに実質的なコミットメントが含まれているのである。この発想は、熟議民主主義と「手続き的な規範」を分析する第六章で重要なものとなる。「十分に洗練された民衆」が適切な環境（たとえば「市民同士のあいだにいかなるコミュニケーションも存在しない」など）において熟議をすれば、それが一般意志につながるのだと、ルソーは主張している[28]。ルソーの心づもりでは、そもそもこれらの手続きは一般意志という理念の一部なのであり、いくつかの点において、その実質と分離不可能なものなのである。ルソーは次のように言っている。「一般意志はつねに正しい」、「そして手続きが遵守されるかぎりにおいて、公益を目指すものである[29]」。適切な手続きなくしては、一般意志は不可能なのである。

人々の見かけ上の意志を超越した理想的な政治的意志という観念——合理的であれ神秘的であれ

——こそ、ここで「民主至上主義」と名づけられている西洋において支配的な民主主義の構想の核心に横たわるものである。そして私が主張したいのは、このような二重化した人民の意志についての理解は、ルソーにおける一般意志の分節化まで遡りうるものなのである。暗黙のうちにであれ、民主至上主義の根底にある想定は、人民の意志こそが、適切に表明されるのであれば、数々の歴史上の民主主義が追求するべき規範的理想であるという考えである。

しかしながら、一般意志の概念はルソー以前から存在するものであり、神学にあるとされるその概念上の起源をたどってみることは、重要であるが、同時に複雑なこの概念に光を当てるのに有益であろう。パトリック・ライリーの指摘するところでは、一七世紀のフランスの僧侶であり合理主義者でもあったニコラ・マルブランシュは、ルソーによる概念構想を予期させるような仕方で、「一般意志」と「特殊意志」を対照させている。『自然と恩寵に関する論考（一六八〇）』において、マルブランシュは、もっとも有益な一般法則を識別するということは「その知恵に限界がない者」の能力である、と語っている。他方において「特殊意志によって行為することによって明るみに出るのは、より有益でない原因の帰結や効果を判断することができない限定された知性の姿である(30)」、と。一般意志を直覚したり解釈するということは、「視野がひろく全体を見通すような精神(31)」を保持しているということなのである。パスカルもまた、特殊意志には「無秩序と自己愛」が含まれており、一般的なものへの傾向をもたないことは「不正」で「邪悪」であると述べている(32)。マルブランシュや他の人々において、一般意志は、全体を眺め、さらに束の間の狭隘なる情念を超越した人間性の不変の必要を予期する能力のゆえに、神的な意志とされている。ルソーやディドロのような思想家においても、一般意志には全体性や完成性といった元来の神学的な含意が残ってはいるものの、それは無限にして全能な神の属性ではなく、合理的で非歴史的な理想となっている(33)。ルソーや他の人々は神の意志を、理性によって普遍的に接近可能な人類の抽象的な意志に代えたのである。

表面上は世俗化された一般意志の概念とその本来的な神学的意味のあいだの並存関係は明々白々である。この概念に訴えかけた後代の思想家たちは、一般的なものは特殊なものよりも望ましいという元々の規範的含意を維持している。この用語が「宗教的なものから市民的なものに変容した(34)」のは、マルブランシュの時代あたりのことである。ライリーが言うには、マルブランシュによるこの用語の使い方は、『『社会契約論』におけるルソーの一般意志、特殊意志の特徴づけと大して異なるものではないのである（とりわけルソーが、一般意志が一般法則という形態をとる以上、特殊な事例を扱うことはないと主張するとき）(35)』。マルブランシュにとって、神は自らの一般意志によって統治し、「またそうして〈もっとも単純な手段〉によって〈恒常的で規整された秩序〉を構築し」なければならないのである(36)。

イタリアの研究者であるアルベルト・ポスティリオーラは、「マルブランシュからルソーへ：一般意志のアポリアと〈暴力的な理性〉の復讐」において、ルソーにおける一般意志の観念とマルブランシュのそれとの興味深い比較を行っている。マルブランシュにあっては、「普遍的で主権的な神の理性は、一般意志を通じて行為するのであり（中略）それ自身が創設する一般法則を遵守するものである」。それに対してルソーにあっては、「一般意志を通じて行使される共通の自我の主権は（中略）立法［の体系］に服するものである(37)」。ポスティリオーラのみるところ、ルソーは、「マルブランシュの（合理主義的で〈幾何学的な一般性〉として理解される）正義の観念を自らのものとしながら、人民の一般意志には〈無限性という神の属性〉が欠如しているということを閑却するという〈許されざる〉間違いを犯したのである」。ルソーの過ちの本質は、「まさにマルブランシュの認識論的な範疇《カテゴリー》を使用しながら、（中略）、それが無限なる存在の意志としてでなければ、現実上には〈恒常的で純粋な〉ものとして存在しえないような意志の一般性について語り続けたことにある。（中略）。ルソーの都市にあっては、一般性は有限なものにならざるを得ない。というのもそれは、ただの雑多な集積でないとすれば、何らかの有限な全体以外の何ものでもありえないからである[38]」。ポスティリオーラによる批判は、神権を主張する国王にも同時に適用されうるものである。国王によって媒介されるものとしての神の意志は、必然的に国王自身がそうであるように、有限なものとなるだろう。ルソーの一般意志の概念もまた、それが媒介を必要とする以上、彼の体系もまた神格化された人類という概念と王冠を被った立法者を伴った神権の別の亜種であるという非難に対して、無傷ではいられないように思われる。

　ルソーによる一般意志の構想には、マルブランシュによる神の意志の特徴づけと密接な近似性がある。「マルブランシュの神学的な定式のうちに、救済の問題が共通善によって取って代わられているルソーの世俗化された言説の基礎を見出すことは難しいことではない」とウィリアムズは考察している[39]。一般意志の神学的な起源は、ルソーも含めた多くの近代民主主義の哲学に付随している宗教的な粉飾を説明するのに、有益なものである。市民宗教は、かつては神権を享受していた国王に留保されていた役割を演じる立法者を伴ったルソーの民主主義論にとって本質的なものである。おそらくはこれこそが、本書で検討される民主至上主義者たちの多くが、民主主義のために精神的な意味を見出したり、たとえばジャック・マリタンのようなキリスト教思想家さえ、それ以前のキリスト教思想家では起こりえなかったような仕方で、神の事柄とカエサルの事柄を結びつけてしまう理由であろう。
私が本書で定義するところの、いわゆる民主至上主義者たちは、しばしば人民の意志についての自らの構想の背後にある形而上学的な前提を認めない。これらの民主主義論は、大部分において、自認する以上に信仰——想像上の一般意志が、一見して巨大な歴史的な障害に直面したとしても、実現されるだろうという信仰——に依拠しているのである。これらの思想家たちがしばしば想定しているのは、人民が、まるで神的な存在と何ら変わりなく、個人的な視座や歴史的環境、自己中心性のような人間の欠陥や権力欲を超越できるということである。人民の声は神の声 *vox populi, vox Dei* なのだ。一般意志がその概念的な起源を形而上学や神学に有するという事実は、意識的ないし無意識的に、このパラダイムに依拠している後の民主主義論のいくつかを厄介なものとしている。

ルソーの一般意志とそれ以前のこの概念の神学的な理解を関連づけてきた研究者たちは、このような世俗化に由来する政治的、実践的な含意については明言していない。たしかにライリーは、ポスティリオーラの懸念について注意を払っている。そしてまたウィリアムズは、一般意志の神学的な起源についてのライリーの分析について言及しつつ、ルソーの一般意志と、マルブランシュが神の属性とした一般意志とのあいだのつながりを明瞭に洞察してはいる。しかし、このことが政治思想家としてのルソーをめぐる私たちの理解をどれほど混乱させているかについては示唆していない。ルソーによる一般意志という概念の世俗化にもかかわらず、それが歴史的かつ政治的なものであるというより、むしろ神秘的で霊的なものであるとするならば、一般意志が政治に対する価値ある導きとなりうるということに関して、疑問視するのも根拠のあることとなる。人民の集合的な意志が、神的な存在がそう行為するであろうと私たちが思い描くような仕方で行為するなどと信じる理由など、何もないのだ。しかしながら民主至上主義者たちは、ジョシュア・コーエンが述べているように、「平等な人々同士の自由な共同体は（中略）人間の手の届かない非現実的なユートピアなどではなく、ほんものの人間の可能性なのであり、私たち人間の複雑性や社会的協働の要求とも両立可能である[40]」という点に固執している。コーエンはこのような考え方を、熟議民主主義についての自らの哲学のうちで具現化している。一般意志の起源について彼は脚註でのみ言及するにとどまっているのだが、そこで彼は次のように熱弁している。「普遍的な恩寵という理念のうちにある一般意志の観念の神学的な背景は、非功利主義的で集合的な共通善の解釈の必要を強化するものである[41]」。コーエンにとっても別の人々にとっても、一般意志が神学的な由来を有することは、その政治的な概念化や実現化にとって障害となるものではなく、むしろ利点でさえあるのだろう。しかしながら私が主張するのは、こうした霊的、神学的な概念の世俗化は、政治に対する規範的な導きとしては、深刻な問題をはらんだものであるということである。このことはまた、ルソー的な一般意志の構想に依拠するところの民主主義への渇望が、しばしば実際上においてはただ観念上だけの達成不可能なものとなる理由を説明するのに役立つはずである。

ルソーの一般意志

一般意志の出現を導くべき形式的な手続きは、その実質的内容を明らかにするのに役立つだろう。ルソーが『社会契約論』においてこの概念を導入した際、彼はほとんど特別な手段について記述していない。だからこそ彼がそれに言及している箇所は、重要なものとして取り扱われねばならないのだ。ルソーは次のように語っている。「もし十分に洗練された民衆が熟議をするとすれば、市民はお互いにいかなるコミュニケーションもとるべきではないが、そのときには数多くの小さな相違から一般意志が導き出され、また熟議はつねに善きものとなるだろう(42)」。人民が「十分に洗練されていること」と市民たちがコミュニケーションを控えることという二つの尺度が、一般意志についてのルソーの哲学における共和主義的かつ民主主義的な要素と考えられるべきものを構成している。しかしながら、それらはもどかしいほどに曖昧である。洗練された民衆の意味については議論の余地があるが、少なくともルソーは熟議の主体がもつべき何らかの基本的な知識を念頭においており、市民とは自らの個人的良心に耳を傾けるという道徳的意味において「洗練された」存在のようである——それが、市民同士がお互いにコミュニケーションをしてはいけない理由である。彼ないし彼女の直観や推論以外のものが個人に影響を与えれば、それは全体意志、つまりは個人の利害や私的な意見の総和としての「全員の意志」が導かれることになるのだ。

コミュニケーションを助長するような党派的な結社は、不平等を促進し、また自由を抑圧するとルソーは信じているのだ。「一般意志がうまく表出されるためには、国家のうちにいかなる党派的な結社も存在せず、各々の市民が自分で決断することが重要なのである[43]」。一般意志は、すべての市民に平等に適用されるものであり、社会全体の最善の利益のうちになければならない。ルソーはこのような考え方を、彼以前の神学的な一般意志の構想から借用しているように思われる。神は「非常に単純かつ一般的な法則」を創建すると、マルブランシュは語っていた[44]。ルソーにおいては、すべての人間、とりわけ「単純な道徳」をもった人々こそ一般意志を識別できるのである。それは普遍的なものでもある。市民がいかにして一般意志に接近していくのかについてルソーは厳密には明らかにしていないが、それは良心のような何かを通してであると考えられていると、ウィリアムズは示唆している[45]。市民たちが一般意志を直観ないし推論できるのは、この心に刻まれた法によるのである。「正義についての客観的ないし超越的な構想が、一般意志の核心的意味の構成要素となっている[46]」とウィリアムズは主張する。この普遍的なものに接近するためには、歴史や文化の蓄積を脱ぎ捨てて、内面の声に耳を傾けることが必要になるとルソーは指摘している。ルソーが「教養人や雄弁家」を信用しない理由のひとつは、彼らが洗練された言語や詭弁によって私たちを内面の声から遠ざかるように誘惑する傾向をもつからである[47]。ルソーは『人間不平等起源論』のなかで次のように述べている。「もっとも普遍的でもっとも生気に満ちた人間の最初の言語、ともに集まった人々を説得することが要求される以前に必要であった唯一の言語、それは自然の叫びなのである[48]」。

ルソーによれば、コミュニケーションを妨げることが一般意志の形成にとって重要であるのは、それによって市民が社会的偏見ではなく、自然本性や理性の声に注意を向けることを促すからである。

お互いに相談しあったり、社会的規範を導きとして頼りにすることは、数多くの分割された利害や忠誠へと政治体を分裂させることになるだろう。ルソーによる自由の定義についてよりよく理解できるのは、このような尺度にしたがうときである。市民が自由意志を行使することが、一般意志を明らかにすることにとって本質的なことなのである。しかしこの自由は脆いものである。「想像しうるあらゆる角度から、数多の障害がそれ［自由意志］を脅かしているのである[49]」。虚栄心や貨幣のもつ堕落させる力や公的な賞賛の追求は、「ルソーの共和国や一般意志による統治につきまとう恒常的な脅威なのである[50]」。

　自由についてのルソーの理解は複雑なものである。『社会契約論』のある箇所において彼が述べるところでは、「自由という言葉の哲学的意味は、ここでの私の考察の一部ではない[51]」。しかしながら決定的に、それは彼の主題の一部である。ルソーは、この用語についての他者のこれまでの把握の仕方とは明確に相容れないような自由についての特殊な理解を自明視しており、これが彼の政治哲学の革命的な含意を理解するのに重要なものとなっている。ルソーにとっては、伝統的な社会的慣習や規範、宗教、家族生活ですらも、彼が解釈するところの自由に対する障害である。それらの規範は正当化されえない権力関係に依拠しているのである。ルソー曰く、「自らの同胞に対する自然的な権威を誰ももたないからには、合意だけがこうして、人間同士におけるすべての正当な権威の基盤なのである[52]」。それに対して「自らが自分自身で規定した法に服従することが自由である」とルソーは『社会契約論』で述べている[53]。このことはまた、すべてのものを貪ろうとする欲望の「奴隷」であることからの解放にも等しい。矛盾したことに、ある人が一般意志に参与し、また徳のある生活を見つけるのは、そうして自分自身の法に服従することを通じてなのである。ルソーが語るには、徳とは「私的なものの一般意志への素朴な一致」なのである。だが、伝統的な社会的習俗や禁忌《タブー》が道徳的権威の非正当的な源泉であるという彼の信念にもかかわらず、それと同時に彼は、市民社会は、それが存在しないときには彼の考える自然状態における自由を構成するはずの本能や情念を調和あるものにすると信じている。ルソーの言うところでは、こうして私的意志から一般意志を区別する「崇高なる徳」が要請されるのである(54)。すべての人格は一般意志を識別する潜在能力をもっているのだが――「ただ素朴にきちんと安定して一般意志に服従することが必要である」――おそらくは彼らが皆、そうするために要請される必須の徳を所有しているわけではないのだ。こうしてルソーは、古い社会の手の込んだ代替物となる何かを考案するのであり、それは公的検閲や市民宗教や立法者のもつ市民を育む力をもって完成するのであるが、それらはすべて「徳が君臨する」のを助けるべきものなのである(55)。

一般意志と立法者

一般意志が実現されるためには、人民は彼らがそれを通してなるところのものに、すでになっていなくてはならないということを、ルソーは認めている。「結果がまた原因でなければならないのだ(56)」。一般意志は、それが識別され具現化されるためには徳のある人民を必要とするが、しかしまた一般意志は、善き政体を創造するのに役立つものであるとも考えられている。この矛盾を解決するためにルソーが導入するのが立法者であり、彼こそが、人民がそのもっとも高次の道徳的潜在能力を実現することを可能にする新たなシステムを制度化するのである。「彼は、敢えて人民を創設しようと試みる人間として、いわば自らが人間の組成を、それを強めんがために変更する立場にあると感じるに違いない。(中略)。彼は、人々から、自分たちにはまだ手の届かない力を与えるために、その力を奪わなくてはならないのである[57]」。立法者は全知全能である。彼は「あらゆる点において国家における並外れた人間である[58]」。このことは、ホッブズが「かの偉大なリヴァイアサン、あるいはより畏怖を込めて言えば、かの可死の神[59]」たる主権者に与えた描写を思い起こさせるものである。ルソーによれば、平凡な市民には党派的で個人的な利害を離れた一般的で抽象的な善を視《み》る能力が欠けているのであって、この徳を人民に提供することこそが立法者の義務なのである。何が究極的に自らの利益であるかを理解することのできない人民にこのような変化を引き起こすために、ルソーは、立法者が彼らを非合理的な手段で説得しなければならないと言う。ルソーの立法者は、プラトンが自らの高名なる国家を創設するために役立てたような「高貴な嘘」にも似た手練手管を行使しなければならないのである[60]。「暴力なき強制と得心なき説得を可能とするような別の権威に頼りながら、立法者は社会契約を採用するように人民を騙そうとするのである[61]」。ルソーが言うには、彼は「不死なる存在の口を借りて」、自らの命令を下すのである。というのも、プラトンの理想国家における銅や鉄の本性をもった市民と同じように、平凡な市民は、そうでなければ、自分たちにとっては権力の交代にしか見えないものを受け入れることができないからである[62]。『社会契約論』における立法者に対する準備をしているかのごとく、『人間不平等起源論』においては、タルクィニウスからのローマ人解放に対して、ルソーは読者に注意を促している。「それは当初は偉大なる知恵によって管理され、また指揮される必要のあった愚鈍な烏合の衆に過ぎなかったのであるが、自由の健全なる空気で呼吸することにだんだんと慣れていくにつれて、僭主の下で堕落し、また野蛮になっていたこれらの魂は、彼らすべての人民を最終的にもっとも尊敬に値するものにしてくれるような習俗の厳格さや高い精神性をもった勇気を、徐々に獲得していったのである(63)」。

民主主義についての民主至上主義的な解釈の多くは、同じ言葉づかいをしてはいないものの、ルソーの立法者の理念の何らかの側面を体現している。ウッドロー・ウィルソンは、このような人物を抽象的に「人類の指導者」と名づけている。ジャック・マリタンは、国境なき立法者のグローバルな元老院について思い描いている。しかしながら、熟議民主主義の理論家たちのように、特殊な人格や集団を指定するのではなく、自らの民主主義論のうちに立法者の機能を想定する人々もいる。政治についての議論や思考を導くような手続きが意図するところは、非人格的な立法者の役割を効果的に演じることによって、人民から正しい考え方が生まれるのを奨励することなのである。一般的に民主至上主義は、いかなる形態であれ、新たなシステムを築き上げる立法者を前提とするものである。古いシステムに対する新しいものの優越を承認した後には、市民たちはそれを自由に維持していくことが期待されるのだ――手の込んだ制度的なメカニズムの頑丈な支えとともにではあるが。本書において吟味される思想家たちは皆、哲学者――まずもって彼こそが建築士であり「立法者」なのだが――の理念を現実化する何らかの立法者の必要性についての根本的な前提を共有している。人格的か、非人格的な手続きの形態かのどちらであれ、哲学者の立法者は、マルブランシュにおける神を想起させるようなやり方で抽象的で客観的な正義を生み出すことができると想像されているのである。しかし厳密にはどのようにして立法者が新しいシステムを実現していくのかについては、しばしば曖昧なままである。ルソーの描写するところでは立法者は「天に訴えかける」必要があるのだが、概して民主至上主義は、新たな政治システムを採用する人民の背後にある動機づけについて多くを語ることはない(64)。民主主義的であることを要求するような実践やとりわけ政治システムから「高貴な嘘」を想定することは困難である。だからこそ民主至上主義者においては、心理を変容させるよりも、新たな手続きに焦点が絞られる傾向があるのだ。立法者の存在――第一のものと第二のもの――は、ルソーの民主主義論のうちにある緊張の源である。完全なる自由意志と市民の選択に基づくべき政治システムのうちにあって、立法者は議論の余地がないほど非民主的な存在である。矛盾したことに民主主義は、その理論を唱道する人々によるならば、その制度化のために非民主的な手段を必要とするのであり、これこそが民主至上主義の核心的な矛盾のひとつなのである。

教育の理念

ルソーは、彼が思いをめぐらしている政治的秩序の類型に相応しく市民たちが調製されるべきであると信じていた。教育についての彼の長大なる解説である『エミール』――それを彼はもっとも偉大な最善の書と考えていた――は、ちょうどアリストテレスの『ニコマコス倫理学』が『政治学』に関連するのと同じように、『社会契約論』とつながっている(65)。ルソーが詳細にわたって描き出すのは、エミールの適切なしつけと、その結果として民主主義に参加するための彼の適性を保証するために教師がとるべき手法であり、この本はエミールが政治社会へと導かれるところでクライマックスを迎える(66)。「未来についてのいかなる観念もなく自分自身の目の前の生存という唯一の感情に耽《ふけ》っている」文明以前の状態の被造物のように、ルソーにとって子どもとは、そのうちで自然だけが支配するような白紙の石板を象徴している(67)。その意味においてエミールは、「一般化された」子どもであることが意図されている。国民性、宗教、文化、習慣、気質、個性などが、子どもの性格や究極的には人間ないし市民としての発達に影響を与えるかもしれないということをルソーはまったく考えていない。ルソーの作業は、『社会契約論』でそうであったように、『エミール』でも非歴史的なのである。教育に関する論考や政治に関する論考を本質的に歴史の外部におくことによって、特殊な経験やアイデンティティがその人の政治的信念や世界観に与える影響を考慮するときに生じる障害が抹消されるのである。だからこそルソーは『社会契約論』で、次のように述べるのだ。すなわち「立法という仕事を挑戦的なものとするのは、創設されるべきものではなく、むしろ破壊されるべきものである(68)」と。広い意味で理解すれば、教育は立法者と似た機能を果たしている。F・C・グリーンが指摘しているように、「子どものときから始まる市民性のための国家教育」が一般意志の出現にとって重要なのである。神秘的な立法者ではなく、むしろこれこそが一般意志を実現するという挑戦に対するルソーのほんとうの解決策なのだとグリーンは述べている(69)。立法者と同じように、教育の目的とは、一般意志の実現へ向けて市民を向上させることであり、それは市民だけでは担いえない課題なのである。

子どもがもつと想定される自発性や本来性への自然な傾向を教師が指導し、また薫育しなければならないという事実は、『エミール』の内部にある緊張のひとつであり、それはまた民主至上主義に遍在している緊張を反映してもいる。何が自然に生じるべきかについて引き出すことのできる教師がいるということは、そこで生じるべき何らかの行動が学習されるべき行動だということを示唆している。子どもの教育の扱いについてルソーはあまりに微細に分け入り過ぎていて、少年の風呂の温度まで条件づけているが、そのような取るに足らない詳細が子どもの最終的な性質に影響すると彼は信じているのだ。『エミール』における「指導つきの自発性」には、『社会契約論』における一般意志の「自然」な発露が映し出されている。教師ないし立法者は、他者の心理的、道徳的な変容を監督する役割を負っているのである。抽象概念としての「教育」は、立法者のような反民主主義的な外見を身にまとっておらず、その代わりに自己変容が示唆されてはいるものの、それにもかかわらず、この概念についてのルソーの理解の背後には階層秩序が存在しているのである。

ルソーの哲学を民主主義の範型と見なそうとする人々にとっては、神秘的かつ全能の立法者の存在は躓《つまず》きの石なのだが、それこそが、グリーンのような思想家たちが視野を広げて教育の役割に焦点を合わせ、ルソーの主たる目的にとって外在的なものとして立法者を格下げする要因となっているのだろう。教育という装置と立法者は、人民は自らの手では一般意志を識別することができず、どちらかの制度的な導きを必要とするということを思い起こさせる。この点は、具体的な事例によって、以下の章においてより明白になるだろう。たとえばトマス・ジェファーソンは、ある種の教育によって市民を啓蒙し、「坊主くさい無知」や迷信から彼らを遠ざけることができると想定している(70)。ウッドロー・ウィルソンは「人類の指導者」という仕事を、機械工のそれになぞらえている。公衆の意志を形づくるために彼は、「自らの道具で何ができるか、またそれらが何に耐えうるかを知らなければならない」のである(71)。

ルソーの哲学的人間学

ルソーは、「突如として私の精神が幾千もの光によって眩《くら》まされるような」ダマスクスへの道の途上のごとき回心の体験について語っている。「溌剌《はつらつ》とした発想が一団となって同時に強度をもって頭に浮かび、困惑によって私は言い尽くしえぬ狼狽《ろうばい》のうちへと投げ込まれた」。ルソーの回想によれば、その政治哲学の要である「人間は自然的に善良であり、人間が邪悪になるのは「私たちの」制度によってのみであること」を彼が理解したのは、この瞬間だったのである(72)。彼の信ずるところでは、私たちの根底に自然的善性があるからこそ、私たち全員に一般意志に参与する能力があるのである。このキリスト教における原罪の否定は、パリのボーモン大司教にルソーの著作の発禁を促したものであったが、それこそが「あらゆる道徳性の根本原理」であると、ルソーは大司教への返信で語っている。もし「人間の心にいかなる原初的な邪悪さもないとすれば」、操作的で矯正的な制度や外的な環境によって、一見して難治のように思える人間存在の問題も改善することができるのである(73)。『社会契約論』においてルソーは、次のように記している。「人間は自然的には敵同士ではない。なぜならば単純な理由として、原初的な独立状態で暮らしている人間は、平和状態と戦争状態のいずれをも引き起こすに十分な恒常的な関係をもたないからである。戦争を引き起こすのは人間同士の関係ではなく、事物をめぐる関係なのである。そして（中略）この戦争状態は、素朴な人格同士の関係ではなく、ただ現実上の関係からのみ存在するようになるのである(74)」。このような意味においてルソーは、一世紀近くも前に、マルクスの史的唯物論を予想しているのである。外的な——つまり物質的な——条件こそが、貪欲で自己中心的な衝動を駆り立てるのである。『人間不平等起源論』第二部においてルソーが言うには、「小さな土地の一角を囲んで、〈これは私のもの〉だと宣言し、人々が素朴にそれを信じてくれることを発見した人こそ、文明の真の創設者なのである(75)」。人間の自然的善性が堕落してしまったのは、「偶然による」のだ(76)。しかしながら、歴史的環境や社会的制度が人類の繁栄に悪影響をもたらす必然性はない。ルソーの信念によれば、共同体において人類が集合するあり方を変更することによって、私たちは原初における善性の大部分を回復し、さらにそれを新たな政治的秩序によって永続させることができるのである。これこそが一般意志の理念である。

幸福な家族がすべて似通っているのとちょうど同じように、「真理とは存在のひとつの様式である」とルソーは断言している(77)。思い返せば、市民的徳を示すということは、すなわち一般意志にしたがい、それを私的意志から区別することであった(78)。最善の社会とは、そこで私的意志と公的意志が不可分となっているような社会である。ルソーの想定では、社会は政治的、道徳的に同質でなければならないのである。人間は一般意志を識別するためにお互いに分離されていなければならないという尺度は、すべての人民と各々の政治共同体に妥当する共有されるべき善についてのルソーの信念を示唆している。おそらく多少の表現上の多様性は認められるが、市民が「彼らすべての利益の合意点」を発見するためには、各々の人格のうちに普遍的な善への根本的な傾向があることが必要である。この論理にしたがえば、一般的なものから遠ざかり、特殊なものへと向かっていくような欲望は、利己愛に根ざしていることになる。これは、有限で利己的な個人の意志に反するものとして、完全に善にして一般的であるマルブランシュの神の意志についての評価に準ずるものである。ルソーにとって究極的には、人間は異なった願望や価値や信条によって動機づけられることはないのであり、むしろ規範的なものについての共有された構想のうちに収斂されるものなのである。彼の信ずるところでは、そのような特殊性の表現は、すべての人格に妥当する一般的なことや共有の善を承認することから、必然的に逸脱するのである。ルソー曰く「意志は一般的であるか、そうでないかである(79)」。

自らの哲学が含意するところの自由に潜在している問題を予期しつつ、一般意志から離れていくことは、そのまま非合理的に自分のほんものの自己利益に反して行為することであると、ルソーは読み手に断言している。「私たちはつねに自らにとって善きものを望んでいるのだが、しかしそれが何であるかをいつも知っているわけではないのである(80)」。彼の主張によれば、自由であることとは一般意志に順応することなのである。ほんとうの意味においてその反対を望むことは、不可能なのである。究極的には、一般意志は、それがどれほど深層にあるものだとしても、各々の個人の意志と同一なのである。ルソーは身体との類比を用いて、これを説明している。「この群衆がそうしてひとつの統一された身体になるやいなや、その構成員の一人を、全体を毀損することなく傷つけることはできないのである」。ひとつの政治体に統一された個人は神秘的な意味における唯一の主権者となるのであり、

「主権者が、それを築き上げる私的個人から全体として形成されるものであるからには、それは彼ら自身に反する利益をもたないし、もつこともできないのである[81]」。一般意志に反することを欲望することは、事実上、利己愛という卑俗な情念の奴隷になることなのである。ルソーによる身体の比喩には、コリント人たちに「多くの部分は存在するが、ひとつの身体しか存在しない[82]」ことを思い起こさせようとした聖パウロの残滓《ざんし》がある。しかしながらキリスト教にしたがえば、この一体性は、キリストの神秘的身体における霊的で超越的なものである。ルソーは、その類型の神秘的な一体性が内在的かつ政治的に可能であると思い描いているのだが、それはホッブズが一世紀も前に表明していたことでもあった。ルソーにとって自由とは、この一体性へと参与することであり、また一般意志に服従することなのである。

ルソーやその他の民主至上主義者たちは、すべての合理的で分別のある人格は、理論上は普遍的にこの一般意志に接近し、それを享受することが可能であり、それを選択しない人々については「自由であるべく強制される[83]」と考えている。そこに含意されているのは、すべてのキリスト教徒が同一の永遠の目標を共有しているように、究極的にはすべての人格は同一の基礎的な社会的、政治的欲望を共有しているということである。パウロが言うには、「一人の構成員が苦しんでいれば、皆がともに苦しみ、一人の構成員が栄誉を受ければ、皆がともに喜ぶ[84]」ように、神は身体を造られたのである。市民の身体や一般意志についてのルソーの理解は、多くの点において、キリスト教的な概念の世俗化である。もし一般意志が政治的な概念ではなく神学的、形而上学的な概念であるならば、ポステイリオーラが指摘していたように、有限なる人間にはそれを識別する能力は備わっていないことになる。そしてまた、おそらく人間には一般意志を把握できるような合理的な能力が与えられていないだけでなく、理論上において一般意志が可能となるような仕方で彼らの利益が重なり合うことはない。キリストにおける「一般意志」がキリスト教にとって可能なのは、ベルトラン・ド・ジュヴネルが指摘しているように、彼らが神秘的身体の一部だからであり、社会的身体だからではない(85)。民主至上主義の信念のひとつは、何らかの一般意志における神秘的結合が、共通善についてのアプリオリな構想についての理性的な同意か、規範的なものについての「重なり合う合意」によって、可能であるというものなのだ(86)。

　民主至上主義は、ルソーに同意するのであれば、人類はキリスト教的な隣人愛へと自然的に方向づけられているという根本的信念にまで遡るものである。ド・ジュヴネルによる社会主義への批判は、民主至上主義のこの側面に光を当ててくれるものである。彼が語るところでは、「修道院的共同体が機能するのは、なによりもまず神へと方向づけられていない共同体とは違って、その共同体の構成員が、お互いを犠牲にしてまで自らの個人的な幸福を増大させることを渇望していないからである(87)」。ルソーや他の民主至上主義者にとって、人間は実際に、この種の無限にして自己否定的な愛が可能なのであり、しかもそれを政治的目的や究極的には国家へと向けることができるのである。しかしながら、キリスト教的な無限の愛を、有限な政治的目標とつなげることはできるのであろうか。あるいは善と悪がつねに混合することこそ公共政策の本質であり、それらは、誰に対して、いつ、どのような予想もしないかたちで影響を与えるかという文脈に依存したものなのではないだろうか——人間の活動が視野的に有限な本性をもつことに由来するあらゆる現象のように。ルソーは「連鎖の無限性のうちには誤謬の余地がある」ことを認めてはいたが、真理そのものもまたこの性格をもつことを考慮していないように思われる(88)。一般意志は混じりけのない善であると想定されているが、結局のところそれは政治的理想であり、神性ではないのである。

ルソーと民主至上主義におけるグノーシス主義的思考

ルソーが人間性を本質的に善きものとして描くとき、根源的に変遷する政治的な存在の展望を希望なきものとしてしまうような性格は、そこから除去されている。このような歪んだ性格づけは、哲学者エリック・フェーゲリンがグノーシス主義（ギリシア語のグノーシス、「知」に由来する）と規定したものに顕著な特質のひとつである。それを彼は西洋近代の世界における突出したイデオロギー的な力であると見なしていた。この近代におけるグノーシス主義の第一の要素は、既存の社会的、政治的な現実に対する持続的な不満であり、人間の努力によって永続的にその存在を変容することができるという信念と結びついていることである。フェーゲリン曰く、グノーシス主義的な知識人は預言者の役割を担う。この人間は、「不適切なものとして知覚された世界の構造」を変容させるイデオロギー的な定式を手にしていると主張する(89)。フェーゲリンが主張するには、グノーシス主義者たちは、そのような企てを実現可能なものに見せかけるべく、歪曲と言えるほどまでに、現実の本質的特質や人間の条件を排除したものの見方を提示するのである(90)。ルソーは、人間の社会的関係の歴史について新たな想像の手をくわえて、彼にとって隠された真理であったものを明らかにする。「ああ人々よ、君がどの国から来ようと、君がどんな意見をもとうと、聞け。これこそが君の歴史なのだ」。このように彼は、『人間不平等起源論』第一部を始めている(91)。読者たちのために立法者や教師の役割を用意しながら、ルソーは、社会の病理の源泉として物質的条件を指摘するとともに、「自然」な仕方で人格を共同体に再結合することによって、人間は失われた自由や平等を回復できると信じるのである。ルソーは非社会的で前政治的な人間を、憐憫と共感に満ちた善きものとして提示している。「原初状態における人間ほど穏やかな存在はない」と彼は述べている(92)。それに対して社会のうちにあっては、「各々は他人の不幸のうちに利益を発見し」、また「私たちは自らの同胞の失敗のうちに優位を見出すのである(93)」。一方の極には汚されることのない「自然」の産物があり、他方の極には市民社会がある。人間の行動のこれらの反対の極を物質的環境の産物として描くことによって、社会の再組織化を通じて人間は自らの善性を伴った「自然」状態へと戻ることができるという考えを、ルソーはもっともらしく見せかけている。彼の一般意志の理念がその解決策を提供している。ルソーは矯正のための定式を与えている。「[私的]意志からお互いを相殺するプラスとマイナスを除去したうえで、差異のうちの総和として残るものが一般意志である(94)」。ルソーは、人間の条件についての自らの観念を「決して偽ることのない」自然本性に由来するものとすることで、そこにこれまで秘密にされ続けてきた知識があるかのように思い込んでいる。そこで前提となっているのは、彼による政治の改造を採用しさえすれば、人間は劇的に社会的、政治的生活を変容させることができるということなのだ(95)。

ルソーの政治哲学における「グノーシス主義的」な要素は、何らかの彼自身の人生への不満足や人々や環境に変容を求める欲望を反映しているように思われる。自伝的な著作において彼は、自らの孤独やパラノイアの発作や不幸について、友人や見知らぬ人をも含む周囲の人々を責める傾向にある[96]。「私の病や悪徳は、私自身よりはむしろ大半が私の状況から生じたものだ」と、ルソーはマルゼルブへの手紙において述べている[97]。たとえば彼がもっとも安寧を見出したのは、サンピエール島に独りでいるときなのである。自分自身のことを「その他すべての人によって追放された（中略）人々のなかでもっとも社交的で愛情深い人間」と考えながら、ルソーは自らの敵たち――現実上のものであれ妄想上のものであれ――を、自らの人間嫌いと挫折の原因として非難している[98]。ルソーの信ずるところでは、彼の人生における「長きにわたる悲惨や不幸の連鎖は、彼の仲間である人間の陰謀によって引き起こされているのである[99]」。彼は顔の見えない詐欺師たちを、「虚偽と不誠実」、「不公正」、「不遜」、「悪意」であるとして断罪し、そして自らの仲間すら「退屈で煩わしい」ものと見なしている[100]。ルソーの詳細にわたる弁明書である『ルソー、ジャン＝ジャックを裁く』は、彼がどれほど自らを犠牲者であると感じていたかを暴露するものである。「少なくとも私に責任はない」、自己吟味をした後に彼はこう結論づけるのだ[101]。自らにとって受け入れがたい人類と出会うことによって、結局のところ立法者が人類を変容させて完成させるしかなく、それこそが個々の人間の本来的な善性を目覚めさせることになるのだ、という彼の信念は膨らんでいったに違いない。一方においてルソーは、とりわけ自らが交際した個々の人間のうちに巨大な悪を見出していたが、他方において人類の自然本性のうちに一般的な善性を見ていたのだ。「人間たちは邪悪である」という感情が、「にもかかわらず人間一般は自然的には善いものである」という信念に付随していることは、民主至上主義が概して体現しているロマン主義的な感性の一面に刻み込まれた特質なのである(102)。

新たなルソー的世界観

カール・シュミットは、マルブランシュ、ルソーと近代自由主義のあいだに連続性を見て取り、自由主義の根本的な欠陥は特殊なものの「放逐」にあると考えていた。彼が言うには、この欠陥は、特殊なものを犠牲にして一般的なものを信奉するルソーを参照することで解き明かされる(103)。シュミットの表現を借りれば、自由主義が特殊なものを放逐しようとするのは矛盾したことである。なぜなら自由主義の中心的主張は、それが個性やその人らしさを可能とするというものだからだ。民主至上主義は、世界観としての自由主義の特質の多くを共有しており、それによる特殊なものの「放逐」を暗黙裡に承認している(104)。マルブランシュと軌を一にしつつ、民主至上主義は、「賢明なる洞察ではなく、ただの必要からくる経験」によって駆動される状態からなる法則こそが特殊意志の性格であり、それはまた「自己愛」や「無知」と結びついていると考えている(105)。本書において吟味される思想家たちは、政治は一般的な善を内包しなければならず、また政治術とは、一般意志が最終的に顕現することを可能にするようなシステムを、あの手この手で工面することであるという見方を多種多様な仕方で支持している。民主至上主義は、実際に存在するか、あるいは存在するかもしれない何ものか、そして政治を導くべき何ものかとして、一般意志を提示するのである。しかしながら、この概念がその核心において神学的で形而上学的であるとすれば、そこから、その実践可能性、ひいては規範性にさえ疑念が生じてこざるを得ない。またこの概念によって示唆されるのは、その根底にある枠組みは、自らが主張するほどには民主主義的なものではなく、実際には、政治の建築士ないし哲学者の権威と設計に依拠しているということである。

もしルソーが力説しているように「理性のみから生じてくる普遍的正義が疑う余地なく存在している」とすれば、そのときには不一致は、正義そのものへの陰謀からのみ生じうるものとなるだろう[106]。一般意志の外部に忠誠を誓っているような人格は、共同体の調和に対する脅威となる。一般意志や立法者の力に優先して「彼自身の力」に立ち戻ろうとする人は、ルソーによれば「故郷に対する反逆者や裏切り者」なのである。つまりその者は、「道徳的人格［*personne morale*］ではなく、ただの人」であり、「公共の敵」として死刑に処されるのである[107]。これは、『孤独な散歩者の夢想』のなかでルソーが、彼に対する陰謀に加担している人々は「人間であることを止めている」と彼が類推しているのと、似通った筋道である[108]。ルソーの人間学は、抽象的な一般意志よりも優先して自分自身の意志にしたがう特殊な個人が決定的に悪の側へと転落し、生きる権利さえも譲り渡すことになるような仕方で善と悪を二分する。ルソーの一般意志の用法を、その神学的な起源に照らして理解してみると、たとえばジャコバン派の革命家たちが革命に懐疑的な人々を迫害した際の宗教的狂信の理由が容易に説明できる。一般意志は、完全にして慈悲深い神の意志と同じように、神聖にして不可侵のものとしてあらわれてくる。もし真理が存在のひとつの様式であるとすれば、意見の相違は悪と同一線上にある。交渉や妥協、実用上の合意の受諾は、悪魔との契約を連想させる。このような一般意志についての準

―宗教的な見方を支持することによって、民主至上主義者には、政治的問題を宗教的な言語で表現し、軍事的任務を十字軍として取り扱うような傾向がある。この主題は以下の章において分析されるものであるが、ウィルソンやマリタンは、地上における任務について、宗教的、とりわけキリスト教的な言語にしばしば訴えかける二人の人物だ。ウィルソンが霊的なものと世俗的なものを融合したことによって、戦争時におけるより抑圧的で自国中心的な彼の手法や国外におけるアメリカの使命についての「限界のない力」への彼の渇望は、増幅させられていたように思われる(109)。

概念的には一般意志もまた、ルソーの語っている自然法思想に生じた宿命をたどることになるという結論を回避することは困難である。ルソー曰く「文筆家たちは、共通の便益のために人々が自分自身たち同士で合意するのが適切であるような規則を探求することから始める。そして彼らは、こういった規則の集成に対して自然法という名前を与えるのであるが、そこには、おそらくはそれが普遍的に遵守されてきたことから生じたであろう便益の他には、何も証拠はないのである(110)」。しかしながらルソー的な一般意志とキリスト教的な自然法との主たる相違は、伝統的かつ正統派のキリスト教徒は、自然法が特定の政治的秩序のうちに転移されるべきだと信じようとはしないということである(111)。ルソーにおいては、立法者がこの世に一般意志が実現するのを手助けする。だがこのことは、実際上の民主主義に対して問題を引き起こすことになる。一般意志の正当性は、それが政府からは分離されていることに由来する。ブライアン・ガルステンが指摘しているように、「しかしながら、この主権者の一般性、その実際の政治との隔絶こそがまさに」、政治家によって「それがほぼ確実といってもよい仕方で、濫用されることを可能にしてしまう当のものなのである(112)」。民主至上主義的な思考の永続的な要素となっているのは、人民の意志は、現実的かつ歴史のなかに顕現している人民の意志に取って代わるべき理念として存在しており、しかも哲学者はその真の意志を識別し、それを政治的に実現する方法を工面することができるのだという信念なのである。バンジャマン・コンスタンが確言しているように、一般意志に奉仕するために活動していると人々が主張するとき、彼らは「この推定上の意志の単なる言いなりの道具であると自称することによって、なおいっそう強大な権力を手にすることになるように思われる」[113]。

ほとんどの政治哲学者が西洋世界へのルソーの影響を認めるであろうが、しかしながらその多くは、ここで注意を向けられている彼の思想の特筆すべき重要性についてわかっていないか、あるいは十分に認識していない。一般意志に関する彼の構想と「自由へと強制」されるという戦慄すべき展望をもってして、ルソーのことを全体主義の原型と考える人はいるが、一般意志が社会に対して害をなす根拠を神学的概念の世俗化のうちに位置づけてはいない[114]。あまりにも多くの思想家たちが、ルソーの著作に浸透しているだけでなく、究極的にはそれを統一している中心的な主題に取り組むことができていない。ネルソン・ランドは、『ルソーにおける政治哲学の一新：新たな導入』において、「ルソーが自らの思想を表現するやり方は、意図的な矛盾をはらんでおり、その表層だけを見ればしばしば奇異であり、慎重な思考を要請する細部が詰め込まれている」と記している[115]。差異や分裂を尊重し、エリート主義を回避するものとしての民主主義の伝統的な観念と和解させるのが難しいルソーの政治哲学の側面については軽蔑的な仕方で言及するというのが、ルソーの解釈者たちの通例である。立法者や「高貴な嘘」や神秘的な一般意志――本書が真摯に受け止めるルソーの政治哲学の側面――は、意図的に「奇異」や「矛盾」としてしばしば言い繕われるのである。しかしながら実際には、これらの思想的要素によってこそルソーを理解することができるのであり、またそれらこそが政治哲学に対する彼のもっとも独創的な寄与なのである。他のもの以上にこれらの要素が、慎重な吟味と分析のために選ばれた理由はここにある。これらの主題こそが、ルソーの理論に特筆すべき影響力と一貫性を与えているのであり、民主至上主義のもつ意味や大きな訴求力だけでなく、あまりにも多くの政治理論家、民主主義論者やその他の人々が——知ってか知らずか——これらの同一の要素を自らの思想のうちに取り入れてしまう理由を解明するのに役立つのである。

西洋世界における数多くの政治的、知的、宗教的な人物にルソーが与えた深遠な影響は、必ずしも明瞭ではない。自分自身を「何ものでもない誰か」に移譲するという発想は、日常的な意味における政治をはるかに超える視座に霊感を付与するものである。ルソーの示唆するところでは、生は全体として変容させられうるのだ。彼の理論は、日常や、社会のうちにある分断や不平等という現実、現実政治の煩雑さから逃避したいという願望をもつ者たちに慰めと希望をもたらすものである。『社会契約論』は政治論以上のものなのである。人類の仮説的な原初を基にした新たな社会についての溌剌とした説明は、全体として人間のあり方を変容するような根源的な社会的、政治的変化を約束するものである。もしルソーの政治哲学が説得的に見えるとすれば、それは、人間存在のあり方の基礎的条件を新たに想像するという世界観の全体に、それが符合しているからである。

ルソーの直接的ないし間接的な影響によるものであれ、あるいはその人独自のものであれ、非常に多くの思想家やその他の人物が、ここで民主至上主義と呼ばれているものや、それと区別不可能な思考や想像力のパターンに貢献してきたのである。どの程度までルソーが実際に影響をもったのかについて確証はないし、その査定を試みることは本書の目的でもない。目的となるのは、気づかれていないわけではなかったが、しかし体系的に分析されたり定義されたりすることのなかったイデオロギーの諸要素やその甚大な影響を規定することである。いまこそ、そのような努力をすべきときである。本作においてルソーが中心的な役割を担うのは、彼がこの強大な歴史的力の最初期の典型的な代表者だからである。ルソーに深く分け入っていくことは、民主至上主義の鼓動に接近していくことでもあるのだ。

第2章 民主至上主義の定義に向けて

はじめに

民主至上主義は、民主主義の辞書の枠組みの内側にあるが、それを規定している特性は、「人民による支配」とはほとんど関係のない新たな存在様式への願望である。それは、アメリカやおもな西欧諸国やその植民地的な衛生国（以後、単純に「西洋世界」とだけ言及する）におけるもっとも強力な統治体の、選挙によって選ばれた公人やそうでない公人の想像力に深い影響を及ぼしてきた、生や政治を理解するための包括的な枠組みなのである。その非民主的な含意にもかかわらず、民主至上主義のイデオロギーは、たいてい民主主義そのものの同義語とされている。以下の章が具体的に明らかにしていくように、民主至上主義の抱く展望は、まったく新たな民主主義の時代の空想的な約束という点で、過去や現在の宗教的セクトの抱いている千年王国的な希望と共通するものが多い。他の多くの「主義」と同じように、民主至上主義は、支配の類型以上のものを指し示しているのである。本書の課題は、民主主義そのものの利点と欠点を分析することにあるのではない。本書が試みるのは、一七九〇年にエドマンド・バークが以下のように語ったときに、その念頭にあった現象を特徴づけ、また定義することである。彼は、「民主至上主義者は、気を緩めているときには共同体の下層部を最大限の軽蔑をもって扱っているくせに、同時に彼らがあらゆる権力の貯蔵庫であるかのように装っている(1)」と冷やかしているのだ。私が探求しているのと同じ対象のいくつかの側面に少なくとも接近するために、この用語を用いている人々は他にもいる(2)。ジェームズ・バーナムは、「統治の技術上の問題は、可能なかぎり直接的かつ厳密かつ迅速に人民の多数派の意見を翻訳できるように設計された制度や手続きにある」と考えるような「民主主義のイデオロギー的な構想」を描写するために、「民主至上主義」を用いている(3)。エリック・フォン・キューネルト＝レディーンは、偽名で執筆された彼の処女作において、ときどき「民主至上主義」という言葉を使用しているが、それは「民主主義的な生活様式」や、また民主主義という文化的、社会学的な現象、とりわけその「全体主義的な（万事を包括し、また統制しようとする）」傾向を指し示すためのものである(4)。しかしながらフォン・キューネルト＝レディーンは、民主至上主義のもつ「衆愚政治」ないし群衆支配的な衝動を強調し、バーナムもまた同様に民主至上主義のイデオロギーのうちに人民による無媒介な支配への危険な傾向を見て取っているにもかかわらず、道徳的にも国制的にも明らかに疑わしい人民による直接的支配への欲望という、民主至上主義の表面上にある何かにしか光を当てていない。それがより広範な人生観や政治観を表現するものであるということを意識して「民主至上主義」という言葉を用いた人物の一人が、クラース・G・リンである。『高潔なるアメリカ（二〇〇三）』において、リンは次のように述べている。すなわち「民主主義の諸問題が、その生き残りについての疑念を浮上させるかのように思えると同時に、新たなイデオロギー――その顕著な側面のひとつは民主至上主義と呼ばれるかもしれない――によって、民主主義の優越性と伝道的使命が強調されることになるのである」。続けてリンはアラン・ブルームを引用するのだが、彼が『アメリカン・マインドの終焉（一九八七）』において、「民主主義以外のいかなる他の政治体制に対しても、思想的根拠は残されていない」と唱道するとき、彼はこの民主至上主義的信仰の代表者として行動しているのである(5)。しかしながらリンは、民主至上主義の意味を分類するという課題には着手していない。本書が試みるのは、レトリック上では人民の意志を擁護しながら、実際には人民による支配などにほとんど気を配っていない、この複雑でしばしば捉えがたいイデオロギーを定義し、具体的に明らかにすることなのである。

民主至上主義の空想的要素

民主至上主義は、民主主義についての特殊な理解に基づく精巧な哲学や論理というよりは、道徳性や善と悪、人間本性、政治的プログラムの可能性の限界やその他の根本的信念についての直観としての想像力の次元で働いているものである。たしかに理性的な論証がこれらの想定を支えてはいるのだが、これらの信念はすべて、深層の想像力の次元において結びついている。ルソーの手厳しい批判者でもあったアーヴィング・バビット（一八六五－一九三三）が主張するように、「ルソーの時代から数多の人々が彼の追従者に数えられてきたが、それは彼らが何らかの思想をもっていたからというよりは、似通った性質の想像力を発揮してきたからである[6]」。バビットによれば、想像力こそが、生というものが実際にどのようなものであるかについての私たちの感覚を導いている原初的能力なのである。バビットは、二種類の想像力があると考えている。すなわち、お花畑的なものと道徳的なものである。バビットにしたがえば、お花畑的な想像力の範例となっているのがルソーであり、それを規定する特質は、過去であれ現在であれ、その人を動機づける視座として、何らかの黄金時代に目を向ける傾向をもっていることである。「あらゆる統治形態が、多数派の意志がつねに公正かつ妨害されることなく獲得されるほど完全に工面」されうることはないだろうとジェファーソンが嘆くとき、彼が吐露しているのは、まさに完全で純粋な民主主義に憧憬を抱く生粋の民主至上主義的な性向なのである(7)。一般意志についてのルソーの論理や『社会契約論』のその他の側面を採用した人々が——必ずしもルソーが執筆したもののどれかを読んでいないにしても——人間本性や彼の政治的結論の多くを大部分において共有しているのは、偶然の一致ではない(8)。民主至上主義者たちにとって「ほんものの」民主主義は、広がっていく新たな政治的プログラムへの祝福とともに、いつでもすぐそこにやって来ているのである。もちろん以下の各章で示していくように、こういったことは異なった思想家において異なった表現をとっているが、ひとつだけ変わらないことは、歴史的に実践されてきた民主主義に対する断固たる不満であり、また新たな社会的実践やプログラムがひろく受け入れられていきさえすれば、平和と平等の新たな時代が可能になるという期待である。

民主至上主義　対　共和主義

民主至上主義の主たる教義が多かれ少なかれ初めて包括的に精緻化されたのは、ルソーの『社会契約論』においてである。それは、人民主権についての古典的な理解とはほとんど共通するところのない、新しい「民主主義」の類型を言祝《ことほ》いでいる。ルソー的な種類の民主主義は、民主的で平等な方向性で社会を改革しようとする純粋な欲望から生じたものなのかもしれないが、出生や富や宗教を基礎とするのではなく、この民主主義についての新たな理解を根拠とするような巧妙な新しい社会的、政治的階層秩序を花開かせるものである。

では民主主義についての民主至上主義的な解釈は、いわゆる古典的な共和主義ないし、アメリカの創設期にあった類型の共和主義と、どのように異なっているのだろうか。結局のところ、これらの共和主義の類型も、どこか民主至上主義と共通するところがあるようにも思われる(9)。民主至上主義と同じように、共和主義も民衆を責任ある統治の源泉と見なすことはない。両者は、ある種のエリートが、「自らの国のほんとうの利害を最善の仕方で識別できるような市民の選抜機関を媒体として介在させることで、公衆の意見を規定し直したり、敷衍したり」するべきであると信じている(10)。だが本書において多くの民主至上主義的な傾向の代表者として規定するジェファーソンが、共和主義についてのフェデラリスト的な解釈に対して強烈な異議を唱えており、とりわけジョン・アダムズのような他の起案者と周知のように反目し合っていたという事実のせいで、マディソン的な共和主義とジェファーソン的な民主至上主義の相違は捻じ曲がって伝えられてしまっている。ジェファーソン自身も自らを共和主義者だと考えていたが、それはまったく異なった種類のものなのである。彼が主張するところによると、ほんものの共和主義とは「多数派によって構築された規則にしたがって、直接的かつ個人的に行為する群衆となった市民たちによる統治」のことであり、アメリカ合衆国憲法に法典化されているような統治の類型は、その定義を満たしていないのである(11)。ジェファーソンや他の民主至上主義者が述べるところでは、代議士は人民の意志をただ伝達するべきなのであって、マディソンやアダムズやハミルトンや他の人々が他の古典的な思想家に即してそう信じていたように、それを洗練させたり、あるいは他の貴族政的な要素と混合する必要はないのである。しかしながら本書で例に挙げる人々が示しているように、民主至上主義は、巧妙なやり方で人民の意志を「洗練する」ことを追求する。あるべき人民の意志に表現を与えるよう取り組みながら、民主至上主義は、さまざまな制度的手段や理論的手立てに依拠して、反対の意見を何らかの面において「非民主的」であると片づけることによって沈黙させるのである。

人民からその最高度の一般意志を巧妙に引き出すというある種のルソー的な「立法者」への民主至上主義者の願望と、共通善に反するような集合的な多数派の派閥を制限するような制度的なメカニズムへの、たとえば『ザ・フェデラリスト』におけるマディソンやハミルトンの願望のあいだの相違は、わずかなものではない。前者の類型における「共和主義」は、もし民主至上主義がそう呼ばれうるとして、後者の共和主義とはまったく異なる哲学的人間学に基づいているのである。マディソンやアダムズやアリストテレスやキケロなどの人々が条件つきで支持している共和主義は、人間というものがしばしば悪に引きつけられてしまうという信念によって導かれている。宗教、家族や共同体、伝統や社会的規範のような制度は、最低でも利己的欲望を抑制し、また共通善を傷つけるような行動を調停するものである。それに対して民主至上主義は、これらの制度は問題の一部であり、置換されるべきであると考える。くわえて古い類型の共和主義によれば、人民は、とりわけそれが群集となって行為するときには、人間の心理における道徳的な本性上の欠陥によって愚かな決断を下してしまう絶え間ない傾向をもっているのである。だからこそ、まずもってその道徳的な優越性によって規定されるところの啓蒙された指導者階級が、人民の意志をその最高度の表現まで昇華することが必要となるのである。これらの古典的な精神をもった思想家たちは、和らげられていない多数派の意志への不信を率直に認めていて、その瞬間的で利己主義的な激情を恐れている。彼らの信ずるところでは、道徳的に立派な指導者が、拙速で軽率か、さもなければ短絡的な決定から人民を遠ざけなければならないのである。しかしながら、これらの人物も、実際の統治に対して発揮される人民の意志の影響の役割を確実にわかってはいた。アリストテレスですら、少なくとも人民の暗黙における支持を欠いた統治は持続することができないと確信していた。そして彼の主張によれば、善き統治には、人民による支配という目立った要素が含まれるのであった。

古典的な類型の共和主義は、民衆を共通善にまで引き上げるという任務を政治家が実現するためには、弁論術の能力が必要不可欠であると考えていた。当然のようにキケロは、弁論的洞察力を共和主義的に政治的効果へと転移した卓越した事例である。ジェファーソンは、教養ある能力の秀でた作家であるにもかかわらず、周知のとおり、公的な演説においては小心者であり、それはおそらく彼がこの伝統的な共和主義の陣営に与《くみ》することを望まなかったからであろう。ルソーに始まる彼やその他の民主至上主義者たちは、美辞麗句が卓越した推論の場所を奪ってしまうものと想定して、効果的な弁論を扇動と結びつけたのである。これこそが、ルソーが『社会契約論』において、市民が一般意志を識別する前にお互いにコミュニケーションをとることを禁じた理由のひとつなのである(12)。彼からすれば、市民たちが考えを交換することを認めることは、怜悧《れいり》なレトリックの能力をもった市民が他の人々の意見を不公正に排除することを許すものであり、何の利点もないのであろう。

リーダーシップについての民主至上主義の理論

ルソーやジェファーソンや他の民主至上主義者たちは、人間本性が一般的に善いものであると信じている。人民は、もし正しい情報が与えられさえすれば、共同体にとって最善の利益であるものを、たいていは選択することになるのである。政治的指導者が人民のなかで道徳的に優れた人物である必要などないのであって、実際にほとんどの民主至上主義者にしたがえば、歴史的に政治的指導者たちは、むしろしばしば人民のなかの道徳的に劣った人物であったのだ。民主至上主義によれば、ほんものの民主主義を実現するために要求されるのは、自明なものとしてそこにありながら、しかしつねに十分に明晰にはなっていない、ほんものの理性的な行為の進路へと人民が開眼するのを助けてくれるような新しい指導者階級が登場することなのである。指導者の概念について議論をするときに民主至上主義者たちが強調するのは、その技術的な側面である——教育システムを改善し、標準化するとともに、既存の指導者を一掃して、制度を再設計するというように。既存の指導者階級や古いシステムがほんものの民主主義の出現を妨げる罪人であると見なされるがゆえに、民主至上主義者たちの著作のほとんどには、これらの制度の破壊が伴っている。たしかにアメリカ合衆国憲法の起草者たちは、正しい制度によって市民の態度を制限したり形づくったりすることができると考えてはいたものの、彼らのほとんどは、理念化された公衆に対する規範的信念によっては方向づけられていなかった。人間本性は、それがありのままのものであれば、そういった理想の追求を挫折させるものなのである。

そうではなく最善なことは、ハミルトンやアダムズのような思想家――その哲学的系譜はアリストテレスまで遡る――が信じていたように、何らかの所与のものでうまくやりくりすることなのである。マキァヴェッリと同じように、現実ではなく理想に目を向ける政治家から生じるのは、理想の都市国家ではなく、むしろ彼の共和国の崩壊であると、彼らの多くは考えているように思われる。

クエンティン・スキナーは、『自由主義に先立つ自由』を、一六四二年のイングランド内乱の当初において、チャールズ一世に対して影響力ある反対派の一員であったヘンリー・パーカーの引用から始めている。パーカーの議論によれば「〈国家に関わる事柄や法に関わる事柄における至高の審級〉は、究極的には主権者である人民の代表者としての二つの議会にあるべきなのである。〈主権の全体的権能は〉(中略)〈権力は君主にあっては二次的で派生的なものである〉ことを認めることに基づいている。実際上の源泉となっている原因は人民なのであり、だからこそ人民によって選ばれた代表者たちは、〈国王なしでも公的に緊急の事柄の判定者〉である権利をもつのである(13)」。議会を媒介とする人民の主権の正当性についてのパーカーの見方は古典的な共和主義のもので、それはホッブズ的なコモンウェルス支持者への敵対者たちの特徴であり、アメリカ合衆国憲法の起草者たちの思想のうちに存在し続けている考え方である。こういった共和主義に対するかつての理解においては、フランスの革命家たちにおいてそうであったように、抽象的で未分化な全体としての人民による直接的支配に訴えかけられることはない。そうではなくパーカーやキケロ、ロック、ジョン・アダムズのような他の人々は、歴史的性格をもった代表制統治の何らかの形式を条件つきで支持するのである。つまり彼らにとって自明であったのは、主権が依拠しているのは、議会において事実上、物理的な代表者を有するような現実上に存在している人民なのである。しかしながらルソーは、人民主権について決定的に異なった解釈を採用している。ルソーが熱弁するところでは、人民が主権者であるのは、彼らがほんものの一般意志を代表するかぎりにおいてであり、それは深層の形而上学的次元では彼ら自身とも一致するものなのである。人民が代表されるのは、多種多様な利害を有するさまざまな団体としてではなく、神秘的な真実の立法者の手による唯一の実在としてなのである。

民主至上主義と絶対主義

非歴史的な「民主主義」（あるいはルソーが名づけるところでは「共和主義」）が新たに定式化されたことによって、それは民主主義についての思考にとってパラダイム的なものとなり、まったく新しい「民主主義」思想の伝統が創始された。しかしながら矛盾したことに、それは共和主義にとっての最大の敵のひとつである思想と類似したものとなっている。よく知られているようにホッブズは、抽象的な実在としての国家を主権者とするような主権の新たな見方を表現した。ホッブズが『リヴァイアサン』において、次のように議論していたことを思い出そう。すなわち国家とは「〈多数の群衆が（中略）その活動について自分たち全員をその張本人とするような一個の人格なのであり〉、そして〈この人格を担う者こそが主権者と呼ばれるのである(14)〉」。スキナーの指摘によれば「ここにおいてこそまさに、国家とは主権的権力を行使する人々によって担われ、また代表される人工的人間の名前であり、その代表としての行為が正当性を付与されるのは、それらがそれら自身の臣民によって授権されているからである、という明白な主張に初めて出会うのである[15]」。ここには、ルソーのほんものの一般意志との明確な並行関係がある。ルソーもまた、多数の人民が統一体を構成し、それらは立法者——ホッブズにおける主権者——によって「代表される」と主張しているのだ。

ルソーの『社会契約論』は、ホッブズの『リヴァイアサン』と模範的な仕方で合致するものとは考えられてはいない。というのも、人民は究極的に自由であり、立法者は人民の意志を現実化するための存在論的な役割を果たすだけの一官吏に過ぎないと、ルソーは強調しているからである。ルソーが述べるところでは、人民はそれぞれに自分自身の意志にのみ忠実なのであり、それは自らの道徳的良心にしたがうかぎりにおいて、一般意志と偶然的に一致するものなのである。しかしながら、生活様式や伝統や国制なども含めた自らの歴史的なあり方の事実によってではなく、形而上学的実在としての自らのあり方によって人民が創始するものとしてのルソーの抽象的な国家の概念は、ルソーの政治哲学を、ホッブズのそれの側へと近づけるものである。二人はともに非歴史的な思想家であり、人民を超越した抽象的で準‐神聖な意志を措定している。ルソーが熱弁するのは、彼らはただ一団としての利益のうちにある意志に服従しているだけであるがゆえに、人民は「以前と変わらず自由である」ということである。だからこそ人民は、他の意志を実際には望みえないのだ。しかし他方でホッブズもまた、絶対的主権の下で生活する人民は、彼ら自身の意志の影響によって物理的に侵害されないかぎりは、「自由」であると主張している[16]。二一世紀の読者たちは、同時代のホッブズの政治的敵対者と同じように、このような自由の観念に対して反抗するだろうし、そのような定義は、ほとんど馬鹿げた結論に至るほど狭隘だと考えるだろう。しかしながらルソーの自由についての理解は、それよりも理に適っているのだろうか。ルソーが断言しているのは、彼がほんものの一般意志と呼ぶところの何かを、すべての人民は心の奥底では欲しており、それを甘受することが自由であるということなのだ。この自由についての非正当的な理解は、それが空疎であるという点で、ホッブズのそれに容易に比肩するものである。ホッブズは、人民は、彼らが身体的に妨げられないかぎり、自然的な自由を享受するが、臣民としては、彼らが王の意志に服従するがゆえに自由ではないと認めている。ただ、もしホッブズが、君主というものは当然臣民の最善の利益をつねに心がけるのであり、人民が自らの慈悲深い意志にしたがうときには、臣民に自由を付与すると語っていたのであれば、それは、自らの表現する意志がほんものの一般意志と一致するかぎりにおいて市民は「自由」であるというルソーの命題とは質的にまったく異なったものであっただろう。市民には「自由へと強制される」必要のある人がいるというルソーの悪名高い発言は、このような比較が、じつは公正でないことを示唆している。「自由」や「平等」という古典的な共和主義の用語法を展開することで、ルソーは、それ以外の点ではむしろホッブズの絶対主義の理論に類縁性をもつものに民主主義の化粧板を貼りつけているのである。ホッブズが次のように語っていたとき、それは正しかったのである。「ラテン語の〈自由（*libertas*）〉という言葉に、どんな形態の都市の城門や小塔にも望みどおりに書き込めるほどの豊富で広大な性格が刻み込まれている(17)」。その想像力を支配する抽象的なレトリックのもつ力が、ルソーの「民主主義」論には顕著にあらわれており、それが最終的にはホッブズ的な絶対的主権の形式を正当化しているのである。

教育と人間本性

民主至上主義が抽象的な言語を頻繁に用いることが、そのプログラムや理論の多くが、実際にはそうでないときでさえも、あたかも民主主義や共和主義についての伝統的な観念と共約可能であるかのような外見を与えることに一役買っている。「教育」は、民主至上主義者たちが訴えかける抽象的な用語のひとつである。教育の土台となるものについての民主至上主義的な理解の教義を吟味することがなければ、同じように洗練された市民としての徳の必要性を強調する古典的な共和主義と、民主至上主義は軌を一にしているように見えるかもしれない。しかしながら、本来の教育を形づくるものについての民主至上主義者の理解は、根本的に異なった人間本性についての理解によって動機づけられている。人民は一般的に善であるという民主至上主義の信念は、ただ人民は何らかの形態の啓蒙によって彼らのほんものの理性的な利益に目覚めさせるべきであるという考え方につながっている。そこで想定されているのは、そうすれば人民は、自らの利益に合致するような政策を代表するような指導者を選ぶことになるということである。つねに前提となっているのは、人民の最善の利益は、民主至上主義者によって価値があると思われているそれと同じものになるということである。政治とは、古典的な共和主義者にとってそうであったような道徳的－倫理的挑戦ではなく、正しい推論や判断の事柄である。古典的な共和主義が主張するのは、教育は魂の彫琢《ちょうたく》にとって重要なものであり、それは究極的にはポリスの国制に影響を及ぼすのだということであった。たとえばアリストテレスにとっては、教育とは、正しい行為を通じた習慣づけの修練と性格（*ēthikós*）の陶冶であった。『ニコマコス倫理学』は教育論であり、とりわけ性格形成やその政治的生活への関係についてのものである。民主至上主義も同じように、健全なポリスにとって教育は必須条件であると信じているが、アリストテレスとは違って、彼らは、「いかなる道徳的徳も自然のままで私たちに植えつけられることない」とは思っていない(18)。反対に民主至上主義には、ルソーに同調して、人間の破壊的願望には「外在的な原因」があり、そうした外部にある悪の源泉（悪しき制度や伝統）が除去されるならば、調和ある均衡が回復されると考える傾向があるのだ(19)。ルソーの『エミール』とアリストテレスの『ニコマコス倫理学』を対照してみよう。教育についてのルソーの微細な省察は、いかに後見人がエミールの生まれながらの善性や合理性を引き出すことができるか、そのやり方について詳述している。『エミール』は、民主至上主義の縮図のようなものである。そこで想定されているのは、子どもというのは自然的に善いものであるが、その「自発的な」善性を発揮するには指導が必要だということである(20)。ルソー的な精神構造をもった共和主義者にあっては、教育はロマン主義的あるいは啓蒙的な香りを鮮明にまとっている。ルソーもジェファーソンも同じように、賢い選択をするためには、人民が「十分に洗練されている」ことが必要であると強調している。しかし一方で、ルソーが妨げられることなく溢れ出る心の衝動を認める必要に重きをおいているのに対して、ジェファーソンは人々における合理的ないし科学的な知的能力の必要性を力説している。民主至上主義一般の特徴となっている教育についてのこのような理解は、アリストテレスにおける「理知的な徳」の観念とその形成により近似している。行為によって開花していくべき道徳的な徳とは違って、理知的な徳は教えられるもののようである。主として道徳的行為が正しい推論から生まれると想定するがゆえに、民主至上主義はたいてい、教育の第一の目標として、もっぱら何らかの合理的な思考にのみ焦点を絞るのである。こうして民主至上主義者たちは、教育を監督しようとする人々——それは思うに、民主至上主義者自身なのだが——が、知性的な上部階層というよりは、単なる技術的な専門家であるような印象を振りまくことができるのだ。

人民が全体としては自然的に善であると主張することで、民主至上主義は概して、民主主義的な指導者という話題を避けるのであるが、実際はそれがこの哲学の核心なのである。直接的な人民による支配に対する民主至上主義の欲望と、エリート的な指導者階級が人民をあらためて方向づけるべきであるという信念のあいだの緊張は、部分的には、その哲学的人間学の産物である。生来において人民は善であるという前提から出発することによって、民主至上主義は、自らが規範であるべきだと主張している自由や平等からの永久的な逸脱について何らかの説明をしなければならなくなる。だからこそ公務に携わる者や制度、その他の邪悪な作用に責任が帰せられるのである。「人民が自らの手で集まることができていない」とジェファーソンは嘆いている。「彼らの代表は不平等であり、堕落してしまっている。多種多様な妨害があらゆる立法案に立ちはだかっているのだ。党派が公的な評議会を牛耳っている。それらを収賄が腐敗させている。それらは、個人的な利害のせいで構成員の一般的利益という正道を踏み外している。そこから他にも余計な妨害物が生じている(21)」。以下の章における例が明らかにしていくように、民主至上主義には強烈に陰謀論めいた要素があるのだ。

民主主義の歴史哲学

民主至上主義者は、破綻した民主主義の泥沼から新たなあり方へと人民を自ら導いていくことができると仄《ほの》めかす。民主至上主義それ自体に精通している者が、社会をその目的論上の終末まで導いていくべきであるという確信は、民主主義の歴史哲学によって支えられている。歴史はほんものの普遍的な民主主義をその目的として指し示しているという考え方には、民主至上主義だけではなく多種多様な装い――有名なところではアメリカの「明白な天命《マニフェスト・デスティニー》」やアメリカ例外主義があるが――があると考えられるが、それはまた民主至上主義の特質のひとつである。実際、単線的な歴史の物語は、近代における民主主義思想の大部分に浸透しきっている。その他の点では民主至上主義とはまったく相容れない「民主主義者」であるアレクシ・ド・トクヴィルでさえも、「民主主義を阻止しようと願うことは、神自身への反抗である」と主張している(22)。「諸条件の平等化の漸進的発展」は「摂理的事実である」と、トクヴィルは『アメリカのデモクラシー』の序文で述べている。「それは普遍的で、永続的で、日々人間の力の及ぶ範囲を逃れていっている。すべての出来事も、すべての人も、この発展に奉仕しているのだ(23)」。ジョン・クインシー・アダムズも、その他の点では民主主義的な現実主義者であったが、彼の有名な「独立記念日演説」において、アメリカ独立宣言の諸原理は「地球の表面全体を覆っていくことが定めとなった新しい組織の土台である」と宣言している(24)。民主主義が、ただの政治システムとしてではなく、生活様式としても決定的な宿命となっているという考え方は、西洋近代の想像力を強力に統御してきたものである。

ウッドロー・ウィルソンやジャック・マリタンやジョージ・W・ブッシュのような、本書が認定するところの民主至上主義者たちは、善や悪、光や闇、神の摂理というようなキリスト教の言語を、彼らが解釈するところの民主主義のための世界史的闘争を描写するために採用している。しかしながら民主主義の歴史哲学は、本質的には内容を同じくする信念を記述するために、過度に宗教的、千年王国的な言語に頼る必要はない。ほんものの一般意志の実在に対するルソーの確信や人民に対するジェファーソンの信仰、「無知のヴェール」によって人民はほとんど決まって政治的に規範的なものとして何らかの自由民主主義の形態にたどり着くというジョン・ロールズの信念、これらはすべて、正しい条件――それを民主至上主義は促進できると提案するのだが――が与えられれば、歴史的に不可避のものである民主主義への根本的な信仰を証立てているのである。民主主義の「波」や民主主義の「退潮」といった言葉づかいが、多くの人にとって民主主義こそが規範であり、その他の社会的、政治的形態は時代遅れで、進化を期待されるものであるということを示唆している。近代における民主主義論は、多かれ少なかれ濃淡はあるが、このような歴史哲学に依拠しているのである。

民主主義的帝国主義の外交政策

民主至上主義の外交政策の帰結のなかには、拡張と民主主義的帝国主義への傾向がある。この点については、とりわけジェファーソンとウィルソンと戦時民主至上主義を扱う章において焦点を当てる。政治というものは理性によって秩序づけられるという信念と、私たちがグローバルな民主主義の時代の夜明けに近づいているという信念という二つの信念に導かれることによって、多くの民主至上主義者ははるか遠くの国々にいる抑圧された人民の解放を訴えかけてきた。より冷静な精神をもったジョン・クインシー・アダムズですらも、歴史を進歩的‐民主的な方向性で解釈するような近代の民主至上主義の誘惑を吐露している。彼の主張するところでは、独立宣言は「市民による統治という唯一の正当な根拠をもった国民による最初の厳粛な宣言であった(25)」。このような感情の共振それ自体は、ルソーの『社会契約論』の冒頭の数行における同一の主張――「人間は自由なものとして生まれたが、いたるところで鉄鎖につながれている」――にも反映されているが、どの党派に属するかに関係なく、著名な西洋の民主主義者の多くの演説や書物のうちに見出される(26)。他の既存の政治体制を正当でないものと見なすことの帰結として、バビットが指摘しているように、十字軍的な精神性が促進されることになる。ルソー的な民主主義のイメージを採用した革命期のフランスにおいては、「友愛への意志よりも権力への意志が強力であることが露わになったし、しかも人道主義的な十字軍として始まったものが、結局のところ、ナポレオンと帝国主義的な侵略で終わったのだ(27)」とバビットは断言している。民主主義の名の下における人道主義と軍事的介入のあいだの漠然としたつながりについては、本書の第七章で吟味するが、バビットの申し立てるところによると、「理想主義と帝国主義は、実際にはお互いにかなりの程度、正比例の関係にあるのである(28)」。

拡張主義的で帝国主義的な外交政策は、民主主義的な理想主義に起こりうる唯一の帰結ではない。

国内的な次元において、民主至上主義は、その信念に反すると見なされた人々に対する、ますます大きな権力や統制への欲望をかき立てる。この点について、ルソーは『社会契約論』のなかではっきりと述べている。とりわけ戦慄すべき一節において彼が宣言しているのは、社会契約を逸脱するような人は誰でも「反逆者や裏切り者」となり、契約の「構成員であることが停止される」ということである。「そのような場合においては、国家の保存と彼自身の保存が両立しないものとなる。そうして二つのうちのひとつが消滅しなければならない」とルソーは語る。「有罪となった党派が死刑に処されるとき、彼は市民ではなく、敵なのである(29)」。その者は「道徳的人格（*personne morale*）」と見なされることすらなくなるのだと、彼は言うのだ。これは極端に見えるかもしれないが、ルソーはただ単に民主至上主義をその論理的結論まで導いているだけである。民主至上主義者は人民の意志こそ至高のものであると告白するが、しかし人民主権という観念から非歴史的な理想を抽象するのである。その理想に順応しない人格や集団について、彼らは、民主主義の完全な構成員としての市民権や地位を放棄したものとして説明する。「ほんものの」人民を構成するような市民であれば、民主至上主義者自身と同一の規範を好むということが想定されているのである。民主至上主義者に同意しようとしない人々は、「過激派」、「原理主義者」、「権威主義者」、あるいは何らかの非主流派として嘲笑される。ジェファーソンは敵のことを「独裁信者」と呼んでいる。矛盾したことに、これらの人々は、民主主義の名の下に穏便なかたちで、民主主義の社会から追放されるのだ(30)。このようなことは、戦争期におけるウィルソンの大統領としてのあり方、とりわけ彼が市民の自由を抑圧し、不一致を統制するために広報委員会を設置したときなどに顕著であるが、たとえばより巧妙でわかりにくいあり方ではあるものの、熟議民主主義においても明白である。熟議民主主義における数多くの手続きや受け入れ可能な議論についての慎重な枠組み設定には、ある規範的結果に対する欲望と、それに付随する、礼儀作法を遵守できない人を排除する必要が暗黙裡に含まれているのだ。そうした人々は、「開かれた」「ほんものの」民主主義的な議論に関心をもたない敵として、容易に排除されるのである。

民主至上主義と民主的正当化

本書の意図が、純然たる多数派の意志こそが政治的に規範的であるべきだと示唆することにはなく、むしろ何人かの担い手による単なる偽善より、もっと手の込んだ体系的な性格をもつ現象を研究することにあるということは明記しておくべきである。言葉のうえでは人民の意志を擁護しながら、意識的にせよ、そうでないにせよ、同時にその意志を掘り崩すために活動するような、近代におけるもっとも著名な「民主主義者」たちの幾人かには、ある紛れもない型がある。これらのいわゆる民主主義者たちは、人民の意志が立法へと翻訳されることを欲してはおらず、その代わりに自分たち自身の信念が制度化されることを願っているということを、表立っては認めようとしない。これら数多くの人物たちの信念や活動を比較してみると、彼らが共通して民主主義に理論的にはコミットメントしていながらも、その現実上の実践への欲望はもっていないことが明らかとなる。自らが主張しているほどにそれが民主主義的なのかどうかを理解するために、このような現象について研究してみることが重要なのである。歴史的に築き上げられてきたものとしての人民は、実際に主権者になっているのだろうか。それとも、想像上の民主主義の歴史の駒として、ただ抽象的な意味においてのみ、人民は主権者なのだろうか。じつのところ民主至上主義には人民の意志に対する敬意がまるで存在していないことが暴露されたとすれば、このイデオロギーはいったい何に、その正当性の依拠をおいているのだろうか。これらは重要な問いである。というのも、ルソーや、いまに至るまで彼の思想を取り上げてきた人々は、政治における唯一可能な正当化の理論を発展させてきたと主張するからだ。そして彼らはまた、それこそが民主主義的であると主張する。

本書において吟味される各々の思想家の明示的ないし暗黙裡の哲学の核心にあるのは、その根底にある政治的生活の合理性への信念である。民主至上主義者（やその他大勢）にとっての政治の挑戦とは、たいていの場合において技術的かつ物質的なものであって、新しい政治‐経済学的な建築術と合理性、そしてこの新しいシステムを評価できるだけの能力を奨励するだろう後見的な教育プログラムによって解決されるべきものなのである。以下の章における例によって明らかになるように、管理統制主義や科学主義の要素はしばしば、さまざまな段階における権威主義につながるものである。それは巧妙でわかりにくいものではあるが、制度的なメカニズムといわゆる民主主義的な手続きを介した厳格な統制への欲望は、合理的で正当なものとなると想定されている結果を統御しようとする欲望に由来するのである。もし結果——平等主義的な民主主義——が正当なものであるならば、この考え方を抱いている人々にしたがえば、その結果に至るための手段は邪魔されるべきではない。「つねに正しく、つねに公益を目指しているような」一般意志が実際に存在しているとすれば、その結果として、手続きに服従することを拒む人々や「一般意志」と見なされたものと自らが一致しないと考えるような人々は、敵、あるいは「協約の侵犯者」と見なされることだろう(31)。実際に民主至上主義者による民主主義のバージョンにおいては、市民として数えられることができず、むしろその代わりに、ジェファーソンの言葉づかいを借りるのであれば、「矯正不能な人々」と見なされるような多くの人——ともすれば多数派でさえある——が存在しているのである(32)。

将来への含意

民主至上主義はその野心において拡張的であり、遅かれ早かれ、世界は民主主義をよろこんで受け入れるだろうと期待している。アメリカの選挙民たちが際限のない解放のための戦争に辟易しているのに対して、権力ある地位にいる人々が再び、解放のための「正しい」戦争への支持を鼓吹できるかどうかには議論の余地がある。あるいはともするとエリートたちは、民衆の代理として、たとえば「色の革命」に乗り出すことによって、迷信的な仕方で、民主主義のための戦争を遂行し始めようとしているかもしれない。民主至上主義は、民主主義の十字軍として顕在化していなくても、それは地球全体で発生する民主主義の「ドミノ」への期待感のうちで待機しているのである。民主至上主義者はまた、主要な民主主義国家による政治的指導へとしたがうことを諸国に促すために、戦争の代わりに、たとえば経済制裁や貿易上の優遇措置などの戦術を用いる。これらの特殊な外交政策を方向づけ、導いているのは、またも民主至上主義の歴史哲学であり、それは当然の理として民主主義が地球を席捲することを期待するのである。他の国家を民主主義へと動かしていくことを試みるために富や政治的影響力を使用する西洋の諸国家の動因として、部分的には、こうした強制的な行為が、ある国家を漸進的に民主主義的な理想へと近づけていくだろうという想定がある。民主主義の名の下における西洋の諸国家の発案が失敗に終わったり、断固として拒絶されたりすると、それはたいへん驚くべきことであるとされる。表面上は民主的な国家が、民主主義やそれに付随する西洋的規範から身を翻《ひるがえ》したりするならば、とりわけそれは民主至上主義者に動揺を与え、狼狽《ろうばい》させるものとなる。このような現象を記述するのに用いられる「民主主義の退潮」という言葉づかいそのものが、それを補強している民主主義の進歩的な歴史哲学を暴露するものとなっている。もし民主主義的な生活様式から離れていくような時期にあるとすれば、そのような国家は後退していると見なされるのである――その生活様式が、当該の国家においてそもそも現実上のものであったか、空想上のものであったかに関わりなく。

もし民主至上主義のイデオロギーが、人民による支配という民主主義についての昔からの理解にこのまま取って代わり続けるとすれば、そのときに予期されるのは、支配階級へのますます大きな権力の集中である。その階級に含まれるのは、選挙によるにせよ、よらないにせよ、政府の当局者たち、あるいはニュースやコミュニケーションの手段を統御する人々のような、正体は掴みにくいが、議論するまでもなくより強力な利害関係者たち――いわゆる大手のテクノロジー企業や企業メディア――である。こうした組織体が、思想に対してまでもますます大きな支配力を有することの必要性が主張されているが、そのことはつねに民主主義の保護を語る言語の背後に隠蔽されるだろう。これまで民主主義の辞書が多くの点において民主主義とは反対のものを永続させる構成要素となってきたがゆえに、民主主義の文字どおりの原初的な意味は、もはや重要性や正当性をもたなくなるというおそれが存在しているし、そうした傾向はすでに生じている。人民の意志が少数派であるにもかかわらず、もっとも権力を有する人々の利益と一致しないとき、「人民による支配」についての伝統的理解――否定的な「ポピュリスト」か、何か別のものとして扱われる――は非正当的なものとして嘲笑されるだろう。ますます明らかになりつつあるのは、人民の多数派の欲望と権力をもった少数派の欲望のあいだの拡大しつつある分断が許容できないものになっている事態である。

　こうしたことがどのように顕在化しうるかについて予言することは不可能だが、民主至上主義の高邁な理想がますます寡頭政的になっている擬似‐民主主義の現実と衝突するにつれて、社会的、政治的な不安定は、ほとんど確実なものになりつつある。実際上のものであれ、想像上のものであれ、緊急事態――国家の安全、環境の保全や公衆衛生など――が選挙民たちを包囲する喫緊の正当化根拠として喚起されるにつれて、これはウィルソンが開発した方法なのだが、行政上の法令によって権力をもった少数派の利害が支配するようになっていく。このようにして権力をもったエリートたちや彼らが選んだ専門家たちは、民主主義の伝統的な実践を実際には遵守することなく、民主主義の名の下に活動していると主張することができるのだ。こうした傾向は、人民の多数派の具体的な欲望や生活様式と、それと競合する支配的エリート――一般の人々の必要《ニーズ》をわかっていないと多くの人に思われている――の欲望や期待のあいだの亀裂が大きくなるのに伴って、持続していくものと予想できる。たとえばこのような不平不満は、左翼の側においては国際的なブラック・ライヴズ・マター（BLM）

の抵抗運動というかたちで、右翼の側においては二〇二一年一月六日のアメリカの首都における大統領選挙の結果に対する抵抗運動というかたちであらわれている。この事件の興味深い転機として、COVID-19のワクチン接種の命令に抗議するために、左翼のBLMの組織が保守的な組織と並んで行進をしたことがあげられるが、両集団はともにその命令を憲法違反であると熱弁したのである。アメリカにおける共和党を犠牲するかたちでのドナルド・トランプの台頭やヨーロッパ諸国におけるポピュリスト的な指導者の登場などといった他の指標とともに、この事件は、不平不満が批判的な大衆には浸透しており、それに対応するべく新たな政治的組織が形成されつつあるということを示唆しているのである。

民主主義諸国における民主主義の春？

西洋ないしアメリカにおける「民主主義の春」というのは考えられないのだろうか。それは皮肉なことのように思われるが、かなりの部分の選挙民が、民主主義は名ばかりのものとしてしか存在していないと考えている国において、何らかの民主主義的な反乱が生じるということは可能性としてありえないことではない。ジェファーソンが後世になって寵愛を失い、故郷であるヴァージニアにおいて彼の像が撤去され、また彼の誕生日の公的祝賀が中断されたことは、アメリカが民主主義への信仰を失いつつあることのもうひとつの兆候である。「私たちの民主主義」が、現実上における実践ではなく、抽象とお花畑的な妄想によってのみ支えられたイデオロギー的な投影でしかないことが明らかになったとすれば、市民たちの動揺はさらに悪化すると予想される。革命以前のフランスにおいて、実際には同時期のイギリスよりも税の支払いが少なかったにもかかわらず、フランスの税体系の著しい不公平によって農夫たちの憤慨は助長されていた。貴族や僧侶がおおむね徴税を免れていたのに対して、彼らはかなりの額の支払いを強制されていたのである。多くの西洋人にとって生活水準は非常に高いものになっているにもかかわらず、自らの権力ある地位から莫大な利益を得ている公務にあずかっている人びとの指導の下で新しいカースト制度が形成されつつあることに、多くの人が気づいている。権力やコネのある政治家たちや裕福なエリートたち――彼らは同時に皆が平等であると唱道するのだが――には別の規則が適用されていることを感じ取って、投票者たちは冷笑的《シニカル》になっている。第三世界を蝕《むしば》んでいたような類型の選挙操作からは免れていると考えられていた昔日《せきじつ》のような選挙の清廉潔白さに、多くの人が疑念を抱いている。すべての人は平等のものとして創造され、人民の意志こそが至高のものであるという民主主義の指導者たちの口先だけの宣言が、あからさまに寡頭政の要素を含んでいる明白な政治の現実といかにして折り合いがつくというのだろうか。本書が主張するのは、このような現象は、新しいものでもひと握りの政治的エリートにのみ限定されたものでもなく、一八世紀を端緒とする近代という時代に広がり、また国家や政党、職業、宗派に横断的に存在しているということである。民主至上主義のイデオロギーを理解するということは、このような矛盾を理解するということであり、さもなければ当惑を引き起こすであろう政治的潮流をさらなる明晰さをもって見つめるということなのである。

第3章 トマス・ジェファーソン

はじめに

西洋世界における民主主義の意味をめぐる持続的な混乱の潜在的な源泉であり、またそれをよく例証する存在として、本章ではジェファーソンに目を向ける(1)。彼と同じように、多くの民主主義の指導者は、直接的な人民による支配への欲望と、表現されるべき本来の人民の意志への、もうひとつの競合する欲望とのあいだで引き裂かれている。ジェファーソンは、庶民に対する畏敬と、自らの共和主義の視座こそがアメリカの共和国にとって唯一妥当なものであるという信念のあいだで葛藤しているのだ(2)。人民の意志が、現実上において歴史的にあらわれた欲望と、それについての観念的な解釈のあいだで類型として二分されてしまうという状態は、ルソーの『社会契約論』で最初に輪郭が描かれ、民主至上主義の特質となっている(3)。見かけ上は人民のための闘士でありながら、それでもなおジェファーソンは、民主至上主義のイデオロギーの特質を有する「啓蒙された」民主主義への明らかな贔屓《ひいき》を公言している。

アメリカの国民的《ナショナル》なアイデンティティだけでなく、ジェファーソンを霊感の源泉とするような他の民主主義的な国家の自己理解にもほぼ間違いなく大きな影響を及ぼした、このアメリカの起案者とその民主主義についての理解を、再び吟味するときである。本章が試みるのは、ジェファーソンの思想におけるロマン主義と啓蒙的な合理主義のあいだの象徴的な連関にとりわけ焦点を絞ることによって、民主至上主義の矛盾をはらんだ本性を明らかにすることである。本章の冒頭部分は、ジェファーソンの土地均分論と科学的合理性への進歩的信仰のあいだの緊張を、民主至上主義の論理の内部に同様の力学が存在することを明らかにすることを念頭におきつつ、検討するものである。本章の第二の部分は、ルイジアナ買収を通じた「自由の帝国」の拡張に対するジェファーソンの欲望を吟味する。領土的拡張へのジェファーソンの動機とアメリカ原住民に対する彼の政策は、彼の矛盾をはらんだ民主主義理解の、より邪悪な含意のいくつかを現実に暴露することになる。歯に衣着せぬ州権と連邦主義の擁護者であるにもかかわらず、なおもジェファーソンは、領土的拡張や原住民族の土地からの排除、つまりは国家政府により巨大な権力を集中し、土着民族の権利を踏みにじるような措置を追求したのであった。ジェファーソンの大統領としての活動における具体的な事例によって、いつも彼が説いて聞かせていたようなものとは異なる民主主義の類型に彼が傾倒していたことが、より明らかになる。本書で検討される他の思想家たちと同じように、ジェファーソンによる善意に満ちた抽象的な言語の使用は、その目標そのものを掘り崩すような実践上の現実を隠蔽するものとなっているのである。

ジェファーソンが民主主義の広範なるイデオロギーの貢献者であるという発想それ自体は、多くの人にとって明らかに驚くべきことではないだろう。ジェファーソンには数多くの側面があり、このアメリカの起案者にもたくさんの異なった解釈がある。ジェファーソンは政治についての論文を一度も執筆していないので、その政治哲学については、彼の書簡——数千も存在している——や就任演説、『ヴァージニア覚書』、もちろん独立宣言をも含めた、その他の執筆物から判別しなければならない。ジェファーソンについてのお互いに一致することのない膨大な解釈が存在しているという事実が示唆するのは、彼の思想がつねに一貫したものではないということである。ジェファーソンのような多産で活動的な著述家、思想家は、たしかに異なった時期に異なった考え方をもつものだし、そのいくつかは対立しさえするものだ。しかし誰しもが単純な一枚岩ではないとはいえ、ジェファーソンはもっともそうではない存在である。ある学者の見立てによれば、「ジェファーソンにおける主著の不在と数千もの公的ならびに私的な書簡の存在を前提とするならば、彼の政治思想についての統一的な理解を提示しようとするすべての努力は、折衷的な方法を採用せざるを得ないのであり」、自らが予想したジェファーソンについての視座の根拠となるような「選択された証拠」を見つけることは難しいことではない(4)。ある程度までそれが事実であるとしても、ジェファーソンの執筆物のうちには、本書が民主至上主義のイデオロギーと規定するものに対して、彼が持続的に傾倒してきたという膨大な証拠がある。本章は、多様な角度——彼の土地均分論、啓蒙的哲学、宗教的信念、政治術など——からジェファーソン研究へと接近することによって、彼の思想と活動における本質的な統一性の存在を具体的に明らかにしようとする。民主至上主義という観点から見ると、ジェファーソンの哲学は矛盾をはらんだものでも折衷的なものでもなく、むしろルソーの哲学と同じように、統一的な原理によって導かれているのである。

土地均分論と庶民に対する信仰

ジェファーソンが庶民に対する信仰と平等を強調したことによって、彼の共和主義に対する愛は、一般的な理解のうちにあっては、民主主義に対する愛へと変形させられているが、それには十分な理由がある。「多数派によって構築された規則にしたがって個々人として直接的に行動する群衆となった市民による統治」というジェファーソンの共和主義の定義は、私たちが直接民主主義と考えているものと近似しており、彼が執拗にこだわったのも、まさにそのような共和主義についての解釈である(5)。彼は、小規模なニュー・イングランドでのタウンシップを超えて直接民主主義が可能であるとは考えていなかったが、統治というものは可能なかぎり人民に対して責任をもち、応答的であるべきだと強く信じていた。歴史的にジェファーソンが「ジェファーソン的な民主主義」と結びつけられてきたのは、まさに彼の見かけ上は民主主義的な直観が理由であるが、その証として、たとえば「私たちの統治は、期待されていた然《しか》るべきものよりも、ずっと共和主義的ではない」、「人民は、彼らの権利や利害が要求とするところに比すれば、ほとんど自らの代理人を規則的に統御できていない(6)」といった不平不満があげられる。ジェファーソンはしばしば人民のもつ「善き感覚」について熱弁しており、さらに旧《ふる》きヨーロッパの堕落した民衆と、「独立独歩で、幸福な、それゆえに整然とした合衆国の市民」を対置している(7)。ときに彼は自らの人民への信仰において狂信的である。もし人間が自己‐統治を任せられるほど信頼できるものではないということを彼が証明しなければならないとすれば、「神など存在しないか、彼自身が邪悪な存在であるという結論(8)」になると、一七八七年に彼は語っていた。しかしジェファーソンは、とりわけ植民地アメリカの土地分配の抽選を礼賛している。ジェファーソンが公然と述べているように、もし神が人民を選別されるとすれば、それは「大地において労働する人々(9)」であるはずなのだ。

ジェファーソンによれば、農民というのは自足的であり、共和国にとって有害であると彼が公然と蔑む商人や貿易商や専門家たちのように、「顧客の偶因や移り気に」依存してはいない(10)。ジェファーソンは農業労働の本質のうちに素朴な美徳を見出し、経済的独立が政治的独立と相関していると考えている。「大地の耕作者こそが、もっとも徳のある独立独歩の市民である」と、一七八五年にジェファーソンはジョン・ジェイに書き送っている(11)。ジェファーソンにとっては、自作農こそが独力で思考し、独力で働く人間の最たる例なのである。それとは反対に、都市での生活は本質的に腐敗している。この「自発的な窮乏の掃きだめ」は利那的なものに満ち満ちており、大地をひっくり返すのではなく、利潤を転がす人々で溢れている(12)。商人は「故郷をもたない」とジェファーソンは罵倒している。「ただ自らがそこにいるだけの場所というのは、彼らがそこから利益を得られる場所ほどには、強い愛着を形づくらないのである(13)」。彼の主張によれば、そのような都市の居住者は、自由と平等という民主主義的な価値を正しく発露することができないのである。

もちろん農民的生活の愛好という点においてのみではないにせよ、ジェファーソンは、同じく農民的な生活様式を賞賛する傾向にありつつも、それだけが民主主義的な徳の唯一の源泉であるとは見なさなかったアダムズやワシントンのような起案者たちとは異なっている(14)。アダムズとハミルトンが、人間の本性を本質的に善と悪の傾向に分裂したものとして理解していたということは、農業のような素晴らしく健全な営みですらも、共和国のうちに徳や自由を永続化させることなど絶対にできないと、彼らが信じていたということである。ジェファーソンにとって広範にわたる農民的な生活様式は、徳を奨励し、民主主義を自足させるような物質的な条件を創造するものである。彼の主張によれば、もし人民が農業や田舎の生活によって養育されるのであれば、ほとんどの人民にとって徳は難しいものではない。「私が思うに、私たちの政府は何世紀にもわたって徳あるものであり続けるだろう。それが農業を重んじるかぎりにおいて」、彼は一七八七年にマディソンにこう手紙を書き送っている(15)。それアダムズやハミルトンのような考案者たちは、このような見方に共感しつつも、憲法は、自由に対する恒常的な脅威になると彼らが信じるような悪徳や派閥の影響を和らげるものでなければならないと考えていた。多種多様な憲法上の抑制や均衡——ジェファーソンの信ずるところでは人民の意志に対する不当な抑制である——は、部分的にはそのために設計されたものであった。

多くの人が好んでジェファーソンとロックを比較し、それを根拠にアメリカの枠組み作りに対する後者の重大な影響を見て取ってきたのは、偶然ではない(16)。生産的労働の役割についてのジェファーソンのロック的な理解は、彼が農業に抱く感情に明白ではあるが、彼の民主主義の哲学にも相当な影響を及ぼしている。ジョン・ロックと同じように、ジェファーソンは、統治の主たる目的は生命と自由と財産を保護することであり、この原理こそ、さまざまな国家の憲法の「すべてが、欠くことのできない本質的なものとして大事に育む」ものであると信じている(17)。ジェファーソンがしばしば強調するのは、「安心と安全のうちで自らの産業のすべての産物を享受する人々」が、民主主義にとって重要であるということである(18)。最初の就任演説において彼は、アメリカにおける「私たちの産業による獲得物に対する(中略)権利」を讃えている(19)。そしてロックと同じように、生産的労働に固有の、見かけ上の平等主義的本性のうちに、自然権としての平等の証拠を見出している。だからこそ彼は、統治の適切な目的とは私たちの人格と財産の保護なのだと推論するのである(20)。これは統治についての社会契約的なモデルであり、それによれば人間は、「自らの能力の行使」を通じて「社会状態を獲得する」のである。この哲学の主張するところでは、社会が出現するのは合理的な合意によってであり、論理的には、新たに生まれる社会が市民状態以前に存在していた権利を保護してくれることを保証してくるときにのみ、人々は自然状態を離れるということになるのである。ジェファーソンが言うには、この新たな社会状態は人間の「獲得物」のひとつであり、それゆえ「人間はそれを規制したり制御したりする権利を有する」のである(21)。

土地均分論についてのジェファーソンの見方には、社会契約としての統治に対する彼自身の理解と、人間は生まれながらにして自由で、平等で、合理的であるという彼の信条の影響が色濃いように思われる。ジェファーソンにとって、農業労働のもつ生産的な本性と、それが農民たちに与える物質的な自足性は、それに付随する社会的、歴史的な孤絶をも暗示するものであるが、こうした考え方は、実際上の自営農民よりも、ヘクター・セント・ジョン・ド・クレヴクールのような夢みる理想主義者の感情と重なるところが多い。クレヴクールの信ずるところでは、アメリカの農民は「新しい人間」を代表している。すなわち彼は、「あらゆる昔からの偏見や風習」を捨て去って、「自らが採用した新しい生活様式に由来する新たなそれ」を受容したのである(22)。伝統的な生活様式、とりわけ彼が「旧世界」と結びつけたそれに対するジェファーソンの悪名高い侮蔑は、このような考えに与《くみ》することだろう。ジェファーソンが言うには、伝統的信念に執着している人々は非合理的であり、容易に「まやかしやペテン」の虜《とりこ》になるのである(23)。そういった「もっとも暗愚な時代」からの教訓など、ジェファーソンにとってはほとんど政治的価値をもたない。アメリカ人は賢明にも、自らのヨーロッパ人の先祖から可能なかぎり距離をとろうとしたのである。「いかなる政治的な実験も」、私たちの先祖ほど「愚かで、しかも誠実な人間が統治に携わるにあたってのあらゆる目的にとって破壊的なものはあり得ない」と、ジェファーソンはフランソワ・ディヴェルノワ宛の書簡で語っている(24)。

ジェファーソンは「天を仰ぎみる」敬虔なる農夫を讃えて、その堅実な勤勉の徳を激賞することで、農民的な生活様式が本質的に伝統的なものであると認めていることを示唆している(25)。しかしながら彼は、伝統的な宗教や信念体系に対しては非常に批判的であり、特定の国家制度を「聖職者たちの影響力で汚染されている(26)」ものとして論難してさえいる。ジェファーソンは、土地均分論の伝統的要素や、大半のアメリカ人、とりわけ田舎のアメリカ人の深い宗教的な本性を無視しているように思われる。一八世紀前半においては、人口の大多数が教会に通っており、宗教的信念は上昇傾向にあった(27)。どのようにすれば、アメリカ人民の徳や自己‐支配の能力に対するジェファーソンの見かけ上の無条件な信用と、伝統的な信仰をもつ者、すなわち彼がその「下賤なる無知、無能力、迷信と狂信や欺瞞(28)」を非難するところの人々に対するジェファーソンの糾弾が交わることがあるのだろうか。当時そうした人々の多くは、現実上の農民であった。農民的生活が根をもっていることへのジェファーソンの礼賛は、ある面において、彼がこの保守的な見方を理解していることを示唆している(29)。しかしながら、アメリカという実験が実際に「太陽の下に新たな」何かが存在することを証明しているという彼の信念が示しているのは、彼がアメリカの農民のうちに見ているのは、自らが「新たな人間」と考えるところの象徴ないし抽象的な表現なのであって、それは現実上の農民の重視している伝統的な存在様式とその連続性とはそぐわない考え方なのである。これらの農民が、多かれ少なかれ自らの父祖たちと同じものを実践してきた長きにわたる系譜の延長ではなく、まったく新しい何かを代表していると自分たちが見なされていると知ったら、おそらくそれはたいへん驚くべきことであっただろう(30)。

ジェファーソンの理念的な土地均分論は、部分的には、歴史の摂理におけるアメリカの役割に対する彼の信念によって導かれている。アーネスト・リー・テューヴソンは、アメリカの思想における千年王国的な伝統と彼が見なすものを吟味するなかで、ジェファーソンはアメリカを「選ばれしもの」と見なす人々と同じ立場であると主張している(31)。テューヴソンによれば、ジェファーソンにとっては、田園生活こそが人間の道徳的達成の極致なのである。もしジェファーソンがアメリカを例外的なものと見なしているとすれば、それはアメリカ人の大半が農民の階級に属しているからである。アメリカは選ばれし国家ではないが、ジェファーソンが農民たちについて語っているように「選ばれし人民」なのである。アメリカが選ばれたのは、彼らの田園的で無垢な生活様式によってであり、ジェファーソンはまさにそれを、腐敗した旧世界から決然と断絶した新世界に属する純朴と同一視しているのである。ジェファーソンは、農夫たちをアメリカ人一般の代理人だと見なしていた。結局のところ、ほとんどのアメリカ人が農民だったのだ。君主政や正統派の宗教に共感するように彼には思われた人々を糾弾したのとちょうど同じように、商売によって生計を立てる人々を軽蔑しつつ、ジェファーソンは、アメリカが伝統ではなく原理によって建設されたまったく新しい国家であるかぎりにおいて、アメリカの本質は、素朴で道徳的で農業的で共和主義的で啓蒙されたものであると思い描いている。このアメリカ人の哲学から逸脱するような人々は、彼の理解するところでは、旧世界の精神に属する者たちなのである。

ジェファーソンは、ルソーと同じように、人間の意志と合理性が新たな田園的な楽園を捏造することができるという信念と、想像上のエデンに対する郷愁をまぜこぜにしている。簡素で道徳的な田舎の生活に対するジェファーソンのお花畑的な見方は、「わずかな情念と自己充足のみにしたがっている(32)」自然人についてのルソーの見方を想起させるものである。ルソーのように、人間は自然的に善であり、文化や伝統の蓄積や商業と消費主義がなくとも繁栄することができる自律的動物であるとジェファーソンは信じている。ジェファーソンにとって都市とは、田園生活の幸福の対極を代表するものである。「大都市にいる群衆が純粋な統治の基盤に付け加えるものがあるとすれば、人間の身体の健やかさにわざわざ傷をつける程度のことでしかない(33)」と、ジェファーソンは不平をこぼしている。テューヴソンの考察によれば、農夫こそが神によって選ばれた人民を代表しているというジェファーソンの信念には、「〈屈従や金目当てを生じさせる〉依存関係は、〈自然の経過であるとともに人為の帰結である〉というルソーの信念が反響しているのだ(34)」。ジェファーソンがネイティヴ・アメリカンの素朴な生き方に捧げる賛歌には、このようなルソーの自然主義が反映されている。

したがって、ジェファーソンが人間本性や社会についてはロマン主義的な理解をしつつ、また科学的合理性による進歩への啓蒙的な信仰をも保持しているということは、おそらく初見でそう思われるほど矛盾したものではない。ルソーの場合と同じように、ジェファーソンのロマン主義的な側面は、彼の啓蒙的な信念に合流して、想像上の過去へと投影された素朴な生活様式への「進歩」を期待する政治哲学にたどり着くのである。アーヴィング・バビットは、この表面上の矛盾に光を当てている。

バビット曰く、ルソー主義者とベーコン主義者はともに、既存の実践のもつ規範性を拒絶し、「はるか彼方にある聖なる出来事」を見遣るのである。「ルソー自身は過去のうちに自らの黄金時代を設定したが、ベーコン主義者と同じように、同時にルソー主義者にとっては、その黄金時代を未来に設定することも容易なことなのである(35)」。あらゆる差異が調停され、友愛の精神によって人民がひとつになるような想像上の未来によって、ロマン主義者と啓蒙的な合理主義者は一致するのである。「ベーコン主義者とルソー主義者の相違はたしかに数多くあるのだが、彼らの〈ものの見方〉の性格の根底にある同質性と比較すれば、重要ではない」と、バビットは語っている(36)。

土地均分論へのジェファーソンの傾倒は、実質的なものというよりは、レトリック的で象徴的なものであったように思われる。それは、アメリカのためのまったく新しい生活についての彼のロマン主義的 - 啓蒙的な視座において、決定的な役割を果たしている。ジェファーソンにとって、農民は純粋で素朴な国民の代表者なのである。自営農民が伝統的に宗教的であり、彼が書簡や私的な会話において愚弄したような信念の類型を抱いていたことなどは、彼の魔法にかかった視座にとっては、ほとんどどうでもいいことであった。ジェファーソンは、彼らの自由な農地所有者としての役割から、自由と平等という形而上学的な特質だけを抽出し、これらの農民を、彼がまったく新しいものと見なした国民と同一視した。ジェファーソンからすれば、アメリカの独立農民が象徴しているのは、明らかにアメリカの「実験」以前から存在する農業という太古からの実践の連続性などではなく、ある種の白紙状態《タブラ・ラサ》であった。そしてそれは純粋かつ素朴ではあるが、ジェファーソンの特殊な民主主義的な理想像の真価を理解するためには、穏便に啓蒙されなければならないものだったのである(37)。

ジェファーソンの教育哲学

農民についてのジェファーソンの矛盾した見方は、彼らが素朴な徳をもっているにもかかわらず、ある特殊な教育と矯正が必要であるという、彼の信念のうちにも如実にあらわれている。理性についての彼の理解が、田舎の人々にとって有益になりうると彼が信じる教育の類型についての彼の信念を方向づけている。理性が迷信に打ち勝たねばならないことや推論や科学的探求を強化するような科目が、神学や道徳哲学のような伝統的分野に置き換わらねばならないということについて、ジェファーソンは断固として譲らなかった。倫理学というものは、「閉じこもった密室や道徳哲学の生きた講師によって習得されるものかもしれないが、このような分野の講義に出席するのは時間の無駄である[38]」と、彼は語っている。宗教のような科目ですらも、その人の理性に訴えかけることによってのみ、真実であるかそうでないかを評価され、審判されうるのである。ジェファーソンがいかなる科目が勉強に値するかということを議論しているピーター・カー宛の書簡のなかで、彼はカーに対して、「脆弱な心の持ち主が追従的に頭を下げているような、あらゆる恐怖や奴隷的な偏見を拭い去る」ことを助言している。「理性に、揺るがぬものとして、その座を与え、どんな事実でも、どんな意見でも、理性の裁判に訴えかけるのである[39]」。ジェファーソンにとって、ほんものの教育とは、何が理性的で論理的であるか、何がただの迷信として捨て去られるべきかを、自分で発見することを意味するのである。

「教育と自由な議論」、ジェファーソンの主張するところでは、それこそが「偏執」や「無知」や「狡猾な詭弁」――彼が非難する思考の類型である――に対する対抗手段として役立ちうるのである(40)。啓蒙が一般化するにつれて、「身体と精神に対する僭主政や抑圧は、夜明け前の悪しき亡霊と同じように、消滅していくのである(41)」。とりわけヴァージニア人は思考の古い様式に傾きがちであればこそ、「国家のために役立つべく意図された諸科学の一般学校(42)」から大いに恩恵を受けることになるだろうとジェファーソンは信じている。ここにはヴァージニアの初等学校や大学が含まれるのだが、「最高度の段階において、そこでは私たちの時代や国にとって有用なあらゆる科学の分野が教えられるのである。そして、それによって私たちは、トーリー主義的な租税や狂信、自らの国家に対する無関心から救済されるのである(43)」。ジェファーソンはしばしば、懐疑主義や自分自身で真理を発見する能力の価値を唱道するのだが、同時にまた、客観的な推論をすれば、自ずと彼のものの見方につながっていくものであると信じている。もし理性が働くのであれば、彼が政治について抱いているものと同じ結論に、他の人々も自然とたどり着くだろうと彼は心から期待しているのである。もし人々がそのような方向に向かわないのであれば、「それがやがて発育して彼らの政治的な教義のうちに根ざしていくように、有益なる真理や原理を人民へと植えつける(44)」義務があると感じていると、ジェファーソンは吐露している。

ディドロやヴォルテールやその他の啓蒙思想家と同じように、大衆の「通俗的な趣向を非難し」、さらにその統治能力を信頼しないような側面が、ジェファーソンにはある(45)。ジェファーソンにとっては教育こそが、アメリカ人の思想を、彼が真実だと思っているものへと導く手助けとなるのだ。彼は自らの政治的な敵対者や匿名の扇動者《デマゴーグ》たちへの批判は慎重に差し控えるのだが、それにもかかわらず、彼がその他の点では礼賛しているような人々のものの見方を変容させようという傾向を露骨に示すことがある。ある研究者の議論によれば、ジェファーソンにとって、教育は、「マスケット銃や宣言が短期的な独立を保障するための努力において重要だったのと同じように、社会を改変するための長期的な革命的努力において決定的な」ものだったのである(46)。他の民主至上主義者たちと同じように、政治的指導者による非公式な人民の教育をも含めて、教育は、共和主義のほんものの表現と彼が考えているものへと国民を導きうる思考の類型を陶冶するべきものなのである。たとえばある歴史家が指摘しているように、彼は諸科学に対する政府の支援を創始し、「新たな共和国における国家の前進と人間の幸福のためのもっとも確実な手段として、科学の応用に(47)」身を捧げるのである。究極的に彼が望んでいるのが技術や機械の改良による農民の土地配分の改善であるのに対して、自営農民はおそらく、とりわけ国家を媒介にしての近代化と科学的向上に対する彼の欲望を共有してはいなかったであろう。

彼は、科学的向上が生じることを望むと同時に、すでにできあがった慣習に対する警戒心について述べている。周知のようにカー宛の書簡においてジェファーソンは、次のように記している。「道徳的な事例について、耕夫と大学教授に申し立ててみるがよい。前者がそれについて、しばしば後者よりも巧みに決断をするだろう。というのも彼らは人為的な規則によって迷うことはないからである」。合理主義と科学的思考に対するジェファーソンの強い嗜好は、科学的な思考様式が、一般的な啓蒙を特徴とするような、よりよい未来に貢献しうるという進歩的信念によって動機づけられている。しかしながら彼がまた思い描いているのは、堕落を招く規範や慣習が人間性に備わる自然な善き感覚を倒錯させることのない牧歌的な過去である。この点においてジェファーソンは、伝統的な学術分野や学習過程はほんものの知識にとって有害であると考えるルソーの『学問芸術論』と『エミール』の伝統の真正面に位置づけられるのである。このような考え方は、ルソーの以下の発言に反映されている。曰く、「私の心がただ善きものだけを愛するということを、私は完璧に確信している。私が人生において行ったすべての邪悪なことは、反省の結果であった。それに対して、私が行ないえた小さな善は、衝動の結果であった(48)」。ルソーと同じように、ジェファーソンも大学教授より耕夫のほうが賢いと考えるのであるが、それは人工的な慣習によって染まっていない人々のほうが素朴に自らの心と自然な推論能力にしたがいうると、彼が信じているからである。またしてもここに、ロマン主義と啓蒙思想のあいだの強力な類縁性があるのだ。ルソーと同様に、ジェファーソンにとっても、教育の目的は、人間性を純化することを手助けすることなのである。

ジェファーソンのもつロマン主義と啓蒙という二重の性格によって、たとえば、なぜ一方で「何よりも農民第一」として彼を記憶する人がいるにもかかわらず、同時に「これまで世界が生み出したもっとも偉大な三人(49)」としてフランシス・ベーコンやアイザック・ニュートンやジョン・ロックを崇拝しているのかを説明することができる。彼の矛盾したものの見方は、抽象的推論に対する愛好と「自然人」に対する尊敬を組み合わせたものなのである。しかしながら、権力をもつ者のうちにある種の知性があることを望む彼の欲望からは、彼が礼賛するところの素朴で農民的な庶民が、より進歩的で啓蒙的な信念に適応するか、少なくともそれに同意しなければならないという彼の信念が透けて見えている。

「区制」は、直接民主政に寄り添いつつ普遍的な公教育を統括するための、ジェファーソンの計画である。彼の考えるところの「人間の英知によって考案されたもっとも賢い発明」は、国を「五から六マイル四方」の個々の区に分割することなのである[50]。それぞれの区の構成員が「自らの関心の方向性について平等な声」をもつことになる、地方分権化された民主主義的な統治についての明快な青写真によって、ジェファーソンにはアメリカの民主主義者の原型としての名誉が与えられている[51]。しかしながら、この計画案については別の解釈も存在する。ジェファーソンが普遍的に採用されるべきであると期待する、より純粋な民主主義についての抽象的な提案として、これは民主至上主義的な思考の枠組みにぴったりと当てはまるのである。実際にハンナ・アーレントは、この計画案を、他の合理的に考え出された革命的な人民に権力を与える綱領になぞらえている。「ジェファーソンの計画とフランスにおける革命結社は、この上ない奇妙な正確さでもって、ソヴィエトやレーテといった、一九世紀と二〇世紀を通じてのほんものの革命すべてにおいて出現することになる評議会を先取りしているのである[52]」。たとえば、もともとは権力を分散し地域的な民主主義をフランス全土に提供することを意図していた、一七九〇年に創設された八三の部門が、ナポレオンによって奪取されてしまったことなどから明らかなように、根源的に権力を分散し、さらには人民に政府の完全なる制御を任せることを意図したものでありながら、これらの評議会はたちまち頂点に立つ人間のための道具となった。ナポレオンは行政を吸収し、地方の官吏たちの多様な意図ではなく、彼の統一的な視座が執行されることを確実なものとしたのだ。ロシアのソヴィエトもまた、一九一七年の革命の後、類似した宿命をたどることとなった。

おそらくは直接民主政を実現することを意図していたにもかかわらず、「土台それ自体から新しく始めるべきである」というベーコン的な信念を前提とする革命的な計画案は、歴史的に構築されたものとしての社会は不適切なものであり、それはよりよく、また合理的な視座によって作り直されねばならないという考え方を起源としている[53]。そのような抽象的な計画は、分権化や地域的な統制や多元主義とは一般的に両立しえないものである。自らの計画案が、旧来のやり方に対する優越性の点で普遍的に承認されるだろうというジェファーソンの信念は、理想主義的な計画者と具体的な現実のあいだの断絶を明るみ出すだけにとどまらず、新しい計画は普遍的に魅力的なものになるという期待をも露呈させている。それが暴露するのは、民主至上主義的な思考に共通の思い上がりなのである。

区のミーティングによって、「いかなるときでも、どのような必要な論点についても、ほんものの人民の感覚が生み出され、そして群衆として行動する状態が可能となる」というジェファーソンの信念は、ただ単に高度に理念的であるだけではない。それは、彼が適切であると信じる事細かな特徴づけによって民主主義は遂行されなければならないという、それに匹敵する彼の信念にしたがったものでもある。ヴァージニア大学の予備学校となるはずだった、ヴァージニアの少年向けの全寮制寄宿学校に関する細部にわたる管理《マイクロ・マネジメント》は、自らの住民の精神に対して彼が行使したい統制の次元を物語っている。ルソーと同じように彼は、もっとも細かな部分に至るまで、理想家によって管理されなければならないと信じているのだ[54]。表層的にみれば、区制は分権化と直接民主政のための審級であるように見える。しかしながらそこには、想定上の優越する視点——ジェファーソンの視点——に一致するように社会を再組織しようという計画として、ほんものの民主主義と究極的には両立しえないものを統御し、標準化しようとする欲望が見え隠れしており、既存の条件や実践が考慮されないという点において、それはほとんど民主主義的ではないものなのである。

自らの提案が実行されるときに生じるうる事態についてのジェファーソンの妄想は、彼の政治的想像力のお花畑的で理想主義的な側面を暴露している。彼が言うには、区制は「市民たちに精神の自由を復活させるものであったかもしれないし」、「数多くの人民を道徳的責任の高い次元にまで上昇させるものであったかもしれないし」、「真の優秀者を選抜する権能を彼らに与えるという偉大な目的を完成したかもしれないものであった(55)」。ジェファーソンは、たとえば税法をすこし変革するだけで「政府が支持され、自らの子どもが教育され、富裕な人々だけの寄与によって国家が楽園となるのを、農民は目撃することになるだろう(56)」と思い描いている。彼の民主主義の哲学は、計画が実行されたならこうなっていただろうという仮定上のことに大幅に依拠しているのである。税法の改革のように、思わせぶりにも彼は、それを簡単な課題であるかのように提示しているにもかかわらず、既存の制度をただ変革するだけでは十分ではないのである。必要なのは、全体的な変化なのだ。ジェファーソンの教育計画の場合においては、それが意図された結果をもたらすためには、プログラム全体が採用される必要があった。「ジェファーソンの改革は全面的に採用されなければならない。というのも、彼の共和主義が拵《こしら》えようとしているのは、教育についての体系的手法であり、彼の時代にはそのような体系はどこにも存在していなかったからである」と、マーク・ホロウチャクは記している(57)。画一的な体系があれば、おそらくはジェファーソン自身の考えに対抗するような共和主義や宗教や政治についての考え方を遠ざけ、思考を能率化するのに役立つはずなのである。

ヴェージニア大学を創設するに際してのジェファーソンのやり方は、彼の理想主義の実践上における顛末のひとつを明らかにしている。アラン・テイラーによれば、ジェファーソンは、「学生が、ジョージ・ワシントンや北部の学校における連邦主義を拒絶して、共和主義についての彼の理解を学習する」高度な教育制度を思い描いていた(58)。奨学金によって、貧しいが前途ある学生が裕福な人々に加わって入学できることを、彼は望んでいた。しかしながら、ヴァージニアの立法者たちが悔やんだように、ジェファーソンが要求した費用のかかる建物に、利用可能な予算がすべて費やされてしまい、学生のための財政的支援には何も残らなかった。ヴァージニア大学は、もっとも高額な授業料を課する、国内でもっともお金のかかる大学となった(59)。この大学が、それ以前に彼が無益にも改革を試みた大学であるウィリアム・アンド・メアリー大学とまったく同じ様相を呈することによって、もっとも将来ある同国人たちを改善し、啓蒙しようという彼の願望は打ち砕かれることとなった。学生組織は、大半が裕福な人々、つまり南部のプランテーション保有者の息子によって構成された。当時それを目にした人が慨嘆しているとおり、「恥も外聞もない」粗野な存在として、学生組織はジェファーソンを大いに幻滅させた(60)。「規律という条項が、アメリカの教育ではもっとも困難である」とジェファーソンは一八二二年に記している。「両親によってほとんど抑圧されたことのない、独立についての早計な考え方が、反抗的な精神を招いており、それが私たちにとっては科学への大きな障害となり、また革命以来の頽廃の主たる原因となっているのだ。私たちの制度のうちにあるそれを、自分たちには克服できる自信が到底もてないような目の前の邪魔者として、幻滅をもって私は眺めている[61]」。テイラーが見抜いているように、「ジェファーソンが若者たちにおける〈早計なる独立〉や革命以降の頽廃について書き記しているのを読むのは、不愉快なことである。というのも、私たちは、彼を人民や進歩に対する確信と結びつけているからである」。ただテイラーはこう付け加えている。「ジェファーソンは、ありのままの人民に完全に満足したことは一度もなかったのである[62]」。

ロマン主義的なレンズを通して自国民を眺めていたがゆえに、ジェファーソンはしばしば、彼らをありのままに受け入れることができなかった。彼らの思考を改善しようと熱望して、彼は、これらの貧しい田舎の民衆を収容できるような大学を創設しようとしたのだが、彼のロマン主義的な思考が、その努力を妨げることとなった。彼の大学が意図されたとおりの効果をあげて、将来世代が彼の世代にはできなかったこと、つまり奴隷状態から解放されてほんものの共和主義の実現を成し遂げるというところについて、彼は絶望している[63]。後年、未来の偉大なる指導者が住まうように彼がかつて構想した区画に居住する資格を得た放蕩な若者たちの「頽末について白状しなければならない苦痛」から目をそらすことによって、ジェファーソンは慰めを得ている[64]。大学に対する彼の非現実的な期待――知恵の完成、奴隷制を廃止する心構えをもった規律と情熱のある若者――を動機としながら、ジェファーソンの構想は、膨大な費用によって建設され、貧しい白人たちにさえ奨学金を提供できない大学という顛末にたどり着いてしまった。理想像と現実の不一致は、理想の挫折という結果ではなく、ジェファーソンが自らの理想像を現実の制約にあわせて調整するよりもずっと悪い結果に至ったのだ。

「自由の帝国」

「自由の帝国」に対するジェファーソンの信念は、民主至上主義の外交政策の背後にある主たる衝動となっていくものを予期している(65)。彼のルイジアナ購入、フロリダを獲得するために繰り返される企て、ネイティヴ・アメリカンに対する扱いは、民主主義の歴史的な不可避性に対する彼の信念と、力によって民主主義を実現しようとすることの矛盾を明確に示している。ジェファーソンは民主主義を摂理的なものと考えており、最後の公的書簡において彼は、次のように述べている。「あらゆる眼は開かれた、あるいは人間の権利に対して開かれつつある。科学の光が一般に広がったことによって、すでに、大半の人類が背中に鞍を置かれて生まれてくるというわけでも、拍車のついたブーツを履いた一部の人間だけが神の恩寵によって正当な仕方で彼らに乗る準備ができているなどというわけでもないという、誰の目にも明らかな真理が、皆に対して開かれたのである(66)」。彼は、国家を拡張したいという自らの欲望を、アメリカが民主主義の歴史の前衛であるという哲学と結びつける。同じ書簡においてジェファーソンは、独立宣言について、「私自身のうちに胚胎し、世界そのものの宿命をも内に秘めた道具である(67)」と語っている。ジェファーソンにとって、アメリカの拡大は出来事の自然な経過なのであり、それは「明白なる運命《マニフェスト・デスティニー》」として人口に膾炙していく考え方でもあるのだ。ルイジアナという領土の獲得は、「事の経過からすれば不可避のこと」であると彼は信じている(68)。ピーター・オナフは、ルイジアナ購入のうちに、アメリカの「超越的な」運命を思い描いた最初の就任演説におけるジェファーソンの約束の成就を読みとっている。オナフによれば、ルイジアナ征服は、「農業的な定住と文明の進歩の拡大という不可逆的で自然な拡張を中心とした勝利主義的な物語の副産物であった[69]」。フロリダを獲得しようというジェファーソンの欲望、ヘンリー・アダムズによれば彼の「圧倒的な情熱」となった追求目標は、ジェファーソンの拡張主義的な傾向を如実に示している[70]。そしてルイジアナと同様に、フロリダもアメリカの自然権であり、運命だったのである。一八〇三年にジェファーソンは、「私たちは確実にフロリダをものにするだろう、そのすべてを、然《しか》るべきときに」と記している。「他方において、許諾を得るのを待つことなしに、私たちはスペインとともにつねに主張し続けてきた自然権の行使に乗り出したい。その権利とは、川の上流部を保持している国家のものであり、その国家はその川を通って海洋に合法的に通過する権利をもつのである[71]」。

ジェファーソンによるルイジアナ購入（確実に彼にはほとんど拒絶することのできない申し出だったであろう）は、彼が政治的便宜の名の下に自らの政治哲学を放棄したということではなく、むしろ彼の民主至上主義的な哲学の具体的な事例なのである。自らの行動に対する彼の正当化は、他の考え方であれば領土的拡張――時代を超えた政治家の欲望――の古典的な事例としか思われないものを、民主至上主義者がどのように解釈する傾向にあるかをよく示している。むしろ民主至上主義者にとって征服は、単なる政治家の欲望だとは考えられていないのだ。それは、自然権や自由の拡大というより大きな物語の枠組みに収められている。このような考え方については、ジョージ・W・ブッシュ政権における外交政策について吟味する章において、より詳細に探求する。ジェファーソンの「拡大への欲求」は、ロバート・タッカーとデイヴィッド・ヘンドリクソンがルイジアナとフロリダを獲得しようとする彼の欲望を特徴づけているように、自らの生活様式を拡大しようと欲する民主至上主義の側面を明るみに出すものなのである[72]。このことは部分的に民主至上主義の矛盾を明確に示してもいる。すなわち、帝国主義という外見を回避しつつ、民主主義の拡大を望むということである。歴史家のウォルター・マクドゥーガルが示唆するところでは、「憲法上は疑わしい」ルイジアナ購入には、「奴隷制とネイティヴ・アメリカンの土地収奪の拡大への不吉な前兆という含意があった。（中略）。ミシシッピ川の向こうにいるクレオールやアフリカ系の人々やインディアンたちに、合衆国の権威の下で生活したいかについて、誰も尋ねはしなかったのである[73]」。実際にナポレオンからルイジアナを無償で提供されたとき、すべての政治家が、ジェファーソンがそうしたのと同じように行動したかどうかについては議論の余地がある。しかしジェファーソンは、ルイジアナの獲得とフロリダへの欲望を、自然がその経過をたどるのを助けるだけのものとして正当化しようとすることによって、自らの民主至上主義的な視座への傾倒をあからさまにしている。

ジェファーソンの理論が彼の実践と矛盾をきたすということ——アメリカの領土を拡張することには必然的に帝国の古典的な観念が含まれていたし、このような行動は他の人民の自由や自己決定に波及することになった——は、自由と平等についての民主至上主義の理論と、その現実における実践の乖離を如実に示すものである。この民主至上主義の内的な論理を理解することによって、民主至上主義者がある種の権力を手にするときには、「民主主義」の名の下に、拡張主義的で非民主的な行動をする傾向がありうると予測することができる。自由や平等についての抽象的な宣言など、現実における政治的な意志決定や、たとえそれが非民主的な段階を踏むことと同義であるとしても、そうすることによって民主主義の種子を育成することができるという感情を前にしては、ほとんど意味をなさないのである。当初はネイティヴ・アメリカンとの平和的共存を欲していたジェファーソンであったが、ルイジアナ購入以降は、彼らを同化させようとすることに伴う実践上の困難を認識することになる。ある研究者は、私たちの隣人である原住民にも「平和と友好の精神が一般に広がっていく」と語った上機嫌な彼の最初の就任演説と、原住民たちの存在を犠牲にしてでも「境界のうちで空白のままになっている広大な土地に」アメリカ人が定住していくことに対する、その後の彼の欲望を対比している(74)。クリスチャン・B・ケラーは、この不一致のうちに、ジェファーソンが「博愛主義的な理想主義を実用上の必要にしたがわせることを強いられた」ことを見て取っているが、他面において、ジェファーソンの行動が、彼の理論と完全に一貫していると解釈することも可能である(75)。ジェファーソンは、まったく新しい民主主義の時代がやって来るのであり、そこに至るためには暴力ないし非民主的な手段が必要とされると心の底から信じている。人生の終盤にさしかかって、彼はジョン・アダムズ宛の書簡のなかで、次のように予言している。ヨーロッパ全体が、「多かれ少なかれ完璧な代表制の統治を獲得することになる。(中略)。しかしながら、これを実現するためには、なおも血の河が流れなければならないし、何年にもわたる荒廃がくぐり抜けられなければならない」。それでもなおジェファーソンは、「その目的は、血の河と何年にもわたる荒廃に値するものである。というのも、これほど価値あるものの他にどんな遺産を、人間は後代に残しうるだろうか(76)」と主張するのだ。

　ジェファーソンによるネイティヴ・アメリカンの扱いは、彼の「自由の帝国」に対する欲望のもつ強欲な裏の顔を暴露するものである。アメリカの領土を拡張することと、原住民を文明化するか排除するかを既定路線としつつ、ジェファーソンは自らが大統領の時代に連邦政府の権力を大幅に拡大した。それまではネイティヴ・アメリカンとの交流を規制するものであったインディアン交易法に対して、州権を侵害するものであるとして反対した彼であったが、職務についてからは、それを利用することをはばからなかった。「インディアンの部族を、伝統的な外交上の慣例にしたがって外交が行なわれるべき勢力として見なしていた」ワシントンやアダムズや彼ら以前のイギリス人たちとは異なり、ジェファーソンは策謀とサラミ戦術によって彼らの土地を獲得し、部族の主権をますます侵害していくような自由を行使した(77)。インディアンとの交易は、ジェファーソンが彼らをアメリカの生活様式に「回心」させることを思い描く際の、中心的な手法のひとつであった。農業と消費主義がお金になるということに気づくだけでなく、自らの生活手段の外部で生活することによって、彼らは負債を免れるために土地を売却せざるを得なくなるだろうと、ジェファーソンは予言する。白人の定住地に包囲されることによって、ネイティヴ・アメリカンは「生活の術《すべ》がなくなり、農業へと強制され、小さく分配された土地が巧みに改良されることを理解し、また未開拓の広大な森林よりも、そのほうに価値を見出し、さらに自分の農地や家族のために元手や用具や必需品を購入する金を手に入れるために土地をどんどん部分的に手放していくことになるのだ(78)」。ジェファーソンは、当時インディアナ准州の知事であったウィリアム・ヘンリー・ハリソンに対して、次のように書簡で記している。インディアンと「土地を売買するために交易所がどんどん作られ、彼らのうちでも優れた影響力のある人々が負債に陥っていくのを目にするのは、喜ばしいことである。(中略)。これらの負債が個々人の支払いうるものを超えるとき、彼らはよろこんで土地を切り売りしながら、身を切り詰めていくようになる（中略）。このようにして私たち植民者たちが、だんだんと彼らに近づいて取り囲んでいき、やがて彼らはアメリカの市民として私たちに組み入れられるか、ミシシッピ川の向こうに排除されるかのどちらかになるのだ(79)」。インディアンを排除する政策で悪名高いアンドリュー・ジャクソンは、ジェファーソンが築いた先例に基づいて行動したのである。ジャクソンは、ネイティヴ・アメリカンの移動についての連邦議会への報告のなかで、「白人居住地の向こう側にいるインディアンの排除に関して、ほぼ三〇年にわたって着実に追求されてきた政府による温情ある政策は、幸福な結末に近づきつつある(80)」と宣言した。

ジェファーソンも存分に寄与した、明白なる運命《マニフェスト・デスティニー》とアメリカ例外主義という二重の神話は、歴史についての進歩的で民主主義的な解釈に付加されることによって、自然権についての理想主義的な見方によって導かれる外交政策を触発するのに貢献した。別の見方をするならば、これらの神話は、領土の獲得や原住民の征服によって特徴づけられる古くからの政治的手法のひとつであったものを、自由と民主主義の拡大そのものであるかのように再解釈するジェファーソン的想像力を共有する多くの人にとって役に立った。ジェファーソンは、ハリソンに対して、次のように書き送っている。「［アメリカン・インディアンに対する］私たちの寛大さは、純粋な人間性という動機のみから拡充していくのである(81)」。近代における対外戦争と対比してみると、「人道主義的」で「民主主義的な」目標によって顕著に動機づけられていることがはっきりと識別できる。より人間性のある世界を創造するために自由と民主主義を拡大することを主張しつつ、他方においてジェファーソンは、自らの目的を掘り崩してしまうような暴力やその他の手段をよろこんで用いようとするのである。

ジェファーソンは、自由民主主義に向けての人類の進化は、「ロッキー山脈の野蛮人たちから」湾岸部の都市における「もっとも進んだ州」の人々に至るまで、地理的にも証明されていると主張している(82)。彼が一般的に商業や都市を侮蔑したことを考慮すれば、湾岸部の都市を「もっとも進んだ州」の人間の模範と見なしていることは、矛盾をはらんでいる。ジェファーソンは農民の生活を激賞し、しばしばネイティヴ・アメリカンの素朴な生活様式を賞賛しているが、彼がそうするのは、これらの生活様式をロマン主義的で抽象的なレンズを通して眺めているからである。彼の信ずるところでは、ネイティヴ・アメリカンほどではないにしても、農民たちは自然的に善い存在で、社会によって堕落させられてはいないのである。彼らは「未発達」ないし「前近代的」であり、長く持続してきた社会制度によって腐敗させられていない過去の視点を代表している。抽象的な「人民」——過去であろうと、はるか遠くの未開の場所であろうと、あるいは農民のように現在における何らかの形態であろうと——は素朴で善い存在であると考えられながら、同時にまた、民主主義の歴史の原動力と軌を一にして動いていくために啓蒙される必要があるのだ。民主至上主義者は、ジェファーソンや他のロマン主義者のように、過去や原住民のうちに、素朴で調和のとれたものの見方を投影しつつ、同時にまたベーコンのように、普遍的啓蒙の理想像を未来へと投影するのであるが、彼らにとっては、現在こそまさに非難されるべきものなのである。

ジェファーソンにおけるキリスト教と民主至上主義

ジェファーソンにおける民主主義へのほとんど宗教的な傾倒と、それに付随する庶民に対する信仰は、よく知られている。だとすれば、民主主義についての彼の解釈と、彼のキリスト教読解が密接に結びついているのは、驚くべきことではない。ジェファーソンにとってキリスト教は、民主主義と同じように、完全に合理的なものなのである。実際にこの二つは、お互いを指し示し合っているものなのである。オナフの語るところでは、「新たな共和国の体制の下で、宗教と政治を分離された領域に割り当てるのではなく、ジェファーソンはそれらの究極的な収斂を予見している。というのも、啓蒙され、また純化されたキリスト教――イエスが説教した人間性の宗教――だけが、共和主義的な自己－支配の唯一の持続的な基礎を構成するからである[83]」。これは、一世紀半後に著述活動を行うカトリックであるジャック・マリタンによるキリスト教と民主主義についての解釈でもあるだろう。マリタンによるキリスト教についての民主至上主義的な解釈については後の章で検討することになるが、同じように彼はキリスト教のうちに、民主主義へと向かっていく衝動を見出し、その両者が補完的であると主張した。

ジェファーソンがカーに対して「理性を堅固にその座につかせる」と語ったのと同じ書簡において、彼は、理性だけが自らをほんものの宗教に導きうると確言している。彼はカーに対して、リウィウスやタキトゥスを読んだのと同じように、客観的に聖書を読み、作者のいかなる権威や肩書にも依拠して何かを受け取ってはいけないと述べている。彼は「ジェファーソンの聖書」を編纂することによって、この忠告を遵守している。この摘要は、あらゆる迷信や奇跡を剥ぎ取って、経験主義や物理的世界についての知識とも両立しうるような真のキリスト教を反映していると彼が信ずるところの聖書の一節をかき集めたものである[84]。ジェファーソンが理解するところでは、イエスは「理性と正義と博愛を基準に」人間性の道徳を変革し、人間性の宗教へと私たちを促したのである[85]。そして民主主義もキリスト教と同じように、その究極的な完全態の表現を待っている状況である。ジャスティン・ガリソンが指摘しているように、「[ジェファーソンの]意中にあった未来の状態は、伝統的なキリスト教の場合にそうであったように、この世界から根源的に隔絶したどこかの領域にあるのでなく、この世界の内部に位置づけられているのであり、またその世界は政治的、合理的、精神的に人間の手によって変容させられうるものと考えられているのである[86]」。ガリソンが示すところによれば、ジェファーソンの民主主義にも、それにとっての異端や使徒や殉教者が存在するのであって、それはまさにジェファーソンが民主主義と合理主義的‐プラトン主義的なキリスト教を融合させていることによるのである[87]。

「私たちが人間の権利を主張したことの成果から、遅かれ早かれ、世界全体が恩恵を受けていると感じるようになる」というジェファーソンの期待は、アメリカの民主主義のあり方が歴史の最終段階であると予見するだけでなく、アメリカの使命のうちに終末論的命法を見て取るようなより大きな歴史哲学の一部分である。ウッドロー・ウィルソンは、この考え方をさらに大きな狂信とともに採用し、ジャック・マリタンは、カトリックであり明白にトマス主義の伝統に与しているにもかかわらず、同様の信条を発信するのである。ジェファーソンは、歴史の物語に導かれながら、世俗の政治的な出来事に超越的な意味を見出していく。たとえば彼は、「一八〇〇年の革命*2」を宗教的な重要性をもつものと見なし、「ロード・アイランドの復活」を「永遠なる生のために誕生したニュー・イングランドのほんものの精神の再生の始まり」と解釈した。個々の政治的な出来事を聖書の一節に即して読解しながら、「自然の秩序にしたがえば、次に目覚めるのはヴァーモントである。それというのも、ロード・アイランド以後、もっとも聖職者支配の影響を受けることが少ないからである(88)」とジェファーソンは述べる。彼にとって、他でもない神の手こそが、アメリカ政治において権力の変化が生じるのを助けているのである。

民主主義に対するジェファーソンの宗教的信仰は、「ダントン派やロベスピエール派」のそれのような明白なる逆行であっても、世界から信仰を失わせ、「私たちの目的に向けて着実に行進していくこと」をアメリカに躊躇させるようなものにはならないと彼が示唆するときに、露骨にあらわれてくる(89)。彼の心のなかでは、歴史には特別な方向があるのである。たとえば、政治的な敵対者が選挙で選ばれることによって、彼が評価するところの共和主義的な思想の類型からアメリカが一見して逸脱しているときですらも、そのような状態は「自然なものではない」と彼は主張するのである。ジェファーソンが信じているのは、民主主義の唯一の「自然な」表現があるということであり、民主主義についての彼の考えこそが、それなのである。現行の政治的指導者によって国民が遂行した転向につい

＊2　一八〇〇年にジョン・アダムズ大統領の任期満了に際して行われた大統領選挙において、ハミルトンらを代表とする連邦派（フェデラリスト）に共和派（リパブリカン）が勝利し、政権交代が実現したことを、ジェファーソンは後に「一八〇〇年の革命」と表現している。

て彼は、「ワシントン将軍の抗いがたい影響と人気」のせいであって、「ワシントン将軍は、政府を反共和主義者へと手渡し、人民によって選ばれた共和主義の構成員たちを反共和主義へと転向させるハミルトンの狡知に騙されているのだ(90)」と説明している。ジェファーソンはしばしば、特殊な政治的、宗教的な力がアメリカをその運命的な使命から脱線させていると考えられると語りながら、陰謀論的な思考に訴えかける。

特にジェファーソンは、伝統的な宗教を、自らの思い描く共和国への障壁であると見なしている。ジェファーソンは、世界における自由の宿命はアメリカの宿命とかたく結びついていると記した書簡において、地球上の残るすべての人民が、「修道院的な愚昧や迷信によって自分自身を束縛するように思い込まされている鎖を打ち砕く(91)」ことになるという希望を表明している。ジェファーソンにとって、正統派のキリスト教は、大衆を騙すための巧妙な試みなのである。アダムズへの書簡において、彼は次のように明言している。初期のキリスト教の指導者たちは、「プラトンの神秘主義のうちに、その曖昧さに由来する永遠に終わらない論争の余地を残し、彼らの階級秩序のために職を与え、それによって利潤と権力と栄誉をもたらしてくれそうな人為的な体系を構築できる素材を見出したのである」。プラトンの不明瞭な哲学を、素朴なキリスト教的真理と結びつけることによって、初期のキリスト教の指導者たちは、恒久的な職と自分たちのための富と大衆の隷属を確固たるものにしたのだと、ジェファーソンは申し立てる。ジェファーソンの信念によれば、アメリカ人から、究極的に彼が思い描いている理性の民主主義の妨げになっているような虚偽と迷信に満ちた宗教的信念を取り除くためには、個々人が理性を働かせる必要があるのだ。

エリートたちの陰謀が民主主義に立ちふさがっているといった妄想は、民主至上主義の特質のひとつである。このような思考の類型は、理性に導かれた民主主義へと向かう然《しか》るべき人民の自然な意志を妨害するような、必要のない多くの障害を発見する。正統派の宗教はしばしば人民に対する策謀や統制手段として解釈されるのだが、それこそが、真実のキリスト教は理性の導く人間性の宗教――それは多くの民主至上主義の原理を反映している――とほとんど変わらないものであると、民主至上主義者たちが主張する理由である。このような理性の導きによる「プラトン主義的な」キリスト教は、伝統的なキリスト教の概念を修正するものであり、たとえば平等を絶対的ないし物質的平等を意味するものへ、隣人愛を人類全体への散漫な愛へと変質させてしまうのである。啓蒙的な合理性や経験主義と合致しないような、伝統的なキリスト教や聖書の側面は簡単に捨て去られてしまい、偽りのもの、本当のキリスト教の一部ではないものとして説明されるのである。ジェファーソンがカーに対して、ヨシュア記において物語られているように、太陽がその軸において静止することがあるとすれば、「それがいかに自然の法則に反しているかがわかる程度には私は天文学者である」と語るとき、彼はこのことを示唆している。そして彼によれば、イエスが「神の息子であり、処女から生まれ、自由自在に自然の法則を停止したり反転させたりし、体ごと天上に昇った(92)」と主張するならば、カーもまた同じ理性の基準を適用するべきなのである。

ジェファーソンが「聖職者の影響力」に対して向けた辛辣な批評は、彼が、五世紀のローマ人たちやその他の多くの人と同じように、教会によって解釈された伝統的なキリスト教の信条が、自らの政治についての規範的な視座と両立しないと感じていたことを示唆している(93)。伝統的なキリスト教は、彼の大いなる理性の民主主義にとって脅威となるような仕方で信者たちに忠誠を命じるものなのである。ジェファーソンが自ら宣言しているところの「唯物論の主義信条」は、キリストの神性について公言し、またキリスト教的な終末へと眼差《まなざ》しを向けるキリスト教にはっきりと正面から対立している。これらの正統派のキリスト教的な信条が、ジェファーソンがそうしたように、その希望を此の世界に託するような政治哲学と和解可能かどうかは、明確ではない。

ジェファーソンの自惚れ

一方において自らが理解するところの民主主義の原理は自明なものであり、合理性によって識別可能であると信じながらも、他方でジェファーソンは、規範であるべきものから逸脱している人々を絶え間なく発見しているように思われる。人民それ自体よりも、むしろ権力ある人々を実際に批判することは慎重に留保しつつも、彼は、適切な統治形態について自らと意見の一致しない人々は、間違っているだけではなく、腐敗しているか悪意があるのだと仄《ほの》めかしている。これこそが、民主至上主義における啓蒙‐ロマン主義的な動因の一側面である。人民は、全体として合理的で善きものであることが期待されるのだ。唯一の自然で理性に適ったものとして描かれた経過を社会が追求しないときには、民主至上主義者は、それを適切な推論の欠如と人民を騙している少数のアクターのせいにする。一七九八年におけるジョン・テイラーへの書簡においてジェファーソンは、アダムズ政権を「妖術使いの王国」として描写し、「自らのほんものの眼を回復する」人民に対する自らの信仰を吐露している(94)。ジェファーソンの心のなかでは、アダムズは善良なる人民を迷わせて、統治の真の原理から逸脱させているのである。ジェファーソンの最初の就任演説もまた印象的である。「もし私たちのあいだに、この連合を解体させて、その共和主義的な形態を変更しようとする人々がいるならば、理性が意見の過ちに対して戦う自由を与えられているところでのみ、そういった過ちは許容されるのだという安全性のモニュメントとして、そのまま彼らを立たせておけばよいのだ」。たとえば、どの程度まで「市民による直接行動」は望ましく、しかもまた可能なのか——これはジェファーソンの示唆するところでは科学ではなく手腕によるところなのだが——など、民主主義において何が規範的であるかについて他者が異なった考え方をもっているかもしれないという事実は、ジェファーソンの心のなかでは、正当性をもつ可能性がないことなのである(95)。共和主義の構成要素についてのジェファーソンの理解は、彼にとって究極の言葉なのである。

民主至上主義の核心にあるのは、人民が根本的に変容しなければならないという主張と結びついた、人民への表面上の信仰である。ジェファーソンはしばしば、この矛盾した信念の一例を示してくれる。民主至上主義は、民主主義の原理は自明かつ合理性によって識別可能であると主張はするのだが、既存の規範を変容させるための事細かな規定や既存の制度や対立する思想に対して向けるその軽蔑が示唆しているのは、それが頑《かたく》ななイデオロギー的思考のもうひとつのあらわれであるということである。自らの共和主義についての見解が唯一のものとなる時代を待ち望むとき、ジェファーソンが剥き出しにしているのは、民主至上主義的な思考の傲慢な特徴である。大統領に選出された後に彼が語っていたのは、「自分はフェデラリストと共和主義者という名前そのものを抹消しうることを望んでよい」ということであり、あるいはそれを自ら訂正して、「むしろ、それらを統合してもよいのだ」とも述べている(96)。リチャード・ホフスタッターによれば、「抽象的には、ジェファーソンは政治的分断という考えや、反対派が政党という形態に具現化されるという現実を受け入れてはいる。しかし具体的には、自らの国のうちにいかなる特殊な反対派がいる正当性をも決して認めないのである(97)」。それどころかジェファーソンは、自らの信念の体系に対する反対派の正当性を考えることができなかった。デイヴィッド・N・マイヤーの説明によれば、「一八一二年の戦争が成功に終わった後、［ジェファーソンは］明らかに喜びの表情でフェデラリストの事実上の絶滅について報告したのである(98)」。

ジェファーソンは、一七七六年と一八〇〇年を、政治を導く力が理性にあることを立証した二つの革命として解釈している。二〇世紀と二一世紀において優勢となる歴史の進歩の物語となっていくものを予見しつつ、アメリカという事例、とりわけジェファーソン政権という事例が、地球全体における民主主義の弁証法において深遠なまでに重要なものであると彼は想像している(99)。デイヴィッド・ホールに宛てた一八〇二年の書簡において、彼は次のように語る。「私たちは、自分たちのためではなく、人類という種全体のために行動しているのである。私たちの実験という出来事は、人間に自己–統治を託しうるかどうかを示すものなのである。苦しんでいる人類の眼差しが、不安を伴いつつ、彼らの唯一の希望として私たちとこの劇場に向けられているのであり、そのような事例のためであれば、私たちはあらゆる些細な情熱や局所的な考慮などを差し控える必要があるのだ(100)」。約二〇年後になっても、ジェファーソンは同じような考え方を表明している。「したがって人類という普遍的な社会の構成員として、彼らに対しての責任ある高次の関係に立っているからこそ、私たちには、自らをとりまく情念などを我慢し、理性による統治は力による統治より優れていることの証明であるとして自らを鼓舞してきたという確信をしぼませない義務があるのだ[101]」。

他の数多くの民主至上主義者と同じように、ジェファーソンは、妄想上の神の因果が歴史的考察を曇らせてしまうような、抽象的で壮大な理想像へと与するように、私たちを手招きする。このようにして民主至上主義者は、彼らの理想像を追求するために必要となる具体的な段階を吟味するにあたって、過去を明らかに障害物のようなものとして見なすように、私たちを促すのである。民主至上主義の理想像に反対しようとする者がいれば、自己利益だけを考え、局所的で視野が狭く、さらには偉大なる民主主義というより重要な目標に価値を見出すことのできない存在として、そういう人は放逐されるのである。一方においてジェファーソン自身は、ヴァージニアの政治からその土壌の条件に至るまで、地域についての考察を取り上げてはいるものの、彼の視線の先にあるのはいつも、人間のもつ善性と世界の宿命なのである。ヘンリー・アダムズが語っているように、特定の地域に対するジェファーソンの配慮は、究極的には、「世界を支配している利害関心は、地域的であることを止めて、普遍的なものとならねばならない[102]」という信念に道を譲るのである。アメリカ人は、第一に「人類という普遍的社会の[103]」構成員なのだ。アメリカの運命とジェファーソンが見つめる超越的使命に比べれば、地域の問題など取るに足らないものなのである。ジェファーソンの信ずるところでは、もしアメリカという実験が失敗に終われば、自己‐統治という宿命が閉ざされてしまう。アメリカ人がそれを成し遂げなければ、それはどこにも存在しえない。ジェファーソンの歴史哲学は、アメリカはただ自己－統治の可能性の証であるという信念と、アメリカという模範によって他の国々でも民主主義への普遍的な欲望が燃えあがり、ドミノ効果が生じるという信念のあいだを振幅する。アメリカという事例をただ讃えるだけの、より穏健であった時期においてもなお、彼はアメリカの創設を世界－史的な出来事であると見なしている。彼はフランスにおける革命も同じように解釈し、究極的にアメリカ独立革命と両立するものとしている。ジェファーソンが言うには、フランスにおける国王殺しは、率直な共和主義的感情ではないにしても、君主政の「緩和」を他に国々にも鼓吹したのである(104)。ジャコバン派は、アメリカ独立宣言と同じような抽象的で普遍的原理を提唱することができた。このことだけでジェファーソンにとっては十分であったようだ。一七九五年に彼は、次のように記している。「長きにわたって奪われてきた自由を回復しようという人類の努力に、暴力や過ちや犯罪さえもが付随しているというのは遺憾なことである。しかし手段に対して涙を流しつつも、私たちは目的のために祈らねばならない(105)」。フランス革命が挫折に終わったと見なすのではなく、むしろ彼はこう言うだろう。自分は「いまや地上の半分が荒廃することを目の当たりにすることになった。もしすべての国に、自由なままの一人のアダムと一人のイブがいれば、世界はいまよりもよくなっていくだろう(106)」と。これこそが、ヘンリー・アダムズが、ジェファーソンは「特定の細かな現実からかけ離れた理性の働きのためであれば、人類の宿命をも危険にさらす心づもりをもった理論家であった(107)」と結論づけた理由なのかもしれない。他の民主至上主義者たちと同じようにジェファーソンは、根源的に目的は手段から分離しうると信じている。流血の惨事は、それが不幸であるとしても、自由の実現へと至るのに必要な方途なのである。「一世紀や二世紀のうちに失われたわずかな命に、どんな意味があるのか」。一七八七年にシェイズの反乱に言及しながら、ジェファーソンはこう問いかけている。「自由の木というものは、国を愛する人々と僭主たちの血とともに、時代を経るたびに再生しなければならないのである。それが、その木の自然な発育というものなのだ(108)」。不平等や敵対や不正義が新たな民主主義的生活へと道を譲るような未来を想像しながら、ジェファーソンや他の人々は、自由や平等の名の下に、心の底からよろこんで暴力を許容し、さらに正当化するのである。

ジェファーソンが長きにわたって民主主義の先駆者であり続けたという事実は、アメリカにおける民主主義に関して対立する見解が何か存在しているということを明るみに出すものである。「人民による支配」への理想主義的な欲望と、それと競合する何らかの規範的な帰結への願望に引き裂かれながら、多くの民主主義の指導者たち(必ずしも民主党支持者ではない)は、民主主義のもつ同意への要求に苛立ちを覚えるのだ。ジェファーソンがそうしたように、自らの政治的立場の哲学的基礎が「自然」で「理に適っている」と宣言しようとする誘惑を見出すこともできよう。しかしながら私たちには、抽象的な自然権と、それにそぐわない現実とのあいだの矛盾について疑ってみる権利がある。まったく異なった未来についての高尚に響く理念や計画は、ふつうのアメリカ人や民主主義的な生活様式の恩恵を被っている他の人々が、自分たちは政治に意味のある影響を及ぼせていないと感じているかぎり、空虚なもののように思われる。太陽の下に何か新しいものが存在するというジェファーソンの信念は、ロマン主義と啓蒙による楽観主義の産物であるが、それこそが民主至上主義を特徴づける思考の類型のように思われる。他のすべての国々と同じように、明らかにアメリカも、歴史のもつ制約や栄枯盛衰に左右されている。そうではないと主張することは、無邪気であるのみならず、それが現実それ自体への絶望や反抗を招くような非現実的な期待に貢献してしまうかぎりにおいて、潜在的に危険なことなのである。

ジェファーソンが具体的に例示してくれているように、民主至上主義は、人民主権や自由や平等についての最高度の理念を提唱するものであるが、実践上においては社会工学や反平等主義、拡張主義、宣教師的な熱狂へと傾くものである。民主至上主義は、民主主義についての包括的な理論ではあるが、実際には、古典的ないし文字どおりの意味での民主主義とは、ほとんど似ても似つかないものである。それはしばしば、非民主的な実践を覆い隠すものとなっている。人民の意志を和らげることは、たしかに必要なことではある。しかし、民主至上主義者たちは、特定の瞬間において、あれやこれやの特殊な見方や情念を修正したり改善したりすることよりも、むしろ広範に受け入れられている実践や信条を劇的に変化させることに関心を向ける。民主至上主義者は、人民の意志こそが主権者であると主張するにもかかわらず、同時に、自らの規範的なものの構想に当てはまらないような人民の意志の側面を変容させようと努める。このように、民主至上主義者のものの見方の性質を見定めるのが難しいのは、それがレトリック上の抽象と混乱の下に隠蔽されたかたちで作用しているからである。「すべての人間が平等に創造されている」、自由と平等こそが最高度の理想であると主張することには、大きな政治的価値があるのかもしれない。しかし現実の民主主義にとって、それは有害であり、議論の余地なく非民主的で、権威主義的であるような実践に認可を与えるものなのである。「個人として行動しようと、集団として行動しようと、人間にとっての道徳をめぐる唯一のコードが私にはわかっている」というジェファーソンの宣言は、民主主義を全体化する傾向を例証している。それは、妥協や交渉、対立する観点や生活様式への寛容という、アメリカという共和国を、その創始から支えてきた実践的な徳の可能性を排除する。ジェファーソンは、自らと敵対する者たちの党派が「抹消される」ことへの欲望という点において、抜きんでている。そしてもちろん、彼がこれを願うのは、彼が共通善や人民の意志と見なしているものの名においてなのである。しかし、道徳のコードについての自らの解釈に対するこの上ない確信からは、同じく今日のアメリカという共和国を苛《さいな》んでいる政治的な謙虚さの欠如が顔を覗かせている。ウッドロー・ウィルソンは、この確信が宗教的信念にまで昇華しているさまをあからさまに示している。ジェファーソンの民主主義とウィルソンの民主主義——表向きは民主主義の伝統である——がいかにして連関しているか、それらが民主至上主義というより広いイデオロギー的文脈にいかに適合しているかを理解することは、民主主義の妄想と民主主義の現実を区別するのに役立つことだろう。

第4章 ウッドロー・ウィルソン

ジェファーソンが民主至上主義における初期の預言者であるとすれば、ウィルソンはその救世主である。プリンストン大学総長の時代からアメリカ合衆国大統領の時代に至るまで、ウィルソンは、ジェファーソンがただぼんやりと夢みていただけの民主至上主義的な理想の多くを、実行に移している。ジェファーソンが、「自由の帝国」という概念によって、民主主義の名の下での武力干渉の哲学的な種子を蒔《ま》いたのに対して、ウィルソンはその思想を実践へと移したのだ。たしかに、それ以前にウィリアム・マッキンリーが、アメリカの外交政策に、自由や他の国家の宿命に対してアメリカには責任があるとする理想主義をもち込んではいた。マッキンリーは初めて民主主義を海外に向けて奨励するために軍隊を用いたのだ。しかしながらウィルソンは、地球全体に対する軍事行動の理由として、人道主義的な目的を規範としたのである。一九世紀のあいだにわたり、モンロー・ドクトリンが保持されつつも、世界における民主主義の指導者というイメージが育まれたことによって、後になって外国への干渉主義へと変容していくことになる外交政策が導かれていった(1)。ジョン・クインシー・アダムズによる有名な一八二一年七月四日の演説は、マッキンリーに至るまでの多くの人に影響を及ぼした信条となった、ある種の例外主義の神話を象徴している。

アメリカは、打ち倒すべき怪物を求めて海の外には出ていかない。アメリカは、すべての存在の自由と独立を願っている篤志家ではある。アメリカは自分自身だけの擁護者である。アメリカは、自らの声色によって生じる一般的な信条を奨励し、あるいはアメリカという範例に対する慈悲深い共感を促しはするだろう。アメリカがよく心得ているのは、自分自身のものではない旗印に一度でも隊を連ねてしまうと、たとえばそれが対外的な独立という旗印であろうと、自分が救いえる力を超えて、表面的には自由を偽装し、あるいは自由という基準を濫用するような利害や陰謀、個人的な強欲、嫉妬、野心などによるすべての戦争に巻き込まれることになってしまう、ということである。そうなればアメリカは世界の独裁者になってしまうだろうし、もはや自分自身の精神の支配者ではなくなってしまうのである(2)。

アダムズは、アメリカ例外主義の神話の根底にある、十字軍的な精神性の萌芽を感じ取っているように思われる。一八九八年の米西戦争によって、この神話がすでに、善意に訴えかけるものから、力による解放に依拠するものへと変節していたことが明るみに出ることとなる。フィリピンとキューバを民主化しようと試みるに際して、アメリカは、アダムズの言葉を無視して、次の世紀やさらにその先まで続いていくことになる、新しい対外干渉的な伝統を追求することを選択することになった。多くの研究者たちが議論しているように、米西戦争はアメリカにおける新しい異端的な伝統を創始したのであり、それはアメリカ人の国家についての自己理解を変容させてしまうほどのものであった(3)。キューバにおけるスペインからの植民地解放の嘆願を援護するために、スペインとの戦争に突入したことは、外交政策の思考における、このような新しい精神性の始まりであった。ラルフ・ヘンリー・ガブリエルが言うには、アメリカ人は「一九〇〇年に帝国主義を受け入れ」、さらには「征服者としての気分を楽しんだのである(4)」。ウォルター・マクドゥーガルの言葉にあるように、アメリカ人は「自分たちが軍事的な高潔さの暴風によって革命的な対外戦争へと押し流されていくことを許容し、ドラゴンを殺戮して、悩める乙女を解放することを決意したのだ(5)」。

一八九八年のマッキンリーの行動は、キューバ人たちの自由への渇望についての煽情的な説明によって唆《そそのか》された公衆による支持を受けたものであり、それは、他の国民が民主主義を嘆願するときには、アメリカはそれを助けるだろうというウィルソン自身の信念を育む役割を疑いの余地なく果たしている。ただしマッキンリーとは異なって、ウィルソンは、民主主義は世界に内在する邪悪に対する絶対善であるという神学的なレンズを通してアメリカの使命を解釈している。

ウィルソンは、諸人民や諸国家のあいだの普遍的な平和によって特徴づけられる、新しい民主主義の時代へと、歴史が道を開いていくことを思い描いている。一九一二年の選挙キャンペーンでの演説においてウィルソンの語るところでは、アメリカは選ばれし国家であり、「とりわけ世界の諸国民に彼らがいかにして自由への道を歩んでいくことになるかを示すべく選別されているのである」。そしてウィルソンが述べるには、神がアメリカの誕生を主宰したのであって、「私の信ずるところでは、神が私たちに自由という視座を植えつけたのである(6)」。選ばれし国家としてのアメリカという主題を繰り返すことによって、彼は自らの最初の就任演説において、聴衆たちの想像力へと迫っていく。実際に彼は、自らの冒頭での発言を、詩の次元にまで高めている。「この正義と好機に恵まれた新しい時代に相対するに際しての感情が、神自身の現存からくる雰囲気のように、私たちの心の琴線をかき鳴らしている。そこでは正義と慈悲が和解され、そうして審判であることと同胞であることがひとつになっているのだ」。他の多くの民主至上主義者と同じように、ウィルソンは、アメリカが唯一無二であり、他の国家を悩ませている政治的不和と歴史的不幸から免れていると信じている。その代わりにアメリカは、神の恩寵によって祝福されており、それゆえ、その恩寵を世界の残りに広げていくのを助けなければならないのである。ウィルソンにとって、アメリカの使命とは、「ただの政治上の課題ではなく」、神聖なる意志を実現するための終末論的命法なのである(7)。

ウィルソンの国家構想には、社会的福音において唱道された、キリスト教についての新しい進歩的な理解が多大な影響を及ぼしている(8)。二〇世紀への変わり目において、多くの自由主義的なプロテスタント教会は、人類の差し迫った救済を説くような進歩的な政治神学を公言していた。このキリスト教の教えの変異体は、個人の魂の救済への伝統的な焦点設定を、政治による集団的な救済へと転回したのである。社会的福音によれば、国家とは社会を救済するための手段となるのである。

ウィルソンの民主至上主義におけるルソー的な契機の多くは、社会的福音運動によって歪曲してはいるものの、それ自体がそもそも大部分において、ルソーと哲学的、神学的な前提を共有しているのである。「文明が発展するにつれて、罪というものはますます団体的なものとなる」、一九〇八年から一九三三年までシカゴ大学神学校の学長であり、社会的福音運動の唱道者であったシェラー・マシューズは、次のように語っている。「個人主義的で人格的な関係ではなく、社会的な関係を侵害することによって、私たちは社会的に罪を犯すのである(9)」。歴史についての啓蒙的な理解と社会ダーウィン主義の進化論を受容しつつ、社会的福音運動は、地の国と神の国のあいだの伝統的なアウグスティヌス的区別を拒絶し、「不毛の国を神の国へ(10)」と変容させようとする政治的な渇望と、よりいっそう両立可能なキリスト教信仰の修正版を前面に打ち出していく。政治的なものと神学的なものの合体は、アウグスティヌスの場合とは違って、ウィルソンと社会的福音にとっては矛盾ではなく、むしろ命法なのである。他の社会的福音の支持者たちと同じように、ウィルソンは、アメリカが地上における神の王国のようになることを期待しさえする(11)。この点において彼は、キリスト教が世俗的な政治的願望と究極的に両立しうるか、あるいは同義ですらあると見なすようなルソーやジェファーソンと同様の神学的伝統のうちにいるのである(12)。ルソーは、ジェファーソンがそうしたようにキリスト教を合理化しようとはしなかったが、にもかかわらず、国家のために人民を統合するという、ジェファーソンや、ウィルソンによって翻案されたキリスト教と同じ機能を果たすべく意図された、市民宗教という考えを提示している。

この時期に至るまでに、「キリスト教的な」という言葉は、かなり伸縮性のある用語となっていた。ウィルソンやこの新たな信仰の他の弟子たちは、「人類史の有機的発展におけるクライマックスとなる章としての世俗的な完成を目指していく共通の動機によって突き動かされていた(13)」。ウィルソンにとって民主主義とは、この政治における最終章を象徴しているのである。ウィルソンの歴史哲学によれば、民主主義とは、歴史的発展の先進的段階であり、「その政治的発展において成年の年齢にある民族だけに可能となるような国家生活の形態なのである(14)」。もっとも「成熟した」統治形態として、民主主義は、この成熟を反映したような人種の人々に適しているのである(15)。ウィルソンは、ひとつの前提条件として人民の自己統御能力をあげてはいるが、同時にまた彼が強調するのは、人民が「思想や目的をともにする種や共同体」において「同質である」ことの必要性である。この歴史的発展の最終段階において民主主義的な人民は、ルソーにおける一般意志に類似した何かに促されて、一体となって行動することになるのである。ウィルソンが言うには、アメリカ人には「共通の使命」と、「共通の運命――〈一七七六年の精神〉だけではなく、あらゆる時代に通用する精神」があるのである(16)。ウィルソンにとって国家というものは、それが最良のものであれば、歴史的発展や社会契約論の産物などではなく、生きた有機体であり、それを構成する人民とともに成長し、発展していくものである。彼の信ずるところでは、国家という有機体には異なった機能があるのだが、単一の精神によって動かされているのであって、それは教会という共同体における精霊の働きについて記したパウロの書簡を思い起こさせるものでもある。しかしながら、ウィルソンの精神に霊感を吹き込んでいるのはチャールズ・ダーウィンとヘーゲルであって、聖パウロではない。彼は統治というものを生物にたとえている。「部分としてお互いに邪魔し合うような器官をもちながら生きている生物など存在しない。反対に、その生命は、それらの迅速なる協力や、本能や知性の命令に対する即座の反応や、目的についての友好的な共同に依存しているのである。統治とは盲目なる力の集合体ではない。それは、高度に分化した機能を明らかにもちつつも（中略）共通の課題や目的を有している人々の集合体なのである(17)」。

ウィルソンにとって民主主義国家とは、現実上の霊的な存在を人格化したものであり、それは、「ひとつの有機体として行為するような覚悟をもっ」ていなければならないと彼は語っている(18)。一体となった人民の「意志作用」が、国家という有機的存在を導くのである。その意志は一般的である。民主主義において敗北した少数派の側からなされる協力の行為は、それそのものが「現実上における合意と同一のものである(19)」。ルソーの社会契約を非歴史的なものとして拒絶しているにもかかわらず、ウィルソンの政治哲学はなおも、その多くの特徴、とりわけ一般意志という根本理念を共有している[20]。民主主義とは、「多数者による支配ではなく、全体による支配なのである[21]」。当然ルソーも主権を同じように特徴づけつつ、次のように記している。「意志には、一般的であるか、そうでないかしかない。それは、全体としての人民の意志であるか、あるいはただの一部の人民の意志であるかなのである[22]」。ルソーにとってもウィルソンにとっても、国家とは、単一の視点と一致しながら各々の部分を動かし、また調整する「普遍的な強制力」によって活動する大いなる存在なのである[23]。

同時にまたウィルソンは、ルソーと同じように、個人にも価値をおいているようにも見える。ウィルソンの主張によれば、近代における民主主義は、「国家の権利と対をなすものとしての個人の権利[24]」の確立を基礎としているのである。彼は社会主義を非難し、自由参加による結社の権利を促進するが、それというのも、彼の信ずるところでは、「個人による自己決定」こそが近代の民主主義の基礎だからである。ウィルソンにおける国家についての有機体的な理解と、外面的にはそれと競合するような個人主義に対する信奉のあいだにある緊張を理解するには、ルソーの哲学を念頭においておくのが助けになる。ルソーが述べるところでは、すべての市民は一般意志の下に一体化するのであるが、にもかかからず、各々の人格は「自分自身のみに服従し、以前と変わらず自由であり続けるのである[25]」。大部分において同じような仕方で、ウィルソンも、「新しい」近代の民主主義は、その名を保持している古代の体制とはまったく異なった秩序であると信じている。ウィルソンの考えでは、近代の民主主義は、その市民を共通の超越的な目的のために統合するのであるが、しかし同時に個人主義をも保持するのである。ルソーのそれと同じように、彼の民主主義についての理解は、日常的な意味における政治の理論をはるかに逸脱したものとなっている。

このような民主主義の観念を、その超越的ないし形而上学的な次元から切り離して把握することは不可能であろう。それが物語っているのは、「まだ見ぬ物事への信念」を要求するような民主主義についての見方なのである。ウィルソンにおいては、人民の主権とは、現実的なものというよりは、神秘的なものである。人民は、「その言葉の正しい意味において、統治するわけではない」と彼は語る[26]。政策立案や立法のような統治における日々の日常的な事柄において、彼らが役割を果たすことはほとんどない。いつでも少数者が統治するものだし、そうあり続けてきた。そうウィルソンは、「近代の民主主義国家」において記している。代表者たちには、国民の意志を識別し実現していくという任務があるのだが、それは必ずしも直接的に、その構成員たちの欲望を翻訳するということではない。「適切に組織された民主主義とは、少数者による最善の統治なのである[27]」。民主的な統治の技法には妥協や交渉、さらにはある程度の政治的な便宜を根拠とした決定が必要とされると考えていたアメリカ合衆国憲法の起草者たちとは異なり、ウィルソンの信念によれば、民主主義的な統治の技法の根底には、「支配的な精神のもつ説得の力[28]」があるのである。妥協に訴えるのは最後でなければならない。この点におけるアメリカの起案者たちとウィルソンの相違は、共和主義と民主至上主義のあいだの主たる差異をよく示してくれている。アメリカを創設した共和主義者たちにとって統治とは、人民の「精神」ないし一般意志を抽出したり、顕在化させたりすることに関わるものではなく、妥協や平和の維持のための実践的な技法に関わる事柄であったのだ。ウィルソンは政治家というものを、外交的手腕や共通の地盤を発見する能力をもった人間としてではなく、人民が彼らに帰せられるべき視座や理念について自覚的であるかどうかに関係なく、人民の精神を解釈できる人物として見なしている。

ウィルソンにおけるリーダーシップ

ウィルソンにおける民主主義の政治神学においては、他でもなく民主主義をその終末論的な結論、つまり「普遍的な解放と人類の同胞愛[29]」へと導いていくことのできる能力をもった人類の指導者が要請される。「人類の指導者」が、民主主義の時代の「生まれたばかりで漠然としている」精神を、より明晰なものとし、また導いていくことができるという信念には、ルソーのそれと類似した哲学的人間学が暗黙裡に含まれている[30]。アメリカの起案者たちの多くとは異なって、ウィルソンは、人民の情念や党派を、善き統治の恒常的な脅威として恐れてはいない。近代における啓蒙された民主主義国家においては、「私心のない感情」が「下劣な目的」に打ち勝つことができると、彼は信じているのだ[31]。社会的福音と同様に、邪悪というものは、個人の罪深さよりは、大部分において社会的制度の問題であるとウィルソンは考えている。ほんものの指導者が矯正しようとするのは、「システムの間違いであり（中略）個人が意図的に犯す間違いではない――私はそのようなものがたくさんあるとは思わないが[32]」。人間本性が一般的に善いものであるというこうした理解から、カリスマ的な指導者が、人民をほんものの最高度の意志まで導いていくうえで乗り越えられない困難に直面することはないというウィルソンの信念が形づくられてくる。進化の手と同じように、人類の指導者は、「束の間で移り気な人民の気分、一時的で誤った人民の情念」よりも「堅固にして進歩的な人民の思想」を選好するように人民を指導することができるのである[33]。しかしながらこのことは、言うなれば、ハミルトンやマディソンが想定していたように、ひとつの具体的な状況における一時的な情念に流されず、具体的な解決に目を向ける代表者たちによってなされるのではなく、具体的なものの全体を超えて普遍的なものに目を向け、実際には政治そのものをも超脱してしまうような代表者によって行われるのである。

ウィルソンが思い描くのは、人民の信頼を獲得することによって、彼らに方向づけを与えるような指導者である。「彼に一度でも執政府や国家の信頼を得さしめれば、どんな単独の力も彼に抵抗することはできないし、いかなる力の結合によっても、彼に容易に打ち勝つことなどできない」。主権者としての人民の権力と、その解釈者としての政治家の権力のあいだの緊張は、民主至上主義における中心的な緊張である。ウィルソンやほかの民主至上主義者たちにとって、人民こそが時代精神そのものを形成し、国家的意志を具現化するのであるが、しかしそれは形而上学的な意味においてでしかない。人民の現実上の要求や必要《ニーズ》は、政治的指導者の課題にとって重要ではないのである。指導者は「国民の思想を正しく解釈し」、そして「それを強く大胆に主張し」なければならないというウィルソンの信条は、この矛盾を非常に明確に示してくれている(34)。おそらく人民は自らのほんものの意志を理解しないであろうから、立法者がそれを直観して、人民のためにそれを要求する必要があるのだ。

レトリックの役割

ウィルソンにとって弁論術こそが、人民と指導者のあいだに橋を架けてくれるものである。想像を捉えるようなレトリックによって、指導者は、ルソーにおける立法者のように、「暴力を伴わず矯正し、信じさせようとせずに説得する(35)」ことができるのである。弁論家は、「[人民の]精神への入り口を容易に発見し、彼らの手のひらかステッキの先端に、拍手喝采というかたちをとって、簡単に伝わっていくような物事(36)」を利用するべきなのである。疑う余地なくウィルソンが念頭においていたのは、「希望と変革」、「アメリカを再び偉大に」、「よりよい復興」といった、多くの大統領が使ってきた単純で抽象的な表現である。ウィルソンが言うには、単純で明白な真理を唱道することは、「サーベルの凄まじい切れ味」のようなものであり、「弁論の戦いにおける勝利法」なのである。人類の指導者によるレトリック上の作品は、熟練の剣士のそれのようなものである。彼は、「ある主題についての大まかで明白な枠組みを通して何度も届けられる演説の、真っ直ぐですばやい打突によって(37)」勝利するのだ。ウィルソンはイギリスの政治家であるジョン・ブライトの例をあげているが、彼は「壮大かつ明白な」道徳的な原理を主張し、しかもそのレトリックからは「細かい部分はすべて除去されていた(38)」。抽象的で陳腐なレトリックは精神を方向づける強力な道具となると、ウィルソンは信じているのだ。ウィルソンの同時代人であるアーヴィング・バビットは、壮大なる政治的使命に奉仕するような、そのような抽象的なレトリックは危険であると考えている。バビットが言うには、「言葉、とりわけ抽象的な言葉は、それらが想像力を統制し、しかもそれがまた今度は行為を規定し、そうして〈人類を支配する〉がゆえに、現実に対して重要な連関をもっている[39]」。ウィルソンは、空疎な抽象に対して欲するとおりに実質を付与する想像力の力をよく理解していた。「自由」や「平和」といった耳触りのよい言葉は、それが具体的に実行されるときには、反対のことを意味することもありうるものである。「世界を民主主義にとって安全なものとするために」というウィルソンの戦争が、その最たる例である。それが例証しているのは、高尚な響きをもった理想に含まれる犠牲や、時として生じる戦慄すべき行動を見落とすことが、いかに容易であるかということなのである。

ウィルソンがレトリック的な鋭敏さを評価しているのは、部分的にはそれによって一人の人間に権力が集中するからである。「心を動かされる人間は存在する。では彼は、いかにしてそういった人々の心を動かすべきか」、彼は仮説上の人類の指導者に問いかけている[40]。マクドゥーガル曰く、ウィルソンは「権力を愛し、切望し、ある意味においてそれを称える。なぜなら、巨大な政治的権力によってのみ政治家は、世界史的な任務を達成することができると彼は思っているからである[41]」。しばしばウィルソンは民主的な同意の概念を行政上の障害として扱っているが、それは、人民自身の善のために、理想を抱いた力強い指導者によって克服されるべきものであった。「それこそが命令し支配する権力であり、事物はそれにしたがうのである」とウィルソンは述べ、それが素晴らしいことだと彼は信じているのだ[42]。初期の著作である『議会と政府（一八八五）』においてウィルソンは、アメリカのシステムが、カリスマ的な指導者の登場を妨げてきたことを後悔している。議会は、「その背後に偉大な目的もないようなキャンペーンに専心している」と彼は嘆いている[43]。さらに連邦議会議員は、公衆の注意を指図し、その意志を動員することにおいて無能力である。ウィルソンが思い描いているのは、連邦システムにも野党との取引の必要にも邪魔されることのない指導者である。その代わりに、この人物が集中するべきは、選挙民たちを「粘土」のように成型することなのである。そうすることによって、新しい政治的展望が開かれることになるのだ(44)。「話を聞いてもらえるだけの普遍的に承認される権利」を生み出したり、「彼が話すときにはいつでも耳を傾けてくれるとどまることのない欲望」を作り出したりするために、何らかの「天賦の才のようなもの」が連邦議会議員には要請されるのである(45)。ルソーにおける立法者と同じように、この人物の任務とは、人民の顕在的な利害関心を伝達することではなく、彼らの意志についての自らの解釈に服従するように彼らを促すことなのである。戦時中におけるウィルソンの広範にわたる監視と検閲のプログラムは、このリーダーシップの哲学の論理的な帰結をよく示している。ウィルソンの信ずるところでは、アメリカの人民の「精神」は、たとえ彼らがそのように明示的に語っていなかったとしても、戦争のような偉大で高貴な目的を支持しなければならないのである。

ウィルソンの統治観

一八八五年にウィルソンが『議会と政府』を執筆したときには、憲法上における権力の分立――「アメリカ政治の主要な欠陥」――のような、権力の集中に対する伝統的な障壁が、米西戦争においてマッキンリーの手によって侵食されていくことになるとは予測できていなかった(46)。マッキンリーが例証したのは、大統領は戦争のための権力を、そしてその他の権力をも、その帰結として拡張することができるということである。カリスマ的な指導者へと上昇する必要があるのは、連邦議会の構成員ではないということが判明したのである。いまや大統領にこそ、ウィルソンがかつて政治家のうちに見出した特徴の多くを想定しえるのであった。一八七九年に『アメリカ合衆国における議会政治』においてウィルソンは、「尋常でない危機や急速な変動や進歩」こそが、「ありとあらゆる天分と、この上なく深く強い愛国心と、比類のない道徳的な活力と、多種多様な習得物や知識の圧倒的な成熟をもち合わせた人間が強力な指導者の役割を掌《つかさど》る」ための方途であるという仮説を立てている(47)。ウィルソンによれば、危機が、彼の思い描くような指導者の類型の登場を促進するのであるが、それというのも、「それこそが特に行為がなされるべき時期」であり、そこにはまた革命的変化が含意されているからである(48)。マッキンリーが示したように、戦争のような危機を通じて、大統領権力の拡張や、それに伴う諸州を犠牲とした国家権力の増大のための扉が開かれうるのである。マッキンリーが証明したのは、ウィルソンが非常に軽蔑していた「日々のどうでもよい行政」以外の何かを、実際に大統領が追求できるということである。彼は偉大な国家的使命へ乗り出すことができたのだ(49)。

一九〇八年にウィルソンは、大統領の役割はよりよいものに変化してきたと述べている。ただの執政府の長ではなく、いまや大統領の「政治的権力は彼の下により凝集され、まさにその本質において人格的で、譲渡不可能なものとなっている(50)」。現実上ないし想像上の危機によって生じる緊急事態を感じ取ることによって、執政者は「超越的な影響力」を行使し、憲法上の制約を超えて動くことができるのである[51]。おそらくはもっとも円熟したウィルソンの政治的著作である『アメリカ合衆国の立憲政府』において彼は、いまや大統領は「人民と議会のいずれに対しても、自らの見方を強要する権限をもつのである[52]」と述べている。国家的な政府——連邦議会と大統領いずれによるものにしても——が偉大なる目的へと挑戦するのを目にしたいというウィルソンの欲望は、決定的な点において、多くのアメリカ合衆国憲法の起草者から逸脱したものとなっている。彼らにとっては、(連邦議会に具現化される）連邦主義的なシステムによる権力の分散は、権力を集中させ、国家的な政治的冒険へ乗り出そうとする野心的な個人を妨げるべく設計されたものであった。古典的な共和主義の伝統に身を浸しつつ、ヨーロッパへと巻き込まれることに警戒心を抱きながら、ワシントンやアダムズやマディソン、そして多くの点においてジェファーソンのような起案者たちは、国家政府には、きわめて限定された役割しか認めていなかった。「偉大な目的」へと挑戦する連邦議会などという観念は、少なくとも、これらの人々を戦慄させたことであろう。

ウィルソンにとって、アメリカ合衆国憲法は、彼の構想する「完全に近代的な」民主主義に対する障壁であった。二〇世紀のよく知られた政治学者であり、アメリカ政治学会の会長でもあったジェームズ・マクレガー・バーンズは、ウィルソンの『議会と政府』を引用することを通じて、アメリカの政治システムに対する自らの不満を要約している。「いま構成されたものとしての連邦政府には、その権力が分割されているがゆえに力が欠如しており、その権威が多元化されているがゆえに迅速性が欠如しており、その過程がまわりくどいために実行力が欠如しており、責任が不明瞭であるがゆえに効率が欠如しており、またその行動には的確な方向づけがない[53]」。ウィルソンとともにバーンズは、単一の理想像と一致してすばやく国家的行動をとる必要があるときには、成文化されたものとしての憲法や現実上の人民の欲望すらも無視することができるような新たな類型の民主主義を求めていた。当然このことは、諸州を犠牲にした、大統領や連邦議会への権力のさらなる集中を意味したであろう。憲法の枠組みは、ルソー的、ウィルソン的な民主主義の理解からは忌み嫌われるものなのである。憲法上における二つの政党の合意のための厄介な要求や、諸州や政府のさまざまな部門への権力の分散は、ウィルソンが当初から思い描いてきた強力な指導者の類型にとって妨げである。人民全体のために立法者ないし「人類の指導者」に支配をさせたいというルソーやウィルソンの欲望は、人民は本質的には同一の希望や欲望によって動機づけられているという信念によって支えられている。そのような見方は、マディソンやハミルトンやアダムズ、さらには多くの反連邦主義者にとっても、妄想のようなものであり、僭主政のための秘訣のように見えたことであろう。しかし、誰が人民のほんものの意志を決定するというのだろうか。その代わりに、これらの起案者たちは、諸州や地域共同体によって、数多くの競合し、ともすれば和解不可能な意志が共存することが許されるべきだと考えていたのである。これは効率性や、あるいは偉大なる国家的プログラムのための手立てにはならないが、そのようなことは決して起案者たちの意図するところではなかったのである。

教育

ウィルソンが注目するのは、人民の想像力を鷲掴みにするようなカリスマ的でレトリックを巧みにあやつる才能をもった指導者だけではなく、民主主義についての彼の「新しい」見方と両立するような類型の市民の信念を涵養するような大衆教育のシステムである。ウィルソンにとっても、他の民主至上主義者にとっても、教育システムは、民主主義についての特殊な見方へと人民の心や精神が到達するために必要不可欠なものなのである。このような理由から、教育は中央集権化され、国家によって監督されなければならないと彼は確信している。地域ごとに「どれほど教育手段が画一的なものであろうと」、各々の集団には、「異なった地域の色」が存続し続け、また狭量で半盲な地域への適用によって、視野が最小限に狭められてしまうのである」とウィルソンは警告している(54)。教育に対する地域ごとの管理は、競合するような意見や見方を許容することになり、表現されるべきものとウィルソンが信じる唯一の国家的な「精神」と究極的には衝突することになる。ウィルソンにとっても、ルソーにとっても、部分的な結社や地域的な利害は、「全体」による統治――民主主義的な統治の唯一の正当な類型――とは両立不可能なものなのである。もし「人民」が現実には、利害や地域文化の多元性を伴った多数の要素からなる団体であるならば、国家的な指導者が、どれほどカリスマ的であれ、人民を国家的な目的へと先導するに際して困難を抱えるであろうことは想像がつく。もし各人のアイデンティティに、国家（あるいは一般意志）ではなく、地域的集団や諸州や利害が生来的に備わっているならば、彼らは国家的な目的に参加しようとはしないだろう[55]。ウィルソンの主張によれば、彼の信ずるところの偉大な事業や民主主義的な解放に必要となる駆動力としての国家的統一の類型を生み出すことに向けた、中央集権化された大衆教育による公衆の感性の統合には、長い時間がかかるのである。これこそが、「より高等な教育は国家の味方であるべきである[56]」と彼が信じる理由である。

民主至上主義の中心的な矛盾のひとつは、民主主義と少数者による支配のあいだに相反は存在しないという信念である。一方においてウィルソンのような民主至上主義者たちは人民主権を擁護するにもかかわらず、他方で彼らが熱望するのは、もし民主至上主義者が人民は騙されていると思うときには、彼らの明示的な望みに抗してでも、選ばれし少数者が、人民の名において支配することなのである。ウィルソンが唱道するところでは、投票箱は民主主義の「本質」ではあるが、しかし啓蒙された政治家が、民主主義的な統治の現実上の方向づけにおいては決定的な役割を演じるべきなのである。他の手段と同じように、教育は、ただ人民を彼らの「ほんものの」利害関心へと啓蒙するだけではない。それはまた、最上流の人々が統治階級の長へと上昇していくことも手助けするのだ。民主主義のうちにあってさえも、ある種の自然な貴族階級が統治しなければならないと、ウィルソンは主張する。彼は旧来の政治のやり方を軽蔑するのだ。それによれば政治とは、「教養なき多数者の利益のために、教育を受けた少数者によってのみ適切に導かれうる事柄なのである[57]」。しかしながら、啓蒙された有能な少数者が特定の視座にしたがって人民を「成型する」べきであるという彼の確信が示唆しているのは、統治についての彼の理論には、彼がそう考えようとしているよりもずっと、ヨーロッパの先祖と共通するところが多いということなのである。

ウィルソンの戦争観

ウィルソンや進歩的なキリスト教の聖職者にとって、偉大な戦争とはアルマゲドンのことであった。善と悪が世界の魂のために戦っていたのである。戦争に向かわんとするウィルソンの決定は、実践的で戦略的な考慮によって促されたものではあったが、彼はそれを、神の計画の実現のうちにある人道的な介入と関連づけて正当化した。彼の想像力は、すでに長きにわたって、この種の思考へと彼を傾けてきた。たとえば一九一二年における彼の選挙キャンペーンの要綱である『新自由主義』において、ウィルソンは地上の刷新という気高い理想像を唱道している。「私たちは高みにあるどこかへとたどり着くために、穏やかな道を登っていくことになるのだ。そこは、空気がより新鮮で、愚かな政治家たちのおしゃべりはすべて沈黙し、人々は顔を合わせていて、隠しごとなど何もなく、お互いに胸襟を開いて話さねばならないし、よろこんでそうするということを理解している、そんな場所である。そして、そこから道をふり返ってみると、ついに私たちは人類に対する自らの約束を果たしたのだと気づくことになるだろう(58)」。また彼は自らの最初の就任演説において、この主題を繰り返している。「これこそが新たな日における崇高なる企てである。すなわち、国家としての私たちの生活に関わるすべてのものを、すべての人間の良心と正義観という暖炉の炎から放たれる光へと高めること。(中略)。私たちは、自らの任務がどうでもよい政治のそれなどではなく、むしろ私たちの隅々にまで染み渡るべきものであることを心得ているのだ」。「私たち」は、「私たちの時代と私たちの人民の要求」

を解釈するという任務に相応しいものとなりうるかどうか、本当に彼らの代弁者や解釈者でありうるかどうか、彼はレトリックを用いながら、このように問いかける(59)。ウィルソンの「私たち」には、世界の代弁者としてのアメリカの人民が含意されているように思われる。彼はアメリカの人民に「人間性のもつ力（中略）を結集する」ように強く訓告することで、自らの演説を締めくくっている。「人類の心が私たちを待望している。人類の生活が天秤にかけられている。人類の希望が、私たちがこれからどうするかを語ることを求めている。誰がこの偉大なる信頼に応えることができようか。誰が敢えてそれに挑戦しないということがあろうか。私はすべての誠実な人々、すべての愛国者、すべての前向きな人々に、味方になるように呼びかけたい。神の助けがありさえすれば、私は彼らの期待を裏切りはしない。もし失望することがあったとしても、それでも私に助言を与え、また支えてほしい」。アメリカの戦争介入を、ウィルソンの世俗化された神学的表現であると理解することも可能である。神が彼とアメリカのために偉大なる使命を用意してくれていると、彼は信じていたように思われる。

選挙キャンペーンの演説や就任演説においてレトリックを駆使した美辞麗句とともに発せられているウィルソンの恍惚《こうこつ》に満ちた視座は、矛盾したことに、アメリカが人類史におけるもっとも凄惨で破壊的な戦争へと突入していく道を舗装することになった。歴史的な現実とまったく一致しない美しく純粋無垢な視座は、欠陥のある既存のあり方を根絶することを要求するのである。ウィルソンは、長きにわたる刷新と平和には、時として大いなる破壊が先立つべきであるという、使い古された民主至上主義の信念を露わにしている(60)。アメリカが戦争に乗り出すのをもっとも声高に唱道する人々へと転じていった「平和主義者たち」は、これと同じ論理にしたがったのである。

平和から戦争へ

ウィルソンによる中立から戦争への移行は、実際によどみのないものであった。最初は中立性が、彼が願うところの民主主義の新たな世界秩序につながる平和交渉にとって最善の道であるように彼には思えた。もし戦争の外部にいて、争いから超脱したままであれば、アメリカは利害関心のない党派となり、平和についての道徳的権威を行使できるだろう。そうすれば彼が、平和の条件を指令することができるのだ。マクドゥーガルが示唆しているように、ウィルソンが「中立性に固執したのは、それがアメリカの伝統だからでもなければ、彼が平和主義者である（あるいはそうではない）からでも、アメリカの人民がほとんど満場一致で戦争の外部にとどまることを選好したからでもない。彼がそうしたのは、ただ戦争から超脱したままでいることが、永久平和のために課されうる条件の下で、ウィルソン自らが戦争を終わらせるのに必要な道徳的権威を行使できるようにする唯一の道であると、彼が信じていたからなのだ(61)」。ヨーロッパの政治家に対して後悔と混乱をもたらすものとして、ウィルソンは、人道主義と抽象的な道徳主義による新たな外交政策を唱道した。アメリカ人は、「あらゆる国家がかつては保持していたもっとも偉大な遺産――正義や公正や人間の自由――と私が敢えて述べるところのものの受託者なのである(62)」。旧世界における権力政治や外交政策上の勢力均衡の戦略とは異なり、アメリカが創始することになるのは「権力の共同体」を基礎とする新たな伝統である。これこそが、アメリカが参戦した当初から、ウィルソンが平和のうちに実現されることを望んだ目的なのである。

マクドゥーガルが説得的に論証しているように、宣戦布告を要請する以前のウィルソンの態度が示唆しているのは、戦略的というよりはイデオロギー的な動機である。ウィルソンが主張したように、そもそもアメリカは戦争へとだんだんと歩みを進めていたのであり、中立であったわけではなかった。公的な参戦以前であっても武器を売り、さらに全体として二、三億ドルを連合国に貸与していたのであるから、ウィルソンがしたことは、アメリカの人民は「思想においても行動においても不偏不党(63)」であり続けるという彼の高尚な要求にもかかわらず、アメリカの立場をより鮮明にしたということなのである。一九一六年までにイギリスとフランスは物資の四〇%をアメリカから購入するようになっていたし、アメリカの銀行は連合国側の数百万ドルの戦債を負担していた。ウィルソンは、自らの外交政策が物質的な利害を超越しており、純粋なる慈悲の感情によって動機づけられているように偽装してはいたものの、マクドゥーガルが指摘しているように、「彼は首尾一貫して、連合国との取引によって思いがけない利益を得ていた、アメリカの綿や穀物の輸出業者、製造業者、金融業者の利益に奉仕したのである(64)」。

くわえてウィルソンは、イギリスによる中立航行権の侵害を無視するという選択をしている。彼の考えでは、アメリカと同じく民主主義であるイギリスは、その具体的な行動が何を示しているかにかかわらず、権利と正義の原理を代表しているのである。しかしながら、ドイツはそもそも非正当な存在であり、ドイツの人民ではなく、皇帝ひとりの声を代表している(マクドゥーガルが指摘しているように、帝政ドイツは厳密な意味では専制的ではなく、ウィルソンが選挙で得たよりも多くの人の支持を得ていたという事実にもかかわらず)[65]。ロドニー・カーライルが述べているように、イギリスの民主主義的な本質というウィルソンの前提こそが、ドイツの行動ではなく、アメリカ人に損害を与えたイギリスの行動を見逃した理由なのである。そしてまた、それこそが、ドイツに対する宣戦布告が正戦論の原理——行動は目的に見合ったものでなくてはならない——を侵害するものにはならない、とウィルソンが主張した根拠でもある。カーライルが指摘しているように、「決断を早めるものとなったドイツによるアメリカに対する戦争行為は、実際のところは四三名の船員の死であり、厳密にはそのうち一三名がアメリカ国籍であった」。ウィルソン内閣が彼に対して宣戦布告するように勧告した時点において、潜水艦攻撃によって殺害されたのは、アメリカの商船員六名のみであった[66]。

公海におけるアメリカの商業的利益の保護や中立国の権利保障といった具体的な外交政策上の目的は、ウィルソンの精神の前面には存在していなかった。マクドゥーガルが語っているように、ウィルソンは、海軍を用いてドイツにメッセージを発信して海洋上におけるドイツの交戦を抑止することを試みることもできたであろうし、それがひょっとしたら戦争を終結させることすらあったかもしれなかった[67]。ドイツはアメリカが参戦することなど望んではいなかっただろうし、アメリカの国家的安全も国家的利害も、連合国の勝利によってアメリカの企業が手にする金銭的利害を除けば、大して危険にさらされてはいなかった。ウィルソンは、すべての交戦国とのアメリカの通商上における出入港禁止も拒絶したし、海軍を海洋に派遣し、どちらかが最初に発砲する覚悟をもって、交戦国との貿易を保護することも拒絶したし、アメリカの市民に自らリスクを背負って交戦国の船舶で航海するように指示することも拒絶した、とマクドゥーガルは記している[68]。その代わりに、他の多くの民主至上主義者と同じようにウィルソンは、「正しさを平和よりも貴重なものとする[69]」決断を下したのだ。

宣戦布告を要請するという彼の決定を早めることになった事件の委細についてウィルソンが言及することはほとんどなかったし、何人かの連邦議会議員は、つねに事実を誤認してもいたとカーライルは指摘している。いくつかの事例において、連邦議会の構成員たちは、アメリカ国籍の船舶に乗船していた者における死者や、外国籍の船舶に乗船していたアメリカ人の死者や、あるいは一九一五年と一九一六年におけるドイツの水上艦艇や潜水艦によるアメリカの船舶に対する損害などを混同していた[70]。ウィルソンの開戦演説は、アメリカの国家的安全にとって脅威となりうるような具体的な出来事については誤魔化したうえで、その代わりに一般的かつ人道主義的な目的に焦点を絞っている。彼は、ドイツの行動を「人類に対する戦争」と呼ぶ。それに対してアメリカは、「人類の権利の擁護者の一人」として、「自らの狭い利害よりも人類の利害を優先する」唯一無二の能力をもっているのである。アメリカの国家的安全や国家的利害への具体的な脅威のみに焦点を絞れば、参戦するという決断は、その目的にまったく見合わないものであったことだろう。そうではなくウィルソンは、抽象的に「正しさの擁護」に焦点を絞ったのだ[71]。

ウィルソンは、一方においてドイツによる「中立権」の侵害について指摘しながら（連合国の行動に対するアメリカの物質的な関与を考慮すれば、議論の余地があるものではあるが）、他方において普遍主義的で人道主義的な用語によって戦争を正当化する。人類の権利を国家的安全と混同するやり方は、民主至上主義的な外交政策の思考のうちに存在し続ける主題であり、二一世紀におけるネオコン流の「堅実なウィルソン主義」の前兆となるものである。本書の第七章が明らかにするように、これらの現代におけるウィルソン主義者たちは、アメリカの「国家的利害とグローバルな責任」を、おおむね重なり合うものと考える(72)。それはまるで、戦争へと至った決断の責任は、アメリカの指導者ではなく、運命にあるかのごとくである。「交戦国の地位」がアメリカへと押しつけられたのだと、ウィルソンは述べる。「世界の平和や、さらにはその諸人民の自由がかかっているときには、中立性はもはや実現不可能であり、また望ましくもない。かの平和と自由に対する脅威の根底には、人民の意志によってではなく、政府の意志により全体的に統御された組織的な力によって支持された専制的な政府の存在そのものがあるのだ(73)」。このような思考の方向性によって、国家の指導者たちは、戦争（とその余波）をめぐって、国内であれ国外であれ、想像上の人民の意志を擁護するという抽象的な義務に対して責務を負うべく促されることになる。興味深いことに、ウィルソンの発言は、ドイツの首席補佐官であったクルト・リーツラーによる三年前の発言とほとんど変わるところがない。「イギリスの悲劇的な失態は、私たちがすべての力を結集し、すべての潜在能力を活かして、世界規模の問題へと向かっていくよう追い立て、さらには――私たち自身の意志に反して――世界支配への欲望を私たちに押しつけたことである(74)」。ウィルソンも同じように、地球全体のための唯一の生のあり方を追い求めたが、それは彼だけが個人的に差配できるものではなかったのだろうか。

市民の自由と戦時プロパガンダ組織

「自らの権利を守るいかなる手段も他に存在せず」、またアメリカが戦争に参与せねばならないと一度決断してしまうと、ウィルソンは、「世界を民主主義にとって安全なものとするために」という彼の命法に付随する巨大な権力への要求を隠さないようになった。総力戦《トータル・ウォー》は、万人の揺るぎない支持を必要とするのである。ウィルソンが要請したのは、国内の監視プログラム、市民に対する秘密の管理統制、報道や出版メディアやハリウッド、さらには一般市民の私的な会話の検閲であり、そこにさらに広範なプロパガンダの努力が伴っていた。異議を抑圧するためには、彼はどんな労力も惜しまなかった。「報道に対する検閲を行う権威は（中略）公共の安全にとって絶対的に必要である」、彼はスパイ活動法のうちで提案された検閲条項を擁護するために、このように主張している――この法は（上記の条項なしで）一九一七年に通過することになった(75)。一九一八年六月に連邦議会は、戦争に反対を表明する出版を非合法とする治安法を通過させるが、それ以前のスパイ活動法の通過以来、すでにそれは事実上存在していたものであった(76)。治安法によれば、「言葉ないし行動によってアメリカの目的に反する」か、「アメリカの統治形態について、すこしでもそれを裏切ったり冒涜したり、あるいは口汚く罵ったりするような言葉を発したり、印刷したり、執筆したり、出版したり」した人は、一万ドル以下の罰金か、あるいは二〇年の禁固に処せられなくてはならない(77)。スパイ活動法の規定は、郵便局長に対して報道や出版についての大きな権力を付与しており、ウィルソンによって任命された郵政公社の総裁であるアルバート・Ｓ・バールソンが連邦議会に語ったところによると、それは、「政府が間違った戦争に突入したとか、しかも間違った目的のためにそうしたとか（中略）ウォール・ストリートや軍需産業の道具になっている[78]」などと語っているような雑誌にまで適用されたのである。連邦捜査局《ＦＢＩ》が違反した組織や対象者たちを監視下におき、さらにその監視は、「噂や陰口や誹謗を根拠として」、ＦＢＩが罪のない民間人を逮捕するのを手助けする市民の自発的な諜報組織であるアメリカ保護同盟によって、アメリカ人全体へと拡充されていった[79]。司法次官補であるジョン・ロード・オブライエンが一九一九年に語ったところによれば、戦時下、法務省は「無差別的な起訴」と「大量の弾圧」を実践するための「甚大なる圧力」の下にあり続けたのだ。そして、これらのプログラムの犠牲者は、たいてい一般市民であった[80]。

　異議を抑圧するための立法上の布告や指令にくわえて、戦争に対する支持を作り上げるために、ウィルソンは広報委員会（ＣＰＩ）を創設した。ジェフリー・ストーンによれば、「アメリカに対するいかなる直接的な攻撃もなく、アメリカの国家的安全に対するいかなる直接的な脅威も存在しなかったがゆえに、ウィルソンの執政府は、アメリカ人たちを刺激して、軍に入隊させ、お金を寄付させ、さらに戦争に必要となるその他の多くの犠牲を払わせるために、〈憤慨せる公衆〉を編み出す必要があったのだ[81]」。進歩的なジャーナリストであり、また広報の専門家であり、かつて警視総監であったジョージ・クリールの指導の下、ＣＰＩは、パンフレットやポスター、記章、報道声明、演説、新聞の社説、政治的な漫画、映画までも生産した。厳格な立法にくわえて、こうしたプロパガンダの試みによって、戦争の数年のあいだに、ヒステリーや恐怖や告発の文化が生まれた。アメリカ保護同盟や

CPIのような手段を用いた従順と忠誠に対するウィルソンの要求は、国家のうちに先鋭化した分断をもたらし、さらには同胞のアメリカ人を罵ったり、攻撃したり、殴打したり、殺したりするような暴力的な群衆さえをも生み出した(82)。ウィルソン政権の司法長官による一九一七年一一月の声明は、その気分を次のように要約している。「彼ら[反対者たち]にも神の慈悲がありますように。というのも、憤慨せる人民や報復的な政府から、彼らは何も期待することができないのだから(83)」。

ウィルソンの戦争、ヨーロッパの「平和」

アメリカの参戦は決して必然的な結論などではなく、一方で社会的福音や進歩的な運動が戦争支持の感情に寄与してはいたものの、決断は最終的にはウィルソンによるものであった。立法と膨大なプロパガンダによって支持を焚《た》きつけ、異議を抑圧しようとする彼の努力は、それが、彼がそうであると宣言したとおりの「人民の戦争」ではなかったことを示唆している(84)。またウィルソンが示したのは、「世界を罪から救い出し、私たちのような自由人が住まうのに適したものにする」という約束は、それがどれほど高尚なものに聞こえようとも、暴力的な手段を要請するということである(85)。権力に対する彼の欲望は、彼の著作と大統領としての活動における持続的な主題である。周囲にいる直近の腹心以外は信用しない彼には、ルソーの性格にあったようなパラノイアの兆候を見せるときがあった。ウィルソンの「第二の自己」と呼ばれ、彼のもっとも親しい友人であるカーネル・ハウスですらも、大統領の決断にはほとんど影響を及ぼすことができなかった(86)。戦争の末期には、ウィルソンは停戦や講和の条件を個人として掌握することに固執し、条約を起草したが、上院はその批准を拒否し、それが第二次世界大戦への遺産となった。妥協することに対するウィルソンの無能力は、彼の理想主義と直接的につながっている。正しさと正義についての理想像を心のうちにもっているがゆえに、彼は、世界の救済をもたらすであろう計画からの逸脱を許すことができなかったのである。自らのもっとも親しい友人からなる平和委員会を慎重に選別し、パリ講和会議へのアメリカ代表団を自ら指導したにもかかわらず、彼は和解の条件を意のままにすることもできず、悪名高い条約の厳格な条件を受け入れるしかなかった(87)。ウィルソンは、正しさという抽象的な観念のために自国の利益を犠牲にするよう、ヨーロッパの指導者たちを説得することができなかったのだ。ヘンリー・キッシンジャーが述べるところによると、国際連盟の核心となる集団的安全保障という理念は、ヨーロッパのいかなる国家も、それが機能するとは考えたことがなく、信じることもできないようなものであった(88)。アメリカの上院議員にとっては、アメリカがグローバルな警察として行動することになるような「世界政府に相当する」理念は、アメリカの伝統からあまりにも逸脱したものであった。ウィルソンが意図していたのは、連盟の規約を世論が後押ししてくれることであったが、地政学の歴史において比肩しうるものがないような理想主義的な努力の危険性を誰しもが察知していた。イギリスの内閣官房長官であり、また経験ある軍人でもあったモーリス・ハンキー大佐の語るところによると、イギリスにとってみれば、そのような連盟は「完全に虚構的な安全の感覚を生み出すことになるものであった。(中略)。それは失敗に終わるだけであり、その挫折が先送りになればなるほど、この国が騙されて居眠り状態のままで居続けることになることが、ますます確実となる。それは、軍事力への支出に対して異を唱えるような、ほとんどすべての政府に存在する善意の理想主義者の手にきわめて強力な梃子を与えるだけである。そして、それがやがてもたらす結末は、ほぼ間違いなく、この国が不利益を被るということなのである(89)」。その他にも、連盟は軍拡競争を刺激するだろうと予言する者も存在した。

共和党の上院議員の指導者であったヘンリー・カボット・ロッジは、イギリスやフランスの専門家と同調しつつ、その施行はもうひとつの世界戦争と同義であるとして、連盟の包括的な条項を警戒した。ロッジや「強硬な慎重派の人々」は、連盟の保障を実行するために大国が戦争に赴くことは実際にはないという信念を共有していた。これまでそうであったように、決定的な国家の利害だけが外交政策に方向を与えるのである。だがロッジと彼の支持者たちは、それでもその条約を批准することに好意的であり、「連邦議会が、アメリカの戦力の使用を含めて、個々の危機を判定する権利をもつことが許されるのであれば、アメリカが連盟の構成員になることを認めてもいた(90)」。しかし、ウィルソンは妥協することを拒否し、「偉大な改革者たちには（中略）時宜にあわせるという発想はなかったし、妥協を許容することもなかった」という確信から、いかなる留保や修正にも反対した(91)。彼は、その問題を人民に委ねることによって、頑固な上院を迂回できると考えていた。世論を連盟の支持へと傾けようとする彼のアメリカ西部への行脚《あんぎゃ》は、その使命を達成することなく、彼の身体を死の瀬戸際に至るまで衰弱させた(92)。大部分において連盟に賛成しながら、修正を望んでいるような上院議員との妥協にすら消極的だったウィルソンは、その条約が破綻することを受け入れた。

ただ、上院における国際連盟の挫折は、ヴェルサイユ条約という悲劇的で持続性をもった失敗と比べれば見劣りするものである。妥協を許さない平和の条件が、ドイツの経済や地政学的条件に多大な損害を与える一方で、さらにもっとも破滅的で長期的な帰結をもたらしたのは、ドイツの戦争犯罪に対する固執であった。六月二三日に、ドイツ帝国政府は、「押しつけられた講和」を最終的に容認したものの、以下のような声明を発表した。

同盟および連合国の政府との直近の交渉において、ドイツ共和国政府が幻滅をもって経験したことは、彼らが、物質的な重要性などを度外視して、ドイツ人民からその名誉を剥奪しようとするような講和の条件すらをも受け入れるように、予想をはるかに上まわるような力をもってドイツに強制することを取り決めていることである。力による行動は、ドイツ人民の名誉を動じさせはしない。戦争の最後の数年間における恐るべき危難の後にあって、ドイツ人民には、外の世界に対して自らの名誉を守る手段が欠けている。そうして優勢にある力に屈服し、また講和の条件をめぐる前代未聞の不正義についての意見に留保をつけることもなく、ドイツ共和国政府は、同盟国および連合国の政府によって課される講和の条件を進んで甘受し、また、それに署名することを宣言する[93]。

帝国首相であったフィリップ・シャイデマンは、講和の条件が最初にわかった後、厳《おごそ》かにこう語った。ドイツ人たちはいまや、「ドイツの宿命における絶望状態を目の当たりしている。（中略）。もし講和の条件としてここに記述されていることが契約上の事実となるならば、私たちが立っているのは、ドイツ人民の墓場である[94]」。ドイツの外務大臣は、ドイツ人民に対する不当な扱いから、いつの日か巨大な民族主義運動が生じるであろうと予言した(95)。

ロマン的な理想主義と民主至上主義

ポール・ジョンソンは、ウィンストン・チャーチルの言葉について考察しながら、「人間が概して、公然たる悪からではなく、むしろ怒りに満ちた高潔さから、無慈悲で残酷になるというのは、ありふれた事実である」と述べている。「議会や会議体、さらには裁判所という見かけ上は道徳的な権威を完璧に備え、合法的に構成された国家に、このことはよりいっそう当てはまる。どれほど悪意があったとしても、個人の破壊能力など小さなものだ。しかしながら、善い意図をもった国家のそれには際限がない(96)」。一九一七年にウィルソンは、次のように宣言している。「私たちがこよなく愛するすべての原理の正しさが証明され、諸国家の救済のために確固たるものとされるべきこの崇高なる決断の日にあって、私たちの進む道を邪魔しようとする人間や集団に災いあれ(97)」。ウィルソンの怒りに満ちた高潔さは、避けることができたはずの戦争へとアメリカを導くことに一役買ったのではなかろうか。さらにそれは、もうひとつの血塗られた野蛮な世界戦争の前兆となる「平和」に寄与したのではなかったであろうか。限界がない抽象的な目的は、際限のない手段を要請する。それが求めるのは全面戦争《トータル・ウォー》なのだ。

「アメリカは自らの運命を成就し、世界を救済するための無限の特権を有する」という戦争終結時におけるウィルソンの発言ほど、残酷な現実と鮮烈な対照をなしているものはない(98)。一七〇〇万人が死亡し、約二〇〇〇万人が負傷していた。ヨーロッパの大半の地域は廃墟と化した。戦時中に成人した人々は、フランスでは「炎の世代 *Génération au Feu*」、アングロサクソン圏では「失われた世代《ロストジェネレーション》」と呼ばれた。差し迫った平和と世界の救済についてのウィルソンの夢が、彼の想像力を圧倒的な力で支配して、それが結果として彼の現実について解釈を歪めたのであろう。彼の妄想的な理想像は、平和と民主主義が戦争の後にあらわれてこない可能性や、ドイツに対する勝利に多大な犠牲が払われることになる可能性を認めなかった。これらの出来事を解釈する彼のロマン主義的なレンズは、人類の贖罪が、はるか昔から当然のように決まっていたという信念を生じさせた。大量殺戮の展開に手を貸した行為者その人によって起草された世界平和への誓約などというものが、身の毛もよだつほど矛盾したものであるなどということはウィルソンの心には浮かびもしなかったように思われる。

ウィルソンの政治的著作と大統領としての活動の双方において明白な彼のロマン主義的な理想主義は、民主至上主義者のものの考え方のもつ人間くさい現実を痛烈に示すものである。ルソーと変わらず、彼は自らが世界のための民主主義の保護者であると主張したが、実際のところ彼は、人民の市民的自由を厳しく規制し、しかも他の国々における民主主義にほとんど寄与することがなかった。民主主義を世界に広めるために自らが聖別されたのだとウィルソンは信じていたが、それは、十字軍的な理想主義として、彼の同時代人であるバビットがロマン主義的と名づけた想像力の類型から生じる実践的な帰結を露呈させるものであった。このような想像力は人を「形而上学的な政治」へと傾倒させると、バビットは述べている(99)。言い換えれば、それは、具体的な政治的目標ではなく、ある種の天国へと向けたこの世の刷新を求めるのである。このお花畑的な想像力は、しばしば非妥協的なやり方で、「既存の秩序の破壊と併発的に生じる(100)」と想定される薔薇色の未来の展望に固執してしまう。機会が与えられると、バビットが「見せかけの展望」と呼ぶもの——抽象物を美化し、歴史的可能性の軛《くびき》から解放された政治的展望——に動機づけられた人々は、ウィルソンのように、政治的十字軍に乗り出してしまうのである。ロマン主義者たちは、事物の現実の姿に満足することができず、「キメラ的な架空の大地 land of chimeras」へと逃避する。「存在するもののうちに自らの高尚な感情に値するようなものを何も見出せなかったので、私は、自らの創造的な想像力が生み出す自分自身の心のままになる存在によって、すぐに満たされる理想の世界のうちで感情を育んでいったのだ」と、ルソーは『告白』のなかで記している(101)。ある伝記作家によるウィルソンについての描写は、そのままルソーについてのものでもありえたかもしれない。

ウィルソンは、彼の時代のロマン主義的で仰々しい様式のうちにあっても、こう言って許されるならば、奇抜ともいえる独特の特徴を備えた詩的な人間であった。彼は想像力と創造性の人であり、情念が過剰かつ過敏であり、また数多くの社会的交流にもかかわらず孤独であった。とりわけ彼は、いつでも自らの夢の幻影に頑《かたく》なに固執し、それと一体化しさえしている人間であった。彼は自らの内奥《ないおう》の平和を現実のうちではなく、自らの理想のうちに見出すのだが、その理想を、詩から詩へ、つまり演説から演説へと次々と渡り歩くことによって追求したのであり、自らの夢みる完全なる真理に詩人として接近したのである(102)。

ルソーが語っているように、人民が「その徳と美において、この世のものとは思えぬほど完璧であり、この下界では見つけられないような愛情に満ちた忠実で信頼できる友人がいる」場所へと逃避しようというロマン主義的な欲望は、夢みる人に慰めを与えると同時に、自らが高尚になったかのように感じさせる。この完璧でお花畑的な見方は、それが非実践的なものであるとしても、道徳的で善いものだと想定される。しかし、その結果を一瞥すれば、その道徳的価値にすら疑念が投げかけられる。人類が「幸福な自由のうちに生き、さらに平等な存在としてお互いに眼差《まなざ》しを向け、さらに誰もが上に立つことなく、自分自身の選択によらない権威を誰も受け入れなくてもよい」、そのような期待を固持することが危険なのは、それが現実において達成不可能な理想をでっち上げるからである(103)。その夢が現実に存在する条件から遠ざかれば遠ざかるほど、いかなる必要な手段をもってしてでも、現存する秩序を打倒する必要性への意識がますます大きなものとなるのである。

バビットは、二つの異なる想像力の類型について定義していた。すなわち「道徳的」ないし歴史的な想像力と、「ロマン主義的」ないしお花畑的な想像力である。前者は、穏健さに価値をおいて、未来の可能性についての想像のうちに歴史の事実を組み入れる。後者は、しばしば非妥協的に、妄想上の未来の展望に固執する。バビットからすれば、「見せかけの展望」によって動機づけられた政治は、機会が与えられると、暴力的な帝国主義に傾きがちなのである。ウィルソンのようなロマン主義的な夢想家が、民主主義の名の下に血塗られた十字軍へと乗り出してしまうことは、バビットにとってまったく驚くべきことではなかった。自らの国家をして「戦うには誇り高すぎる」と宣言した大統領から、「力、最大限の力」を国民に対して熱心に唱道する大統領へと変貌したことによって、周知のようにウィルソンに帰せられている以下の託宣の苦々しい真実を、彼は自ら露呈することになった。「この人民が一度戦争へと突き進めば、彼らは寛容というものがかつて存在したことすら忘れてしまうだろう。（中略）。仮借なき残忍性の精神が、私たちの国民的生活の細部の隅々にまで浸透することになるだろう[104]」。

ウィルソンは、ゴルゴタの丘におけるキリストの行いを完成させることに勝るとも劣らない任務が、自らに課されていると信じていた。もし世界が彼の忠言に耳を傾けることになれば、人類に対して、「神が彼らに実現させようと意図した目的を現実のものとし、またそれを生きるための完全な権利[105]」を授けることを手助けできるはずである。彼の世俗化された神学は、甚大なる暴力が、高尚な響きをもった理念の名の下において正当化されうるという結論へと、最終的に彼を導いていった。宣戦布告の要請から一年後、ウィルソンは、次のように宣言する。「力、最大限の力、いかなる制約も限界もない力、高潔にして壮大なる力、それこそが正義を世界の法則とし、あらゆる利己的な支配を葬り去るのだ。（中略）。私たちの協調による権力のもつ威厳や権勢によって思いは満たされ、私たちがこよなく愛し、また誇りとする者を侮蔑し卑下するような人々を、完璧に打ち負かすことになるのだ[106]」。高潔な理想主義によって動機づけられた政策から帰結する人間と物質の破壊は、その理想の真なる価値についての深刻な疑問を生じさせるものである。たとえば「世界を民主主義にとって安全なものとするために」ないし「僭主政に終止符を打つ」などといった抽象的な理念は、それがいつも決まって暴力の使用を必要とするものであるとすれば、問題解決策として役に立つものなのであろうか。革命的変化に匹敵する何かだけが約束の地を成就しうるということが明らかになると、理想主義者たちは、ますます劇的な手段を講じる必要を感じるようになる。これこそが、ウィルソンを参戦へと導いた道であった。グローバルな民主主義という彼の夢は、彼が望んだようなかたちで結末を迎えることはなく、むしろヨーロッパの大部分における死と破壊、さらには一〇万人以上のアメリカ人の死という帰結へと至った。政治的な理想主義者の手にある権力が、怠惰でいることは滅多にない。ウィルソンの理想主義がたどった軌跡は、驚くべきものではない。それは民主至上主義の論理を厳密になぞっている。ジャコバン派的な理想主義について、トマス・カーライルは、以下のように述べている。「普遍的な善行の薔薇色のヴェールの背後にしばしば横たわっているのは、憂鬱な空虚であり、好戦的で真っ暗な地上の地獄である(107)」。理想主義が暴力をもたらすような想像上の枠組みを生み出してしまうと主張することは、一見して矛盾しているように思われるかもしれない。しかし、ウィルソンを含む数多くの歴史上の事例が、そこにはある種の強制の論理が本来的に内在していることを示唆しているのである。

第5章 ジャック・マリタン

はじめに

　第二次世界大戦後になると、戦争や未来についてのウィルソン的思考を形成した社会的福音や進歩主義の他の形態は、アメリカにおいて、さらにはヨーロッパにおいても、たいていはより明確に世俗化されたかたちで新たな表現を見出した。ともすれば矛盾することかもしれないが、このようなことはカトリックの思想にさえ生じた。この傾向の顕著な例となるのが、現代においてもっとも尊敬されるカトリックの哲学者の一人であるジャック・マリタンの著作である。民主至上主義の進展に貢献してきたルソーや多種多様な進歩主義者たちは、カトリック教会やその知的伝統に対して、根本的に懐疑的であり、敵対的ですらあった。主要なカトリックの知識人としてひろく見なされている人物さえもが、民主主義や人間本性についての同様の思想に引きつけられていったという事実は、その思想が西洋世界に浸透していったことを示すわかりやすい兆候であり、その影響でカトリックの信仰すらもが変質してしまっていることを暗示するものである。マリタンは、メシアニズム的なイデオロギーに対して明白に抵抗し、ルソーの『社会契約論』や同時代の全体主義体制に対して継続的に批判をしているにもかかわらず、それでもなお彼は、民主主義の庇護の下における人間の兄弟愛による地上の楽園についての理想像――これは民主至上主義の中心にある考え方である――を心に抱いている。

　マリタンの著作活動における多産さを考慮すれば、この複雑な思想家についての網羅的な分析をひとつの章で試みることはできないし、全体としてのマリタンの思想は容易に分類できるものではない。

そこには、本質的に異なった諸要素が含まれており、そのうちのいくつかは明らかに矛盾しているのだ。ここでの主たる目的は、彼の著作にある異なった方向性を整理したり、あるいは彼の貢献について概括的な評価を与えることではない。したがって、これまでの章と同じように、この研究がもっとも関心をもつ思想の次元に強調点がおかれることになる。つまり、マリタンの哲学における他の側面を無視することなく、彼の作品における民主主義の魔力が顕著な部分だけに注意が集中的に向けられるだろう。本章では、戦後に再生したキリスト教文明に対するマリタンの期待を慎重に吟味し、彼の成熟した政治的著作である『人間と国家（一九五一）』に焦点を絞る。とりわけ分析されることになるのは、グローバルな民主主義についてのマリタンの視座であり、それは、グローバルな規模における政治的生活の変容を最高到達点として思い描くような歴史哲学によって支えられている。マリタンは、人民が平和と正義のうちに生活し、さらにそれを通じて社会的、政治的、宗教的な調和において他のいかなる文明とも区別されるような理想の文明が究極的に構築されるような民主主義の発展を期待している。マリタンにおいては、二〇世紀における全体主義体制の経験が、このような発想の展開にとっての基軸となっている。強大なイデオロギー体系が生み出した邪悪を目の当たりにしたことによって、キリスト教民主主義こそが人間本性と超越的な道徳秩序にもっとも符合する唯一の統治形態であると、世界がついに認識するときがやって来たのだと、マリタンは確信したのである。

マリタンにとって、民主主義は、抽象的な意味においてもっとも望ましいものであるだけでなく、歴史的な必然でもある。ともすると他の点においては、マリタンが新スコラ哲学[*3]的なカトリックの伝統の内部にあることを考慮すると、彼の政治思想を、近代における道徳的、宗教的な頽廃に対して警戒的な傾向をもった一種の保守主義と見なすことには、たしかに説得力がある。実際に、『人格と共通善（一九四七）』における彼の議論は、このような観点から生産的に読まれうるものであろう。しかしながら、民主至上主義の伝統における他の人物たちとの比較という視点と組み合わせながら『人間と国家』を慎重に読んでみると、そこには再評価が必要となることが判明する。人間本性や、歴史における文明化の力としてのキリスト教の可能性と限界についてのマリタンの根底にある前提は、疑念を生じさせるものである。マリタンの民主主義の背後にある人間本性についての主要な前提は、ルソーのそれと酷似しているのだ。

マリタンは、とりわけカトリック信者や、それ以前の世代においてアメリカやヨーロッパに拡散していた数多くの民主主義者の思想に、新しい生命を吹き込んだ。彼は、政治的理想主義、とりわけ民主主義的な理想主義に対するカトリックやキリスト教の嫌悪を修正する役割を果たしたのだ。実際に彼の政治哲学は、カトリックとキリスト教を、より包括的に民主主義と調停しようとする最初の体系的な試みかもしれない。彼の政治的著作はきわめて影響力があり、二〇世紀のヨーロッパやラテンアメリカにおいて数多くのキリスト教民主主義政党の結成を触発するものとなった。また世界人権宣言の起草と提案に彼が関与したことは、まさに彼の国際的な政治的影響力がいかに重大なものであったかを如実に示すものである。

グローバルな平和と民主主義についてのマリタンの視座は、ウィルソンと同じように、キリスト教的な言語と象徴の体系によって鼓吹されている。ウィルソンとマリタンのあいだには、後者が積極的に人間の罪深さを認めるなど明白な違いがあるものの、他方において彼らの類似性からは、その根本にある民主至上主義の変種という共通の政治神学への傾倒が浮き彫りになってくるのである。おそらく両者は、根本における哲学的ないし宗教的な類縁性というよりも、むしろ発展していく時代精神の帰結として、それでもなお大部分において共通の言語で表現される両立可能な政治理論を提示しているのである。つまり、他の民主至上主義者たちにとってと同様に、二人にとっても、民主主義とは、歴史やさらにはキリスト教的な啓示の完成なのである。

　他の多くの人にとってと同じように、マリタンにとって自由民主主義とは、定義からしてイデオロギーとは異なった何かなのである(1)。しかしながら、民主主義についての彼の構想を吟味することで浮かび上がるのは、いわゆる自由民主主義でさえも、それが特殊な仕方で理解されるときには、完全なるイデオロギーの特徴を保持しうるという明白な可能性である。部分的にはボルシェヴィズムやナチズムのような政治運動のもつ全体化の危険な傾向を認識したマリタンのような人物たちの貢献により、二〇世紀において「イデオロギー」という用語には、軽蔑的な含意が明確な根拠をもって必然的に伴うようになっている。しかしながら、イデオロギーは多種多様な形式で存在しうるし、体系的かつ教義として精緻なものでありながら、外面的にはイデオロギー的ではないことすらありうる。マリタンの民主主義の哲学は、このような類型のイデオロギーとして評価されうるし、また本書が描写し、また規定しようとしている民主至上主義的な枠組みにぴったりと当てはまるものである。ある政治的

＊3　一九世紀末を端緒とし、近代主義に抗して現代における新たなスコラ哲学の伝統の復権を模索する、キリスト教（とりわけカトリック）の思想潮流。そこでトマス＝アクィナスの学説が中心的な役割を占めていることから、新トマス主義と同義で理解されることが多い。ジャック・マリタンはその代表的人物の一人。

世界観がイデオロギーとしての資格を得るために、単一の宣言や、あるいはその教義を詳細に語っている政治的論文が存在する必要はない。実際にマルクスの『共産党宣言』は、一般則というよりは、むしろ例外なのである。

民主主義のキリスト教的系譜学

異なった角度から接近したにもかかわらず、ジェファーソンとウィルソンとマリタンは、自由民主主義を、政治的、道徳的、社会的な達成の頂点であると見なすような、似通った歴史哲学へとたどり着いている。誰もが予期するように、当然のごとく啓蒙がジェファーソンに影響を与え、進歩主義の役割がウィルソンに影響を与えているのだが、近代における民主主義の勃興を説明し、また正当化するためにマリタンが採用しているのは、紛れもなくキリスト教的な系譜学である。民主主義とは、聖なる領域から現世の領域へのキリスト教の進化の帰結であると、彼は論じる。中世とは、キリスト教と政治が未分化のままであった聖なるものの時代である。近代とは、聖なる領域と現世の領域が分裂した世俗の時代である。マリタンにとって近代という民主主義の時代は、霊的なものにおける分化が人間の尊厳と自由の広範な承認を促したという点において、中世よりも優れているのである(2)。そして近代における宗教の分裂という事実を概嘆しつつも、彼はこの不幸を民主主義の進歩にとって必要なものとして受け入れているのである。

民主主義の歴史的発展についてのマリタンの立場は、宗教的に言えば決定論的と呼びうるかもしれない。彼は、民主主義の展開を、歴史における摂理による設計や福音の働きに起因するものと考えている。マリタンの記すところによると、「民主主義とは、人間の歴史における進歩的なエネルギーが通過していく唯一の道なのである(3)」。しかしながら、「民主主義が政治的生活の道徳的合理化という重大な任務を進歩的に実現することができる(4)」のは、福音的な霊感によってのみなのである。このことによってマリタンが意図しているのは、「政治的生活の本質的に人間的な目的とその内奥《ないおう》にある源泉についての承認」が広範に存在するようになるということである。「その源泉とはすなわち、正義、法、相互的な友愛」であり、「政治体の生ける動的な構造や組織を、共通善や人格の尊厳や兄弟愛の感覚に奉仕させるための絶え間ない努力」である(5)。民主主義が自由を合法的かつ合理的に承認する唯一の統治形態であるからこそ、「人類の地上における宿命と進化のために民主主義の生存と改善が有する決定的な重要性を(中略)私たちは評価するべきである(6)」とマリタンは述べる。

ルソーやウィルソン、そして程度は弱いにしてもジェファーソンと同じように、マリタンは、社会的、政治的な挑戦を一挙に解決することのできる民主主義的な政治システムの能力に大きな希望を抱いている。この意味において、これらの思想家は皆、根本的に反政治的である。マリタンやその他の民主至上主義者にとって、政治とは、継続的な挑戦でもなければ、一連の妥協や交渉や問題解決でもない。民主主義についてのルソー的で民主至上主義的な視座は、共通善をめぐる止《や》むことのない闘争に終止符を打つことを本質的に期待している。その闘争は、社会的生活の夜明けとともに人類を挑発し続け、また時代を超えて哲学者たちの研究の主題であり続けたものである。おそらくはプラトンが、

『国家』において政治の終焉を想像した最初の思想家であるが、マリタンもまた、時として自らを同一の伝統へと位置づけている。部分的にはこのような理由によって、民主至上主義は、ほとんどつねに宗教的といってもよい次元を身にまとうことになる。それは、ルソーの民主主義論の根底にある市民宗教や、歴史的事件についてのジェファーソンの宗教的な読解、ウィルソンによる戦争についてのキリスト教的な解釈のうちにも見出されるのであるが、マリタンにおいては、表面上は民主主義についてのカトリックの哲学という姿になる。政治はひとつの技芸であるが、宗教は永遠の真理を唱道し、その信者たちに眼に見えている現実を超えて、超越的なもののうちで変容した存在のあり方に目を向けるように呼びかける。民主主義についての民主至上主義的な理解は、大部分において同じような性格をもっている。マリタンは、彼がキリスト教の超越的な側面と世俗的な政治的生活を統合しようと試みているかぎりにおいて、民主至上主義のこのような次元を特に代表しているのである。

「人格主義的な民主主義」

マリタンは慎重に異なる民主主義の類型を区別し、そのうえで偽りの民主主義、ブルジョワ的ないし個人主義的な民主主義について定義している。さらに全体主義的な民主主義とは、自由主義的な思想を拒絶し、市民を奴隷のように扱うものである。そして、最後に「人格主義的な民主主義」がある。前者の二つは、共通善を促進するものではないし、また尊厳をもって市民を扱うことはない。それに対して、ほんものの民主主義が基盤とするのは、「子どもじみた貪欲や嫉妬、わがまま、高慢や腹黒さではなく（中略）人類の生の内奥にある必要や、平和と愛への真実の要求や、人間の道徳的、宗教的エネルギーについての成熟した意識である(7)」。「人格主義的な民主主義」――「民主主義の憲章」や「民主主義的な世俗的信仰」、より一般的には民主主義的な「精神状態」――についてのマリタンの多様な特徴づけは、いくぶん散漫ではあるものの、この民主主義についての規範的な概念の核心には、普遍的な「兄弟愛」への要求が存在している。「汝の隣人を愛せよ」という福音の指令は、「人類を愛せよ」という一般的な訓告であるというロマン主義的な信念を、マリタンは共有している。彼が言うには、兄弟愛は「社会的集団の境界を超えて、人間という種全体にまで拡張される」べきなのである。国家によって課される「兄弟愛」が即座に「兄弟愛か、さもなくば死か」に変質するという歴史的事例に対して敏感でありつつも、彼は慎重に、兄弟愛についての福音的ないし超越的な理解が優先されなくてはならないと説明している(8)。

マリタンの信ずるところでは、人類の同胞に対する博愛的な感情は私たちの心に刻まれており、共有された人類の経験、とりわけ感情的な負荷のかかる経験から自発的に生じてくるものである。「巨大な災厄や屈辱や苦悩」、「大いなる歓喜の甘美さ」をともにすることによって、人類は兄弟愛と平等を自覚するのである(9)。この点においてマリタンは、「憐憫」や同情こそが社会的、市民的生活を結びつける媒介であると考えていたルソーと、道徳的‐宗教的感性を共有している。概して民主至上主義は、このようなロマン主義的な倫理によって方向づけられている。そこでは、同情や兄弟愛の感覚によって原罪は、仮にそのようなものが存在しているとしても、圧倒的に影の薄いものになってしまっており、その感覚がよどみなく働きさえすれば、民主主義へと政治的に翻訳されてしまうのである。このようなものの見方は、人間の罪深さが恐るべきものであり、恒久的な平和や共通善への障害になると信じていたキリスト教的現実主義やトマス主義の伝統に与《くみ》するそれ以前のキリスト教思想家とは対照的である。善き統治は、権力の地位にある人々の性格上の特質や人民の気質のあり方に依存しており、したがって指導者や人民が腐敗しているのであれば、必ずしも民主主義がより善い統治というわけではないと、彼らなら言うであろう。マリタンの同時代人にして、カトリックの同胞でもあったハインリッヒ・ロンメンは、一方ではおそらくマリタンと同じ伝統の枠組みから出発しながらも、最善の統治形態を抽象的に決定することはできないとするような、かつてのキリスト教哲学者やアリストテレスのような古典的な思想家の思想と、より符合するような結論に到達している。最善の統治形態をめぐる議論は、その国家の「地理的な位置、その経済的な生活基盤、民族的伝統、特殊な文化的発展、その国民の個性を構築しているその他のすべての要素」をしっかりと評価しなければならないと、ロンメンは述べている(10)。

新たなキリスト教的平等

マリタンにおける兄弟愛の概念は、平等についての彼の理解によって特徴づけられており、それは出発点において正統派のキリスト教の理解と同一のものである。マリタンは、「自分自身の種に対する人類の自然な愛であり、人間という種の統一性を明らかにし、現実化するもの[11]」として平等を定義している。私たちが兄弟愛への本能をもっているのとちょうど同じように、人類はまた、平等の感情に対して自然的ないし「優先的な」本能をもっているのである。ただ高慢や嫉妬のような他の競合する本能が慈愛や博愛の感情に対して二次的なものであると主張することによって、マリタンは、原罪の中心性や自己中心的態度を克服することの恒常的な必要性についての、かつてのアウグスティヌス的、トマス的な信条から乖離している[12]。とりわけアウグスティヌスにとっては、高慢や嫉妬のような罪は、絶え間なく社会秩序を脅かすものなのである。

一方においてマリタンは、「［人類の］あいだのすべての不平等が消滅することを願う」ような「理想主義的な平等主義」は拒否している。その代わりに、「キリスト教的現実主義」として理解される真の意味での平等には、「生産的な不平等」が含まれていなければならないのであり、そこでは「個人の大多数が人類の共通財産へと参与し、彼ら自身を発展させていかねばならないのである[13]」。しかしながら他方においてマリタンは、こうも結論づける。すなわち、「本質による共同体は、個人の差異よりもはるかに重要である。根というものは枝よりもずっと大切なものなのだ[14]」。マリタンの哲学について慎重に読解するのでなければ、その結論のいくつかに目をつぶって、彼を伝統主義者であると考えることは容易である。人類における内的な差異の不可避性をめぐる古い思想を認めつつ、なおもマリタンは、「本質による共同体」が究極的には個人性を凌駕すると結論づける。「本質による共同体」とは、ルソーの一般意志にどこか似通ったものではないだろうか。そこには、すべての市民によって共有されるべき道徳的意志をめぐる同様の考えがあるように思われる。これは、伝統的なカトリック思想よりも、むしろ社会的福音と一致するような考え方であり、民主至上主義のパラダイムに容易に適合するものである。平等についてのマリタンによる理解とアウグスティヌスやアクィナスのような思想家による理解とのあいだの相違は、平等は「自然的な不平等が組織的な再配分の過程によって補填される(15)」ことを要請するというマリタンの信念において、よりいっそう鮮明なものとなる。マリタンの述べるところでは、「個人が、無限なものになりがちな彼らの必要《ニーズ》や欲望ではなく、彼らの生とその展開の必然性に応じて、彼らの自然的な才能を活かすための手段を受け取ることは、公正かつ公平なのである(16)」。またしても、このような発言を保守主義の視角から読解することは可能である。すなわち、それが主張するところは、市民の無制限な欲望を満たそうと試みることは確実に不可能であり、何らかの基礎的で人間的な必要《ニーズ》だけが充足されるべきだ、というわけである。しかしながら、マリタンは、市民の宗教的な幸福を促進してくれるような市民間の一定の物質的な平等を保障することを国家に要請する。それ以前のキリスト教的な国家観においては、国家が救済ないし宗教的向上の動因として活動するとは考えられていない。物質的な条件は救済とは無関係であるべきだと、教会は説くのである。より伝統的なキリスト教の観点によれば、国家に「生やその発展」の「必要品」を提供するという任務を与えてしまえば、社会福祉の構成要素を規定する広範で、実践的に無制約な権力をも、国家に与えることになってしまうのである。物質的繁栄や平等を促進するに際しての国家の役割に固執するマリタンは、魂の救済という教会の使命に利用されうるものとしてのみ国家に着目する、それ以前のカトリック的な政治思想から、根本的にかけ離れているのである。この点においてマリタンは、ウィルソンからロールズに至るまでの数多くの世俗的で自由主義的な思想家や進歩主義者と同じ伝統のうちにあるのである。

自由主義とカトリック

マリタンは、平等についての物質的な理解を、それ以前のより宗教的なキリスト教的観念に注入している。彼にとって富の再分配は、キリスト教的な意味における平等さえをも生み出し、維持していくためにも、現実的に必要なものなのである。このことは、キリスト教的使命とその伝統的な平等の哲学における決定的な方向転換である。古来のキリスト教的な見方によれば、平等は、宗教的な意味においてのみ理解されうるのである。エリック・フォン・キューネルト゠レディーンは、かつてのカトリックの立場を代表している。彼が危惧したのは、進歩的な社会的福音の波が二〇世紀のアメリカを席捲し、その影響下でキリスト教が変質してしまっていることである。とりわけ彼が警告するのは、キリスト教の教義と関連させた「平等」という言葉の誤用である。

キリスト教は決して平等主義的ではなかったが、新しい価値と新しい（自然的にも形而上学的にも）階層秩序を構築したのだ。神学的に分析すれば、人間の平等は、存在の最初の始まりにおける魂の平等にのみ限られたものである。ただし、この平等は、ある人格の生涯を通して持続するものではない。可能態と現実態を取り違えてはいけない。神の視点における新たに生まれた二人の赤子の霊的な平等は、ただの「出発点」に過ぎないのである。首を吊ることになったイスカリオテのユダと、パトモス島で生涯を終えた福音の使徒ヨハネは、霊において平等ではないのである(17)。

他方でマリタンは、国家には、教会のために「繁栄の促進、つまり人間の尊厳の基盤となるような物質的な事物の平等な分配」という「物質的な任務」を果たす責務があると語っている。そうすることによって国家は「教会の宗教的利害」にまで貢献すると語るとき、彼は行き過ぎてしまっているのである(18)。

カトリックと「民主主義的な世俗の信仰」を組み合わせようというマリタンの試みには、しばしば伝統的なカトリック的信条と両立しないのみならず、時として内的に首尾一貫しない論証が含まれている。一方においてマリタンは、人格間の不平等の必然性を認め、そのような不平等は有益な仕方で広げられるべきであるとさえ述べているが、他方においては、物質的な状態の水平化を要求しもする。普遍的な兄弟愛が強制に転じてはならないと彼は語るのだが、同時に国家が、物質的再分配によって、平等の感情や魂の救済という教会の使命すらをも促進できると考えているのだ。

教皇と民主主義的な福祉国家

マリタンの思考と世俗的な自由主義思想家たちの思考のあいだには、大部分において重なり合うところがある。ロールズと同じように、マリタンの哲学もまた、現代における福祉国家は、自然的かつ不可避のものであると主張する。他の世俗的な民主至上主義者と同じように、民衆の宗教的－知性的な覚醒によって、民主主義を基盤とする「文明の新たな時代」が生じうるとマリタンは信じており、そこでは広範に「社会的、経済的、文化的機能における人間の権利が承認されることになるのである」。そこに含まれているのは、「経済的生活」にあずかるための雇用と組合の権利、家族をもつために十分な額の公正な賃金、失業の救済、疾病給付、社会保障、「無償で提供される（中略）物質的、精神的なもの双方における文明の基本財」など、あらゆるものである(19)。この点において彼は、精神的な財を物質的な財よりも重んじていた旧来のカトリック的伝統と決定的に断絶している。たしかにアクィナスも、貧しい者の必要《ニーズ》のために慈善をする裕福な人々の義務について考慮してはいる。自然法にしたがうならば、裕福な人々が余分にもっているものは何であれ貧しい人々に帰するべきであるとさえ、彼は述べている。貧窮する人々の権利を擁護しつつ、アクィナスは聖アンブロシウスを引用している。「あなたが貯め込んでいるのは貧しき人々のパンであり、あなたが蓄えているのは裸の人々の外套《がいとう》である。そしてあなたが地面に埋めて隠しているお金は、貧しい人々の身代金と自由を犠牲にしたものである(20)」。しかしながら、アクィナスやアンブロシウス、旧来のキリスト教的伝統のうちにある他の人々にとっても、国家や世俗の権利によって慈善を強制させるなどということは思いつきもしなかったであろう。

キリスト教の責務としての民主主義的な福祉国家という概念は、二〇世紀において、その頂点に至るまで浸透していった。一九六五年に公布された教皇パウロ六世の回勅『現代世界憲章《ガウディウム・エト・スペス》』には、マリタンによる人格主義的な民主主義の理解、物質的平等の必要、人権についての直截な世俗的理解との強固な連続性があらわれている。この回勅では、「人類の兄弟愛」や「人類という家族全体」、「人間の共同体の宿命」、「普遍的共同体」といったルソー的な概念が、終始一貫して用いられている。こうした空気のような抽象的な言葉づかいをしているにもかかわらず、パウロ六世は、このような全体としての共同体を現実のものとして考え、新たな脅威と直面しつつも日ごとに啓蒙されていくものと見なした。「自由の理解に対して人間が鋭くなる以前には、同時にまた社会的、心理的奴隷制の新たな形態が出現してくるのである(21)」。パウロ六世が頭に浮かべているのは、同質性や平等を築き上げるのではなく、ある人格と別の人格を区別してしまうような歴史的に特殊な存在のあり方に対するある種の執着である。このような偏狭な関心は、彼が言うには、究極的に人間の罪深さに原因があるのだ。だからこそ、人間という種が普遍的権利や民主主義を進歩させるために働き、しかもその際には時代遅れの国家的な区別を解き放たないようにすることが責務となるのである。マリタンと同じように、人類という種全体にとってのひとつの運命が存在しており、そのペースは違ったとしても、摂理の歴史の不可逆的な力がすべての国家を同じ方向へと動かしているとパウロ六世は思い描いているのである。彼は、現代における福祉国家のそれと重なり合う広範なる政治的権利の提供を要求することによって、戦後という時代の歴史的状況に対するマリタンの応答を共有している。「衣食住と同じように、真に人間的な生活を送るために必要なあらゆるものが、すべての人にとって手に入るようにならなければならない。それは、自由に人生を営み、家族を築く権利であり、教育や雇用、よい評判、尊敬、適切な情報、自分自身の良心の素直な規範に合致した活動、宗教的な問題までをも含めたプライバシーや公正な自由の保護に対する権利などである[22]」。

彼の前任者である教皇ヨハネ二三世も、回勅『地上の平和《パーチェム・イン・テリス》（一九六三）』において、同様のものの見方を表明している。彼は、「人権」には、「病気のときや働くことのできないとき、さらに寡婦や老齢や失業など、彼自身の過失によらずに生活の糧を奪われたあらゆる場合における保障」が含まれるべきであると記している。各々には、「人格として尊敬される権利、よい評判にあずかる権利がある。また自然法が人間に付与しているのは、文化の恩恵を共有する権利であり、そしてまた基本的教育と技術的かつ職業的な訓練」、「高等教育」、「人類が選好する生活状態の自由な選択」、「健全な労働環境」、「人格としての尊厳と合致した生活水準」、私的所有、集会や結社、自国内における移動の自由、正義がそれを要請するならば「他国に移住し居住すること」などへの権利である[23]。人類はますます啓蒙されており、「人間の尊厳について自覚的になっている」。「他の国々を支配したり、あるいは他の国々に服従するような諸国家へと分断されているような世界は、まもなく存在しなくなるであろう」。地球全体の人々が、「すぐにでも独立した国家における市民という地位を（中略）もつようになれば[24]」、国境や民族の違いというような概念もまた流動的なものとなるだろう。その動因となるのは、合理的な進歩であり、また「道徳的良心の進歩[25]」である。その他の点で異なったところはあるにしても、マリタンとヨハネ二三世とパウロ六世は、政治によって歴史的弁証法が、精神的かつ物質的な完成へ向けて社会を厳然と動かしていくという漠然とした想定を、カール・マルクスと共有している[26]。

マリタンとヨハネ二三世とパウロ六世は、重大な点において教皇ヨハネ・パウロ二世と対照的な位置にあるが、近代における社会的、政治的問題についての彼の応答は、社会についてのカトリック的な教説のもうひとつの側面を強調したものとなっている。一見するとマリタンには、同じく全体主義の揺るぎなき反対者であり、また政治的秩序を超越的なもののうちに基礎付ける必要性を見て取っていたヨハネ・パウロ二世と共通するところが多いようにも思われる。しかし、ヨハネ・パウロ二世は決して政治的な普遍主義者ではなかったし、政治的問題と言うべきものに究極的に「技術的解決」を提供するのが教会の立場であるなどとは考えていなかった。彼が述べるところによると、「教会は、経済的、政治的なシステムやプログラムを提示するものではないし、人間の尊厳が適切に尊敬され、奨励され、また世界における自らの聖なる使命を実践するのに必要となる余地が許されるのであれば、それらのシステムのうち、いずれかを選好するようなものでもないのである(27)」。この点において、ヨハネ・パウロ二世は、アウグスティヌス的な伝統のうちにいる。経済的権利や政治的権利をかたく信じ、また地上における人間の条件が恩恵ある公共政策によって改良されうることを望んではいたものの、彼は決して唯一の統治形態を唱道することはなかったし、そのような欲望のうちに民主主義についてのイデオロギー的思考を察知していた。「まるで道徳の代替物や不道徳への万能薬として扱われるほどまでに、民主主義を偶像化することはできない。民主主義とは根本的に〈システム〉であって、それ自体としては目的ではなく、手段なのである。(中略)。参加型の統治形態にあってすらも、もっとも権力ある人々のための利害の統制がしばしば生じるのである。それというのも、そういった人々は権力という梃子を巧みに操作するだけでなく、合意形成すらも造りだすことができるからである。そのような状況においては、民主主義は容易に空虚な言葉になるのだ(28)」。

世俗内における贖罪

マリタンにとっても、彼のような民主至上主義的な傾向を共有している他の多くの者たちにとっても、ほんものの民主主義はすぐそこにやって来ているのであって、戦争のような巨大な出来事を可能性として伴いながら、新たな政治的実践や思考様式が広範に遵守されるようになるにしたがって到来するのである。マリタンが、「近代における民主主義の悲劇は、それが民主主義を実現することにいまだ成功していないという点にある(29)」と言うとき、そこには民主至上主義の真髄である信念が表現されている。民主至上主義によれば、歴史上における民主主義には、つねに「ほんものの」民主主義が欠けていたのである。ウィルソンと同じように、マリタンもまた、より真正なる民主主義の形式が西洋における腐敗した旧来の民主主義に取って代わりつつあると確信している。ウィルソンもマリタンもともに、グローバルな戦争を、人間の生の条件を根本的に変容させうるような黙示録的、世界史的な瞬間として解釈している。マリタンによれば、

ナチズムとその取り巻きたちと戦っている人々の闘争が、人間の生の解放という英雄的な理念によって真に動機づけられていないとすれば、またもし勝利がそのような理念によって導かれる共通の課題へと人類の努力を向かわせる世界の再組織化の基礎を生み出さないとすれば、文明は、差し迫った破壊の脅威からただ逃避し、混乱の時代へと乗り出しているに過ぎない。そこには、ファシズ

ムやナチズムが軍事的に駆逐された後であれ、彼らの後継者たちによって道徳的に征服されるおそれが存在しているだろう。（中略）。私たちが変革への力を期待してよいのは、このような働きからである。新たな世界の創造は、戦争の所産ではなく、むしろ想像力と意志の力、および集合的な良心と責任ある指導者のうちで育まれる知的で道徳的な改革のエネルギーから生じるのである(30)。

ウィルソンと同じように、新たな世界の秩序を生み出すことに責任を有する指導者が、まず第一線で戦争の指揮をとった者と同一人物であることを思い描くときの矛盾を、マリタンは適切に認識していないように思われる。そのような指導者がどのような役割を果たすにしても、来たるべき新たな時代の方向性と性格は、文字どおり戦場において鍛造されるのである。マリタンは次のように記している。「戦争それ自体のうちから、勝利において生まれるべき新たな世界――そこでは今日抑圧されている階級や人種や民族が解放されるだろう――が形成されないかぎり、戦争は真の勝利ではない(31)」。破壊と再生の過程を通じて思想と行動の一般的な浄化が生じ、そうして新たな民主主義の秩序が地球規模で生じることになるのだ(32)。

このような観点から、マリタンや、さらに敷衍すれば同じ方向性へと展開した教皇の思想の系譜も、他の民主至上主義の仲間やプロテスタントによる宗教改革にまで遡る政治的な千年王国論者のなかへと位置づけられる。ヨハネの黙示録におけるユートピア主義から明らかに影響を受けながら、これらの人物たちは、恐るべき大いなる破壊による目覚めとともに出現する新しい地上世界、すなわち「聖なる都市、新しきエルサレム」という展望に心を奪われたのである(33)。しかしながら、こういった伝統のうちにある多くの人とは異なり、マリタンは政治生活そのものが一挙に消滅するとは思い描いていない。純粋な民主主義が、その道徳的優越性がひろく承認されることで勃興していく一方で、なおも必要とされるのは、彼の名づけるところの「民主主義的な誓願」に傾倒した政治的指導者による導きである。宗教的な誓願と同じように、民主主義的な誓願もまた、「民主主義の憲章に表現される自由と実践的な世俗の信仰」を脅かすような「政治的な異端」からの保護を要求する(34)。民主至上主義の一般的特徴のひとつは、啓蒙された専門家が果たすべき必要不可欠な役割であり、彼らは、他の任務にくわえて、そのカリキュラムが体制の社会的、政治的な保存のために機能しうるような公教育のシステムを展開する責任を負っているのである。

『人間と国家』の最終章において、マリタンは世界政府の構想を提示し、それを巧みに設計する指導者の類型について記している。ウィルソンと変わらず、彼もまた、平和の構築は、新たな民主主義的な世界秩序を掌《つかさど》っていく知的で道徳的な前衛に課された機会であると信じている。争いや苦しみ、不平等、抑圧に満ちたこれまでの人類の歴史的、政治的な苦境に対する「究極的な解決」となるのは、普遍的な尊敬を集める指導者階級からなるグローバルなガバナンスの体系である(35)。アメリカの体制のように、そこには立法府、執政府、司法府が含まれることになるだろう。マリタンは、この統治体を「世界評議会」や「賢人の元老院」と呼んでいる(36)。彼は、その元老たちが特定の人民や場所に対する忠誠をもたないことを確保するために、彼らからあらゆる国家の市民権を剥ぎ取ることを要求している。これは、一般意志を奨励するために地域への愛着は切り離されねばならないとルソーが語っている『社会契約論』の一節とも比較しうるかもしれない。ルソーにおける立法者と同じように、マリタンにおける元老は、「人民の良心に声を授け」、「まとまった国際的な意見を提供する」ことになるだろう(37)。それが施行するのは、世界の一般意志となる——そしてマリタンが言うには、それは自由への意志なのである。

民主主義の唯物的弁証法

やがて人類がグローバルな共同体で共存しようとするのは、彼らが自由と兄弟愛のうちに生きる人間性という共通の目標を承認するからである。しかし、これがすでに実現しようとしている一方で、「世界規模の社会における共通善という課題にとって必要不可欠な一定の共通の苦難を共有しようとする意志を伴うような、十分に強固な(38)」グローバルな欲望なしには、それが長続きすることはないだろう。この点においてマリタンの思想は、歴史の弁証法における闘争の役割を強調するマルクス＝レーニン主義の唯物論的哲学と、不気味に相似している。マリタンの信ずるところでは、ほんものの民主主義という世界史的な理想を実現するためには多大なる犠牲が必要なのである。彼が言うには、「道徳的英雄主義」によってこそ、人類は物質的条件を平等化すべく協働できるのである。たとえば西側の人々は、ソヴィエト連邦で生活する人々の生活水準を向上させるために、自らのそれを引き下げることだってできるのだ。そしてグローバルな政府が設立された暁《あかつき》には、物質的条件は自ずと平等化される。「世界規模の社会の存在そのものに、あらゆる個人の生活水準の一定の——たしかに相対的なものではあるとしても、きわめて真面目に、かなりの程度において——平等化が不可避的に含意されているのである[39]」。このような経済的な変革は、政治的生における構造的に大きな変化を伴うこととなる。このグローバルな再組織化——「人間の理性の新たな創造[40]」——には、「人民」、とりわけ「利益追求に執着する」人々の「国家的、国際的な生の社会的、経済的構造の根本的変革が不可避的に含意されているのだ[41]」。

こうした考えは、資本主義の力は、それを生み出した経済システムそのものを腐敗させていくという、『共産党宣言』におけるマルクスの主張を想起させるものである。ブルジョワジーは、自らの階級が築き上げた社会的、経済的、文化的変化の破壊的な重荷によって摩滅していくことになる。マルクスの予言によれば、これらの変化とそれに付随する体制転換の自然な帰結となるのが中央集権化とグローバル化なのだが、それはまさにマリタンが至った結論でもある[42]。パウロ六世もまた、現代における物質的条件の「進化」と、それに付随する社会の崩壊について記している。グローバリズムは、「家族や氏族、部族や村、多種多様な集団や結社」に対して「日ごとにより徹底的な変容」を引き起こすであろう。しかし彼が述べるには、このような変容は、「人間の共同体という運命」を実現するために必要なものなのである[43]。

『全きヒューマニズム』においてマリタンは、近代の資本主義システムがもつ疎外と非人間化の傾向についてのマルクスの「深遠なる直観」を評価している。しかしながら彼が望んでいるのは、「ユダヤ＝キリスト教的な価値をはらんだ」マルクスの直観をキリスト教が継承して、しかもそれを、その根底にある無神論的な哲学から救済することなのである[44]。マリタンがマルクスの哲学を批判するのは、その明示的な無神論と「根源的かつ即物的な内在主義[45]」という点においてである。マリタンによれば、マルクスにあっては、資本主義システムにおける人間の疎外という経験に対する解決は、神を人間に置き換えて、存在のあり方そのものを自分自身で変容させるというプロメテウス的な課題を達成することなのである。マリタン曰く、マルクスにとって解放は、「集団的人間の名の下でなされるがゆえに、そこで人間は自らの集団的生活や集団的行動の自由な遂行において、おそらくは絶対的な救済を見出すのであろう。（中略）。ひと言でいえば、自分自身のうちにおいて、人間本性を巨人的なものとして神格化するということなのである[46]」。マリタンが語るには、無神論は共産主義の邪悪さの源泉ではあるものの、そこにある霊的合一の理念はキリスト教の核心にあるものである。霊的合一が共産主義を触発したとしても、共産主義は、真の霊的合一を支えているキリスト教的道徳とは無縁なままである。「共産主義が自らの都合で排除してしまっているものこそ、信仰と犠牲の精神、魂の宗教的なエネルギーなのだが、これらは、それが存続していくために必要なものなのである[47]」。共産主義という政治的イデオロギーは、究極的には宗教的信仰と相容れない。なぜなら、信仰こそが、政治や地上においてユートピアを建設するという課題と結びつくべきものだからである。

マリタンは、マルクスの無神論が、その理論における意味ある共同体という目的の追求を究極的には掘り崩してしまうのだと論じているわけであるが、彼がマルクスの歴史哲学や、ある程度まで唯物論的哲学さえも共有しているとすれば、キリスト教による政治の「基礎付け」の必要性を主張するだけで、マリタンにとって十分なのだろうか。人間性という新たな兄弟愛を根拠とする地上の刷新というマリタンの理想像は、同じ理念についてマルクスが描く大まかな輪郭と類似している。この主要な点における二人の視座の相違は、実質的なものなのか、それとも単に表現上のものなのだろうか。マリタンが明言しているのは、国際的な兄弟愛や自由や平等についての視座なのだが、それは何よりも世俗的かつ政治的な信仰──「民主主義的な誓願」──の助けを受けた知識ある前衛の手による大幅な社会経済的再組織化によって実現されるべきものである。マリタンの言葉や心情にはキリスト教への言及が散りばめられているがゆえに、伝統的なキリスト教に沿ったものとして彼の政治哲学を解釈しようという誘惑がある。しかしながら、彼における物質的なものへの固執や、とりわけ物質的条件の平等化への欲望が示唆するのは、マリタンが代表していると自称する旧来の正統なキリスト教のあり方とは、明確に袂《たもと》を分かっているということである。そうした物質的なもの、政治的なものへと焦点を絞ることは、宗教的なものを犠牲にすることによって生じるのであり、さらに悪いことには、しばしば政治的なものを宗教化してしまうのである──これはマリタンがマルクス主義に対して行った批判である。キリスト教的な「民主主義」の賛同者たちのなかでも、マリタンは、彼が拒絶したものと大して変わらない新たな政治的イデオロギーへの主たる貢献者であるように思われる。

民主主義における前衛理論

いかなるものもキリスト教民主主義を推し進めることはできない。歴史の最終段階は、ただ単純に、花開いていくのである──これはマルクスによる社会主義についての主張である。しかし他方においてマリタンは、革命と中央統制によって歴史の過程は加速させうると信じている(48)。民主至上主義の矛盾のひとつは、それが人民の意志が主権者であると公言するにもかかわらず、その理論が人民に自らのほんものの意志に気づかせるエリートを要求するところにある(49)。マリタンが言うには、専門家は、彼の思い描いている民主主義的な誓願に対する「庶民の意識の目覚め」を奨励しなければならないのだ。彼の哲学における前衛理論の要素は、民主至上主義一般における同一の問題を反映した権威の問題をあらわしたものである。これは、マリタンが決して解決できなかった矛盾である。彼が熱弁するところでは、ほんものの権威は神の下にのみあり、だからこそ人民でさえも究極的な意味においては主権者ではない。しかしながら実践ないし政治においては、人民や彼らによって指名された代理人だけが、支配するための政治的権威をもっている(50)。しかしマリタンの理論においては、神と人民のいずれも、主権者であるようには思われない。グローバルな元老院こそが、歴史的な「成熟の過程」を促進する任務を負っているのである。ジェファーソンと同様に、マリタンも「自然に近いかたちで骨を折って働いている人々における人間性の蓄えと積み重ね」を礼賛してはいるものの、彼の信ずるところでは、素朴な民衆たちには指導の必要があるのである(51)。マリタンが言うには、「人類の大部分は未成熟な状態のままであり、時間の流れのうちで堆積した病的な錯綜に苦しめられており、私たちが人民と呼んでいる文明の所産の下書きか準備段階程度になおもとどまっているのである(52)」。特定の「人民の預言者」には、「たいていの場合は眠っていることを好む」人民を目覚めさせる義務があるのだ(53)。この預言者の類型についてマリタンがあげる例は、わかりやすいものである。フランス革命やアメリカ合衆国憲法の父たち――とりわけ「トマス・ペインやトマス・ジェファーソンのような人々」――は、短いリストのうちにある最初の二人である（そこにはまた、イタリア統一運動やアイルランド解放の提唱者であるジョン・ブラウンやガンディーも含まれている）(54)。フランス革命期におけるキリスト教徒に対する暴力的迫害や伝統的宗教を撲滅しようとする試みが、彼が革命のうちに見ている「民主主義の精神性」とキリスト教への讃美のあいだの理論的であるのみならず、現実的でもある両立不可能性を示唆しているということを、マリタンは考慮していないように思われる。ペインが無神論者であり、ジェファーソンもそのように疑われた人物であるということは、おそらく偶然ではない。これらの政治的指導者たちは、彼らが伝統的宗教に取って代わるべきものと欲した、新しい政治的な存在様式へと人民を「目覚めさせる」ことを、しばしば試みていたのだ。

結局のところ、マリタンは、他の民主至上主義たちと同じように、あるがままの人民には満足していない。彼はしばしば人民主権を高らかに謳《うた》ってはいるのだが、心のうちでは既存の実践や信条を転覆させる必要があると考えるような明確な規範的視座を抱いている。人民の「未成熟」や、彼らは真の政治体の「下書き」であるといった彼の言葉が示しているのは、結局のところマリタンには彼らへの信頼が欠如しているということなのである。

民主至上主義の世俗的信仰と近代におけるグノーシス主義

「民主主義への衝動」は「福音の霊感の現世における顕現」であるとマリタンは主張する。「民主主義信仰」は、「哲学的ないし宗教的な確信なくしては、正当化され、涵養され、強化され、豊かになることはありえないが、こうした確信には世俗における変種もある[55]。この点において、自由民主主義についてのロールズの世俗的哲学は、マリタンの思想から予期せぬ助けを得ることになる。ユネスコの『人権』という刊行物の導入において、マリタンは次のように記している。「共通の思弁的な理念を基盤とするのではなく、共通の実践的な理念を基盤として、さらには世界や人間や知識についてのひとつの同じ構想を是認するのではなく、行為の手引きとして一連の信念を是認することを根拠とすることで、精神のあいだの同意は自ずと達成されるのである[56]」。これは、二〇世紀においてもっとも影響力ある政治哲学者の一人であるロールズの著作を特徴づけている考え方である。

ある著者が指摘しているように、「ロールズと同じく、マリタンは、宗教的多元主義と個人的良心の権利を認めている。こうして、多元主義的な民主主義における唯一の正しい合意は、哲学的ではなく実践的なものであり、現世的な価値をしっかりと固守することを基盤としたものなのである[57]」。この著者の指摘によれば、ロールズとの違いは、マリタンが「これらの現世的な価値が、本質的には、人間の内在的な問題に対する福音の超越的な精神の具現化であると主張していることである[58]」。マリタンの語るところでは、「私たちが議論しているキリスト教的な政治社会は、キリスト教的な真理や動機づけ、福音の霊感が、民衆の意識を目覚めさせ、現世的な存在の領域に浸透することによって、民主主義の魂そのものや内的な力や精神的な砦《とりで》になっているという事実に気づいているのである[59]」。このようにマリタンは断言するのだが、カトリックと無神論者は、哲学的ないし宗教的な信条においては合意できなくとも、自由主義的な政治的秩序の根幹についてはなおも同意可能なのである。これには、ロールズもきっと同意することであろう。

このような考え方は、キリスト教ないし宗教が政治において果たす本当の役割について、いくつかの重大な疑念を生じさせるものである。マリタンが主張するように、それは民主主義にとって本当に必要なものなのだろうか。民主主義的な合意は、理性のみによって、純粋に世俗的な根拠に基づいて到達しうるものである。マリタンと同時代の学者の一人であるオーレル・コルナイが辛辣に指弾しているように、「言い換えるならば、私たちのもっとも重要な信念や思想は、地上における生活のもっとも重要な任務には、まったく関係がないということである。たしかに私たちはそれぞれ、アッラーやキリスト、イデア、物質や歴史などといった自分の好みのものを安っぽい私的な教会で崇拝しているかもしれない。しかし他方で私たち全員が、素晴らしい調和のうちに文明という世界規模の巨大な神殿をともに築こうとしているというのである――それこそが本当に重要なものなのである(60)」。コルナイが主張しているのは、トマス主義者は、「人間の〈実践的な〉選好や図式は、彼らの〈思弁的な〉観点によって密接に条件づけられ、また形づくられている」という事実に対して特に感受性を研ぎ澄まさねばならないということである。「共通のものとして抱かれる〈思弁的な〉前提が、おそらくは単に暗黙裡のものであるか、あるいは定式化されないとしても、〈思弁的な〉同意なき〈実践的な〉同意などというものは木製の鉄に過ぎないのだ(61)」。コルナイによれば、共有された信念を基盤としない暫定的な合意などというものは、究極的に擁護できないものなのである。福音が政治にもたらす「醸成」作用についてマリタンが議論しているにもかかわらず、もし民主主義的な合意がそれなしで達成可能であるとすれば、キリスト教は余計なものとなってしまうのであり、さらにマリタンは不注意にも、伝統的なキリスト教が、それと協働する国家という世俗宗教に対して、実際に障害になりうることを示唆してしまっている。コルナイが言うには、マリタンにとっては、「地上に人造の楽園を〈創造する〉という〈実践的な〉目標が、何よりも重要なのである。キリスト教の真なる核心をより高次に実現するために、カトリック的な〈契機〉は、他のすべての〈契機〉と同じように、唯一の真実にして重要なヒューマニズムの宗教を増進するかぎりにおいて、価値あるものなのである(62)」。

コルナイがマリタンに対してあまりに厳しすぎるのだろうか。それともキリスト教を民主主義という世俗の哲学と和解させようというマリタンの試みは、究極的には、キリスト教の代替物を興隆させるのに寄与してしまうのだろうか。民主至上主義はしばしば、正統なる民主主義的な誓願の公言や異端の検閲、一般意志の神学、大衆の目覚めによって生じる自由と平等の黄金時代に対する千年王国的信念という点において、宗教に類似する。マリタンの政治哲学も、表面上はキリスト教的ではあるが、この擬似宗教の特徴を頻繁に露呈している。キリスト教徒は「現世において世界を変容」させうるし、そうして人間の存在のあり方を変革しうるとマリタンは信じている。実際にそれがキリスト教の義務であるとマリタンは主張する(63)。キリスト教徒の現世における使命は、「世界の運命に介入して、多大なる労苦と幾千の危険を冒しながら勝利をおさめることである――科学や社会的、政治的な権力に――つまり自然に対する力や歴史に対する力によって。しかしながらその際に彼は、何をするにせよ、奉仕的な行為者以上のものであり続ける。すなわち彼は神の摂理の奉仕者であると同時に進化のための触媒ないし〈自由な同志〉であって、主人として指導するわけではないが、彼がそれに奉仕するのは、それが自然の法則や歴史の法則にしたがって発展していくかぎりにおいてなのである(64)」。

では、マリタンにとっての究極的な力点は、神が世界の原作者であることと、「自然に対する力や歴史に対する力」を獲得せんとする人間の努力のどちらにおかれているのだろうか。このような説教を、古代におけるグノーシス主義的な（「知識」という言葉に由来する）異端の近代的表現と見なすことも可能であろう。それについてエリック・フェーゲリンは、自由主義的な進歩主義とロマン主義的な保守主義の双方の動因になっているものであると語っている。社会的、政治的現実に対する不満と、社会の再組織化によって人間が根源的にそのあり方を変容できるという信念こそ、フェーゲリンにとって近代におけるグノーシス主義的思考の核心であった。グノーシス主義者は、「不適切なものであると考えられた世界の構造を変革する」というイデオロギー的な定式を明言する預言者として行為する。グノーシス主義的な探求とは、現世における救済――「完成というキリスト教的な概念の内在化[65]」――をもたらさんとすることである。マリタンは、歴史における善と悪の恒常的な実在と、完成は神の国においてのみ可能であるという事実を指摘することによって、マルクスのような近代のグノーシス主義者たちと距離をとろうと試みてはいるものの、歴史がグローバルな民主主義へと収斂するという彼の信念は、グローバルな共産主義の歴史的必然性に対するマルクスの信念と酷似している。マリタンによれば、歴史は進歩し、「知らず知らず神の国へと向かっているのであるが、それ自身によってはこの究極目的に達することはできない」――なぜなら、神の国がこの世界のものではないからではなく、人間がそこに介入しなければならないからである[66]。同じようにマルクスも、歴史は段階をたどって共産主義へと進んでいくが、最終段階を生じさせるためには究極的には革命が必要になると熱弁していた。マリタンからすれば、キリスト教徒も同じように、世界を革命的に変革しなければならないのである。

地の国をより正しく、また非人間的でないものとすること。精神的、物質的生活のために必要となる基本財、同時にまた各々における人格的権利に対する敬意をすべての人に保障すること。また世界の平和を保障できるような超国家的な政治的組織へと諸人民を導くこと――要するに、福音における人間の地上的な願いが挫《くじ》かれることなく、またキリストと彼の王国の精神が、何らかの仕方で世俗的な事柄それ自体に生命を与えるよう、世界の進化のために協働すること(67)。

マリタンは時折、究極的にはキリストと福音が新たな政治的な存在のあり方を生み出すのに責任を負っているのだと口にしているにもかかわらず、なおも彼は、神の王国に非常に近似した世界を人類が創造することができると信じている。これこそが、民主至上主義と同じく、グノーシス主義の核となる信念なのだ。フェーゲリンによれば、人類が自然や歴史に対して力をもち、現実を根本的に変容させうるという考え方は、部分的には支配への欲望によって、また部分的には信徒に対して信仰の重荷と不確実性を課するキリスト教それ自体によって喚起されたものである。フェーゲリンの記すところによると、「キリスト教において、ありのままの真実として知られる存在の現実は耐えがたいものであり、はっきりと目に見える現実からグノーシス主義的な構築物のうちへの逃避は、キリスト教が浸透した文明において、おそらくは広範囲にわたってつねに存在する現象である(68)」。フェーゲリンによるグノーシス主義の定義にマリタンがどの程度まで合致するのかを規定することは、本研究の射程を超えている。ただ疑問の余地がないように思われるのは、その民主主義的思考への傾倒によって、マリタンは、民主至上主義と同じように、イデオロギー的な構造を帯びているグノーシス主義的な方向性へと強く引き寄せられてしまっているということである。少なくともこの点においてマリタンは、神の国と地の国についてのアウグスティヌスの区別をきっぱりと拒絶している。マリタンにとって、両者は人間の意志によってひとつになりうるのだ。

キリスト教と民主主義の競合する視点

キリスト教と民主主義を融和させようとするマリタンの試みは、両者が基本的な信条においてはほとんど一致しており、しかもよいキリスト教徒であるためには、またよい民主主義者でなければならないかのような印象を時として与える。しかしながら、マリタンより一世紀前に著述活動を行っていたアメリカのカトリック政治思想家であるオレステス・ブラウンソンの存在は、カトリックの立場において民主主義を礼賛することには、世界的な社会主義国家へと収斂するような歴史の法則として民主主義を容認することは必ずしも含まれないということを如実に示している。ブラウンソンが自由民主主義を擁護したのは、公式の教会の教えが教会と国家の分離を拒絶し、独自の国家建設を要求した時代のことであった（教会は、安定性と便宜を理由に宗教的自由を積極的に認容してはいたが）。ブラウンソンは、多元主義的で民主主義的な伝統を含むアメリカの共和国に敬意を払ってはいたが、その賞賛は、地球の残りの部分に対する民主主義の拡張を要求するものでは決してなかった。そのような運動は、現実に「政治家のやることではないし、正しくもない」だろうとブラウンソンは公言している[69]。国家における国民の意志は、多くの正当な政治的秩序をいくらでも成立させうるのである。「国民は主権者として、自らの判断にしたがって、それが欲するあらゆる形態の下で、自由に政府を設立する――君主政であれ、貴族政であれ、民主政であれ、混合政であれ（中略）。これらの形態や体制も、それに付随するその他のものも、国民の意志によって設立され、維持されるかぎりにおいて、正当でありうるし、また正当なのである。神の法や自然の法のうちには、国民の意志に先立って、それらのうちのひとつに他のものを排除する権利を授けるようなものは何もないのである[70]」。

ブラウンソンは、マリタンよりもずっと、トマス主義的な政治哲学に近い立場にあるとも言えるだろう。アクィナスは、アリストテレスを踏襲しつつ、もし僭主政が少なくとも安定性を生じさせるのであれば、そこには何か支持するに値するものがあり、またしばらくは許容されるべきであると考えている。「必ず非合法なものとなる唯一の「政府の」形態や体制は専制である」が、しかしブラウンソンが言うには、それすらも「実践知《プルーデンス》の問題」としては、時として平穏に認容されるべきなのである[71]。アクィナスの信ずるところによると、最善の体制とは、君主政と貴族政と民主政の要素を均衡させたものである――ブラウンソンは、その徳をアメリカのシステムのうちに見ている。しかしながら、アクィナスは、すべての時間と場所に当てはまるような普遍的なシステムを提唱するようなことはなかった。最善の体制は実践可能なものでなければならないという点において、ブラウンソンはアクィナスに賛成することだろう。その意味するところは、それがただ抽象的に最善に見えるだけではなく、特殊な人民や場所に対して機能するものでなければならないということである。同じようにロンメンも、あらゆる体制の価値は、「現実上の状況において共通善の実現のために提供しうる実際上の貢献に機能的に依拠している」と考えている。だからこそ、「〈数世紀にもわたる古き伝統の連続性によって神聖化される〉世襲君主政であろうと、代表制民主政であろうと、自然の法ないし神の法に基づいて、その名において排他的な正当性を主張することはできないのである(72)」。ブラウンソンも同じ見方をしており、次のように述べている。アメリカのシステムは、「合衆国にとっては最善であり、唯一の実践可能な統治であるが、他のすべての場所において実践可能なものではないし、それを導入しようとするヨーロッパや他のアメリカ大陸の国家によるあらゆる試みは、ただ破綻のみに終わる可能性がある(73)」。こうした理由から、ロンメンは、聖パウロ使徒宣教協会の創設者であるアメリカの聖職者アイザック・ヘッカーを非難している。ヘッカーは、「アメリカ合衆国憲法に具現化された民主主義の特殊な形式は、時間と場所を問わず、あらゆる時代とあらゆる国家にとっての不朽の理念である」と主張したが、こうした断言のために、彼は教皇レオ一三世から譴責された(74)。ブラウンソンによれば、むしろ「統治の仕組みは、その国家の成り立ちから生じるべきものであり、その気風や性質、習慣、慣習、人民の要求と一致していなければならない。さもなければ、それはうまく機能せず、統治の正当な目的を保障しない傾向をもったものとなる(75)」。一八六五年にブラウンソンが、おそらくは南北戦争のうちに十字軍的な精神性の萌芽を見て、これらの言葉を記しているということは興味深いことである。

表面的にみれば、ブラウンソンとロンメンは、民主主義には何らかの利点があり、正しい条件の下であれば、それがキリスト教と両立可能であるという点において同意している。しかしながら、政治の可能性と限界に対するマリタンの理解が、他の二人の思想家と大きく異なっていることは明白である。たしかに、二人の各々の哲学を「カトリック的」と呼ぶことによって、その意味の限度が見失われてしまうという疑念はありうる。マリタンが世界政府を人間の地上的使命への解決と見なしている一方で、ブラウンソンは脱中央集権化と補完性を解答であるとしている。たとえば彼は、ニューイングランドにおける地域的に統治される政治体を、自由と人民の意志を伝導させるものとして賞賛しているのだ。「各々の町が、重大な権力と純粋に地域的なすべての問題についての責務を担う団体であり、自らの官吏を選別し、財政を管理し、貧困、道路や橋、子どもの教育に対して責任を負うのである[76]」。個人の権利は、連邦政府ではなく州政府によって保護されるのであり、さらに市政府によって、州政府による干渉からも保護されるのである。もっとも地域的で脱中央集権化された次元において、諸人格の必要《ニーズ》と関心は、もっともよく伝達されるとブラウンソンは信じている。「民主主義」ないし普通選挙権は、ただの抽象的な用語であって、具体における個人の権利や尊厳を実際に保護することはない。「経験が明らかにしているのは、個々の市民の自由と独立を保障するに際して、投票というものは、通俗的に主張されるよりも、ずっと効果的ではないということである。孤立した個人の投票など物の数にもならないのだ。個人は、投票によって武装していたとて、独りで存在しているだけは何の力もなく、まるでそれをもっていないかのようである。それに何らかの実効性を与えたければ、彼は政党に加入しなければならないし、その政党の成功のうちに自らの成功を追求しなければならない。そして、政党の成功を確実なものとするために、彼は自らの私的な関心や自由な意志を、政党に譲渡せねばならないのである[77]」。政党の存在理由が、権力を獲得し、それを保持することにあるからには、政党は権力を維持し続けるために、多数派の意志に恩恵を被っていることになる。そうして「統治は、実際には右往左往する無責任な多数派の意志となる」と、ブラウンソンは述べる。その帰結は、民主主義による中央集権主義であり、それこそが自由の敵なのである。投票や空文よりも、権力の分割のほうが優れているのだ。ブラウンソンによれば、問題のもっとも近くにいる人々に、その解決について考慮することを許すことこそ、個人の自由を促進し、また人間の尊厳を保護する最善の道なのである。脱中央集権化と権力分割の原理は、「いかなる統治形態も本質的にカトリック的ではないし、普遍的義務などではない[78]」というブラウンソンの信念と両立可能なものである。政治的解決は、具体のうちにおいて工夫されるべきなのだ。しかしながら民主至上主義者たちは、政治的解決は抽象的に案出されるべきであり、権力は集中させ、中央から管理されるべきであって、そうしてすべての人民が、民主至上主義的な生活様式から画一的に便益を得られると信じているのだ。

グローバルな民主主義的秩序

マリタンは補完性や多元主義の必要性に言及することはあるものの、彼が世界政府を提唱するとき、そこからは異なった優先順位が透けて見えてくる。彼は『人間と国家』において一貫して、「基盤となる政治的現実は、国家ではなく、多くの異なる制度を伴った政治体であり、そこに含まれる多種多様な共同体であり、そこから育ってくる道徳的共同体である(79)」ということを強調している。マリタンの主張によれば、国家は、市民社会を構成する社会的、文化的、宗教的制度の代わりになることはできないのである。しかしながら、グローバルな国家についての彼の視座は、市民社会こそが社会的現実を規定しているという彼の信念と対立するものである。もし政治がグローバルに管理されるものであるならば、そのとき地域の決定権や生活様式は、中央の権威からの指令に道を譲らねばならないし、その存在こそが、「共通善」の下にある利害を最終的に決定することになる。マリタンの想定によれば、グローバルな政府は恩恵を与える存在でありうる――それは単純に、唯一の視座にしたがって地域的な民主主義の機構を作動させることになるのだが、そこではどういうわけか地域的な自己決定の余地が守られるのである。しかし政府と官僚制は、それ自身の存在理由を生み出すものである。さらに、マリタンが想像している政治的システムは、誰かによって「運営」されねばならない。そのような法外な権力を委託された個人が善きことのためにそれを用いる保証とは、いかなるものなのだろうか。アメリカの起案者たちは、権力が、善き意志という感情によってではなく、ただそれに対抗する権力によってのみ抑制されうると確信していた。アレクシ・ド・トクヴィルに強い印象を与えたような種類の連邦制や中間結社のような制度こそが、権力の座にある人びとの野心を抑制し、その濫用を防ぐのに役立ちうると、彼らは考えていたのである。

マリタンが想定するところでは、彼の思い描くグローバルな政府は、歴史の弁証法――歴史のうちに作用する福音の「醸成」――を通じて、不可避的に民主主義的な多元主義を包摂していることになる。「私たちの歴史的時代に必要となる完全な社会、つまりは世界規模の政治社会が一度実現してしまえば、その部分となるべき政治的、道徳的、文化的生活の貴重な支脈の自由――世界の共通善にとって本質的なもの――に、可能なかぎり最大の敬意を払うことは、正義に適った責務となるはずである[80]」。しかしながら、このような期待と、かつてのキリスト教や古典的な政治思想家たちが真摯に受け止め、また伝統的なアメリカ政治思想において特筆すべき考察対象であった人間性の暗黒面は、どのようにすれば調停されうるのだろうか。政治や人間本性や社会についてのキリスト教的理解において中心にあり続けてきた原罪はどうなってしまうのだろうか。人間がある意味において堕落しているということを、マリタンも無視してはいない。しかしながら、慈悲深くありながら余計な口出しはしないグローバルな政府を設立することを人間の理性に期待するということには、人間の罪深さというものが、太古の時代から社会や哲学者たちを悩ませてきた政治における根治不能の問題を解決する道の途上にあっては、さして重要ではないということが含意されている。このことはまた、人間の罪深さではなく、下手に設計された制度こそが、地上における邪悪の第一原因であるというルソーの信念とも重なり合っている。

グローバルな統治についてのマリタンの視座は、支配欲 *libido dominandi* や遠方からの命令に対する地域的な抵抗という歴史的現実を見落としている。彼の批判者であるコルナイが主張しているように、「ペンの力で一挙に権力というものを全体として廃絶すれば（中略）ひとつの巨大な全体主義的権力を招来することになる。そして、その権力は、個人の権利や教会の自律を前にしてもとどまることなく、彼らの考案した〈意志〉の統一性を完全に明白かつ妥当なものとして顕在化するために、彼らの言うところの一般的で画一的な〈自由〉を擁護しつつ、人間の生活を規定することを要求するのでである[81]」。言い換えるならば、自由のために権力を抹消することを追い求めるのは、ルソー的な変種である全体主義的な「自由」にとって絶好の状況を生み出すだけなのである。人民は、民主至上主義的な一般意志の下に、「自由へと強制される」だろう。コルナイによるマリタンへの批判は、ロバート・ニスベットによる洞察を思い起こさせるが、『共同体の探求』において、彼はまさに以下の点について議論している。すなわち、二次的な結社こそが抑制なき国家権力に対する主たる防波堤なのである。画一的でグローバルな政府は、地域の市民の特殊な必要《ニーズ》に応答し、国家の権力を分散させる権力の小さな中心を撤廃することだろう。コルナイが言うには、多元主義は本質的に、「〈完成〉や最終的〈計画〉というようなユートピア的な概念とは両立不可能なのである。まさにそれが依拠するのは、多様性と偶然性と限界を伴った所与の現実――それは、地域的な改革や適切に考案された訂正、修正、強化はたしかに可能ではあるものの、それが生きたものとして存在するかぎり、すべてを完備したすっかり〈満足のいく〉世界秩序を求める人間の意識による、単線化された社会的現実の〈創造〉のあらゆる試みに対して本質的に抵抗する――なのである[82]」。

マリタンは、多元的な社会に内在する多様性や、さらには不確実性を快く思っていない。中央からの計画者が存在しなければ、これらの小集団たちは、自らの必要《ニーズ》に適ったものに応じて、多くの異なった方向性へと進みうるのである。それらは、マリタンが構想しているような民主主義的な生のあり方を選ぶかもしれないし、選ばないかもしれない。しかし彼は、多種多様なやり方で共通善が実現しうるという可能性については、目を閉ざすのである。

マリタンの民主至上主義の遺産

カトリックの内部には、政治と社会についての非常に異なった競合する理解が存在するように思われる。ひとつは、アウグスティヌスのようなキリスト教的現実主義者、さらにはロンメンやブラウンソンのような有能な民主主義者たちに由来するものであり、それを民主至上主義と調停することは難しい。もうひとつは、ルソーの哲学的人間学と多くの点で両立するものであり、民主至上主義の当然の伴侶となっている。マイケル・ノヴァクやジョン・コートニー・マレー、ジョージ・ヴァイゲル、また本研究の射程を超える他の人々にくわえて、マリタンはカトリック思想の後者の潮流における主導的な代表者である。マリタンがその発生に一役買った、こうしたカトリックと民主主義についての近代的な思考法は、なおも大きな影響を及ぼし続けている。二〇一一年には教皇ベネディクト一六世の下で、彼はその他の点において民主至上主義的な信念を拒絶する教皇であったにもかかわらず、正義と平和協議会が、世界規模の視点をもった「グローバルな公共的権威」や、財政制度を統治し、グローバルな共通善を促進する「普遍的司法」を要求する文書を発行した。冒頭における不平等による不正義や頽廃した財政制度、企業の貪欲に対する慨嘆に続いて、この文書は次のように問いかけている。「経済や平和という点において、いったい何が、このような問題をはらんだ方向へと世界を駆り立てているのか」と。そしてその答えは、「まず何よりも、支配や制御を拒絶している経済的自由主義」――資本主義的な経済システム――である。この文書は、官僚支配的な解決を拒否しているにもかかわらず、それはまた「超国家的な権威」を提案し、地球の人民に対して「彼らの行為を動機づける連帯の倫理を採用する」ように奨励している。「このことが含意するのは、狭量な自己中心性のあらゆる形態を放棄し、ただの一過性の限られた利害関心を超越するグローバルな共通善を受け入れることである。ひと言でいえば、［人民は］人類という家族に属しているという鋭い感覚をもつべきなのである」。この文書は、ヨハネ二三世やパウロ六世の著作を典拠に、「世界共同体における道徳上の霊的合一」の必要性について議論しているのだ。正義と平和協議会が望んでいるのは、歴史が自由と平等に向けて進歩できるように、世界の諸人民の意識が涵養されることである。「グローバルな射程をもった権威において問題となるのは、それが力や強制や暴力によって押しつけられることがあってはならず、自由で共有された合意や、グローバルな共通善の恒久的で歴史的な必要についての反省の結果であるべきだということである。それは、意識の進歩的な成熟や自由における前進、増大する責任への自覚の過程から生まれてくるべきものなのである」。この書簡は、構造的な解決を案出する国際的な司法を伴った専門家の必要性に焦点を当てるばかりで、社会的、政治的な病理を永続化している個々人の罪については言及していない。その代わりに、「経済には倫理が必要である」と抽象的に述べているだけである。民主至上主義的なものの見方に特有の楽観主義の精神をもって、この文書は、ここで提案されたような人間という家族の「連帯」についての一般的な感覚を伴った技術的解決を通じて、世界の経済的不幸は改善されるという、率直な信条を吐露している。「連帯の原理によって、グローバルな市民社会と、国家や中間組織、多種多様な制度——経済的、財政的なものも含む——などといった世界の公共的な権威のあいだに永続的な実りある関係が築かれるであろうし、市民たちは、国家の善を超越したグローバルな共通善に目を向けながら決断をすることになるのである」。

ヨハネ二三世を列聖し、さらにパウロ六世を列福した教皇フランシスコは、回勅『あなたが讃えら《ラウダー》れ《ト》ますように《・シ》』を発行しているが、そのうちにはマリタンの思想を特徴づける民主至上主義的思考の類型に顕著な性格が含まれている。それは、まず環境問題の原因を取り上げ、人類の「生態学的回心」を要求する。フランシスコが言うには、「個人の側における自己改善」や「個人の善き行いの総和」では、「私たちの世界が今日直面している極端に複雑な状況を治癒する」には十分ではない[83]。環境のための持続的な変化は、むしろ「共同体的な回心」によってもたらされるのである。「共同体的なネットワーク」や「ケアの文化」の役割に焦点を当てるという点において、『あなたが讃えら《ラウダー》れ《ト》ますように《・シ》』は、進歩的な社会的福音による同じようなメッセージに類似している。パウロ六世の『一九七七年の世界平和の日のためのメッセージ』に依拠しつつ、フランシスコは次のように記している。「教会が世界に示すのは、〈文明的な愛〉の理想である。ほんものの発展の鍵となるのは、社会的愛なのである[84]」。この文書においてフランシスコが強調しているのは、普遍的な覚醒ないし「発見」と強固に保持される「確信」の必要性である。この点において彼は、具体的な個々人の行為を超えて合一の感情を強調する傾向にあったマリタンに似ているのである。フランシスコが言うには、「感謝」や「承認」、「愛ある気づき」、「壮大なる普遍的合一に参与する」人間の感情の要求こそ、グローバルな生態学的回心においてもっとも重要なものなのである[85]。

このような思考様式は、個人の責任や人格的行為を超えた一体性の情念や感情を強調するロマン主義の伝統に適合するものである。ロマン主義的な倫理は、民主至上主義にも多大な影響を与えているものであるが、それは、物事が実際にそうである姿よりもむしろ、そうありうる姿に、抽象的かつ夢想的なやり方で焦点を当てるものである。共産主義的なユートピアであれ、完全に平等な民主主義国家であれ、その他の何であれ、その根底にあるのは現実の劇的な変容への欲望である。キリスト教の精神を民主主義に吹き込むことを一般原則とすることは、マリタンやフランシスコ、その他のロマン主義的で民主至上主義的な思考に傾倒した人々のような思想家たちの思想に刺激を与えてはいるものの、実際のところ、キリスト教はその新しい世界秩序にどの程度まで必要なものだろうか。

世紀の初めにおける社会的福音運動が明らかにしたように、キリスト教は、しばしば対立し合う多くのものに変容しうるのである。そして「神」や「信仰」といった言葉を用いることは、結局のところ世俗的な進歩主義に過ぎないものを隠蔽してしまいうる。その理論の実際の本性が暴露されるのは、それが具体的に実行されるときなのだ。

結論

カトリックのうちには、二つの競合するイデオロギーがある。一方は、マリタンやヨハネ二三世、パウロ六世、ジョン・コートニー・マレー、マイケル・ノヴァク（おもに影響を受けた人物の一人としてマリタンを讃えている）、ジョージ・ヴァイゲル、フランシスコといった思想家に代表される(86)。もう一方は、オレステス・ブラウンソン、ハインリッヒ・ロンメン、エリック・フォン・キューネルト＝

レディーン、オーレル・コルナイ、ベネディクト一六世、ヨハネ・パウロ二世らの著作のうち見出される思想潮流によって代表される。彼らは皆カトリックであり、しかも敬虔であるのだが、何が政治的に可能で、また望ましいかについて根本的に一致することはない。後者の思想家たちが焦点を当てようとするのは歴史的な所与であり、人間の条件に対する解決を提供しようとするよりは、それを解明しようとする政治哲学を提示する。そして彼らは、これまで根絶できなかった政治的問題を改善することを約束するような巨大なシステムを提示することを避ける傾向にあり、そこには、人間本性に固有のものであり、究極的には人間の罪深さという永続的な事実に根ざしている難題に対する体系的な最終解決など存在しえないという前提があるのだ。人間の魂の分裂した本性を鑑みれば、争いや貧困、苦痛、その他の社会的病理は、私たちの地上におけるあり方の不幸な部分として、つねに存在し続けるのである。私たちにできる最善のことといえば、それらの影響を有益な社会的実践を通じて和らげることや、人格的な責任や徳を奨励することである。民主主義さえをも含む、いかなる政治システムであれ、人間そのものを起源とする病理を恒久的に回復することなどできないのである。

民主主義についての理想的な概念をキリスト教と調停しようとするマリタンの試みは、多くの点において自由主義的な進歩主義と符合するものであるが、最終的には民主主義という政治的宗教や、あるいは本書が民主至上主義として規定するものの様相を呈することになる。そして自然法や、あるいは有機的な政治体と行政国家のあいだの理論上の相違についてのマリタンの訴えもまた、それがはらんでいる含意から、彼の政治哲学を救い出すことはない。マリタンによる「国家」と社会のあいだの理論上の区別は、国家を築くのが人間であるという根源的な現実を無視している。国家を築く人間は、他の権力の抑制と均衡を要求するような彼ら自身の情念や動機づけをもっている。コルナイが指摘していたように、権力とは、「ペンの力で一挙に」消し去ることができるようなものではないのである。歴史のうちで作用する福音の醸成を一般法則とすることで、マリタンは、個々の人間の行為の重要性を軽視しており、そこでは内在的な歴史的弁証法が作動していることが前提とされているのだが、それは、カトリックの教義というよりは、むしろ進歩主義やグノーシス主義やマルクス主義と共通点をもつような信条である。アクィナスとアリストテレスに依拠していると主張しているにもかかわらず、マリタンの哲学は徹底的に近代的であり、潜在的には世俗的なものである。政治的生活の偶然的で複雑な本性に余地を残していたアクィナスやアリストテレスとは異なり、彼は、地球全体に対する支配の一類型を画一的に適用することへと論理的に収斂するような、高度に合理主義的で抽象的な手法を採用している。そして、そのような統治を考案するための知識を自分はもっていると彼が信じていたということこそが、とりわけ慎ましさを強調した伝統的なキリスト教倫理からの彼の距離を何よりもよくあらわしている。

一八六五年におけるブラウンソンの鋭い洞察は、二〇世紀においても有益であり続けているかもしれない。曰く、「哲学者たちによって想像されるところの国制は、ユートピアのためのものであり、実際に存在する、生きて呼吸をしている人民のためのものではない。なされるべきは、それが存在するままに国家を受け止め、そこから統治制度を発展させ、両者を調和させることなのである。二つの仕組みのあいだに分裂があるとき、政府は、国家や有機的人民ないし国民のうちに支持を得られず、腐敗か物理的力によってしか維持されえない(87)」。即座に頭に浮かぶのは、マリタンが忌み嫌った全体主義体制であるが、しかし民主主義のイデオロギーもまた、この描写にますます似たものとなるように思われる。

『人間と国家』の末尾において、マリタンは次のように仄《ほの》めかしている。社会に対する合理的計画などは不毛に終わるものであり、ともすると自分自身も「特定の賢い人々の手を借りて、人間にまつわる事象における賢人として認められたいという、理性をもっていたと思われる哲学者たちの古くからの誘惑に屈しそうになる(88)」と。読者は、新たな政治的プログラムの合理的な構想に焦点を当てたマリタンの本が、このように締めくくられていることに疑念を抱えたまま、放置されることになる。究極的には彼は、人間にまつわる事象における理性の権威を頼りにしていたように思われるし、キリスト教のような「包括的教説」は、自由民主主義に実効的な合意を発見するうえで重要ではないということを示さんと欲したロールズのような思想家たちと同じ道を指さしている。マリタンの政治思想が大部分においてロールズの政治思想と両立可能であるということは、彼が、トマス主義や正統派のキリスト教的伝統よりもずっと、ロールズや他の世俗的な民主主義理論家たちによる政治的伝統に属していることを示唆しているのだ。

第6章

熟議的民主至上主義

はじめに

民主至上主義は、一群の規則と一致するわけではない。それは時として対外的な理想主義の外交政策としてあらわれることもあれば、より巧妙な場合もある。熟議民主主義は、強い影響力をもちながらも、あまり語られることのない民主至上主義についての表現の一例である。熟議民主主義は、政治的問題について議論し、決定するために「平等な地位と相互尊敬を基盤として人民たちが集合することを理念とする(1)」ものであると説明されている。それは、典型的な民主至上主義が人民を「代表」する啓蒙された指導者に依拠していることに対して、大いに必要とされるべき民主主義的な矯正手段に見えるかもしれない。しかしながら、この民主主義に対する手法もまた、「人民の」意志に対する民主至上主義と同様の矛盾をはらんだ信奉に傾倒する性格をもっており、それはかなりの程度において、ルソーの民主主義の哲学と重なり合うのである(2)。実際に多くの熟議民主主義論者は、自覚的にルソーの政治的理想に依拠している(3)。近年における『オックスフォード・ハンドブック　熟議民主主義（二〇一八）』の編者たちは、「ポスト真実《トゥルース》」の政治やポピュリスト的な指導者の地球規模での優勢について慨嘆している。これらの熟議民主主義者たちは、人民がよりよく教育され、さらに啓発されるならば、人民は、それまで支持していたポピュリストの指導者を、自ずと拒絶するだろうと想定している。熟議民主主義によれば、こうした民主主義の失敗に対する矯正手段こそ、「市民たちが、問題や自分自身の利害関心、他者の利害や知覚をよりよく理解することを助ける」熟議なのである。

同意が不可能なところにおいて、熟議民主主義の枠組みは、問題が最終的に投票にかけられる前に、「抗争の背後にある問題を整理し、明確化する」のを手助けすると考えられている(4)。

しかしながら、それでもなお選挙において多数派が、熟議民主主義が「非民主的」で「ポスト真実《トゥルース》」の主唱者として拒絶するような「ポピュリスト」の候補者を選択したとしたら、どうなるのだろうか。熟議民主主義の手続きによるならば、そのような結果は可能性から排除されているのだろうか。もしそうだとすれば、熟議民主主義は、ほんとうに民主主義的なのだろうか。現代の民主主義論において熟議民主主義のいくつかの説が覇権的であることを前提としたうえで、熟議民主主義が、その言葉の古典的な意味（「人民による支配」）における民主主義を促進するのに役立つものなのか、あるいは、知識をもったエリートが人民のために支配するとしながら、人民の意図や欲望を無視するような民主主義の民主至上主義的な類型に合致するものなのかを問うてみる必要がある。

ビル・クリントンは、「教養あるアメリカ人の全世代が民主主義それ自身への信頼を取り戻す(5)」のを助けたという点で、熟議民主主義の理論家であるジョン・ロールズを礼賛している。クリントンの賛辞が示しているのは、ロールズや熟議民主主義の影響は、象牙の塔をはるかに超えて広がっているということである。報道メディアはしばしば、大見出しを飾る論争や事件についての「国民的対話」の必要性について発信している。二〇一六年に『ワールド・ニュース・トゥナイト』の司会者であるデイヴィッド・ミュアーは、「大統領と人民：国民的対話」と称する、バラク・オバマ大統領との「タウン・ホール」の議長を務めた。ウッドロー・ウィルソン・センターと米国公共ラジオ放送が、国民と世界が直面しているもっとも重要な問題についての「国民的対話」、「腰を据えた対話と洗練された議論のためのフォーラム(6)」の協賛をしている。国民的対話の必要性への高尚な訴えはあまりにも頻繁で、しかも抽象的なので、そこにはほとんど何の意味もないほどになっている。しかしながらそれは、まるで国民が「熟議すること」によって、問題が明確となり、しかも政治的決定がより正当になるかのような、熟議民主主義の核心にある熟議についての中心的理念を立証することにもなっている。こうした言葉づかいや思考法に反映されているのは、政治的な意思決定においては公共的な議論こそが規範的かつ中心的であるべきであるという熟議民主主義と同じ信念である。多くの人は、何の反省もないまま、このような観念に賛成しがちである。啓発されない人民の集団がフォーラムに集《つど》うとして、彼らが問題について議論すれば、その思想が改善されるというのは、どういうことなのだろうか。熟議民主主義の前提（ミュアーや「国民的対話」の他の運営者たちのそれ）となっているのは、議論が、ある種の啓蒙された専門家によって慎重に運営されるだろうということなのである。

手法

ロールズとハーバーマスは、多くの点において異なっている。本章が吟味するのは彼らのいくつかの共通点ではあるが、彼らが同一の思想家であるとか、彼らの思想が必然的に大部分において重なり合うと主張するわけではない。彼らがともに分析されるのは、一面において彼らが熟議民主主義の異なった類型を表現しているにもかかわらず、両者のそれぞれの哲学は、民主至上主義という同一の考え方に傾いているからである。他方を含めず一方の思想を通じてのみ熟議民主主義について検討することは、より一般的に熟議民主主義の考え方を評価するのではなく、むしろ一人の特定の思想家を評価することになってしまうだろう。ここでの分析が求めているのは、そうした事例における深さというよりは広がりであり、そうすることで期待されるのは、代表者の一人だけではなく、熟議民主主義一般の基本的な前提が、重大な点において民主至上主義と一致することが明らかになることである。ロールズとハーバーマスは重要な点において異なっているにもかかわらず、しかしまた彼らが民主主義についてのいくつかの規範的な前提に同意していると認められるというのは、ありうることである。本章において吟味するのは、そうしたいくつかの共有された包括的な前提であり、他の熟議民主主義論者のそれをも含みながら、さらに視野を拡大していくことになる。したがって、ここで意図されているのは、誰かしら一人の人物について詳細に探求することでも、民主主義論における数多くの細部や競合する視角について選別することでもない。本章の目的は、熟議民主主義の根本的な認識論的、哲学的な前提と民主至上主義のあいだのつながりを明らかにすることである。

熟議民主主義の中心概念

ハーバーマスとロールズは、民主主義論やより広義の政治理論に対する熟議民主主義的な手法への莫大な関心を生み出し、以来これまで学術界における熟議民主主義の「第二世代」が発展してきている。投票箱のみによって実践される民主主義は不適切であるという点で、大部分の熟議民主主義者は一致しており、そこから、ただの別箇の利害の集合を、真の共通善の観念に置き換える。彼らの主張によれば、民主主義は、正義についてのより超越的な観念や、善についてのより全般的な観念に接近していくべきなのである。このような思考は、ルソーにおける一般意志と単なる「全体の意志」とのあいだの区別と一致するものである。熟議民主主義が信ずるところでは、市民による熟議とは、「重なり合う合意」が有益な仕方で発見される術《すべ》なのだ。ハーバーマスの討議倫理の理論は、「コミュニケーション的行為」のうちに、社会的、法的規範を基礎付けようとするものである。とてつもない影響力をもったロールズの一九七一年の著作『正義論』は、それとは異なる規範を精巧に築き上げているにもかかわらず、おおむねこの伝統のうちにある。要するに、これらの思想家や他の熟議民主主義者たちは、多元的な社会における政治的規範には、ただ単に数字上の多数派の選好を識別することを超えた、ある種の合理的な正当化が必要とされると論じるのである(7)。共通の宗教的、哲学的、形而上学的な信念の体系なくしては、西洋世界において、もはや伝統は政治的正当性の主たる源泉にはなりえない(8)。理性と討議が、大部分において、伝承されてきた信念の体系の規範的な役割に置き換わるべきなのである。

　ロールズは「公共的理性」という概念を展開しているが、それは多元的な社会の一般意志を識別し、また表出させる方法である。ハーバーマスは、公共的な理性の使用という現実上の行為――「自由で平等な」市民たちの発話の交換――が本質的であると考えている一方で、ロールズは、個人に考慮すべく要求されるのは、彼ないし彼女が公共的な対話であれば提示するであろう理由のみであると考えている。一般的に熟議民主主義が追求するのは、「平等な人々同士における自由で公共的な理性の使用[9]」という理念の制度化なのである。大部の『オックスフォード・ハンドブック 熟議民主主義』の序文において、その編者たちが語っているのは、民主主義とは、「共通の関心事についての選好や価値や利害を慎重に考慮することも含めた相互的なコミュニケーション」に関わるものであり、「熟議的な相互行為は、保護され、擁護され、また制度化されるべき規範的に価値ある性格を有する」という点については、一〇〇名以上に及ぶ寄稿者たちが全員同意するということである[10]。

ロールズの学生であったジョシュア・コーエンは、熟議民主主義を「平等な市民たちのあいだの自由な議論を――参加や結社や表現のために好ましい条件を提供することによって――活性化するための社会的、制度的な条件の枠組み」と定義しており、また「［それは］定期的な競争的選挙、公開性という条件、立法府による監視などを通して、そのような議論に対する政治的権力の応答性や説明責任を保証するような枠組みを構築することによって、公的権力の執行する権限（さらにはその執行それ自体）を、そういった議論に紐づけるのである[11]」。デニス・F・トンプソンの「熟議民主主義論と経験的政治学」は、この分野における理論的あるいは経験的な仕事の双方についての、簡潔ではあるが、広範にわたる研究調査を提供してくれている。彼が述べるには、「あらゆる熟議民主主義の理論の核心には、理由の提供に対する要求と呼ばれるべきものがある。市民と代表者たちは、自らの政治的な主張に対して理由を提供し、また反対に他者の理由に対して応答することによって、彼らがお互いに課すことになる法を正当化することが期待されるのである[12]」。セイラ・ベンハビブは、ハーバーマスに忠実にしたがいながら、次のように付け加えている。「権力とは、正当化を必要とする社会的資源であり社会的関係である。正当性とは、一連の権力関係や制度的布置が他のものよりもよいものとして選好される、十分に正当化可能な理由があるということを意味している。私が主張するのは、権力の正当化は、公共的な対話として考えられなければならないということである(12)」。市民として、私たちには「対話の義務」があると、ブルース・アッカーマンは語っている。「もしあなたと私のあいだに道徳的真理についての不一致があるならば、私たちの両方が理に適っていると思うやり方で共存しつつ、多少なりとも問題を解決する見込みのある唯一の方法は、そのことについてお互いに話し合うことである(14)」。

ハーバーマスは、同僚である討議理論家のロバート・アレクシー（彼はハーバーマスに影響を受けていた）にしたがいつつ、公共的対話のための「理想的発話状況」の輪郭を以下のように描いている。

(3.1)「会話し、行為する能力をもったすべての主体は、討議に参加することを許される。

(3.2)

a. 誰もが、どのような主張に対しても疑義を呈することを許される。

b. 誰もが、いかなる主張であっても討議にもち込むことが許される

c. 誰もが、自らの態度や欲望や必要《ニーズ》を表現することが許される。

(3.3) いかなる話者であっても、内面的ないし外面的強制によって、(3.1) と (3.2) で提示された権利を行使することを妨げられてはならない(15)」。

ハーバーマスは、現実上における討議が理想的なものから逸脱することは認めている。しかしながら歴史上における対話は、「理想的発話状況」に近づけば近づくほど、その帰結はより正当なものとなるのである。ベンハビブによれば、「それぞれの参加者は、何かを主張したり、推奨したり、説明したりする平等な機会を与えられるべきである。すべての人が、自らの願望や欲望や感情を表現する平等な機会をもたねばならないのだ[16]」。ロールズが強調するのは、「互恵性 reciprocity」の原理である。「市民はまるで自分自身が立法者であるかのように考えるべきなのであり、互恵性という尺度を満たすような理由によって支持されるものとして、どのような法令が施行されるうえでもっとも理に適っているかを、自ら問いかけるのである[17]」。

民主主義論におけるこのような転回、「ひょっとしたら現在では民主主義論において——覇権的とまではいかないにしても——優勢となっている方向性」は、投票によって表現される選好の集積として民主主義は機能しているという考え方に対する別の選択肢として、登場してきたものである[18]。熟議民主主義論者は、政府についての多数決主義的なモデルは敷居をあまりに低く設定し過ぎているのであって——よりよい合意を基礎とするがゆえに——より正当であるような民主主義が可能であると信じている。アンドレ・ベヒティガーらは、熟議民主主義が理念を基礎としていることを認めてはいるものの、それが完全に実現することは不可能であるにせよ、そこに向けて努力をする価値のある基準であることに変わりはないのである。それは、その理想へと近づいていくために「莫大な費用」を背負い込むとしても、それに値するものであると著者たちは語っている。環境に応じて、さまざまな理念が優先されるべきなのだ。「重要性の大小や異なった文脈における異なった理想の費用の大小に配慮することは、熟議民主主義も含む、あらゆる願望上の民主主義の理念に当てはまることである[19]」。概して本書が試みているのは、民主主義的な理想主義の価値を吟味し、理想主義とイデオロギーの関係を明らかにすることである。こうした目的のために本章は、熟議民主主義を動機づけている理想主義が、多かれ少なかれ、どの程度まで民主主義的な結果に寄与しうるかを評価するのである。

ユルゲン・ハーバーマス

熟議に関するハーバーマスの主著『コミュニケーション的行為の理論』で議論されているのは、共同体は、彼が「コミュニケーション的行為[20]」と名づけるところの合理的な正当化の過程によって、政治的な規範について決定しなければならないということである。ハーバーマスにとって統治の自由主義的なモデルが不適切なのは、「それが熟議する市民による民主主義的な自己決定ではなく、私的な選好の満足による本質的に非政治的な共通善を保障するように想定されている経済社会の法的制度化に依拠しているからである[21]」。他方において、コミュニケーション的行為は、万人が受け入れ可能な理由を伴った政治的秩序を究極的に正当化する市民の対話を促進するのである。同意は「妥当性要求についての間主観的承認の見地から評価される[22]」。つまり、何らかの政治的規範や一連の行為に同意した多数派は、その多数派が受け入れ可能だと考える理由に依拠する必要があるのである。ハーバーマスによれば、仮に完全な合意が達成不可能であることが明らかであるにしても、少なくともこの方法において同意は可能なのである。

ハーバーマスが描写する方向性に沿った公共的な合意は、人民の「共通の意志」を明らかにするものである。ハーバーマスが強調するのは「理解へと到達するための間主観的な過程」であり、その点において彼は、その民主主義的正義についての理論が対話的であるよりも独話的であるロールズと異なっている(23)。話し手たちは、お互いに自らの要求を受け入れるように「合理的に動機づける」ことによって、理解と合意に到達するのである。「提案を受け入れるように話し手が聞き手を合理的に動機づけることができるという事実は、彼が語っている内容の妥当性にではなく、必要とあれば彼が、聞き手がすでに受け入れた主張を撤回する努力をすることを保証していることに由来している(24)」。言い換えれば、ある主張は、何らかの客観的な意味における真理ではなく、彼ないし彼女の規範的発言が聞き手の多数派に理に適った（したがって正当な）ものとして受け入れられるという話し手の確信に支えられる必要があるのである。「その道徳原理は、ある規範によって影響を受ける、ないしそう推測される、すべての人の適切な同意に合致することのないすべての規範を妥当性がないと排除するものとして考案されている」とハーバーマスは述べている。「合意を可能とする、この補完的原理は、一般意志を表現する規範だけが妥当なものとして受容されるということを保証するものである(25)」。ハーバーマスによれば、ある規範が妥当であるとすれば、「それによって影響を受けるすべての人々が、それを一般的に遵守することによる結果や副次的効果を、全員の利害の満足のために受け入れることができるのである（そして、これらの結果は、何らかの既知の別の規定可能性よりも好ましいとされる）(26)」。

ハーバーマスは、ロールズが非難されたような非歴史主義を回避しようとしており、自らの熟議民主主義論において生の歴史的次元を考慮している。ハーバーマスにとって対話は、各人格が自らのアイデンティティや関わりを明確にするのに役立つものなのである。それによって彼らは、自らを「特定の国家の一員、近隣ないし州の一員、地域の住民などとしてより明確に理解する(27)」。しかしながらハーバーマスは、いうなればエドマンド・バークのような意味において、歴史的なわけではない。伝統ないし世代を超えて蓄積した経験的な知識ではなく、理性こそが、何が政治的に規範的であるかを究極的に規定するのである(28)。ハーバーマスにとって政治的規範についての理念を形成するのは、バークにおけるように国家や近隣や地域などにおける構成員としての生きられた経験ではなく、むしろその経験についての合理的な理解や定式なのである。ハーバーマスの考えでは、市民が「どの伝統を継承していくかを決定する」のであり、「お互いをどのように扱うか、どのように少数派や周縁集団を扱うかを決定する」のであり、また「どういった種類の社会に自分が住みたいかについて明確にする」のである(29)。他方において、バークのような歴史的思想家にとって政治過程とは、世代を超えて蓄積した知を根拠とするものである。つまりは実践知がしばしば、反省の対象とならない暗黙裡な仕方で政治的規範を導いているのである。バークであればそう呼ぶであろうところの、このような世襲の知恵こそが、ある意味において合理的な説明に反する仕方で、行為や信念や習慣の前面にあるのである。合理的かつ詳細に分析することによって、どの伝統に価値があるかを決定することなど市民にはできないとバークなら主張するであろう。人間は自然的に社会的な存在であり、社会的なネットワークや関係のうちで形成されるというアリストテレス的な立場をとっているにもかかわらず、ハーバーマスは、普遍的で「抽象的な」確信が道徳的直観を導いていると信じている(30)。トマス・マッカーシーが言うには、ハーバーマスにとっては、私たちの自然的で普遍的な社会性のうちには、「人格の不可侵性と共同体の連帯」が含意されており、この二つの概念が「伝統的な道徳の核心」にあるのである[31]。しかしこれでは、ハーバーマスの政治理論と、アリストテレス的ないしバーク的な類型の政治理論のあいだの主たる相違は、曖昧になってしまう。伝統的ないし歴史的な視点によれば、「理由による合意」だけでは政治的規範を正当化できないのであって、実際のところ共同体の連帯は、伝統的規範の連続性に依拠しているのである。アリストテレスやバークにしたがえば、理性ではなく経験こそが、習慣や慣習を形成し、市民的生活の進路を規定する第一のものなのである。厳しい試行錯誤の試練をくぐり抜けて生じた規範は、合理的な論理にしたがったり、あるいは理由づけによって安直に正当化されうるものではない。それなしで物事を進めなければならなくなったときだけ、その本来の価値が真の意味で明らかになるのである。

ジョン・ロールズ

熟議民主主義についてのロールズの理解は、理性の普遍性と客観性に対する同様の信念に依拠している。ロールズは、彼の有名な仮説である「無知のヴェール」を通して、政治的可能性を再想像するように促している。個人的、社会的、歴史的な環境を無視することによって、私たちは、何が一般的に政治的生活における規範を構成するべきかについて想像するべきだというのだ。これらやその他の制約の枠内であれば（生物学や心理学や自然科学などについての基礎知識のような所与とともに活動するのであれば）、ロールズの信ずるところでは、私たちは、すべての「理性をもった」人格にとって受け入れ可能な政治的（社会的、経済的な）システムへの道筋を推論したり、内面で熟慮したりできるのである。彼はこのような思考実験を「原初状態」と呼んでいるのだが、そのもっとも有名な側面が無知のヴェールなのである。原初状態は、社会契約論の思想家たちの哲学における自然状態の想像上の機能を模倣したものである。歴史的、宗教的、文化的、社会的、民族的、国民的など、その他あらゆる特殊な自己にまつわる知識をすべて剥奪されることによって、個々の人格は、客観的な理性を根拠として自由に行為できると想定される。競合する善の構想や、異なる哲学的、宗教的、道徳的な信条が存在するときに正義の原理を決定するための最善の道は、この理論によれば、それについて合理的に決定することなのである。ルソーを踏襲しつつ、利害関心を離れた理性の働きが私たちの思考を導きうるし、それが政治に適用されるならば何らかの一般意志のようなものに帰結するとロールズは信じている。ロールズにとって、異なる正当性をもった自由民主主義の変種が存在するにしても、彼の第一原理を所与とすれば、自由民主主義こそが唯一の合理的に妥当な統治形態なのである。

ロールズの信ずるところでは、公共的理性は、熟議民主主義の本質的な要素のひとつであり、憲法上の問いや正義の問題をめぐる市民の推論に関わっている(32)。市民が実際に熟議をしなければならないハーバーマスの理論とは異なり、ロールズの理論には、どのような種類の正当化を公共的に提供できるかを想像するような、理論上においてのみ理性を働かせる市民しかいない。ロールズの説明するところでは、「市民は、彼ないし彼女がもっとも理に適った正義の構想であると誠実に見なすような枠組みのうちで熟議をするときに公共的理性に参与するのであるが、その構想とは、自由で平等な市民である他者たちもまた理性を働かせることで是認することが適理的に期待されるような政治的価値を表出したものである[33]」。公共的理性の重要な構成要素は、「互恵性 reciprocity」という尺度である。正当な理由とは、その他の理に適った根拠によって彼らが究極的には一致しないことがあるとしても、他の市民も受け入れることが可能であるものだけである。公共的理性が互恵性の原理によって導かれながら目指すのは、重なり合う正義の構想を発見することである。原初状態を鏡映しにしたように、公共的な理性の使用による対話は、同じ程度には仮説上の空想的なものである[34]。ロールズとハーバーマスの両者にとって目標となるのは、ある種の対話によって一般意志を識別することなのだ。

与えられた理由による正当性に最小限でも同意することによって、市民は理論的には、ある意味において統合される。この点において熟議民主主義は、政治的秩序の普遍的な受容についてのルソー的な理念を目標としている(たとえすべての人が個々の特殊な政策に必ずしも賛成しないとしても)。重要なことは、理性が客観的で利害関心なき力であり、集まって理性による討論に参加する市民は、究極的には自分の考えを変えうるか、あるいは少なくとも、他者による理由づけや、さらには最終的な結論を正当なものとして受け入れうるという信念である。このような民主主義についての理解は、いわばプラトンにおけるような、旧来の民主主義についての見方とは鋭い対照をなしている。というのもプラトンは、民主主義における利害は競合するものであり、結果として必然的に民主主義は、ついには合意ではなく、究極的に力ある者が混乱に終止符を打たねばならなくなるほどの無秩序へと道を開くものとなると考えているからである。一致することのない選好や意見は、生や政治についての対立する信念に由来するが、プラトンの見方によれば、何が「理に適っているか」についての共有された考えをめぐっての一体化などできはしないのである。プラトンやアリストテレス、アメリカ合衆国憲法の起草者のような他の懐疑論者によれば、そうではなくむしろ、こういった競合する利害関心が党派を生み、一般意志のようなものが出現するのを妨げるのである。アリストテレスやハミルトンのような古典的な共和主義の伝統にしたがえば、妥協や交渉や何らかの連合システムが、政治的秩序をひとつに保っているのである。

本質的に、これらの二つのものの見方は、人間本性についての構想において究極的に異なっている。一方は、人間本性は自然的に善いものであるというルソー的な見方へ、他方は、人間は堕落しているというアウグスティヌス的な見方へ方向づけられている。熟議民主主義者においては、手続きや規範が、自己中心的で近視眼的なものの見方から思考を遠ざけ、共通善に向かわせるのを助けてくれるのである。このような考え方は、もし人民が特定の仕方で組織され、そこで理性を働かせれば、その政治的結果は、歴史的にそうであったのとはまったく異なったものになるはずだという信念をルソーとともにしている。

理性の自律?

ロールズを踏襲して、「政治的理性」は「自律した」ものであり、民主主義の構想を定式化するために「包括的な生についての哲学」に依拠する必要はない、とコーエンは述べている[35]。熟議民主主義が信じているのは、市民による熟議は、適切に秩序づけられるならば、それが「自由に流れていく[36]」ことを許されるときには一般的な浄化的効果をもつだろうということである。偏狭な信念は、理性と一致すると想定される共通善に道を譲ることになる。さまざまな考え方が公共的にフィルターにかけられることで真理があらわれてくるように、理性と自由な探求が促進されるべきであるという点において、熟議民主主義はジョン・ステュアート・ミルに同意するのである[37]。ジェファーソンもまた、このような理性の認識的な役割についての信念を抱いている。それこそが、自由に議論することが許されさえすれば、人民は正しい意見にたどり着くだろうという考えに傾倒した理由である。真理や正義の探求において、合理的探求と対話が利害関心を離れた力として作用するという信念は、啓蒙思想の真髄であり、その進歩的な歴史哲学を際立たせるものである。市民たちが科学的で合理的な原理についてより教育を受けるようになるにつれて、彼らは自ずと、何が正しく、道徳的であるかについて識別するようになる。このような考え方は、道徳性とは、旧来の古典的ないしキリスト教的な伝統が考えているような習慣や自己との戦いの結果ではなく、正しい理性の働きの機能であると考えるような新たな感受性と倫理を誕生させた。熟議民主主義は、このような啓蒙の伝統を踏襲しており、民主主義が繁栄するための主たる障害となっているのは、道徳的－宗教的なものではなく、合理的かつ教育的なものであると考えるのである。

熟議民主主義の第一原理は、理性は自律的であり、またそれによって私たちは、自らの個人的信条に関係なく、共有された善の構想にたどり着きうるという信念である。コーエンが言うには、「市民たちは、それぞれのもつ異なった哲学の枠内から、自律的な政治的議論こそが適切であると判断し、公共的な問題として、そのような哲学の多様性こそが自律した政治的理性を奨励するということを受け入れなければならない[38]」。歴史的環境や個人的経験、アイデンティティ、世界観は、何が政治的に正しいかについて決定するに際して不要なものであるだけでなく、その決定を曇らせるものでもあるのだ。適切な熟議の手続きと方法が、市民たちを、熟議民主主義が「客観的に理に適っている」と信じている思考の類型へと導いていかねばならないのである。そのような思考が涵養されなければならないということが示唆するのは、そういった思考が、熟議民主主義が当初私たちにそう信じさせようとしたほどには、当然のものではないということである。

抽象的な理性こそが議論を導かねばならないという熟議民主主義の信念は、過大な重荷を市民たちに背負わせるものとなっている。彼らは、他の話し手に平等な関係において耳を傾け、関わり合うという、「対話上の制約」を実践しなければならない。市民たちには、「道徳的真理（についての彼の理解）に訴えかけて応答する」ことは許されていない。「その代わりに原則として、両者が理に適っていると見なすような規範的な前提を発見するための制約つきの対話的な努力に従事する心構えをもたねばならないのだ」とアッカーマンは語っている[39]。自分自身の経験や哲学的観点を、議論の正当化のために用いることは許されていないのだ。エイミー・ガットマンとデニス・トンプソンが期待するのは、「市民や公職者が、彼らが話している環境から独立した道徳的立ち位置を自分のものとすることである。これこそが発話における一般性であり、政治的な誠実さの証である。それが示すのは、ある人格がその立場をとるのは、政治的な利益のためではなく、それが道徳的な立場だからである、ということである[40]」。熟議民主主義はこのようなことを理想として掲げてはいるものの、そのような理想が人間の心理と両立不可能であるかについては議論の余地がある。そもそも私たちは、自らを育み、その理性の働きそのものを間違いなく形づくった環境や経験から、自らの理性の働きを根本的に引き離すことなどできるのだろうか。このことは、いかにして私たちがまず意見というものを形成するのかについての、ある認識論的な疑問を生じさせる。しかしながら熟議民主主義は、そのことについてほとんど語ることはない。

一般的に民主至上主義は、理性こそが一般的な政治的真理を識別する不偏不党の力であるという熟議民主主義の考え方を内包している。それが主張するのは、人民の多数派は、もし集合させられるならば、一般意志を表明することができるということである。ルソーは、ロールズのように、内的反省によってこれが実現すると考えている一方で、熟議民主主義は一般的に、考えの交換がそこで生じなければならないと信じている。しかしながら最終的な結果は同じになるだろう。すなわち一般意志は、この過程のうちから、何らかの仕方で引き出されるのである。ただルソーと同じように、熟議民主主義もまた、現実に存在している民衆の欲望が一般意志に帰着するかについては確信をもっていない。このような自信の欠如は、ルソーが立法者を頼りにし、熟議民主主義が正しい議論の手続きに依存していることによって露呈している。そのような仕方で一般意志が導かれねばならないという事実が示唆しているのは、ルソーや熟議民主主義論者のような民主至上主義は、理性こそが真理の不偏不党の判定者であるなどとは信じておらず、何か別の力が理性よりも大きな認識上の支配力をもつと考えているということである。だからこそ「正しい」信条へと人民を甘言で釣らねばならなくなるのだ。

熟議における平等

熟議民主主義におけるもうひとつの要求は、すべての市民は平等であると考えられなければならないということである。トンプソンが言うには、平等は「才能や地位、権力を含む、参加者が熟議にもち込むような資源に関係している[41]」。平等はまた、対話における力学にも関わるものである。たとえば、話し手の「無作為抽出」、「均等な代表」、話す時間の平等は、よりよい議論につながると考えられている[42]。市民は、説得的な論証を展開する平等な機会をもつべきであると同時に、あらゆる「善い」論証に対しては、話し手の背景に関わりなく、対等な評価を与えねばならないのである。ほとんどの熟議民主主義者は、「熟議が不平等な経済的資源や社会的地位の影響を被れば被るほど、それはますます欠陥をもったものとなる」ということに同意する[43]。このことによって「物質的富や教育上の待遇」なども含めた「源泉の平等 equality of resources」が要求されうることに慎重な人もいる一方で、それでもなお熟議民主主義は、それを有益な発見手法として役立つ理想であると考えるのだ[44]。一般意志を追求する完全に平等な市民という理念は、ルソー型の民主主義の本質的な一面である。ルソーが市民たちのあいだのコミュニケーションを阻止しようとしたのと同じ理由から、熟議民主主義者たちは、市民たちを不正に支配するような思想的指導者が登場する可能性に対する矯正手段として、平等性の要求を付加することを欲するのである[45]。おそらくルソーは、各々の市民は平等に「権力行使の権限を付与することを目的とした議論に参加する能力をもった存在として承認される[46]」という点について、コーエンには賛成しないことだろう。だからこそ、熟議はただ既存の社会的階層を永続させるだけであるというルソーの信念を鑑みるならば、ルソーが熟議民主主義を導いている光の一人であるというのはいくらか矛盾したことなのである。ルソーにとっては、思想的指導者が出現し、公共的な意見を支配してしまうことを防ぐ唯一の手段は、すべての市民が議論の前にコミュニケーションをとることを妨げることなのである。生来的により雄弁であり、より頑強で自説を曲げることのない人々が一定数存在する一方で、より多弁で知的な同胞によろこんでしたがう人々が存在しうることの不可避性を、彼は認めることだろう。

熟議民主主義は、ルソーと同じように、社会的階層の存在や、民主主義の社会が伝統的にリーダーシップや政治家の能力であると考えてきたものにさえ懸念を抱いており、市民のあいだの文化は、一般意志の出現を妨げることになると考えている。ルソー的な民主主義のように、熟議民主主義は、部分的な社会は自分自身の利害関心を優先し、社会のうちに亀裂を生じさせると信じているのである。このような見方によれば、そうした分断は、利害の多元性から生じるものではなく、何らかの形式の一般意志のうえでの和解を可能にするものとして適切に理解された民主主義に敵対的なものなのである。結局のところ、これこそが、熟議民主主義における民主主義についての理解を、アメリカ合衆国憲法の起草者たちの共和主義的な視座から区別するものである。ジェームズ・マグレガー・バーンズは熟議民主主義者ではないが、まさにそれが、数多くの競合する利害を和解させるのではなく、ただ均衡をとることを目的としているがゆえに、アメリカの連邦システムに対して苛立ちを感じていたのだ(47)。

熟議民主主義はどれほど民主主義的なのか

熟議民主主義における手続きへの依拠は、それが熟議において回避しようとしているような強制の類型と、しばしば等しいものとなる。特殊な考慮から生じた思想や考えを表現することを差し控えるように市民に要求することは、それが求めていると外面的には称しているはずの、「率直で自由な考えの交流」を促進するものではない[48]。その道徳的立場が自身の特別な環境に由来している市民が、「政治的利益」を目的に行為しているのだと語ることは、公正なことなのだろうか。共通善のために「私的に抱いている道徳原理ならば何であれ」抑圧せんと試みる市民などというものが、存在可能であり、また望ましいものであるかは明確ではない[49]。というのも個人的な道徳的信念は、そうではない信念と同じ程度には、共通善に資するものかもしれないからだ。それを抽象的に規定することなど不可能である。市民たちがそのように行為する、あるいはより重大なことに、考えるように要求することは、熟議民主主義が疑う余地なく避けたいと欲するような思想警察の類型へと、危険なほど傾いていくのである。

熟議民主主義に内在する緊張の主たる源泉であり、また民主至上主義との類縁性の淵源にもなっているのは、人間の心理、そして人間を究極的に動機づけるものについての想定である。市民たちの議論の本性を変容させるための規則を規定することは、それ自体としては、望ましい変容を生み出しはしない。市民の側において、内面的にも外面的にも、規制をする権力が行使されなければならないのてある。参加民主主義を熟議民主主義と緊密に結びつけるベンジャミン・バーバーは、一人間は〈可塑的な〉存在であって、その自己変容の能力は、自らの同胞との熟議と相互作用に由来するのである。［バーバーの］主張によれば、民主主義的な参加は、〈共同体〉と〈参加する構成員〉の双方を変化させるのである[50]」。この著者によれば、ある種の「参加民主主義」を規範的なものと見なす人々において、バーバーのような解釈は、「典型的でないわけではない[51]」。熟議民主主義のうちには、専門家が議論とその結果を主導することが含意されている。市民は「お互いを道徳的行為主体として真摯に受け止める方法を学ぶことができる」というガットマンとトンプソンの主張には、市民は自分たちだけでは熟議という任務を担うのに十分ではないことが含意されている。熟議民主主義は、強制される必要があるのだろう[52]。この点において熟議民主主義は、「人民の」意思を制度化するエリートに依拠した他の民主至上主義の枠組みの方向へと舵を切っているように思われる。民主至上主義者の道具立てとして要求されるのは、規範化されるべき実践の類型を事細かに規定した手の込んだ哲学的専門書であり、それは、これらの思想がどれほど一般の人々の心と異なっているかを示唆するものでもある——その人民は、この思想の受益者であると想定されている。一般的に熟議民主主義は、政治哲学者ないし知識人が、新たな「民主主義の」システムを創造するうえで主たる役割を担っているという事実について大っぴらには語らない。

スイスにおける熟議についての管理下比較研究において、ベヒティガーらが発見したのは、「慎重にバランスのとれた判断材料」を提供された市民は、論争的な問題について投票する前に、自分の精神を変容させるということである[53]。著者たちが結論づけたところによると、「熟議を通じた選好の変容は、先行研究が発見したよりも複雑な仕方で生じるということである」。実際に、そういった変容は「情報提供の結果や内的反省の帰結として、議論以前にも生じたのである」。著者たちが言うには、このことは、「意見の変化にとって、議論という構成要素は、議論に先立つ参加者の脳内における情報提供の段階や内的反省の過程に比べて、重要ではない(54)」という主張を支持するものである。この報告は、参加者に与えられた情報について詳しく明らかにしてはいないのだが、しかし情報のもつ効果は、この研究の著者がより「短絡的ではなく、バランスの取れた」と考えている政策の方向へと参加者を向かわせていたのである。「熟議する市民たちがしばしばきわめて劇的に自らの意見を、より共通善を目指した政策の方向へと変化させる」のを発見したことで、著者たちは、熟議民主主義が「市民たちを短絡的でポピュリズム的な発案《イニシアティブ》に関わる危険に対して自覚的にするという点で、それがポピュリズムに対する治療である」と証明されたと楽観的になっている(55)。興味深いことに、参加者の精神を変容させたのは、熟議でも合理的な交流でもなく、著者たち自身が語っているように、提供された情報であった。

著者たちは、「短絡的でポピュリズム的な発案《イニシアティブ》」の反対物である自分たちの立場が正しいものであると暗に示しているが、あまりに自明なものとしてそうしているので、どちらの立場の内容についても、特定すらしていない。しかし、正しさは熟議民主主義論者のうちにあるというのはどういうことなのだろう。対立する観点であっても、民主主義的な正当性に対する平等な要求をもつことはできないのだろうか。いずれかの正当性を何が決定しているのだろうか。何が正当であるかをめぐる決定にあって、熟議民主主義の枠組みにおいてそれは、熟議民主主義をその法廷における裁判官としてもつということでしかない。もうひとつの例として、ポール・カークたちは、次のように熱心に主張している。すなわち、欧州連合からの離脱をめぐるイギリスにおける国民投票（「ブレグジット」）が如実に示したのは、熟議民主主義という「制度的な基盤」なき国民投票は紛れもなく有害であるという事実である、と(56)。そこに含意されているのは、熟議民主主義が提供しうる情報を与えるパンフレットやセミナーがあったなら、ブレグジットを押しとどめることができたかもしれないということである。だが、どのようにして優れた正当な人民の意志の見解が選び出されているのだろう。ベヒティガーたちの研究が示しているのは、対話が精神を変容させるのに無用であるということのみならず、実際には、ひとつの方向性をもった判断材料の単純な提示よりも効果的ですらないということである。しかしながら、それは交流ではなく、熟議民主主義が打倒せんと望んでいると主張するところの不平等な権力の力学を暴露するものでしかない。あるいは熟議民主主義とは、ただある支配エリートを別のエリートに交換することを欲しているだけなのではないだろうか。熟議民主主義は、理論上、平等な人々のあいだの自由な思想の交流のための枠組みを提供するものであるが、しかしながらそれでもなお、ある種の階層秩序を黙認しており、そこでは、より情報と知識をもった専門家が、特定の結果に向けて市民たちの選好を導かねばならないのである。

「認識的エリート主義」

熟議民主主義者にとって、政治とは倫理的、歴史的な課題ではなく、制度的、手続き的な問題なのである。それは専門知識、市民の「教育」、そして社会制度や規範の再構築によって解決されるべきものなのである。手続き的な政治によって平等な人々のあいだでの理性の使用が可能となる一方で、そのような手続き的な政治を可能とするには、専門家による理性の働きが要求される。知識人が最初に手続きのための尺度を規定するのだが、それ自身のうちに規範的な枠組みまでもが包含されており、おそらく「短絡的でポピュリズム的な発案《イニシアティブ》」はそこから除外されている。もしすべての人格が、論証について慎重に考慮を重ねたり、あるいは論証を進めたりする能力によって平等であるとすれば、「適切な」議論に対する熟議民主主義的な指標を正当化するものはいったい何なのだろうか。これこそが、ガットマンやトンプソンが認知していながら、解決できていない矛盾である。熟議民主主義が理論化している線に沿って市民たちが熟議することは「純粋に自然な過程ではない」と、彼らはしばしば認めている。それを促進するには、「おそらく非常に複雑なものとなる」人工的な社会的構築物が必要になるのだ(57)。しかしながら、どのようにすれば、市民は参加させられるようになるのだろうか。彼らにはできない、とガットマンとトンプソンは答える。こうして、この新しい枠組みを正しく評価することを教える「市民教育」が、熟議民主主義のプロジェクト全体の構成要素とならざるを得ないのである。このように熟議民主主義は、人民が進んで新しいシステムを採用するやり方を見つける必要があるという民主至上主義の矛盾の好例となっている。そしてまたしても（特殊な仕方で理解された）教育が鍵となる。民主至上主義と熟議民主主義が同様に想定するように、新しい計画が自分たちの利益になるものだとわかりさえすれば、人民はよろんでそれを採用するはずなのである。

このことは、熟議民主主義の祖でもあるジョン・ステュアート・ミルに対して浴びせられた「認識的エリート主義」との非難を示唆するように思われる。ガットマンとトンプソンは、熟議民主主義に対する「ジョン・ステュアート・ミルの影響についてはっきりと口にしており」、また彼が「熟議民主主義の源泉の一人として正しく考慮される」点についても疑っていない(58)。しかしシモーヌ・チェンバースが指摘しているように、ミルが議論を促進するような制度的調整は認めつつも、それが実際に立法にまで影響を与えることは認めていないという事実が示唆するのは、彼の哲学のこうした側面は、少なくとも「熟議民主主義の理念とは異なるところがある」ということである。しかしながら熟議民主主義は、熟議が適切に実行され、ミルの言葉を借りるならば、無知に対して「知識と同等の政治的権力が許される」ことがないように保証してくれる知識人や専門家の力に依拠しようとするとき、無自覚のうちにミルの思想の方向性へと向かっているように思われる(59)。ガットマンとトンプソンが、市民は「お互いを道徳的主体として真摯に受け止める方法を学ぶことができる」と述べるとき、彼らは、自分たちが、私たち市民を教育しうるということを意味しているようにみえる(60)。「熟議の技術を教える階級」が必要であると彼らは述べるのだ(61)。また同じように、ベヒティガーたちが、市民の精神を変容させるに際しての「慎重にバランスのとれた情報」の役割について強調するとき、そこに含意されているのは、ベヒティガーのような熟議民主主義者たちが、何が「バランスがとれた」ものであり、何が「短絡的」で「ポピュリスト的」であるかを決定するということである[62]。

あらかじめ決められた結論に導く道徳幾何学

哲学者のマイケル・サワードは、ロールズの熟議民主主義論には、実際上の熟議やロールズ自身のそれとは異なった結論のための余地が存在していないと論じている。公共的理性を通してロールズが提供する合理的な枠組みは、原初状態を反映したものであり、理論的な「対話」の結果を前もって定めている。公共的理性と原初状態は、必然的にロールズ自身の正義の構想につながっているとサワードは述べる[63]。「公共的理性」を行使する市民も原初状態にある市民もともに、ただ「行為の経過についての特定の種類の論証だけが適切かつ受け入れ可能であるような」理論的枠組みによって制約されている[64]。しかしながらサワードが指摘するように、ロールズの熟議民主主義の構想においては、内面的な「対話」ですら、必ずしも必要なものではない。原初状態を反映した理想的な対話の条項を所与とすれば、ロールズの正義の構想――「公正としての正義」――だけが必然的な結論となるのだ。『政治的リベラリズム』においても、ロールズは、「公共的理性による探求のガイドラインやその正当性の原理は、実質的な正義の原理と同様の基盤をもつ」と記している。「公正としての正義において、このことが意味するのは、原初状態のうちにある諸党派は、正義の原理を基本的構造として適用するに際して、それらの規範を適用するために公共的理性というガイドラインと尺度を採用しなければならないということである[65]」。原初状態が公共的理性の限界を定めているのだ。サワードが述べるように、「〈理に適った包括的な教説のあいだの重なり合う合意〉とは、それ自体が〈公正としての正義〉の構想なのである[66]」。ロールズの主張によれば、公共的理性の条件の下で「数多くの自由主義」が可能であるが、それを限界づけている尺度を考慮すれば、「自由主義」のあいだにある相違は取るに足らないものに違いない。ロールズが提供しているのは初めから、それを基に市民が仮説的に選択をすることが許された、ただひとつの「よく似た一群の理に適った政治的構想」なのである。『正義論』においては、原初状態における人格は、ロールズによって列挙された「伝統的な正義の構想」を選択するように条件づけられている。「公共的理性の理念：再訪」においてロールズは、合理性への訴えかけによって他の市民も受容しうる根拠をもった理性を市民たちは働かせねばならないという、互恵性の尺度によって議論を制約している[67]。しかしながら、理解し難いことだが、自由で平等で合理的な存在としての人格についての近代的で啓蒙的なロールズの理解そのものが、人間本性や認識論や政治社会についての包括的教説を構成しているのである。たとえば、これらの概念についてのロールズの解釈を、いずれも自由や平等の本質についてまったく異なった理解を有しており、人間は第一に抽象的な理性とは異なった何かによって動機づけられていると信じているイスラム教や正統派のキリスト教と対照してみればよい。これらの概念についてのロールズによる啓蒙以後の理解が、客観的に真実かつ究極的なものであるというのは、いったいどういうことなのだろうか。

ロールズによる表向きは客観的な正義の構想は、政治的には完成態の様相を帯びている。「公共的理性の理念」において彼は、公共的理性から必然的に生じてくる「三つの主たる特質」について述べている。

第一に、一定の基本権や自由や機会の一覧（立憲的体制によってよく知られているものたち）。

第二に、とりわけ一般的善や完成主義的な価値の主張への尊敬を伴った、これらの権利や自由や機会に対する格別の特権の付与。そして、

第三に、すべての市民に、自らの自由を効果的に用いるための汎用性のある適切な手段を保証する基準(68)。

そこから浮かび上がってくるのは、西洋世界における近代的な自由民主主義国家である。とりわけロールズの正義の構想は、現代の福祉国家に傾倒している(69)。『正義論』において彼は、「近代国家における社会正義」には、競争的市場、完全雇用、財産や富の再分配、万人の教育などに対する政府による保証が含まれるという想定をより明示的に語っている(70)。政治的正義を識別することは「道徳幾何学」の問題であるとロールズが信じていることを考慮すれば、幾何学的証明と同じように、唯一の正しい結果以外は存在しないということに疑いの余地はない。潜在的に異なった多くの正義の構想が存在するとロールズは述べているものの、実際上において、それらのあいだには実質的な相違はほとんど存在しえないのだ。「公共的理性の内容は、ただひとつのものではないにしても、正義についてのよく似た一群の政治的構想によって与えられるのである。数多くの自由主義やそれに関連するものの見方があり、それゆえにまた、よく似た一群の理に適った政治的構想によって特定される公共的理性

の形態もまた数多く存在するのである(71)」と彼は断言している。しかしながら、一般的にロールズや熟議民主主義の方法論が、意見の多様性や世界観の相違を許容することはほとんどない。一般的に熟議民主主義が、正義を、先進的な西洋の国家における民主主義的な規範と同一視しているということが示唆するのは、「熟議」というものが、「重なり合う合意」となりうるものを真摯に発見しようとするものではなく、むしろ民主主義的な正当化の仮面に過ぎないということである。

ロールズのそれではなく、ハーバーマスによる熟議民主主義の別の型を踏襲する人々は、現実上の議論や歴史的環境の重要性こそ強調しはするものの、帰結はほとんど同じである。ハーバーマスにとっては、発話とコミュニケーションを特徴づけているギブ・アンド・テイクこそが自由と平等の自然性を示すものであり、それは平等主義や制約の不在として理解されてもいる。人間本性は討議的であり、そこには非歴史的な自由や平等が含意されるというハーバーマスの第一原理は、ロールズの合理主義と同一の認識論的パラダイムから引き出されたものである。よく吟味してみれば、ロールズとハーバーマスが表明している熟議民主主義は、合理的な対話によってアプリオリな一般意志のような何かが明らかになるということを前提としている。「情念への訴えや非形式的な論証、レトリックを駆使した演説、個人的な告白などのようなものも、熟議の過程においては重要な構成要素である」とまで説明しながらも、熟議民主主義の手続き主義は、一般の市民の信念や選好とは必ずしも一致しないような規範的な方向づけを露呈している。その「手続き主義的な」方法論は、社会工学への潜在的な傾向を明らかにしているのである。市民たちは、適切なかたちで対話することによって、すでに正しいものであると決定されている何かを識別することを期待されているのであり、しかもそれは、その導きとして用いられる規則や手続きそれ自体のうちに明白にあらわれているものなのである。ハーバーマスは、このような主張を確証してくれる。彼が言うには、「規範的内容は、コミュニケーション的行為の構造それ自体から生じてくるのである(72)」。ベンハビブのようなハーバーマスの弟子たちが「手続き主義には形式主義や非歴史主義は含まれない」と主張しているにもかかわらず、コミュニケーションの形式的構造が何らかの結果を生じさせるという想定には、形式主義や非歴史主義が含意されているのである(73)。

とりわけハーバーマスが形而上学的主張を避けんと欲しているにもかかわらず、人間が対話によって一般意志を識別できるという想定からは、彼のような熟議民主主義の類型においてさえも、その中心に形而上学が存在するということが浮き彫りになっている。熟議民主主義の主たる規範的想定のひとつは、何らかの一般意志のようなものが存在しており、それが合理的に定式化され、また法的に制定されうるということである。このように言うことで共通善が存在しないと語りたいのではない。そうではなく私が述べたいのは、本質的に競合する利害のあいだの便宜や偶然性や妥協を基礎とする共通善を識別したり、立法したりすることは、民主主義的な統治形態として正当ではないという過激な主張にまで熟議民主主義は歩を進めているということである。熟議民主主義は、このような主張を、熟議民主主義者が設定するガイドラインによって注意深く制御されるのであれば、熟議は、共通の合意や、少なくとも対立する参加者の側における是認につながるという経験的に疑わしい発想に基礎づけている。そしてまた、共通の合意は正しいものでもあると想定してもいる。歴史上の記録は、そのようなことは一度も起こったことがないとして、こうした仮説を反証することだろう。タウン・ミーティングですら、暴動のような事件になりうるのである。

具体のうちにおける熟議民主主義

『オックスフォード・ハンドブック 熟議民主主義』の編者たちは、自らの手による序文において、次のように語っている。しばしばポピュリストや権威主義者たちこそが政治的熟議の欠如の原因であると彼らは考えているが、熟議が抑圧されていないときでさえも、「相手の側に耳を傾けたり、彼らが何を語っているのかを反省することへの無能力の兆候となるようなさまざまな次元での政治的極化を私たちはあまりにも頻繁に目にする(74)」と。このような洞察にもかかわらず、その焦点は、わずかな例外を除いて、編者が主張する理想に当てられている。寄稿者のうち二名が熟議民主主義の理論と実践のあいだの「分裂」について懸念してはいるものの、「実践に対する理論の重要性を否定することは、まさにこの課題に対する間違った反応である」と結論している(75)。ほとんどの熟議民主主義論者にとって、現実的なものと理想的なものとのあいだの分離が示唆するのは、期待を再調整する必要性などではなく、より確固たる理論を発見し、適切な熟議が生じうる条件を設計するような政策を推し進めていくことなのである。

熟議民主主義は、市民が自分たちで政治を導くべき規範を発見するという意味において民主主義的であると主張するのだが、特定の類型の理性の働きに対する偏愛と、理性の働きが進むべき方向性によって、それが民主主義的であるという主張そのものが疑わしいものとなっている。地域的で部分的な考慮が意思決定を導くことを許容することを、熟議民主主義は、「ただ「市民の」自らの利害を優先する」ような「自己利益的な取引」として描く[76]。しかしながら、（情念や感情への訴えや物語りなどを含む）何らかの抽象的な理性の働きによって識別される「重なり合う合意」という熟議民主主義の観念は、もしあらゆる特殊な事物から抽象された「一般的な」善を思い描くことが認識的に不可能であり、人間の心理がそういうものであるとすれば、そのような合意にはつながりえないものなのである。市民が、ともすれば偏った関心に動機づけられているとしても、それでもなお「すべての参加者の異なる必要《ニーズ》や利害や価値がいかにして不偏不党のやり方で調停されるべきかを共同で決定する」ために協力することができるというハーバーマスの考え方も、そこには含まれる[77]。どのような類型の正義が「不偏不党」であると決定することができるのだろうか。あるいはまた、何らかの特殊な事柄について、異なる観点はいかにして正義をめぐるひとつの「一般的な」立場へと最終的に調停されうるのだろうか。そのようなことを思い描くのは、現実上の市民の議論よりも、抽象のうちにおいて、いっそう容易であるように思われる。

特殊な文脈において合意に至ることの困難に対して敏感であり、また妥協や交渉、「さらには取引」による伝統的な民主主義の実践に開かれている熟議民主主義者も、たしかに存在してはいる。にもかかわらずこれらは、ある著者が指摘しているように、民主主義に「敵対的な伝統」の実践であり、熟議民主主義者のあいだで「論争を引き起こす」ものなのである[78]。モニーク・デヴォーが強調するところでは、文化やアイデンティティを根拠とする不一致は、それが統合ではなく多元主義を意味するとしても、対話やある種の偶発的な妥協を妨げるべきものではないと考える熟議民主主義者も存在するのである。時には妥協も、深刻な分断が市民を分裂させているときに望みうる最善のものである。しかしながら、妥協や多元主義の必要性を進んで考慮するような熟議民主主義者たちがそうするのは、深刻な政治的分断が根本的な世界観や第一原理の相違ゆえに存在しうるという信念によるというよりは、むしろ「土着の人々や人種的ないし文化的な少数者集団《マイノリティ》の正義への要求」に対する感受性のためなのである(79)。そのうえ、熟議の「必要条件」ついてよろこんで理論上の調整を行う熟議民主主義がそうするのは、「文化的に少数派の市民が」、「公共的理性や不偏不党性と一貫している規範的主張をするために、自らのアイデンティティに関連する利害を括弧にいれる」――こうした理論家であっても、それが何か問題をはらんだ不正なものであることは認めるだろう――必要のないように保証するためなのである。だがおそらく熟議民主主義は、支配的な文化集団のあいだで合理的に表出される「重なり合う合意」を過大評価している。ロールズやハーバーマスのような類の抽象的な理性の使用に従事すべく、誰に対しても特殊な利害を括弧にいれることを要求することは、たしかに問題があり、また不正でもあるだろう。一方において、周縁化された声が多くの点で不利益を被っており、公的領域からしばしば排除されていることは、たしかに議論の余地のあることではある。しかし熟議民主主義は、どんなアイデンティティであっても、すべての視座は「多様かつ状況づけられて」おり、これらは本質的に規範的なものをめぐる誰かの構想に影響を与えるという認識論上の可能性について考慮していないように思われるのである(80)。ここで言わんとしていることは、合意が不可能であるということでも、すべての観点が根源的に個人主義的で対立しているということでもない。そうではなく、熟議民主主義の方法が不完全な認識論に依拠しているということであり、このことは対話における「多文化主義」的な声に率先して余地を与えようとするときに可能性として暗に示されている。それはまた、伝統とは、もしそれが特殊な人民の蓄積された選好や経験を反映したものであるなら、ほんものの民主主義にとって必ずしも対立的なものではないということをも示唆しうるのである。

もし特殊な共同体（ないし国民や地球全体）の一般意志を基盤とする熟議民主主義による民主主義の新しい型が、現実においてではなく、理論的にのみ可能であるとするならば、熟議民主主義における「手続き上の制約」は、実際上において何を成し遂げうるのであろうか[81]。皮肉屋であれば、このような制約は統制の手段であり、また特定の結果を強制する方法なのだと仄《ほの》めかすことだろう。「正当な」議論の判定者は熟議民主主義の理論家であって、彼らは自由や平等を創造するよりもむしろ、社会工学のプロジェクトに乗り出すことであろう。二人の著者は、不注意にも、ロールズの民主主義論における統制の重要性を暴露してしまっている。ロールズにおける宗教的色彩を帯びた理性使用の但し書きについての書評において、これらの著者たちは次のように述べている。すなわち、かつての自らの立場をあらためようとするに際して、「ロールズは、公共的理性の規範的な要求からの逸脱は、〈正しい政治的理性が適切な道筋で〉与えられているときのみ「正当化されることを許している」」と[82]。これらの好意的な著者たちが「逸脱」として特徴づけているものをロールズも「許している」という言葉が示唆しているのは、熟議民主主義が、その名前が示すものよりも民主主義的ではないかもしれないということであり、また理論家による手の込んだ抽象的な視座と不可分の教条主義の別の形態でもありうるということである。熟議民主主義は、一見したところ、最高度に民主主義的であるように見える。しかし、その規範的想定に含意されているのは、それが打倒しようと欲しているところのエリート主義そのものなのかもしれない。

一般意志という理想と正しい条件づけがあれば、それが出現するという希望に満ちた展望に焦点を絞ることで、熟議民主主義は、「理に適っていること」や「互恵性」という熟議民主主義の尺度に順応しない理由を提供する声を、黙らせるか、あるいは無視する実践上の必要性があることを隠蔽している。それが暗黙裡に含意しているのは、「公的議論における制約」がもたらす利益は、反抗的な市民の自由を制約するという代償に値するということである。しかし熟議民主主義は、そのような払うべき代償が存在することを明らかにはしていない。もし一般意志が出現しうるとすれば、そこで実現されることになる善は、そのプログラムにおけるいかなる見かけ上の不都合よりも、優れているのである。熟議民主主義の主張するところでは、権力は「原則的に全体としての市民の下にある」のだが、この信念とセットになっているのは、専門家が人民から正しい一般意志を思いどおりに導き出さねばならないという想定なのだ(83)。

理性と不偏の論理を用いているかのようなうわべを装うことで、ロールズのような思想家たちは、自由で平等で合理的な存在としての私たちに共通の人間本性に、彼自身が精巧に築き上げた「手続き的正義」の類型が自然と含意されているかのように議論をする。しかしながらこれらの概念をめぐる彼ないし熟議民主主義的な理解の背後には、人間本性と政治についての哲学が、全体として存在しているのである。それはつねに明確に説明されているわけではないが、熟議民主主義の核心には、理性とは真理の客観的な吟味であり、それを適切に使用すれば、正義や共通善について議論の余地のない啓示を導き出せるという認識論上の信念がある。「自由」で「平等」なものとしての人格という理想化された構想が熟議民主主義の規定の基盤を形づくっているわけだが、しかしながら他の構想であっても実際には可能なのである(84)。たとえば、プラトンやアリストテレス、アクィナスや古典的ないしキリスト教的な伝統といった自由や平等や合理性についての啓蒙以前の理解によれば、人格とは自律した個人などではなく、善きにつけ悪しきにつけ、階層や指導者の存在は自明のものなのである。こうしたかつての伝統によれば、人間を動機づけ、また動かしている欲望や想像力のような他の力よりも、理性はしばしば弱いものなのである。ローマ人への手紙において「私には自分自身の行為がわからない」と聖パウロは語っている。「私は正しいことを意志することはできるが、それを為すことができない。というのも、私は自らの欲する善きことを為さず、欲しない悪こそが私の為していることだからである(85)」。プラトンは、多くの点において熟議民主主義と両立しうる、ある種の哲学的な合理主義への傾向をもっていながら、それでもなお肉体的欲望に直面したときの理性の弱さや想像力の力に対して敏感であった。『国家』においては、神話と想像的内容の慎重な制御こそが、ポリスに正義を生じさせるためのプラトン自身による制度的、手続き的な設計の中心を占めているのだ(86)。

ロールズにとって「手続き的正義」は、政治的な正義や、「際限のない環境の変化」を考慮する困難を簡略化するものである(87)。彼が実際に述べるところでは、「特殊な人格の相対的な立場」は、正義の要求を満たすうえで重要ではないのである。「判定されるべきは基本的構造の配置であって、しかもそれは一般的な観点から判定されるのである。私たちが、何らかの特殊な立場にある当該の代表者の視点から、それを批判しようとしないかぎり、それに対して私たちはどんな不平不満ももたないのである[88]」。まさにこれこそが、本章が光を当ててきた主たる緊張のひとつ、すなわち、特殊な立場ではなく、「一般的な」立場から基本構造を判定するということが、現実上の多元的な社会においては深刻な問題をはらんでしまうという事実である。関係する党派によってロールズの基本的構造が正しいものと規定されてしまえば、彼が考慮に入れていると思われる「当該の代表者」の存在は、ほとんど重要性をもたないのだろうか。システムによって影響を受ける現実上の人民は、彼らの制限された特殊な観点にもかかわらずではなく、むしろそうした観点ゆえに、より大きな重要性をもつべきであるように思われる。こうした人々こそが、変化や新しいシステムによってその生活に影響を受けることになるのだ。たとえ彼らがあれやこれやの政策を欲している理由が、「客観的な理性の働き」とは異なる何かに動機づけられているとしても、彼らには何か語るべきことが確実にあるはずである。

　ロールズにおける社会の「正しい基本的構造」や熟議民主主義における手続きや制限は、彼が語っているように、ゲームのルールに似たものである。すべてのプレイヤーは、ルールにしたがい、その結果を受け入れることを期待されている。正義が関係するのは全体であり、個々の結果ではない。基本的正義についての「直観的理念」を構成するものをめぐるロールズの理解をより厳密に眺めてみると、彼が左翼における近代の進歩主義者たちと密接に結びついていることが明らかになる。圧政的な政府が富を再分配し、自由な教育を提供し、「理に適った社会的最低限度《ソーシャル・ミニマム》」を保証することを、ロールズは期待している。しかしながら、これらの概念はすべて曖昧な抽象であって、具体的な解釈や適用を必要としている。ポーカー遊びのルールとは異なって、私有化に対するリバタリアン的な信念から国有化に対する社会主義的な信念まで、「基本的正義」を構成するものをめぐる信念には大きな幅が存在するのである。しかしながらロールズは、誰しもの胸に現代における福祉国家こそが刻まれていると示唆しているのだ。

ロールズが個々の人格としての立場から自らの理論を評価することを避けるよう要求していることは、私たちを戸惑わせるものである。彼や熟議民主主義が抽象的な理念に依拠しているがゆえに、私たちは、現実の人間による実践や関心という立場からではなく、純粋に理論的で、さらには望ましい思考の立場から、その理論を判定するように促がされている。高尚な理想や抽象は、容易に自明なものとして目に映りうるし、「基本的正義」の特徴もまた、現実生活に具体化されるまでは自明のものに見える。そうした特殊な事柄というのは、「日常生活における煩瑣《はんさ》な問題」であり、ロールズの考えでは、私たちはそれを「重要でないものとして放棄する」べきなのである(89)。しかしながら、いわゆる民主主義的な熟議についてすこしでも管理下比較研究をしてみることで証明されるのは、熟議民主主義の架空的な本性である(90)。トンプソンが認めているように、「熟議民主主義が発展する条件というのは、非常に稀であり、しかも実現するのが難しいかもしれないのだ(91)」。陪審についてのある研究は、陪審員の社会的、経済的な地位や教育水準が、議論や参加の程度にかなりの影響を及ぼすことを明らかにしている(92)。より高学歴かつ高収入で、地位の高い仕事についている陪審員のほうが、多く発言し、またより信頼に値することがわかっている。またある研究によって明らかになったのは、性別や人種も参加と影響の水準に作用しているということである。このような経験的知見が多くの熟議民主主義論者に示唆するのは、「不利な人々に対してより公平な活動の領域を提供する」制度化された手続きの必要性であり、さらに条件を平等化するために公職に就く人々が特別な手段を講ずることが、そのような発見によって正当化されるということである(93)。しかし、繰り返しになるが、そのシステムを誰が担うことになるのだろうか。はっきりとしているのは、人民が古い不平等な現状の維持に固執する人々であると考えられているかぎり、それは人民ではないということである。

熟議民主主義における想像への定位

熟議民主主義における正義や民主主義に対する抽象的かつ手続き的な理解は、彼ら自身を官僚制による管理に向かわせるものであり、そこでは個々の人格や共同体の特殊性や経験は重要でないばかりか、システムの障害にすらなるのである。専門家によって統制され、また監視されるものとして、熟議民主主義は、他の民主至上主義がそうであるのと同じ意味において、「民主主義的」である。見かけ上の合理主義と客観性の背後に隠れながらそれを方向づけているのは、包括的で想像的な視座なのである。漠然とした複雑な理性の働きに囚われることで、熟議民主主義は政治の可能性を根本から再想像している。それが私たちに求めるのは、経験的な現実や既知の原因と結果に対する自らの意識を捨て去ることである。そうして論理を使用することは、すでに想像上の次元で生じていた何かを確証することである。ロールズの「無知のヴェール」は当初、そうした想像力に依拠していた。しかし、彼が私たちに命ずるところの抽象的な合理的思考の類型に、そもそも人間は認識論的に向いているのか、ロールズは具体的に例証しようとはしていない。何が規範的であるかについての信念から自らのアイデンティティや経験を切り離すことが私たちにできるかどうかというのは、ロールズや他の熟議民主主義者たちにとって、深く立ち入るべき問いではないのである。それが私たちにとって可能であるだけでなく、道徳的になすべきことでもあるということは、彼らにとっては自明なのだ。しかしながらまずもって人間の心理は、熟議民主主義が信じているような意味において合理的ではないということもありうるのである。歴史的経験の証拠を考慮するならば、問われる必要があるのは、結局のところ平均的な市民は、よりよい論証か、あるいはその他の力や衝動か、そのどちらによって動かされるのかということである。考慮されるべきは、熟議民主主義が「善い」ものと考えているような類型の論証が、本当に規範的なものであり、熟議民主主義が自明と見なしているほど認識上の支配力をもつのかということである。歴史が示しているのは、理性は不偏不党の能力などではなく、時として競合する他の動機や本能と密接に結びついているということである。

自らの論理を支えるため、これほどまでに熟議民主主義が非現実的な視座――「理想」――に依存しているという事実は、その他の想像的な能力が、私たちの信念や究極的な世界観を支配しているということを示唆するものである。それでは、これまで一度も起こったことがないような新しい政治の実践様式を思い描くことは、理に適っているのだろうか。想像や知覚や感情的な切望などが、意見形成や、さらに重要なことには、行為に影響を与えるのだとすれば、どの程度まで市民は「合理的」で「理に適った」ものに応じて行動するのだろうか。そして、どの程度まで市民は、熟議民主主義による熟議の規則に同意し、したがうのだろうか。もし一般的に言って、市民たちが熟議民主主義による規制にしたがうことが期待できないのであれば、そのときには少数の「ほんものの」民主主義者だけが統治すべきなのだろうか。パトリック・デニーンが述べているように、熟議民主主義の枠組みから逸脱した人々は、「民主主義の成熟した構成員であるとみなされる権利を剥奪されるのだろうか(94)」。熟議民主主義は、正義を生じさせる手続きに大きな信頼を寄せており、一般意志を法へと翻訳することには、「抗争の統制と集団的目標の追求(95)」のための調整という技術的な課題が含まれていると信じている。熟議民主主義にしたがえば、政治とは大部分において、合理的な規則による市民の再教育の問題なのである。熟議民主主義者は適切な理由の交換によって一般意志が導かれるだろうと想定してはいるものの、ルソーの『社会契約論』におけるように、一般意志が実際に顕現し、また具体的な表現を見出していく方途は神秘のうちに覆い隠されている。他の民主至上主義の理論と同じように、熟議民主主義が第一に私たちに要求するのは、信じることである。トンプソンも同じようなことを認めていた。「これまでの経験的な研究調査による一般的結論は、(中略)散漫で決定的なものではない」。あるにもかかわらず、「熟議民主主義が正当化されるような保証は存在しないかもしれない(96)」。その熟議民主主義が可能となりうる条件を規定しようという試みは、熟議理論にとっては挑戦する価値が分野においての関連する経験的知見と大幅に矛盾するような政治理論が、どうしてそれほどまでに学術界やより広範な文化において魅力をもっているのか、不思議に思われるかもしれない。その理由はおそらく、それが非合理的な想像力の次元における信念を強制するものだからであり、本章の主張では、それこそが巨大な認識上の力を握っているのである。

熟議理論が理想によって方向づけられている程度が示唆しているのは、それを形成する想像力の類型が、ロマン主義に傾いているということである。歴史的なものや経験的なものよりも理念的なものを発見的手法として好むということは、民主至上主義の中心的な特質であり、その信念に力を与えているものである。ルソーもまた、自らの民主主義の構想は抽象のうちにのみ存在すると考えていた。彼の記すところによると、「その語の厳密な意味においては、ほんものの民主主義は存在したことはなかったし、これからも存在することはないのである（中略）。くわえて、この統治においては、どれだけ多くの統合し難いものが前提とされていることだろうか[97]」。民主至上主義がイデオロギーとなっているのは、部分的にはそれが、自由や平等に関するおめでたい理想像について何ら制約を付け加えないような抽象的なものや理念的なものを好むからである。何が規範的に可能であるかを規定するために、それは歴史的可能性や人間の心理や行動に焦点を当てることはないのである。「自らの理論を反証するような知見に直面したとしても、ハーバーマスは臆することがない」と、トンプソンは語っている。「彼は、〈矛盾するようなデータについては、真摯に探求するに値する偶然的な制約の指標として（中略）、さらには既存の正当性の欠如の特殊な原因を発見するための探知機として〉解釈するのである[98]」。熱狂的な民主至上主義者にとって、仮説を否定するような豊富な経験的なものをも含む証拠というものは、その理論の脆弱さや潜在的な誤謬を示すものではないのである。そうではなく、民主至上主義者一般、とりわけ熟議民主主義論者にとって、理論と現実のあいだの隔たりは、歴史的、政治的社会が理想へと接近していくために、まだ多くの仕事がなされねばならないことを示唆しているものなのだ。本書の知見が提示するのは、そのような政治的理想主義は危険だということである。そのような理想が、現実の人間を犠牲にしつつ、美しい抽象へと私たちの眼差《まなざ》しを向けてしまうかぎりにおいて、それは現実に対する暴力なのである。ロールズは、自らの手続き的正義を定義するに際して、個人は重要ではないということを仄めかしていた。「個人の移り変わる相対的な立場に注意を払ったり、あらゆる変化について、それが個々の分離された取引であると見なし、それらがそれ自身において正しくあるように要求することは、間違っているのである(99)」。ここにおいてロールズの自由主義は、プラトンの国家に似たものとなる。「［アデイマントスは］言った。ソクラテス、もし誰かが、あなたはこれらの人々を幸せにしているわけではないし、しかもそれは彼ら自身のせいなのだと言ってきたとすれば、あなたはどうやって自分を擁護するのですか」。ソクラテスが答えるには、「私たちが求めているのは、何らかのひとつの集団を主だって幸福にすることではなく、ポリスの全体をそうすることなのだ(100)」。もしこれが、服従しない人々に対して、抽象的な理念の名において力を用いることを正当化するに至らないのであれば、それは高貴な理想に聞こえることだろう。

今日ですら、私たちは正義の一般理論の危険性を目撃している最中である。たとえば、政治的スペクトラムの両側にいる人々が、生活水準の「全面的な上昇」ないし自由市場の「トリクルダウン」効果を約束するような抽象理論が、疎外と非人間化という結果をもたらすことに対して批判をしている(101)。似たような抽象的な仮説が、熟議民主主義を方向づけている。それが約束するのは、もし皆がただ手続きにしたがいさえすれば、私たちは皆、より善くなっていくだろうということである。しかし私たちはこういった約束をこれまでも耳にしたことがあったし、それを証明する負荷は、既存のやり方を打倒し、断絶させることを提案する人々に課されるべきだろう。その民主主義の視座に現実上の可能性があるという確固たる証拠もなければ、それが成功したり、人民が進んで参加する可能性もほとんどないのである。熟議理論は、市民たちが合理的に同意したものではないという理由で、「伝統のような発見的手法」は抑圧的な実践そのものであると主張する。ならば、熟議民主主義における「手続き的な制約」は正当な発見的手法なのか、という問いが投げかけられてもよいであろう[102]。そうであるかもしれないし、そうでないかもしれない。しかしながら、いずれにしてもそれが明らかにしているのは、熟議民主主義は、他の民主至上主義のイデオロギーと同じように、古典的な意味において民主主義的ではないということである。

正義とは、個人の犠牲を要求するものなのだろうか。ルソーは、そうであると力説している。周知のように彼は、一般意志に反するような人々は自由へと強制される必要があるし、また社会的な取り決めの侵犯者は死刑に処されてもよいとも語っている。「なぜならば、そのような敵は道徳的人格ではなく、ただの人であり、このような状況においては、戦争の権利とは、征服されたものを殺戮することなのである[103]」。熟議民主主義がここまで極端になることは想像し難いが、しかしながら、その「善い熟議」の理論に含意されているのは、規則にしたがわない人々は黙らせる必要があるということである。もし熟議理論家に、自分たちがもつべきだと空想しているような類型の権力が与えられたならば――ブレグジットの国民投票は熟議民主主義という制度的基盤なしには危険であるというポール・カークの信念を思い出そう――反抗的と見なした人々を彼らはどのように扱うのだろうか。おそらく彼らは、たとえばあらかじめ「短絡的」とか「ポピュリスト的」と見なした人民を排除するに際して、それは道徳的に正しいことだと感じることだろう。このような排除はどこまでいくのだろうか。熟議理論家が政治的権力の頂点に立つとすれば、こうした不服従の人々を、市場や財政システムや健康管理など――実際上の「国民的対話」を構成するものとして特徴づけられる社会生活のあらゆる側面

――から締め出すところまで、彼らは進んでいくのではないだろうか。もし特定の人民やその集団が、熟議民主主義論者がそうすべきだと信じているようによろこんで行動しないときには、彼らは社会から正当な仕方で排除されうるのだろうか。中国はまさに、「社会信用」システムによって、これを試みているところである。もし権力を与えられたとすれば、民主主義を「改善する」という熟議民主主義論の試みは、同じ線に沿って進んでいくのではないだろうか。

二〇二〇年の上院司法委員会の聴聞会において、フェイスブックの最高経営責任者のマーク・ザッカーバーグとツイッターのジャック・ドーシーは、ソーシャル・メディア・プラットフォームにおける対話を「管理調整する」自らの企業の権利を擁護し、その理由として民主主義の擁護を引き合いに出していた。「私たちに必要なのは、公共的な会話の健全性を増進することであり、他方で同時にまた、できるかぎり多くの人民がそこに参加できるよう保証することである」とドーシーは語った。ザッカーバーグは、「民主主義を支え、人々の安全を守り、表現の自由などの基本的価値を擁護するに際して、インターネット・プラットフォームが果たす役割」の重要性を強調した(104)。しかしながら、彼らの言う「議論の管理調整」とは、明白な思想の検閲に等しい。民主主義の名の下に検閲を正当化する彼らのこのような姿には、熟議民主主義が議論の「指標」を正当化する際に用いるのと同じ類型の論理が映し出されている。そのような思想の支持者たちが信じているのは、公共的な対話は、「極端」ないし「啓発されていない」観点が排除されるような仕方で管理調整されるべきだということである。そこで想定されているのは、「管理調整者」は合理的で啓蒙された存在であり、彼らを真理の判定者とすることが適切であるということである。それに対して一般市民は、矛盾したことに、「私たちの民主主義の健全さ」を守るために、「プラットフォームから排除される」か、あるいは公的な役割を剥奪される必要があるのかもしれない。ザッカーバーグやドーシーが熟議民主主義について学んだわけではないが、民主主義の規範について彼らが思考している地平は、熟議民主主義のそれと同じである。その地平とは、民主至上主義のイデオロギーだ。彼らに共通するのは、民主主義の理念こそ規範的であり、この理想を実現するためには非民主的な方法すらも正当でありうるというルソー的＝民主至上主義的な信条なのである。

第7章

新保守主義、あるいは戦時民主至上主義

はじめに

本章では、ブッシュ・ドクトリンやジョージ・W・ブッシュの政府によるイラクやアフガニスタン戦争への関与という視角から、軍事力を背景とした民主至上主義を吟味する。二〇〇〇年代初頭におけるアメリカの外交政策への新保守主義の影響は、多くの点において、ジェファーソンの「自由の帝国」の観念や「世界を民主主義にとって安全なものとする」ウィルソンの欲望との連続性をあらわすものでもある。しかし本書において触れられてきたのは、民主主義的な帝国主義の長い歴史の一章に過ぎない。このような外交政策が、民主至上主義の特徴のひとつとなっているのである。

過去二〇年以上にわたって、民主主義や人道的理念の名の下による武力介入は、世界における自由の危機に対する第二の自然となっている。「私たちの国における自由の生存は、ますます他の国々における自由の成功にかかっている」という信念に導かれることで、アメリカの外交政策は、実際上における国家的安全や国家的利害への脅威によって制約されることがなくなっている。領土的統一性、国家主権、勢力均衡の維持についての考慮――歴史的に二〇世紀への変わり目以前には外交政策を導いていた問い――は、「私たちの世界における僭主政に終止符を打つ」というような壮大な熱望にとっては、二番目（あるいは三番目）のものとなっている(1)。ブッシュ政権の戦争は、その大部分においてウィルソンの遺産である。ブッシュ政権において傑出した役割を担った新保守主義者は、「堅実なウィルソン主義者」という名称を獲得しているが、その言葉が、彼らがウィルソンより理想主義的ではなく、また力を行使しようとする傾向が少ないということを意味しているとしても、それでも彼らは、ウィルソンと同じ程度には「頑固で強情」である。ウィルソンの矛盾した「平和主義」は、昨日の新保守主義者にも今日の自由主義的な国際主義者にも、同じように反映されているのだ(2)。

ブッシュが、政治思想史やルソーないしレオ・シュトラウスのような思想家に精通していたと主張するような危険な冒険を敢えてする人などほとんどいないだろうし、多くの人は、彼が職務に就いたときには、新保守主義についてほとんど知らなかったと結論づけている。ブッシュが『社会契約論』や『自然権と歴史』を読んでいたという証拠も、シュトラウスの学問上の弟子たちと机をならべて哲学をしていたという証拠もない。しかしながら、これらの哲学的思想は、アメリカの社会の最上部、とりわけブッシュの時代に非常に影響力を発揮し、装いは違うとはいえ、今日においても影響を与え続けている外交政策のエスタブリッシュメントたちに浸透していった。とりわけブッシュ政権における意思決定者の数多くに対するシュトラウスの影響は、これまで十分に史料的に裏づけられてきたし、本章でも議論されていく。しかしながら、ブッシュが、心に刻まれた民主主義へ向かっていく一般意志と同じ類型の思考法に偏っていたかぎりにおいて、彼の思想と行動には、ルソーの影響もまた見出されるのである。そこにはまた、ある社会の歴史的発展が現在の国制に与えている効果を真摯に受け止めることに対する忌避の感情と、古い社会の残骸のうえに、新たな平等主義的な社会が法的に設立されうるという信念もある。ブッシュにとっては、彼自身が追求している戦略の背後にある特殊な議論や一般的な哲学について精通している必要はなかっただろうし、それは時には間違った情報ですらあったかもしれない。彼が、自分のしていることをほとんど理解しないまま、アフガニスタンやイラクに迷い込んでいったということはありうることであるし、職務に就いたとき、彼はおそらく強いイデオロギー的な傾向を何ももっていなかった。実際に彼は、アメリカに後押しされた国家建設の反対者として、二〇〇〇年の大統領選挙に出馬したのであった。しかしながら、彼が乗り出してしまった対外介入と国家建設は、アメリカの歴史において明確に並行しているのである。

ウィルソンによって完成されたものとして始まり、ジェファーソンまで遡りうるような遺産を彼が継承したことは決して偶然ではない。本書の論旨は、ある甚大な影響力のあるイデオロギーが、西洋世界における意思決定者の多くの思想に浸透しているということである。それは、政治的な出来事を理解し解釈するための背景として機能している。ブッシュは、西洋の政治思想において公言されてきた考え方、とりわけ民主主義とは、地球全体を席捲することを決定づけられた生の体系や統治として運命であり続けているという考え方に基づいて行動していたのだ。さらにブッシュは、実際に強固なイデオロギー的な傾向をもった助言者たちに囲まれていたのであり、そのことに彼は漠然としか気づいていなかったかもしれないが、そのうちには進歩的な民主主義の歴史哲学に精通した者もいたのだ。本書において検討された他の人々と同じように、ブッシュは、その起源についてほとんどか、あるいは何もわかっていない思想に基づいて行動していたのである。それでもなお、彼の言葉と活動は、民主主義についての民主至上主義的な解釈の彼の思想への影響を如実に物語るものである。これらの思想に基づいて行動していることについて、ブッシュや彼の助言者たちがどれほど自覚的であったかを語ることはできないし、本章の目的は、そのような課題に着手することではない。本章が目標とするのは、ブッシュ政権の行動を歴史的文脈に位置づけ、イランとアフガニスタンにおける戦争の背後にある主たる動機づけが、民主至上主義的なパラダイムに合致することを具体的に示すことなのである。

少なくとも二〇世紀半ばからアメリカに伝播した「善意によるグローバルな覇権」という自由主義的な国際主義者の大戦略に潜在しているイデオロギー的基礎については、多くの人が警戒するようになった。最近ではジョン・ミアシャイマーとスティーヴン・ウォルトが、この外交政策上の戦略の有害な影響に注意を向けている(3)。これらの研究者たちは、この大戦略の背後にある本質と動機について吟味し、国際関係論の言葉で自らの論証を定式化している。ミアシャイマーとウォルトは、アメリカの外交政策を駆動しているイデオロギーの役割を敏感に察知してはいるのだが、その影響についての広い視野における評価や、その影響の背景にあるイデオロギーの包括的な定義づけまでは試みていない。多くの人と同じように、彼らが関心をもっているのは、このイデオロギーの現代における実践的な含意についてであって、その哲学的起源やその徹底的な理解に対してではない。全体として本書が試みることは、多くの研究者たちが暗示的ないし明示的に前提としている民主主義というイデオロギーの包括的な本性を示すことによって、より深い国際関係論上の理解に貢献することである。とりわけ本章が具体的に明らかにしようとするのは、グローバルな覇権の追求が、民主至上主義のイデオロギーの一般的な型を、いかに踏襲しているかということである。自由主義的な国際主義の大戦略と、民主主義についての空想的で理想主義的な解釈のあいだの関係を示すことによって、本章が見出すのは、自由主義の覇権という大いなる野心を放棄できるかどうかは、ミアシャイマーが主張しているような「国際システムの未来の構造(中略)や、自由主義的な国家が外交政策を選択する際における力や自由」を、はるかに超えた何かに依存しているということである(4)。より脅威となる変数になっているのは、西洋世界がより深刻な「妄想」を克服できるかどうかであり、その妄想とは、それを反映したものである大戦略に揺さぶりをかけることを私たちが欲するよりも前から存在している、民主主義それ自体についての特殊で強固な理解なのである。

しかしながら、このことを実現するためには、アメリカとヨーロッパの政治におけるこの強力な力の現存を認識する必要がある。本章が第一に扱うのは、自由主義的な国際主義の変種であるブッシュ・ドクトリンであり、またブッシュ政権における新保守主義の大戦略である。他の章と同じように、特に本章が目標とするのは、民主至上主義の本性を解明し、その内的な論理や実践的含意を探求することである。そのために本章は、民主至上主義のさまざまな主題に関係するものとして、ブッシュ政権の外交政策思想に焦点を絞っている。拡大的な空想や全体化的な傾向、軍国主義と暴力、その信念の強制や実行を支えてくれる制度への依拠などをも含む、それらの主題は、他の章でも取り扱われてきたものである。ルソーによる民主主義についての非歴史的で理想主義的な理解と、新保守主義者のそれのあいだには重なり合う部分がある。シュトラウスの思想にもまた、新保守主義や民主至上主義と共通するところがある。これから明らかにされていくように、新保守主義の外交政策は、シュトラウスの哲学を導いている自然的正 natural rights の思想の類型に由来している。民主主義を公然と軽蔑しているシュトラウスの思想と新自由主義の連関を明らかにすることは、新保守主義と民主至上主義の完全に非民主的な次元を具体的に示すのに役立つものである。民主至上主義と関係するものとしての新保守主義についての議論をより深めていくために、本章は、アメリカの歴史やアメリカ例外主義の神話の概念をめぐる、その解釈を吟味する。そして新保守主義が、戦争による平和という、捉えどころがなく矛盾をはらんだ概念を追求する民主主義的な前衛思想にどの程度まで依存しているのかが評価されることで、本章は締めくくられる。具体例を通して新保守主義の背後にある哲学を吟味することによって本章は、いくつかの外交政策が、この民主至上主義のイデオロギーが鮮烈に表現された結果であることを如実に示すこととなる。

「新保守」という用語

もし「新保守 Neoconservative」という言葉によって私たちが、一九九〇年代に権力の地位に至り、ブッシュ政権において影響力をもった学者やエリートの閥を意味しているとすれば、それは時代遅れの用語かもしれない。しかしながらイデオロギーとしての新保守主義は、「死亡記事」を掲載する必要性からはほど遠い(5)。人間本性や社会、歴史や外交政策に関するその信念は、何らかの特定の政党や学術界に限られたものではなく、アメリカの政治家、エリート、学者、メディアや公人の幅広い層によって共有されている。新保守主義と中道的な自由主義者のあいだを画する線は、外交政策や多くの国内における社会政策という問題においては少なくとも、近年、ほとんど一気に消滅してしまうに至るまで曖昧なものとなってしまっている。たとえば著名な新保守主義者であるマックス・ブートは、二〇一六年以来民主党だけに投票していると公言しているし(「私たちの民主主義を守るため」)、その同胞である新保守主義者ロバート・ケーガンは、少なくとも二〇〇一年から超党派的な合意を得ている外交政策である、自由主義的な介入主義の指導的な支持者の一人である(6)。アメリカの共和党支持者も民主党支持者も新保守主義者も、民主至上主義のイデオロギーへの共有された信仰において重なり合っているのである(7)。

民主至上主義は、ジェファーソンやウィルソンの思想から、マリタンやカトリックの周辺人物、ロールズやその他の世俗的で自由主義的な思想家、はてはブッシュの執政府にまで広がっているものであり、しかもそれは、彼の遺産を大部分において継承した一人の共和党と二人の民主党の大統領にまで踏襲されている。ドナルド・トランプは、彼が公約していたとおり、対外介入の傾向に対して頑固に抵抗し、いくらかは軍隊を帰国させることにも成功した。しかし、より抑制的な外交政策を掲げて選挙を戦ったトランプでさえも、アメリカを地球上の多種多様な問題に巻き込まれることから解放するための困難な戦いに直面することになったのであり、この事実は、ワシントンの外交政策のエスタブリッシュメントのあいだで「自由主義の覇権」が根強いことを示すものであった。ジョー・バイデンによるアフガニスタンからの撤退は、それ自体危ういものであったが、少なくともいまのところは、自由主義の名の下における軍事介入からのアメリカの外交政策の転回の兆候なのかもしれない。しかしながら、中国による攻撃という有事に際して台湾を防衛するという彼の約束は、地球全体の「民主主義を保護する」ことへのアメリカの関与を放棄していないことを示してもいる。アフガニスタンは、すぐに他の介入に取って代わられるだけであり、しかもそれは、民主主義にとって安全な世界を築き、特定の国を「権威主義」や「僭主政」から救済するために重要なことであると私たちに向けて語られるのだ。

いわゆる新保守主義者が本章における第一の焦点である一方で、彼らを、政治全般を動かし、非政府組織や宗教的集団によって代表される数多くの自由主義的な国際主義者の何らかの代役と考えることもできる。カトリック系の出版物である『クライシス・マガジン』の前編集者であるディール・W・ハドソン（彼はマリタンを「思想的師」と呼んでいる）は、新保守主義はただのカトリックにおける社会的教説の拡張に過ぎないと述べている(8)。新保守主義を検討するほうが、より不規則に意味が拡散している「自由主義的な国際主義」よりも扱いやすいのは、ブッシュ政権期における前者の明確な外交政策上の行動が理由でもあるが、その行動が、明瞭に定式化された哲学に支えられているからでもある。そこには信念体系があり、その信念が現実世界に含意をもつことにはほとんど疑問の余地がないのだ。本章は、新保守主義についてだけではなく、過去三〇年にわたるアメリカの外交とその構造についても明らかにするのだが、その点において新保守主義は、とりわけバラク・オバマによる自由主義的な国際主義戦略の継承をめぐって、真の超党派的な合意が形成された二〇〇八年以来、数多くの政治家や指導的な知識人や公人たちが支持してきたものの、単なる一表現でしかないのである。興味深いことに、トランプの選出によって、数多くの新保守主義者と民主党支持者の密な友情が促進されたのであり、彼らは、制限された関与や抑制によるトランプの外交政策戦略にこぞって反対したのである。多くの民主党支持者はイラクやアフガニスタンへのブッシュの介入に対しておおやけには反対した一方で、二〇一六年の年頭に、これらの国々へのアメリカ軍の駐留を申し立てたという点においては新保守主義者に近づいているのである。こうして本章は、栄光の時代が過ぎ去ったと思われる特定の運動の主要人物たちを吟味していくのだが、にもかかわらず現代の大統領たちもまた、新保守主義者たちが長きにわたって想定してきたのと同じ外交政策を追求し続けるかぎりにおいて、これまでと遜色のない重要性をもつのである。

レオ・シュトラウスと自然的正

二〇世紀においてもっとも影響力のある思想家の一人であるレオ・シュトラウスは、新保守主義の思想的先祖として知られている(9)。彼の教説は、指導的な新保守主義者となっていった多くの人、とりわけブッシュの下における国防副長官ポール・ウォルフォウィッツらに影響を与えている。さらにブッシュの下では、特別計画局（イラクにおける大量破壊兵器の証拠を発見することやその他の理由によって設立された政府機関）の長であるアブラム・シュルスキー、アーヴィング・クリストル、リチャード・パール、ジョン・ポドレッツなどもあげられる(10)。シュトラウスは、近代性や啓蒙、さらに程度はやや弱いがルソーに対する著名な批判者であるが、彼の政治哲学は基本的には非歴史主義的であり、それに応じて啓蒙的な思考様式やルソーの哲学と根本的に合致する抽象的な正義についての構想を有している。おそらくシュトラウスの民主主義に対する懐疑や軽蔑は、民主至上主義の本質的特徴となる内容と、見かけ上ほど矛盾するものではない。シュトラウスの主張するところでは、政治の適切な秩序づけは、非歴史的真理や自然的正 natural right についての知に依拠している。このこと自体が、ポリスを創建するような「立法者」や法の制定者（ポリスの有機体的発展についての歴史的な理解に反する）を前提として必要としている。自然的正の哲学によれば、普遍的な真理を反映していない既存の慣習や制度は、本質的に不正であり、正当性がないのである。近代性が危機のうちにあるのは、シュトラウスの議論するところでは、たとえばそのイデア論が自然による正しさの模範ともなっているプラトンのような古典的な思想家の洞察から目を背け続けてきたからである。彼によれば、道徳的な相対主義とニヒリズムへの近代性の転落は、自然的正に取って代わった歴史主義の哲学――人間の実存が歴史的であるという信念――にまで遡りうるのである。ルソーと大差がない仕方で、シュトラウスは、彼が自然的秩序であると見なすところのものを回復するのに必要な洞察力をもつことを要求するのである。

シュトラウスは、古典古代におけるノモス *nomos* とピュシス *physis*、慣習と自然のあいだの分離を礼賛し、何が規範的であるかについての彼自身の判断において、この区別に依拠している。シュトラウスの語るところでは、そもそも哲学それ自体に、正しさと歴史のあいだの区別が含意されているのだ(11)。「現実的なものを超越せんとするあらゆる努力の堅固な基盤」となるのが、普遍的な規範である(12)。現実的なもの――文化的実践、伝統、宗教的信条、風習や風俗――は、社会的安定を構築するに際しての有用性こそシュトラウスも認めてはいるものの、自然から逸脱した人工物となるのである。この意味において、彼はルソーと一致している。しかしながらシュトラウスにとって、古典的な思想家にしたがうのであれば、最高度の存在のあり方とは、観想的生活であり、哲学者の生活である。プラトンと同様に、「洞窟から太陽の光、つまりは真理の下に上昇する(13)」ことができるのは少数者のみであるとシュトラウスは信じている。洞窟の暗闇から脱出し、抽象的な正義それ自体を識別することができる人々こそ、法の制定者として活動するのに最善の立場にあるのである。

シュトラウス自身の政治的指南書でもあるプラトンの『国家』は、自然的正の理論のもつ含意を具体的に示してくれるものである。『国家』のうちにおいてプラトンは、最善の人々（aristoi）によって統治される完璧に正しい都市について思い描いている。抽象的な正義を観想することのできる人々、つまりは哲学者たちを、プラトンは都市の守護者に任命している。純粋な正義を理解することのできない大衆は、哲学者たちに主権を進んで譲渡するような性質をもっていないので、宗教的な神話を用いながら社会の階層化について説明する「高貴な嘘」をプラトンは考案している[14]。その神話によれば、支配するのに適した人々もいれば、支配されるのに適した人々もいるのである。支配階級のうちには、二つの種類の支配者がいる。立法を行う哲人王と、都市を守る「補助者」たちからなる軍人階級である。残り者たちは、生産者であり、職人であり、その他すべての人はリーダーシップに相応しくないのである。個人は自らの両親の地位から能力に応じて上昇はできるが、すべての人は、多かれ少なかれ、この三つの性格類型のひとつに配置されるのである。『国家』においては教育が重要な役割を演じているが、それが関わるのは、哲人王の生から無価値なものを除去すると同時に、またその生を涵養することのように思われる。プラトンの構想にとって中心となるのは、人を素質のある指導者にすると彼が信じている特質を規定することなのである。『国家』において彼が展開している教育システムは、これらの特質を生じさせるべく設計されているのであり、その特質とはまずもって正義を観想する能力なのである。

シュトラウスは哲人王についてのプラトンの規範的な理解をほとんど採用しているわけだが、それによればその者は、実在の真なる本性を見抜いて、一般的な正義を理解することができるのである。シュトラウスの語るところでは、彼ないし彼女は、ただ個人的なものではなく、共同体全体の完成に関心をもっているのだ。この並外れた人物は、「人間性を完璧に現実化[15]」した存在なのである。ただの党派的な愛着を超えて抽象的な善なるものそれ自体を視《み》ることができるがゆえに、「知恵ある立法者」は、絶対的正義を反映した法の枠組みを制定し、必要とあれば、彼ないし彼女の裁量を用いて法を「完成させる」ことができる[16]。知恵ある立法者や「善き人」という人物たちは、率先して「自らの私的な利益よりも共通の利益を優先する」ことや、「何らかの秘めたる理由によってではなく、それが高貴で正しいからという」理由から、各々の状況において正しい物事を行うことによって、一般的に識別される[17]。卓越した地位や権力や慈悲心をもつことによって、「この判定者と支配者は、ふつうの人よりも、正しいあり方で偉大で高貴なる状況において行為するのである[18]」。人民の大半には、こうした精神の高貴さという能力はなく、彼らは指導者階級による指導を必要としている。ジェファーソンを引用しながら、シュトラウスが主張しているのは、「自然によって最善である人々が、もっとも効率的に政府の職務に選抜されるような統治形態こそが最善である[19]」ということである。

シュトラウスの哲学が、通常の意味における民主主義と両立しないことは明白である。古典についての彼の読解と、古典的な自然的正の教説は「最善の体制についての教説と一致する」という彼の信念の前提となっているのは、正しさと人民の意志のあいだにある本質的な対立である[20]。「正義の基本原則には、原理的には人間としての人間であれば接近可能である」とシュトラウスは述べてはいるものの、わずかな人だけが、特殊なものよりも一般的なものを選好するのに必要な徳をもっているという点で、彼はプラトンとルソーに賛成をしている。シュトラウスによれば、「最善の政治的秩序それ自体」という問いに関心をもつ政治哲学者は、あらゆる政治的論争上の問いについての「審判」として振る舞わなくてはならない(21)。しかし、このことは民主主義にとって明らかな問題を提起する。シュトラウスにとって、「政治的問題の本質は、知恵への要求と合意への要求のあいだを調停することにある」。「知恵こそ合意よりも優位にある」と彼は語ってはいるが、しかし彼は、近代の民主主義において合意を獲得することの重要性も理解している。こうして、市民たちは、知恵あるエリートによって統治されることが自らの利益であると「然《しか》るべく納得させられる」必要があるのだ(22)。

この点において、シュトラウスの哲学は、ルソーのそれと両立可能である。知恵ある立法者に期待されるのは、正しい都市（ないし国家）を「創設する」ことである。すべての人民が立法者の知恵と、彼の視座の卓越性を認識できるわけではないが、共通善は、人民が彼の支配を受け入れることを要請する。この観点からすれば、シュトラウスの政治哲学やプラトンの『国家』は、ルソーの『社会契約論』が民主主義的であるのと同じ意味において民主主義的である。つまりこの三者は皆、民主主義についての哲学者自身の視座を反映するように慎重に人民の意志が代理執行されるような、人民主権についての見方を公言しているのである。ルソーの立法者もプラトンの哲人王もシュトラウスの知恵ある政治家も、すべて見かけ上は人民の名の下に統治をするが、しかし人民の欲望を統制し、それに方向性を与えることが期待されている。シュトラウスの思想は「自然的正」に対する彼の信念によって導かれているが、本書において吟味される民主至上主義者は皆、規範的なものは全体として歴史的な規範とは関係がないという彼の確信を、ある程度まで分かちもっている。こうした非歴史的な認識論は必然的に政治的な翻訳を要請する――つまり、ある種の啓蒙されたエリートが「民主主義」を媒介するのだ。新保守主義の試金石のひとつは、「アメリカは自然権と普遍的、抽象的な原理を基礎としている」という信念である。新保守主義の外交政策は本質的に、シュトラウスの自然的正の哲学を、自由主義の覇権のための大戦略へと拡張したものである。実践上においては、新保守主義者自身が、いわゆる普遍的原理が具体的に表現される道筋を、政策的命令によって決定するのである。

たしかにシュトラウスと数多くの新保守主義者のあいだに関連があり、実際に公然と彼の影響を認めている人も存在する一方で、その関連を過大評価している可能性もある(23)。新保守主義の系譜学は複雑なものであり、ロナルド・レーガン、フランクリン・デラノ・ルーズヴェルト、セオドア・ルーズヴェルト（本書に掲載されてもよい人々である）や、ある点においてはマルクスまで、そして究極的には発生源となった思想家ルソーにまで遡行している。新保守主義は、より広範な西洋世界に影響を与えた、究極的にはより深いイデオロギー的な現象のひとつの表現を代表するものなのだ。それでもなお、新保守主義のもっとも直接的な哲学的先祖の政治哲学を吟味することは有益であり、それによって民主至上主義という射程の広い現象を、よりはっきりと詳らかにしてくれるような側面に光が当たるのである。

本書は、一八世紀のフランスの思想家が、直接的ないし間接的に、西洋世界の政治思想、とりわけ民主主義についてのその理解に対して、巨大な影響を及ぼしたという見方を展開している。ジェファーソン、ウィルソン、あるいはマリタンがルソーを読んでいるかという問いは、ルソーの政治哲学の主たる特徴が、しばしば彼によって影響を受けた他の人々を介して、時代と場所を超えて多種多様な党派的な協力関係をもった思想家たちの著作や想像力のうちに判別されるという命題を揺るがすものではない。実際にウィルソンは、ルソーの『社会契約論』を見かけ上は拒絶しているのだが、彼の著作と活動は、それでもなお両者の密接な結びつきを示唆している。シュトラウスもまた、ルソーの哲学の特定の側面については批判的であったが、彼の根底にある人間本性と認識論についての前提の多くからは、両者の有意味な類縁性が垣間見えてくるのだ。

アメリカ史の新保守主義的な読解

アメリカ史についての新保守主義的な理解を吟味をすることで、かなりの程度まで浮き彫りになるのは、その根底にある哲学であり、またその外交政策についての規定もそこで示される。トマス・ジェファーソンやトマス・ペイン、ルイス・ハーツ、および彼らのうちの主たる思想的人物によるアメリカ建国についての解釈を踏襲して、新保守主義者は、アメリカが、自由と平等という普遍的原理を基礎とした協定として創始されたと考えている(24)。このようなアメリカ史の読解によって、アメリカが「理念」を基盤としており、他の国家のように有機的、歴史的に形成されたものではないという信念が裏打ちされている。この物語によれば、アメリカは唯一無二であり、世界において特別な役割をもっているのである。「大半のナショナリズムは血と大地、つまり特殊な領域における文化と歴史に根ざしている。しかしながらアメリカという事例においては、独立宣言と革命が、異なった種類のナショナリズムを生み出したのであり、それは他の国家のそれとは違ったものなのである」と、ケーガンは主張している[25]。アメリカ人たちは自由にフィラデルフィアに集まり、自らの政府の道筋について合理的に決定したのである。このような解釈によれば、憲法制定会議は、歴史的過程の帰結でもなければ、僭主的な君主ジョージ三世から歴史的な英国人の権利を回復する植民地住民の試みでもない。むしろアメリカの創設者たちは、彼らの遺産を超越して、根源的かつ形而上学的に過去と断絶したのである。アメリカ人は「新しい人類」を象徴しているのだ[26]。一九五七年におけるハンス・コーンの論考「アメリカのナショナリズム」を引用しながら、ケーガンが熱心に主張するのは、アメリカ人たちは「歴史的－領土的な束縛[27]」から脱したということである。ジェファーソンとペインを引用しつつ、新保守主義者は、アメリカの創設者たちこそが最初に自らの自然権を主張し、普遍的原理を基礎に国家を創建した人々なのだと論じる。チャールズ・クラウトハマーの言葉にあるように、アメリカは「唯一、血や人種ないし親族関係ではなく、ある命題を根拠にして建設された[28]」のである。

自らの哲学や、とりわけ外交政策を、より一般的なアメリカ思想や西洋的伝統に深く根ざしたものであるかのように見せかけることによって、新保守主義者は、アメリカにおける保守主義という品質《ブランド》を含んでいるかのような外見を与えてきた。実際に多くのアメリカの保守主義者が新保守主義に引きつけられたのであったが、それは、彼らの信念のうちのいくつかがジェファーソンのような創設者たちの思想を基盤としていることで、彼らの哲学が、アメリカの創設者たちを美化することのない進歩主義への対抗手段となるに違いないと想定したからであった。『ザ・フェデラリスト』などの源泉に依拠する伝統的な保守主義者たちは、大きな政府に対する起案者たちの懸念と、権力を抑制し、脱中央集権化しようとする欲求という観点から、アメリカの創設行為を解釈してきた(29)。この旧来の保守主義のもつ品質《ブランド》は、ワシントンの決別の辞のうちに見出されるものであり、「打ち倒すべき怪物を求めて海の外に」出ていくべきではないというジョン・クインシー・アダムズの七月四日の演説におけるメッセージと類似している(30)。それとは対照的に、アメリカ史についての新保守主義的な解釈は、制限された政府、財政上の保守主義、抑制された外交政策を避けるような、外交政策上の目標に適合したものである。新保守主義によるアメリカの介入主義を擁護する論証の多くは、ジェファーソンやベンジャミン・フランクリンやその他の創設者たちまで遡るような啓蒙の思想潮流に依拠している。彼らは、ルソーすらをも、アメリカの政治的伝統と大部分において両立可能な思想家と見なすのである。たとえばシュトラウスの弟子であるアラン・ブルームは、「人間は自由なものとして生まれたが、いたるところで鉄鎖につながれている」というルソーの有名な格言から、「ルソーは、「アメリカの」起案者たちや、人間本性や市民社会の起源と目的についての彼らの教師とのあらゆる点における一致から出発していることは明白である」と結論づけている(31)。ルソーやジェファーソンが思い描いたように、アメリカの歴史を、ある種の合理的な社会契約として再読解することによって、新保守主義者は、憲法制定会議こそがアメリカが誕生した「瞬間」であると想像する(32)。この国は、他の国々とは違って、有機的で歴史的な過程の結果ではないのである。

アメリカ、例外的国家

こうしてアメリカ史を社会契約として書き直すことは、新保守主義的な体制転換の論理が形成されるのに役立ってきた。この解釈によれば、アメリカとは、政治的秩序が合理的に決定され、また法典化されうるという思想にとっての証なのである。「普遍的原理」を熟知した支配階級へと取り換えるか、またそうした階級を教育することによって、国内においても国外においても、民主主義の理想へと国家をより接近させることができる。新保守主義は、社会の歴史的、文化的条件について立ち入って考察することはない。なぜなら、継承されてきた実践は大部分において恣意的なものに過ぎず、新たな秩序にとってどうでもよいものであると想定しているからである。シュトラウスの言葉を借りるならば、歴史における「無意味な過程」のうちに根ざしている人民の先祖たちの実践についての配慮は、政治の問題における主たる要素であるべきではないのだ[33]。政治的秩序の源泉は「自然」や「普遍的原理」のうちにあり、それはアメリカの体制と同一視されるものなのである。

ケーガンは、アメリカの創設者たちは「意図せずして」、アメリカ例外主義の神話を基にして、新たな革命的で宣教師的な外交政策を発明したと主張している[34]。海外にいる抑圧された人民のために軍を展開することは、アメリカの「普遍主義的なイデオロギー[35]」の自然な表現なのだ。ブッシュ政権の国務長官であったコンドリーザ・ライスは、アメリカの使命を、「自由と繁栄の恩恵の可能なかぎり広範囲への拡大[36]」を追求することであると解釈している。このような大戦略の支持者は、彼らが時代遅れと見なすところの国益という観念を拒絶し、その代わりに地球全体における「自由の成就」のような抽象的な目標によって動機づけられている。ジョン・F・ケネディの言葉を引用しつつ、新保守主義者のクラウトハマーが述べているのは、アメリカの外交政策の根底には「価値」があるということである(37)。「古典的な」国益の定義を旧世界的で自己中心的なものとして軽蔑することによって、新保守主義者は、他の国家の自由や繁栄をも包含するものとして国益を定義し、これらの目標を追求することがアメリカの自己利益でもあると議論している。彼らは、他の国々を民主主義に変容させることは、アメリカにとって敵が少なくなることを意味すると主張するのだ。くわえて、自由民主主義の構成要素である経済システム、「自由市場」は、繁栄を増進させることによって平和を促進するのである。

強固に道徳的な含意をもたせながら、新保守主義者は、「善意によるグローバルな覇権」という自らの政策の背後にある動機を、疑う余地なく高貴なるものとして提示する(38)。アメリカが介入したり先制的に行動したりすることが、その外交政策の正当化可能な次元として許容されるのは、クラウトハマーの言葉によれば、それが「権力を超脱し、利益を超脱している(39)」からである。クリストルやケーガンによれば、「まさにアメリカの外交政策に尋常ではないほど高次元の道徳性が吹き込まれているからこそ、他の国々は、それがなければ圧迫的な権力となるものに対して、恐怖を抱くことが少ないのである(40)」。そして、もしアメリカがそのグローバルな野心によって帝国的だと考えられるとしても、(かつての)新保守主義者ブートの語るところでは、「その名称から逃げる必要は何もない」のである。それというのも、アメリカは正義の名の下に行動しているからだ。彼はジェファーソンの言葉を引用しつつ、アメリカ帝国は「自由の帝国(41)」であると宣言している。たとえアメリカの帝国主義が「銃による脅し」だったとしても、彼の主張によれば、それは抑圧された人民にとって善いことなのである(42)。アメリカの対外介入は、その人道主義的な動機によって、過去のお節介で自己利益的な君主とは区別されるのである。アメリカは、「歴史上における他のどんな大国よりも、自己利益的ではない(43)」。ブッシュも同様に、世界におけるアメリカの使命を、「権力の均衡やただの利益追求を超越した(44)」ものであると描写している。新保守主義者の言うところでは、アメリカの外交政策は、歴史における他の国々のそれとは異なった秩序によるものであり、またそうあり続けてきたのである。

新保守主義の歴史哲学には、民主至上主義の歴史の弁証法一般が反映されている。世界は変わることなく民主主義に向かって進んでおり、アメリカのような啓蒙された国家が、自由の弁証法の展開を手助けするのである。アメリカは宿命ないし摂理によって自由という理念を賜《たまわ》っており、だからこそアメリカには「自由の前進を導いていく(45)」道徳的義務があるのである。新しいグローバルな民主主義的秩序は、まさに地平線上にあらわれたところであり、アメリカは前衛として行動しなければならないのである。一九九一年にジョージ・H・W・ブッシュは、一般教書演説において、アメリカは「新たな世界秩序」を臨む懸崖に立っており、邪悪な犯罪人に対して断固たる行動をとるアメリカの決断は、歴史における自由の行く末を恒久的に左右しうると宣言している(46)。後になってジョージ・W・ブッシュ政権も、世界の出来事を永久的に左右するアメリカの「歴史的機会」について語っている。ライスが言うには、アメリカは、「国民国家の勃興以来、世界を悪魔のごとく悩ませてきた大国による競争の破壊的なパターンを断ち切る(47)」ことができるのである。二度目の就任演説においてジョージ・W・ブッシュが主張したのは、「人間の自由の力」こそ、「憎悪や敵意の支配を打ち砕き、僭主たちの野心を暴露し、礼儀正しく寛容な人々に報いる唯一の歴史の力である」ということである(48)。民主主義の伝播は軍事的な介入によって「加速させられうる」とケーガンは公言している(49)。ケーガンによれば、ヨーロッパにおける民主主義の弁証法の「歴史-以後」の段階へと道案内するのに、アメリカはすでに手を貸しているのであり、このヨーロッパの「楽園」を、必要であれば力によって、他の国々にもたらすことがアメリカの道徳的義務なのである(50)。

「公共的利益」

新保守主義がアメリカの「価値」と一致すると主張するところの、あらゆる国家を導くべき普遍的原理は、一般意志というルソーの概念と類似している。「公共的利益とは何か」という見出しで、ダニエル・ベルとアーヴィング・クリストルは、新保守主義の公共政策についての雑誌である『公共的利益』第一号の冒頭のページにおいて、ウォルター・リップマンを引用している。曰く、「おそらく公共的利益とは、もし人間が明晰にものを眺め、合理的に思考し、利害を離れて善意をもって行動するならば選択するであろうものと考えられる(51)」。ベルとクリストルは、リップマンが定義するような公共的利益が、どんな社会にも決して存在したことがなかったことを認めている。人民は、彼らに帰せられるところの意志を実際に自覚的に認識することはなかったのである。それは理想ではあるが、それでも私たちはそれを追い求めなければならないのである。このような理解に含意されているのは、一般意志が生まれるように、あるいは「公共的利益」なるものが実現するように、誰かが手助けしてあげなければならないという信念である。これを外交政策上の思想に翻訳すれば、アメリカ軍や他のアメリカの組織が、外国の人民が自らの意志を表現するのを援助するべきであるということになるが、このこと自体を新保守主義者は民主主義的であり、またその人民の指導者への抵抗であると考えている。たとえばイラクの善き人民の意志は、アメリカ流の民主主義に賛成しているというのだ。

灰燼から生まれる民主主義

しかしながら、犠牲なくして民主主義がやって来ることはない。多くの新保守主義者は、民主主義的な平和には社会的、政治的大変動が先立つべきであるというジェファーソンやウィルソンの信念を継承している。ブッシュ政権は、自らが正当ではないと考える中東の国家において、伝統的な生活様式を断絶し、置換する努力を通して、不安定化させる政策を積極的に追求した。二〇〇四年の国際連合での演説において、ブッシュは、アメリカは間違ったやり方で安定性の名の下に抑圧を許容してきたが、いまや「私たちは異なった手法をとらねばならない」と述べている(52)。新保守主義者のラルフ・ペータースは、不安定化の政策が、いかにして民主化の過程において即座に効果を発揮し、直接的にアメリカに利益をもたらすことになるかについて言及している。「安定性、アメリカの敵」という論考において彼は、「戦争や革命、一〇年また一〇年と続く不安定化によって、アメリカの商品や投資家や思想に対して市場が開かれるのだ」と述べている(53)。中東においてアメリカは、ある程度まで、こうした条件を再構築するべく試みなければならないし、少なくとも結果を恐れて、それを積極的に回避しないようにしなければならない。特殊には新保守主義、一般的には民主至上主義にしたがえば、後進的か、あるいは正当ではない意志によると見なされた国家の内部における生活様式を混乱させることによって、より合理的で善い政治的秩序への扉が開かれるのである。この哲学の考えるところでは、自発的なものであれ、外国の勢力に先導されたものであれ、革命的な大変動こそが、民主主義と資本主義——すべての人民の自然な欲望——への道を開いてくれるのである。それは潜在的にはアメリカにも利益となる。マイケル・レディーンによる「創造的破壊」についての描写は、この精神性について具体的に明らかにしてくれる。

創造的破壊こそが、私たち自身の社会の内部においても外部においても、私たちのミドルネームである。ビジネスに始まり、科学、文学、芸術、建築、映画、そして政治や法律に至るまで、私たちは古い秩序を日々解体している。私たちの敵はいつでも、自らの伝統（それが何であれ）に脅威を与えるこのエネルギーと創造性の旋風を忌み嫌い、それについていくことができないことを恥じ入るのである。アメリカが伝統的な社会を抹消していくのを目の当たりにして、彼らは私たちを恐れるのだが、その理由は彼らが解体されたくはないからである。私たちがそこに存在するかぎり、彼らは安心を感じることができないのだが、その理由は、私たちの存在それ自体——私たちの政治ではなく、存在である——が、彼らの正当性を脅かすからである。私たちが自らの歴史的使命を前進させるために彼らを破壊する必要があるのとまったく同じように、彼らは生き残るために私たちを攻撃する必要があるのだ(54)。

古い生活様式を解体することは、それ自体として目的なのではなく、より善い、より民主主義的な世界の構築を目指すための手段なのである。文化的、教育的なプログラムは、古いあり方を解体し、新たな規範を設立するのに即座に役立つものである。アメリカ合衆国国際開発庁(USAID)は、相当な額を教育事業に費やしているのだが、そのウェブサイトによれば、その事業は、「グローバルな善き意志を涵養しつつ、自由市場の拡大、原理主義との戦い、安定した民主主義の保障、貧困の根本的原因への対処などといった範囲にまたがる問題についてのアメリカの外交政策上の利害を促進する」という、より大きな使命に適合したものなのである。クリストルやケーガンによる国家建設を擁護する論証を反映するかたちで、USAIDの使命声明書《ミッション・ステートメント》において対外援助「投資」は、「アメリカにとっては戦略的、経済的、道徳的な要請」となっており、「アメリカの国家的安全にとって決定的なものでもある」ということが語られている(55)。とりわけアフガニスタンにおいてアメリカは、USAIDが「基礎教育」と分類しているものに数十億ドルを費やしている。世界に存在する、貧困に苦しんだり、災害の被害を受けた人民による「社会への完全かつ生産的な参与」を手助けする教育についての公言された使命からは、生産労働の政治的役割をめぐるロック的、英米的な理解への根本的な哲学的傾倒がうかがわれる(56)。新保守主義者や他の多くの人にとって、資本主義的な貿易によって自由市場に参入した非西洋世界の人民たちは、同時に自由民主主義への政治的変容をも生み出すことになるのである。

アメリカ国務省が企図している教育プログラムは、判で押したように「私たちの価値」、とりわけ民主至上主義的な価値によって方向づけられている(57)。アフガニスタンとイラクへの侵略の後、多くのUSAIDのプログラムが女性に向けられることとなったが、そこで期待されたのは、社会におけるその伝統的役割を変容させることによって、彼女らが社会的、政治的なあり方の新たな形態への道へと導いてくれるかもしれないということであった(58)。二〇〇四年に国務長官のコリン・パウエルは、イラク女性民主主義イニシアティブの創設を宣言したが、それは「発展するイラクの民主主義において女性が完全で活力あるパートナーとなる(59)」ことを援助する一〇〇〇万ドルのプロジェクトであった。このイニシアティブからの助成金の受取手のひとつである自立する女性フォーラムは、女性に対して「民主主義という普遍的原理についてのよりよい理解(60)」を提供することを意図した女性リーダー会議を二〇〇五年に主催している。多くの人が、ブッシュ政権が女性に対するプログラムに焦点を絞ったことの背後にイデオロギー的な動機があることを指摘しており、またイラクやアフガニスタンにおいて女性の権利を促進しようとする努力が、戦争や政権への支持を焚《た》きつけるためのものであったと主張している(61)。しかしながら、女性を解放しようという欲望は、「創造的破壊」の論理の枠内に適合するものであり、また二〇世紀の中央アジアにおけるソヴィエトによる同様の女性解放の努力と、多くの点において類似したものである(62)。ソヴィエトもまた、統治や生活様式の新たな体系を「建設する」ためには、伝統的な社会を結びつける要《かなめ》となっている女性をまず分離しなければならないと認識していたのだ。女性をその伝統的な家庭的、社会的な役割から引き離すことは、既存の秩序の大部分における崩壊を引き起こしうるものである。新保守主義者は、「起業家精神」によって女性を国家経済やグローバル経済へと巻き込むことは、より広範に民主主義のエートスを生み出すのに役立つだろうと主張した。ある研究者が述べるところでは、ブッシュ政権にとっては「起業家的精神をもった女性こそが（中略）自由市場経済の証左であり、それ自体で民主主義的な政府にとっての後援と見なされるのである[63]」。小口金融《マイクロファイナンス》や奨学金のプログラムは、とりわけ「女性の経済的な自立を達成する能力を向上させる[64]」ために計画されたものであった。このことのひとつの帰結として、財政的な資源に対する男性の独占的所有の喪失が生じるだろう。アメリカ人やソ連人の信ずるところでは、女性が男性の家族構成員から離れても生活することができるという漠然とした恐怖でさえも、社会的に甚大な破壊的効果をもつだろうし、また期待される政治的目的へとこれらの伝統的社会を駆動していくことだろう。女性は、より大きな社会的、政治的に独立した地位につくことになる。善かれ悪しかれ、アジアにおいては、このことからイスラム教的家父長制の浸食と、それに応じた体制転換の強化が生じてくるだろう、と想定されていた。女性を解放することは、民主主義に向けてであれ、共産主義に向けてであれ、歴史の弁証法を動かすことを期待された革命的戦術なのである。「女性の権利の伸長と自由の発展は、究極的に不可分である」とブッシュは述べていた[65]。イスラム社会において歴史的な役割から女性を解き放つことによって、「自然」がその進路をたどり、望ましい政治体制が発展していくことが可能となっていくというのである。

文化戦争と武力使用

創造的破壊というものが、一般的には民主主義的な資本主義の文化的-経済的な力を指しているものである一方で、こうした既存の規範を解体するための「よりソフトな」戦術にほとんどいつも付随している軍事行動を見逃すことはできない。しかしながら、そうした軍事的な目標はつねに明瞭とは限らないのだが、その理由としては、たいていにおいて、それらが追求される目的と共約不可能な手段だからである。想像上の抽象としての「善意によるグローバルな覇権」は、ある種のアメリカの友好的な指導者的役割を示唆しているが、しかしながら実際のところそこでは、グローバルな規範を構築するという欲求を支えるために力が要求されている。善意によるグローバルな覇権の背後にある性格は、その概念と同じくらいぼんやりとした掴みどころのないものである。新保守主義者が認めているように、軍事的勝利は不可能な場合もあれば、目的でないときもある。オバマ政権下において二〇〇九年から二〇一〇年までパキスタンとアフガニスタンのアメリカ代表特使であったリチャード・ホルブルックは、二〇一〇年に次のように語っている。「私たちは［アフガニスタンやパキスタンの戦争において］軍事的に勝利することはできないし、また軍事的に勝利することを追求してもいない。なぜならば、純粋な軍事的勝利など不可能だからである(66)」。ホルブルックや多くの人は、かつてのイラクにおける多国籍軍の司令官であり、戦争の支持者でもあった退役将軍デイヴィッド・ペトレイアスの「軍事的勝利は不可能である(67)」という言葉に注目していた。実際には、「世界における私たちの価値の進歩」を伴った民主主義の伝播というイデオロギー的な目的には、戦場における勝利が戦争の終点ではないということが含意されている。アフガニスタンにおけるアメリカの二〇年の歳月が明らかにしているように、本当の戦闘は、拡張された文化的な戦闘でなければならないのである(68)。

イラク戦争に対する長年の批判者であるチャック・ヘーゲルは、ネブラスカ州の上院議員であった二〇〇六年に、次のように述べている。すなわち、「軍隊とは戦闘を行い、戦争に勝利するために編成されたものである。(中略)。アメリカは、いかなる国家にも民主主義を押しつけることなどできない——私たちの高貴な目的にもかかわらず(69)」。国際関係論における現実主義の伝統の著名な理論家であるヘンリー・キッシンジャーは、二〇〇六年に、アメリカが追求していた方向性に沿った「明確な軍事的勝利」は不可能となったと語っている(70)。しかしながら多くの新保守主義者は、中東を民主化することに失敗した原因は、手段と目的のあいだの本質的な矛盾ではなく、目的を実現するのに不十分な手段しかなかったことによると結論づけている。ペトレイアスの前任者でもある退役将軍のスタンリー・マクリスタルは、新保守主義者と共通した感情を表現しながら、二〇〇九年におけるアフガニスタンへの増派について、二〇一七年に次のように語っている。すなわち、「野心的な時間配分を原因とする欠陥が存在し、また真の意味における政府一丸となっての取り組みを遂行することに失敗したといえ、ワシントンの人々が必要とされる忍耐や関心をもっていたならば、それは成功していたはずだったのだ(71)」。当時アフガニスタンでの戦争は九年目であった。もし民主主義が根を下ろさないとすれば、その原因は、アメリカが、自由主義と民主主義的な資本主義に対する人民の自然な欲望に立ちふさがっている力を十分に排除していないからである。そのように考えられていたのだ。新保守主義者は、支出増となる追加の「増派」と情報収集のためだけではなく、殺害の命令を直接下すことができるようにアメリカの民間団体に大きな権限を与えることを要求した(72)。そのような態度は、ヴェトナムへの追加派兵が最終的に勝利につながると確信していたリンドン・ジョンソン政権の特徴でもあった(73)。国務次官のジョージ・ボールがヴェトナムにおいて激化する戦争について先見の明をもって予測していたように、新保守主義者は、「私たちの関与があまりに甚大なものとなることによって、自らの完全なる目的を――国家的な恥辱なしに――達成せずに立ち止まることができないのである(74)」。

追加的な措置が意図された結果を生み出すことがなくなるにつれて、イラクとアフガニスタンにおける戦争への新保守主義の支持者たちの多くは、正義への訴えかけにますます熱心になっていった。たとえばペータースは、二〇〇九年における中東の悪化していく状況に憤慨して、倍以上の努力を要求している。「勝利。戦争にあっては、それ以外は何の価値もない。正々堂々と勝利することができないなら、汚い手を使ってでも勝利せよ。それでも勝ちは勝ちだ。私たちの勝利は究極的には人類の利益であり、他方で私たちの失敗は怪物を繁栄させることになるのだ(75)」。ペータースは、アメリカがイラクとアフガニスタンで最終的な勝利を得ることができないのは、消耗、さらには費用と人的資源を投入することへの消極性が原因であるとしている。ペータースが主張するところでは、「もし私たちが仮借なく自らの圧倒的力を用いていたならば、死者数を減らすこともできたし、両国において勝利を得られたはずであった(76)」。『ニューヨーク・タイムズ』のコラムニストで保守的なコメンテーターであるデイヴィッド・ブルックスは、力による解放の「皮肉」について強調するとともに、イラクに民主主義を構築しようという試みが、「ふり返ってみれば子どもじみた妄想であった」ことを認めている。しかし信じられないことにブルックスの解決策は、使命について考え直すことではなく、「民主主義を支持している善いイラク人に」、「彼らが私たちに抗議をできるような討論の場」を提供することであった(77)。それでも民主主義は追求されるべきだというわけである。ブートは、自らの論考「アフガニスタンでの敗北よりは膠着状態がましである」において、二〇〇九年における増派の失敗を、不適切な軍隊の数と不十分な時間のせいにしている。アフガニスタンにおけるアメリカの繰返される失敗、それは傍観者的にみれば「どこかで見たような」経験を生み出し続けているだけの状況なのだが、その多種多様な原因を分析しつつ、ブートは、「すでにアメリカ史においてもっとも長い戦争となったものへのアメリカの関与を維持し、さらに拡大することに価値はあるのか」と問いかける。そして、然《しか》りと彼は答えるのだ。彼はトランプに対して、前任者の臆病さを回避して、数万の追加の軍隊、少なくとも十万人を、「設けられる時間的期限」や「厳密な数字上の上限なしに」派遣することを要請する。僭主政的な国家を民主化するのにアメリカがよろこんで費やす血と財産には、いかなる制限も存在しえないのである。

戦時共産主義後の「民主主義的」戦略

二〇一七年、アフガニスタンにおける戦争の一六年目の終わりに際して、マクリスタルは、「進路をそのままにする」ことやパキスタンにまで戦争を拡大することを擁護する議論をしている。『フォーリン・アフェアーズ』における小論において、彼の共著者であるコシュ・サダトは、アフガニスタンにおける手引きとして、他でもないロシアの革命家であるウラジーミル・レーニンに注目している。「一九〇二年にウラジーミル・レーニンは、いまや有名となった『何をなすべきか』という題名のパンフレットを公刊しているが、そこで彼は、後にボリシェヴィキによる一九一七年のロシア革命における権力奪取の成功へとつながった戦略を指示している。レーニンが主張するのは、ロシアの労働者階級は、帝政ロシアに変革を要求すべく十分に政治化するのに先んじて、献身的な中核による指導を必要とするということである(78)」。マクリスタルとサダトは、レーニンの「現実に対する透徹した評価」を褒め讃えており、「同じことがいまアフガニスタンで必要とされている」と結論づけている(79)。マクリスタルが、あらゆる世界の指導者のなかから、レーニンの洞察に期待をすることは不思議なことではある。それは、新保守主義と共産主義の前衛理論や革命戦術のあいだには、根底で通じている哲学的な類縁性が存在しうるということなのだろうか。マクリスタルは、レーニンと同じように、抑圧された人々に高貴な理想――自由や平等――をもたらすのを手助けしていると信じていた。概して民主至上主義のイデオロギーは、イデオロギー的原理のために訓練された献身的な中核を要求する。新保守主義者や民主主義のための軍事介入を提唱する他の多くの者たちにとって、戦争を通じて民主主義的な平和と繁栄を生み出すことには何の矛盾もないのだ。

ブルジョワやイスラム教徒の社会を社会主義へと置換しようとする共産主義の計画と、「テロリズム」を民主主義へと置換しようとするアメリカの計画のあいだの類似は、見過ごされるべきではない。既存の体制を転覆し、置換しようとする軍事、社会、経済、教育面における複合的な努力は、「社会主義を建設する」ためのレーニンや後のスターリンの、革命的な「政府一丸の」戦術によく似ている。「戦時共産主義」とは、ロシアに社会主義を建設するための緊急的手段となるべきものに与えられた名前である(80)。この信条において前提となっているのは、旧来の社会は強制的な力で完全に解体されねばならないということである。社会主義への「跳躍」のための一時的で極端な手段を意味するものではあったが、それがやがて、ロシアや衛星国におけるソヴィエトによる支配の常套手段であることが明らかになった。国際的に民主主義を構築しようとする新保守主義の戦略は、「戦時民主至上主義」と名づけるのが相応しいかもしれない。軍事力によって古いエリートを除去するとともに、軍事的成功と文化的、制度的プログラムを密接に結びつけようとすることは、共産主義という先駆者と同じように、そのプログラムの核心にあるものである。また同様に戦時民主至上主義は、軍隊が、独裁者の統治下にあった国々を民主主義へと飛躍させる手段を提供しうるという信念を前提としている。新保守主義者や他の自由主義的な国際主義者たちの多くがそのように見なすところの、旧態依然とした規範を一掃することによって、自由民主主義へと向かう人民の自然な欲望が結実するための道が開かれるのである。「アメリカの理念の力と国際的な経済システムの影響は、いずれもアメリカの権力と影響力で維持されているのだが」、不可避的に非民主的な国々で継承されてきたあり方を侵食していくことになる(81)。体制転換を通じて、アメリカは、近代化と民主化（それらは同義語と考えられている）の過程を加速させることができるのである。クリストルとケーガンによれば、このことが地球全体で、「バグダッドでもベオグラードでも、平壌でも北京でも」、「僭主的な政権が軍事力を手にして、隣国や私たちの同盟国、そしてアメリカ自体に脅威を与えるところならどこででも」起こらなければならないのである(82)。

道徳的英雄主義の視点

新保守主義の民主主義についての視座は、大部分において、妄想的で、時としてマニ教的な善と悪についての理解によって、特徴づけられる。ケーガンは、アメリカの使命について描写するとき、かつての西部における保安官のロマン主義的なイメージに依拠している。すなわちゲイリー・クーパーの『真昼の決闘』における登場人物のように、アメリカは悪者たちを抑止する必要があるのである(83)。しかしながら、彼の比喩は失敗している。国際的な無法者は「銃口によって」阻止されなければならないと語ることによって、ケーガンはアメリカの介入主義の真の本質を曖昧なものにしてしまっているのだ。なぜなら、介入はしばしば軍事技術によって遠隔的に行われるからである。無人の飛行機やドローンによる戦争は、いまや時代の定めとなっている(84)。しかしながら、このようなイメージは、古風な西部においてガンマンと向き合うクーパーと同じような感情を引き出すものではない。それでもなお想像上において英雄的なものへと結びつこうとすることは、民主至上主義と同様に、新保守主義の大戦略の重要な側面である。本書が主張しているように、民主至上主義は大部分において想像力に、また変容されるべき世界についての壮大な理想像に依拠している。新保守主義は、自らの国際的な目的に対する支持をとりつけるために、抽象的なレトリックとお花畑的な感情を利用する。アメリカは「国家的な献身の機会を享受し、国家の偉大さの可能性を活かし、英雄的なものへの感覚を再興しなければならないのだが、それこそが政策に甚だしく欠如してきたものなのである」と、クリストルとケーガンは意気揚々と宣言している(85)。

この種の英雄的な神話が新保守主義の想像力において果たした役割について、これまで多くの人が指摘しており、さらにそれを西洋世界がニヒリズムに屈することに対するシュトラウスの明白な恐怖心と結びつけている(86)。たとえばトンプソンは、新保守主義における英雄の比喩の用法や、偉大な使命にアメリカが乗り出すことへの欲望のうちに、自由主義や個人の権利に対する軽蔑を見出している。ニーチェやハイデガーやシュトラウス、その他の自由主義的な個人主義の批判者たちは、トンプソンやその他の人々が議論しているように、直接的ないし間接的に、たしかに新保守主義に影響を与えている。しかしながら、グローバルな民主主義や僭主政に終止符を打つといった、はるか彼方の抽象的な出来事を至高の徳であると見なしたり、それと同時に地域的な関心を「取るに足らない平凡なこと」と嘲笑する一般的な傾向は、民主至上主義の特質である。ブルジョワ的な鈍感さから私たちを目覚めさせるであろう道徳化されたレトリックを使用することは、同様に私たちは日常的事柄を超えて、政治によって実現しうる、より高次の共通の目的へと目を向けねばならないと信じていた他の民主至上主義者の類型とも合致するものである。一九九九年の上院議員のジョン・マケインに対する賛辞においてブルックスは、アメリカ人たちが「もはや積極的に硬派な信念を追求することなどせず」、むしろ「SUVやジュエルのCDや有機栽培の木綿を用いたケア製品などを享受している」ことを慨嘆している。言い換えるならば、アメリカ人は、ワシントンにいるブルックスのようなエリートを駆り立てているような世界を改造せんとする積極的な欲望よりも、日常生活のやりくりを好んでいるのである。ブルックスが露呈しているのは、彼のようなエリートとそれ以外のアメリカ人のあいだを分断している巨大な亀裂なのだが、彼は次のように読者へと語りかけるのだ。すなわち「もし国中を車でまわって、中流階級の文化的慣習を観察してみるならば（中略）そこで目撃されるのは、お人好しでブルジョワ的ではある」が、「静謐無事な生活を送る国家である」。ブルックスは、「世界においてもっとも並外れた存在は、ふつうの男性、ふつうの女性、そして彼らのふつうの子どもである」というG・K・チェスタトンとは正反対の意見をもっている。ブルックスにとっては、ほとんどのアメリカ人の人生は風情こそあるのかもしれないが、道徳的には退屈なものなのだ。「愛国主義」の精神や高次の召命へと専心する代わりに、アメリカ人は自らの日々の関心に没頭しているのである。「私的生活の安易な慰めに人民の関心が向いているとき、彼らは軽率にも、より要求の多い高次の原理や徳とのつながりを見失ってしまうのだ」。ブルックスの念頭にあるのは、「より高次の召命」として多くのアメリカ人がすぐに理解する神への畏敬などではなく、「マッチョな進歩主義」という市民宗教である。彼が思い描いているのは、「感情の様式であり一連の儀礼でもある愛国的な感情」の「公共哲学」のうちに、アメリカの人民が新たな生活と精神を発見することである。このような愛国主義の目的は、ただ単に国民国家への崇敬のみではなく、アメリカの偉大さに相応しい新たな外交政策に霊感を与えることである。自らの著作の結末において、ブルックスは次のように記している。「アメリカの道徳的な運命は、超大国としてのその地位に含まれている。もしアメリカが、世界中で自己統治を促進する民主主義の超大国として自己主張することを止めるならば、それは私たちの愛するアメリカではなくなってしまうのだ(87)」。

ブルックスが表明している、他の国々を民主化することは、日々の暮らしの「小規模な道徳」よりも、「より要求の多い原理と徳」となるという新保守主義の信念は、民主至上主義の倫理のよい例である。地域的なものや国内的なものへの関心は、より偉大な国家的使命と比較して重要でないものとして、しばしば民主至上主義者には嘲笑されるものなのだ。彼が言うには、「感傷に浸った静穏な最近の雰囲気は、本能的な保守主義の兆候であるかも知れないが、道徳性への進歩的な方向づけのためにも、否定されるべきものである(88)」。地域的な関心に根ざした、平凡ではあるが、しかし骨の折れる国内的生活を送ることは、かつてのチェスタトンやバークのような類型の保守主義者にとっては、道徳的生活の本質であると考えられていた。しかしブルックスにとってそれは、アメリカの中産階級の嘆かわしいエートスなのである。ブルックスもルソーも、徳の本質は、国家的(ひょっとしたら究極的には国際的な)一体性への抽象的かつロマン主義的な憧憬や、平等や同志愛の感情——一般意志ないし公共的利益——にあるという民主至上主義の信念を抱いている。

ブルックスの論文は、九・一一以降におけるワシントンでの合意を支配することになる外交政策の前兆となったものであるが、アメリカの国内的な平和と繁栄、国家的安全、国家の統一性、国際的評判などを測定基準にしても、アメリカをより善いものとしたようには思われない。これらすべての点において、アメリカは決定的に一九九〇年代よりも悪化しているのだ。「この一〇年をアメリカの理想主義の最高到達点であると考える人など誰もいないだろう」と、ブルックスは一九九九年に記している。むしろアメリカ人たちは、アメリカの理想主義が、数限りなく終わりの見えない対外的な面倒事へと私たちを駆り立てることのなかった、九・一一以前の世界を切望しているのだ(89)。ただ現状維持にしたがうのでなく、私たちにとって既知の人間の存在様式を根本的に変容させるような偉大な国際的（ないし国内的）目的を背後にもちながら、国民が一体化していないことを慨嘆するのは、民主至上主義のひとつの特質である。民主至上主義者が、市民宗教という補完的な制度にしばしば注目するのは、驚くべきことではない。民主至上主義のイデオロギーにおいて民主主義とは、キリスト教的な終末なのである。キリストが新たな時代の先導役を務めることを期待されているのとちょうど同じように、グローバルな民主主義的革命には、生と政治を完全に変容することが期待されるのである。

「ほんものの」民主主義はすぐそこに来ている

ソヴィエトの共産主義と同じように、戦時民主至上主義のトレードマークのひとつは、もし勝利が不透明であり、歴史が不正義と不平等で満ちたそれまでと同じように進展し続けるとするならば、その原因となっているのはお粗末な組織と意志の欠如であるという信念である。新保守主義者や民主至上主義者は、自らの外交政策上の努力が、民主主義ではなく、その反対、つまりは新たな権威主義や暴力の増殖という形態をとった社会的バックラッシュへとつながっていくことに驚くのだ(90)。二〇〇六年にデイヴィッド・ローズは、ブッシュ政権において多くの人が「［イラク侵攻の］結果を受けて、我を失った」と報告している[91]。同じようにオバマもまた、中東へのアメリカへの侵攻によって、新たなテロ組織が生まれるとは予期していなかった。二〇一五年のインタヴューで彼は、「ＩＳＩＬ［ＩＳＩＳとしても知られるイラク・レヴァントのイスラム国］は、イラクにおけるアル・カイーダから直接的に生じた当然の産物であり、それはまた意図せざる結果のひとつの例として、私たちの侵攻から生まれたものでもある」と語っている[92]。ＩＳＩＳの登場は、その地域における戦争の意図せざる結果、言うまでもなく七六ヵ国、世界の国々の三九％に及ぶ「対テロ戦争」に巻き込まれたすべての場所におけるアメリカ軍の存在がもたらした多くの帰結のひとつの例に過ぎないのである[93]。多種多様な海外における使命の意図せざる結果、とりわけ対テロの努力の結果は、多くの人がその明らかな帰結を指摘してきたにもかかわらず、計り知れないものとなっている。タリバンは意図せざる結果の注目すべき例であるが、当初それは、ジハードの戦士《ムジャーヒディーン》たち、一九七九年から一九八九年のソヴィエト－アフガン戦争のあいだにソヴィエトに抵抗すべく、アメリカの支援を受けた反乱軍から生まれ、その後アフガニスタンにおける数十年の長きにわたる介入のあいだにアメリカの敵となり、二〇二一年には最終的にその国を掌握するに至ったのだった[94]。

民主至上主義の理想主義と暴力の蔓延

アメリカとその同盟国が中東を民主化することに失敗したという事実や、（フリーダム・ハウスによれば）グローバルな規模で民主主義が衰退しているという考えから、国家建設のような行動を駆り立てるような理想像に対しては、疑念が生じてくるはずである(95)。国際的な共産主義において、いかなる実践上の手段も、ソヴィエトを階級なき社会という自らの理想像に近づけることはなかった。むしろそれは、新たな仕方でロシア社会を階層化したのであった。共産主義の理念の本性それ自体のうちに、根源的な社会工学の必要が含意されており、それは栄光ある理想像に立ちふさがりうる人々を沈黙させるものなのである。グローバルな民主主義という目標は、それと異なっているのだろうか。それもまた同じように、終わることなき暴力と海外の土地の占領を必要とするように思われる。海外における相次ぐ失敗と、政治的、社会的な混乱の新たな源泉の増大は、軍事的、文化的介入によって民主主義を建設することの不明瞭かつユートピア的な本質を示唆している。新保守主義者は頻繁に「過去からのアメリカの分離と（中略）未来への出発」について言及し、アメリカの外交政策と歴史上の他の国々の「現実政治」を対照させるが、それは正確なのだろうか(96)。クラウトハマーは、アメリカン・エンタープライズ公共政策研究所で二〇〇四年にアーヴィング・クリストル講義を行うに際して、歴史上における他の帝国とは異なって「私たちには領土への渇望はない」と語ることで、自らの話を始めている。だが彼はその講演を次のように締めくくっている。「これは戦争である。戦争において殺人者たちを拘束することは素晴らしいことだ。しかしながら、あなたがたが勝利するのは領土を奪うことによってである――そして何かを残していくことだ(97)」。新保守主義者が明らかにしているのは、アメリカの使命は普遍的原理を根拠としている一方で、その目標を達成するためには戦争という伝統的な手段を用いなければならないということである。表面的には高貴な理念によって駆り立てられながら、善意によるグローバルな覇権は、私たちの「冷笑的《シニカル》な旧世界の隣人たち[98]」の戦争と同じくらい破壊的な結果をもたらすのである。二〇一八年二月の時点で、たとえばイラクとアフガニスタンにおける戦争は、一八万人から二〇万二〇〇〇人の民間人の死者を含む、五万九五九二名のアメリカ人と二六万八〇〇〇人のイラク人の死者、三万一四一九名の民間人を含む、六万一八八九名のアフガニスタン人の死者を生み出している[99]。また、これらの戦争をめぐるアメリカの財政的費用は（パキスタンにおける戦争も含めて）、二〇一八年までで四・八兆ドルであると概算されている[100]。

新保守主義の支持者の一人ですら「拡張的で、ともすればユートピア的である」と認めたような大戦略を追求することによって、大規模な破壊が引き起こされ、またアメリカにとっても費用がかかる帰結を生み出すこととなっている[101]。新保守主義者は強硬な反共産主義者であると主張し、ソヴィエト連邦が崩壊するまでは冷戦の戦士たちであったのだが、彼らの精神的な枠組みには、自らのかつての敵との不気味な類似性がある。共産主義者の目的が、党内部に存在する小集団のほとんどに破滅的な帰結をもたらしつつ、革命戦略やボリシェヴィキの戦術に服従していたのと同じように、アフガニスタン人やイラク人に対するアメリカの扱いも、「ワシントンでの政治」と「アメリカの利害」に服従しながら、程度はともかくとして、似たような帰結をもたらしている[102]。新保守主義への偏向をもった何人かのアメリカの政治家たちによる人間の悲惨さに対する反応は、おそろしいほどに、献身的なボリシェヴィキを連想させるものである。たとえばクリントン大統領の下で国際連合のアメリカ大使を務めたマデレーン・オルブライトは、よく知られているように、サダム・フセイン体制に対するアメリカの制裁の結果として報告されている五〇万人のイラクの子どもの殺害について、一九九六年のあるインタヴューにおいて「それに値するものであった」と語っている(103)。そのようなことをあけすけに認めることはなかったとしても、費用がかかり、血が流れる結果があるにもかかわらず、それまでの進路にとどまり続けようという欲望が存在しているという事実は、改革における実践的な利害よりも、むしろ厳格なイデオロギー的傾倒から生じてきたユートピア主義と強情さが相互に作用していることを示している。

アメリカ合衆国とグローバルな民主主義についての新保守主義の理想像ないし民主主義的な中東との結びつきに関して、二〇世紀におけるソヴィエト連邦と階級なき社会のそれと同じぐらいに似ているものはない。アフガニスタンからの撤退は、外交政策におけるアメリカの理想主義に対する慈悲の一撃となるはずであった。しかしながら、これらの巨大な外交政策上の失敗の編成者や応援者たちが「外交政策の専門家」としての地位を維持し、ブートに至っては国際戦略研究所によって「軍事紛争についての世界における指導的権威」と呼ばれたという事実が示唆しているのは、少なくともアメリカの公的生活におけるエリート集団のあいだでは民主主義的な介入主義がなおも生き残っており、外交政策上の戦略として讃美されているということである。

これらの介入主義者たちの想定するところでは、歴史は、自然的かつ歴史的な宿命として、マイケル・ノヴァクのような新保守主義の思想家によれば、実際に神の手によって導かれる過程のうちで、不可避的にグローバルな民主主義へと進んでいく——「かつてない勢いで世界を席捲していく」——のである(104)。クラウトハマーの言葉によれば、「自由への意志」は、人民や国家のうちに普遍的に実在しており、「歴史の駆動因」なのである(105)。ブッシュはしばしば、アメリカの外交政策上の目的を描写するのに、キリスト教的な言語に依拠している。二〇〇四年の一般教書演説において、彼は不遜にも次のように宣言している。「私たちの世界における自由の趨勢は間違える余地のないものであり、それは私たちの権力のみによって進展しているわけではない」。さらに彼は、「時代を展開させていく、かの偉大な力を私たちは信じることができる」と付け加える(106)。新保守主義者によれば、アメリカの外交政策は普遍的な真理に由来するものであり、歴史的な偶然性や、野心的で自己奉仕的な政治家によって制約されるものではない。キリスト教的な終末論を転倒させることで、新保守主義者は、想像力による国家的な使命への参与によって、グローバルな規模における地上の刷新だけではなく、精神的完成をも提供しうるのだと提案する(107)。ブルックスと同じように、クリストルとケーガンもまた、日常生活を超越して「世界の条件を改善する」という、他ならぬ偉大な国家的使命へと目を向けよというセオドア・ルーズヴェルトの発言に耳を傾けている(108)。アメリカ人や特に伝統的な保守主義者は、新保守主義が主張するところでは、自らの政治的夢遊病に終止符を打ち、より偉大でグローバルな参加や干渉を求める必要があるのだ——それは、人間の存在様式の変容に他ならないのである(109)。

抽象的な理念にしたがって政治を秩序づけようと試みることの革命的で危険な含意について、シュトラウスはよく理解していた。理想を観想する哲学者は、「ある」と「べき」のあいだにある著しい分裂を直観するよう義務づけられているのだ。彼が言うには、「普遍的原理を認識することによって、人は既存の秩序や、現実としていまここにあるものを、自然的ないし合理的な秩序の光に照らして判定することを強いられるのである。そして、いまここに現実に存在するものは、普遍的な不動の規範を欠いている可能性が高いのである(110)」。シュトラウスがそうであったように、最善の体制は「もっとも望ましいだけではなく、実現可能なものとして意図されるべきである」と信じている理想主義者は、根源的な変容の必要について考え、またその理想はいかなる犠牲にも値すると思っている(111)。民主主義という文脈でいえば、プラトンの『国家』やルソーの『社会契約論』が例証しているように、合意の必要性こそ、政治における知恵の支配に対する主たる障害であった。自然的正の理論によれば、合意の必要性を克服することこそが、革命的なものではあるが、正義を生じさせるのである。シュトラウスが述べるように、「何らかの統制を通して知恵の自由な発露を妨げることは馬鹿げたことであるが、それと同じくらいに」「愚かな人々の愚かな願いを考慮することによって、知恵の自由な発露を妨げることも、馬鹿げたことであろう(112)」。自然的正の教説のもつ明白な社会的、政治的な含意について考察しつつ、彼はそれを「爆薬」と対比している(113)。政治が近代的な基準において知恵ある、正当なものとなるためには、何らかのかたちでエリートの中核が人民の政治的意志をそのほんとうの意志へと育て上げなければならないように思われる。「アメリカの目的については、その声をただワシントンでのみ耳にする」というブルックスの信念は、シュトラウスや他の人々が念頭においていた「代表」の民主至上主義的な解釈の類型の一例である(114)。人民は、エリートを通してのみ、自らの正しい声を発見することができるのである。

結論

スタンリー・キューブリックによる一九八七年の映画『フルメタル・ジャケット』において、大佐が不満を抱える部下に次のように語っている。アメリカは「ヴェトナム人を助けるためにやってきた。なぜならすべての北ヴェトナム人の内側には、そこから脱出しようとするアメリカ人がいるからだ」。もちろんこれは、本章で分析されてきたような対外的な冒険主義の類型に対する批判なのだが、三〇年以上経ってもなお、この大佐の発言は、多くのアメリカ外交のいわゆる専門家たちによって心の底から信じられている信念となっているように思われる。政治上の後退（それを挫折と言う人もいるかもしれない）や、『ウィークリー・スタンダード』やワシントンを拠点とする新たなアメリカの世紀のためのシンクタンクのプロジェクトの言葉を借りれば、新保守主義は死んだのかもしれないという疑いが存在しているにもかかわらず、その哲学はなおもワシントンの政治に生気を与え続けている。トランプは、アメリカの外交政策を抑制し、それ以外にも海外への関与を制限することを約束して選挙を戦ったのであるが、それでも二〇一八年の一般教書演説においてアメリカの「公正な使命」に言及せずにはいられなかった(115)。「公正な使命」という用語へと翻訳されたアメリカ例外主義という理念は、アメリカ人の想像力のうちに深く浸透していたので、わずかにそれが言及されたことなど、ほとんど気づかれもしなかった。二〇一六年の選挙において国家建設に反対して選挙を戦った唯一の傑出した候補者であっても、それまでの新保守主義的な大統領たちによる介入主義的な道から逸脱することはほとんどできなかったのである。中東から軍隊を撤退させるというトランプの計画は、決まって、共和党員と民主党員の双方、ならびにほとんどの大手メディア企業からの抵抗に直面することとなった。二〇一八年の国家防衛戦略は、増大する軍事支出や、アメリカの安全に対する認識された脅威に対抗するための覚悟を決めるための計画について抽象的に概略した。ここでの脅威は、もはや第一にはテロリズムからではなく、「国家間の戦略的競争」から生じていた。地球の地域のうちで、アメリカの国家的安全にとって戦略的に重要な場所の概略から外されたものは、ほとんど存在しなかった。その報告書に名前が挙がっているのは、中国や南シナ海やインド洋地域であり、ロシアとジョージア、ウクライナ東部、北朝鮮と韓国と日本、イランと「その隣人たち」である。要するに、二〇一八年のアメリカの国防戦略は、他の多くの問題のなかでも、「インド洋、ヨーロッパ、中東、そして西半球における好ましい地域的均衡を維持すること(116)」を提案しているのだ。そしてこれが、アメリカの外交政策を抑制すると約束した大統領府から生まれてきたものなのである。

トランプが大部分において証明したのは、大戦略が問題となるに際して、ワシントンや彼の政権、そしてひょっとしたら彼自身からも、介入主義的ないし国際主義的、そして民主至上主義的な本能を除去することは不可能だということである。いずれにしても、彼が選挙に勝ったことで、少なくとも一時的に、ワシントンにおける外交政策の権威たちの現状を維持せんとする覚悟が強化された。トランプに反対するという共通の目的によって一致団結しながら、以前における新保守主義と進歩主義的な敵たちは、彼らの相違を措《お》いておくことにして、その目的を一にする外交政策上の戦略を一緒になって促進したのである。

スティーヴン・ウォルトは、「ほとんどのアメリカ人の選好と明確に嚙み合わないにもかかわらず」、外交政策上のエリートのあいだで自由主義の覇権が「初期設定の戦略《デフォルト》」となっている理由について分析している(117)。現状維持に投資している人々にとっての政治的、財政的な利益のような、ウォルトの言及している要素が疑う余地もなく永続化の要因である一方で、本章が試みたのは、もうすこし広い視野で、民主主義の名の下における介入主義的な外交政策が民主至上主義のイデオロギーの実践上の頂点であると示すことである。ルソーによる感傷的な人道主義が西洋世界の政治を特徴づける倫理となって以来、自由主義の覇権は、西洋世界における立案上の大戦略であり続けてきたのである。ウォルトが具体的に示したように、ルソーの哲学こそが、そこから恩恵を被っているエリートたちのあいだにおけるこうした類型の外交政策思考への道を準備したのである。エリートは「世界を作り変えようという果てしない努力」のうちに囲い込まれた利益を有しているというウォルトの結論は、民主至上主義のイデオロギーは、まずもって権力者の利害に奉仕しているという本書の一般的な発見のひとつを反映したものである。その権力者は、抑圧や、いま以上の富における分断、さらに先鋭化する政治的分裂、破壊的な戦争につながるような目標を追求するために、「自由」や「平等」をめぐるイデオロギーのもつ奥ゆきのあるレトリック上の蓄積に依拠しているのである。

民主至上主義は、地理的にも道徳的にも、人類に対する視座という点で、拡張的である。グローバル主義者のような衝動こそ、それを際立たせているものの一部である。すべての人類が西洋的な自由民主主義に対する同一の欲望を共有しているという人間学的、認識論的な信念に動機づけられて、民主至上主義のイデオロギーは、道徳的な責任というかたちをとった介入主義として、外交政策のうちに姿をあらわしてくる。民主至上主義が、その目的を達成することに何度も失敗し、それにもかかわらず自らの綱領を修正しようとしないことは、その深刻なイデオロギー的本質の証左である。二〇一九年七月の『ニューヨーク・タイムズ』におけるブルックスの意見書は、多くの自由主義的な国際主義者が、自らと見方を共有しない人々に対して抱いている軽蔑を暴露するものである。独善的にも「選挙民よ、あなたの外交政策の見方は悪臭を放っている！」という表題をもちながら、その文章は、世界の警察としてのアメリカの不可欠性についての新保守主義的な物語を繰り返し、「プーチンや習近平のような狼たち」が、アメリカの介入なくしては「隙をついて悪事をなす」ことに警告を発している(118)。それがアメリカを泥沼に引きずり込んできたにもかかわらず、彼がこの見方を数十年にわたって維持しているという事実は、その背後にあるイデオロギーの強力さを示唆している。彼が指摘しているように、近年の研究が概算するところでは、「伝統的な国際主義者」は選挙民のたった九・五％であり、若者の大半は「アメリカが人権を濫用して介入することを控えてほしい」と望んでいるのである(119)。ブルックスにとってこのことは、若者が「人間本性や人間の可能性に対する信頼を失った」ことを示すものである。これらの若者はブルックスの世代の外交政策上の失敗を目撃してきたのだという別の解釈もある。彼らは民主主義的な理想主義の破壊的な帰結を目の当たりにし、アメリカの介入の後に続いた新たな悪の出来《しゅったい》を直接目撃した者もいたのだ。

暴力的な手段と、期待される平和的で民主主義的な目的のあいだの強烈な対照性は、民主至上主義の多くの矛盾のひとつである。ひとつの説得力のある事例をあげるのであれば、ムアンマル・ガッダーフィーの下にあるリビアの人々を救済するという見かけ上は人道主義的な使命は、すぐさま全面的な武力介入や体制転換という使命へと段階的に拡大し、恐るべきほど破壊的な、いまもなお続く内戦をもたらすことになった。ガッダーフィーの死——自由主義的な国際主義者にも、リビアにおける新たな民主主義の時代の夜明けとして注目された——からたった数ヶ月後には、「国際連合は、リビアにおける人権の状況が、いまやガッダーフィーの支配のどの時代よりも悪いものとなっているという結論に達した(120)」。多くの人が、同じような郷愁をもって、フセインの下での生活をふり返るのだ。

解放への欲望を、それが必要とする暴力や、新たな体制の責任を負う人々の掌中に落ちる権力と切り離すことは難しい。世界中の無知蒙昧な人民に対する一般的な懸念を隠れ蓑としながら、善意によるグローバルな覇権という外交政策は、その外面上は人道主義的な使命を促進することを試みるために力を用いることを躊躇しない。民主主義の名の下における軍事力を背景とした介入が新保守主義の特質である一方で、より重要なことは、それが民主至上主義の自然な延長線上にあるということである。民主主義が支配的な生活様式ではない世界を理解する能力が欠落しているがゆえに、民主至上主義者は、自由民主主義と両立しない規範によって支えられている、別の類型の統治を選択した人民や国家の思想に不快感を抱くのである。民主至上主義者は、地球上におけるすべての人民は、少なくともその深層においては、アメリカや多くの西欧の国々において形成されてきたものと同じ政治的、経済的システムを求めているという確信を抱いている。西洋的な自由民主主義とは根本的に両立しない、より深遠な文化的、宗教的信条ではなく、むしろ腐敗した統治エリートを非難しながら、民主至上主義者たちは、自らがむしろ一直線的な解決策を保持していると信じている。すなわちそれは、民主主義の自然な前進を阻んでいるエリートを排除することである。介入のための戦争は、選挙民が対外的な冒険主義に疲れを感じるに応じて満ち引きを繰り返しはするものの、その外交政策を民主至上主義が方向づけているかぎり、「人道的な」介入がワシントンとロンドンとブリュッセルの意思決定者の思想を導き続けるのである。

第8章

結論

民主主義の時代にあって、いかなる類型の専制が生じうるかということを想像しながら、一九世紀における歴史家であり、アメリカへの旅行者でもあったアレクシ・ド・トクヴィルが恐れていたのは、「全員が平等で似たものとなった数えきれない人間の群れ」を、彼らに奉仕するという口実で監視すべく生まれるような「巨大な後見的権力」である(1)。トクヴィルが言うには、この監視者階級の権力は、「絶対的で、綿密で、規則正しく、明敏にして穏健なのである。それは父権に似ているともいえるが、もしそのようなものであるならば、人々に男らしさを備えさせるという目的をもつことだろう。しかしながら対照的に、それが追求するのは、取り返しのつかないほどに人々を幼児期に固定し続けることなのである」。彼の予言によれば、この強力な統治は、「人民の主権の庇護の下に」形づくられることになる(2)。それは部分的には、近代における平等という抽象概念に対する執着によって可能となった人民による政府という妄想と中央集権化を結びつけるものとなる。いかなる種類の個性に対してもしかめ面が浴びせられる状況にだんだんと順応していくことによって、人民は気力を失い、また統治する意志さえも失い、彼らの名の下に支配することを約束する政治的上層階級に、よろこんで自らの権力を移譲していく。トクヴィルが感じ取っていたのは、民主主義的な中央集権主義には民主主義という粉飾が伴うということであり、それが支配者と被支配者の双方を満足させるのである。それぞれの人格がこのシステムを受け入れるのは、「そこに彼が見ているのが、一人の人間やひとつの階級ではなく、鎖の端を握っている人民それ自体だからである(3)」。人民による統治という見せかけだけが、この民主主義の末期の段階にも残り続けているのだが、トクヴィルによれば、人民は自らの消滅の共犯者なのである。

本書は、群衆よりも、むしろその「教師たち」の視点から、民主至上主義のイデオロギーに接近してきた。そこで提供されたのは、この類型の民主主義の登場に人民がどの程度まで寄与したかをめぐる評価ではない――それは気力を挫《くじ》くような課題である。しかしながら、とりわけ特殊な類型の統治形態として民主主義が、トクヴィルが予言し、また本書が探求してきたような「行政による専制」の類型へと向かう傾向を、つねに有しているものなのかを問うことには価値がある。民主主義は、一定の自称民主主義者（必ずしも民主党支持者ではない）が自らを監視者の立場にあると考えるために、全体主義へと転じる必要はない。自らの現実上の権力を放棄したとしても、人民は「彼らが自分の教師を選択したと考えることによって、後見状態の下にあることに慰めを見出すものである」と語るとき、トクヴィルは正しいのだろうか。民主主義の民主至上主義的な変種において、人民は、その権威を放棄することと、どの程度まで共犯関係にあるのだろうか。熟議民主主義についてのスイスの研究の参加者が、その研究の管理者の方向づけによって自らの考えを変容させたという事実は、どれほど小さなものであっても、人民がいかに容易に権力の地位にある人々に身を委ねてしまうかを示している(4)。この研究を実施した人々は、参加者が自らの考えを変容させたのは、そこで提供された素材が客観的な真実であったからだと私たちに信じさせたいのであろうが、しかし、そのとおりであって、考えを変容させるプロパガンダの影響ではなかったと、どのようにして私たちは確信できるというのだろうか。いずれにしてもこの研究は、人民は独力では自己統治という任務についていくことができないという民主至上主義の前提の縮図となっている。トクヴィルが的確にも選び取った言葉を借りるのであれば、民主至上主義者の「後見」なくしては、彼らは知識を欠いたまま、自分の最善の利益に気づいておらず、非合理的な思考に傾きがちであり、共通善に関心をもたないのである。民主至上主義的な解釈によれば、それがすぐそこまで来ているという主張にもかかわらず、ほんものの民主主義は不可能なものなのである。これが民主至上主義の真の矛盾である。

しかしながら、民主主義を理解するもうひとつの別の道がある。この別の見方によれば、たしかに群集としての人民には統治する能力が備わっていないのだが、その理由は、彼らが非合理的で無知蒙昧だからというのではなく、彼らが善い感覚と共通善への傾向をもつためには、一定の道徳的、文化的な前提条件が必要とされるからである。抽象における正しい推論ではなく、善き動機づけによって導かれる道徳的な活動や熟慮が、人民の自己統治能力を規定しているのであるが、その道徳性は専門家によって教えられるものではなく、家族や地域社会や宗教的、文化的な中間集団などの補完的な制度のうちにおいて諸個人自らによって涵養されなければならないのである。アリストテレスやエドマンド・バーク、アレクサンダー・ハミルトン、ジョン・アダムズ、ジェームズ・マディソン、アレクシ・ド・トクヴィル、オレステス・ブラウンソン、そしてアーヴィング・バビットのような人物たちは、人民による統治の適格な支持者ではあるが、彼らは「人民の擁護者」であると主張したり、直接的な人民による支配を欲していると語ったりはしない。政治における賢明な判断に関わる群衆の能力について、彼らは自己欺瞞に陥ってはいないのだ。人民のもつ自己統治能力に対する彼らの信念は、民主至上主義の対抗者に比べると、穏健なものである。彼らは、人民が実際にそうである以上の何かになることを期待しないがゆえに、機能的な民主主義が可能となるための革命的な変化が必要であるとも考えない。この別の「民主主義的な」伝統の選択肢に属する思想家は、人民の意志の神聖さや賢明さをめぐる壮大な主張をしないという傾向をもつがゆえに、とりわけ自分自身が人民のほんものの擁護者であると粉飾している民主至上主義者たちから、時としてエリート主義者であると嘲笑される。矛盾したことに、このエリート主義的だと思われている思想的系譜に属しているバークやハミルトン、アダムズ、その他の人々は、民主至上主義者とは違った仕方で民主主義的なのである。これらの思想家は、より歴史に根ざした謙虚な民主主義の構想を抱いているのであるが、大衆を新たな生活様式に駆り立てる知的エリートという前衛に目を向けたりはしない[5]。人類の善と悪の双方への可能性に対する自覚に根拠をもつ、民主主義についての彼らの歴史的な構想から生じるのは、社会を再構築できるなどという自惚れなき政治哲学である。この伝統に属する思想家は、革命や変容ではなく、改革という穏健な目標しかもたないのだ。

歴史における民主主義の多種多様な表現をふり返ることは、何が現実において可能であり、何がおそらくは荒唐無稽な妄想であるのかを想像するのに役立つ。矛盾したことに、ルソーやフランスの革命家、多くの民主至上主義者たちが礼賛するところの人民による直接的な民主主義の類型は、現実上における人民の意志をもっとも軽んじるような民主主義の変種を促進しているように思われる。この国民投票的な民主主義 plebiscitarian democracy は中央集権化する傾向をもつが、その理由は、それが市民たちを区別なき大衆として扱うからである（一般意志を考えてみてほしい）[6]。もし市民たちが利害において単一の統一体であるならば、一人の指導者か、少数の指導者の中核が彼らの代表者として行為し、また彼らを統治するための画一的な政策を生み出すことができる。他方において、市民たちの利害が多種多様で競合するものであり、時として調停不可能であるならば、彼らは、それらの利害を有意義な仕方で政治的に届けることのできる代表者をもつ必要がある。アメリカ合衆国憲法の起草者は、これこそが事実であると信じており、だからこそ異なった地理的、文化的な利害を保護することができるように諸州による連邦システムを提唱したのである。そこでは二院制の立法府がより細やかな次元でこれらの利益を代表し、田舎でより人口が密集をしていない地域にも選挙人団によって国政における声が与えられ、三つの競合する政府の部門が中央集権化された権力に対して補完的な抑制を行うのである――これらはすべて、国家や地方の政府がアメリカ人の多種多様な利害に対してさらなる敬意を払うようになるという想定の下にある。ジェファーソンは、それらが人民の直接的で媒介のない意志を妨げるものであるがゆえに、こうした機構のいくつかを障害であると考えていたわけだが、本書でジェファーソンを検討して明らかとなったのは、直接民主主義についての彼の視座は、彼が思い描くよりもずっと民主主義的ではないということである。

アメリカ合衆国憲法は、普遍的な民主主義のための青写真ではないものの、そのいくつかの要素は、過度な中央集権化と権力の濫用を抑止しようとするものであると同時に、人民による支配を促進するいくつかの方法を表現してもいる。アリストテレスやブラウンソン、ハインリッヒ・ロンメン、ならびに他の人々が指摘しているように、抽象的な次元で最善の統治について規定しようとしても、それは実りのないものである。アリストテレスは、多種多様な国制の長所を評価するに際して、偶然性の役割を強調している。「ある種の国制は本質的に好ましいものではあるが、所与の事例によっては別の種類がより適しているということを妨げるものは何もない。こうしたことは実際によく起こるのである(7)」。ある国家や人物が、別の国家にとっての生のあり方を指図することはないということを、彼は当然のことだと考えているのだ。『ニコマコス倫理学』でアリストテレスは次のように語っている。「私たちはすべての人間をめぐる問題について熟慮しているわけでない。たとえば、いかにしてスキタイ人が最善の政治体制を保持していたかについて熟慮するスパルタ人などいないのである。むしろ人間のそれぞれの集団は、彼ら自身が可能である行為について熟慮するのである(8)」。人民の政治的な気質などといった特定の所与から何かを行おうとすることが最善であり、したがってまた、もっとも地域的な次元にありつつ、遠く離れた人民がいかに生きるべきかについての包括的な主張をすることを差し控えるのがもっとも望ましいのである。これはまたブラウンソンの見方でもある。ブラウンソンの語るところでは、「ある国家にとって日常的に実践可能な統治形態は、その領域に住む人民の特殊に地域的な性格によって規定される」のであり、「ある国において実践可能で善いものとなりうる統治形態は、別の国では反対かもしれないのである(9)」。さらにアリストテレスは、「一般の人々の範囲を超えた徳の基準や、例外的な資質や技能を要求するような教育の基準や、理念的な高みにまで達するような国制の基準を採用することのない」政治的秩序を、私たちは目標とするべきであると主張している(10)。民主至上主義の核心にある理想主義は、これらの人物が避けようとした至高の類型を奨励している。それは、他の人民にあるべき生き方を指令することを躊躇しない。それははるか彼方から立法を行おうとする。それはその規定において普遍主義的である。そしてそれは、ふつうの男性や女性が及ぶことがないだけではなく、人間を合理的な抽象物として扱う点で認識上の可能性の外部にあるような徳の基準を採用する。この理想主義的な視座が敗北するとき、最善の場合には、この夢想家が憂鬱な絶望に陥る。しかし最悪の場合には、彼ないし彼女は狂気をはらんだ実りのない理想の追求へと向かっていくことになる。ロマン主義的な両極さは、ほとんど不可避のものである。

このような民主主義的な理想主義の究極的な空虚さは、今日においてますます明白なものとなっている。ジェファーソンやリンカーンといったかつての民主主義の英雄たちの像を撤去しようという欲望は、おそらく「自由の新たな誕生」や「すべての人間は平等に創造されている」といった抽象的な約束の空虚さについての意識が高まっていることを示すものである。何世紀にもわたって西洋人たちに押しつけられてきた民主主義についての民主至上主義的な視座は、新たな地の国についての心をかき立てる展望を提供し、既存の秩序に対する反抗を招いてきたのだが、その視座が不明瞭で実現不可能なものであるかぎり、それは危険なものである。絶対的な自由や平等というような抽象的な理想が現実上の可能性であるかのごとく奨励され続けることによって、人々は絶望し、また怒りを溜めていっている。多くの思想的指導者は、アメリカとヨーロッパにおける反エスタブリッシュメント政党の勃興を、民主主義の危機を意味するものと解釈している。しかしもうひとつの可能性として考えられるのは、危険にさらされているのは、統治形態としての民主主義ではなく、それについての民主至上主義的な視座であり、したがって民主至上主義者たちの権力であるということである。

フリーダム・ハウスの長であるマイケル・J・アブラモヴィッツは、「右翼のポピュリストたちが、二〇一七年にフランスやオランダ、ドイツ、オーストリアにおいて、票や議席を獲得した」ことを嘆いている。アブラモヴィッツが語っているように、「オーストリアを除いて、彼らはまだ政府の外部にあるものの、世論調査における彼らの成功が、左右の既存政党の力を弱めるのに一役買っている」。フリーダム・ハウスによれば、これらの「右翼ポピュリスト」は、グローバルな民主主義の「危機」

の源泉なのである(11)。アブラモヴィッツのような民主主義についての民主至上主義的な解釈を擁護する人々にとって、人民による選挙の結果を非民主的なものとして扱うことは、まったく一貫性をもったことなのである。民主主義の適切な構成要素についての民主至上主義の理解に反するときには、これらの選挙結果は——善かれ悪しかれ——人民の意志の真の表現として扱われるよりは、むしろ「ポピュリストの指導者」か、あるいは他の邪悪な力の影響として説明することができるのだ。実際には、無媒介な人民主権は危険であり——歴史が証言しているように——騙されたり、誤った情報に基づいていたりする民衆の意見を生み出しうるが、民主至上主義が、統治形態としての民主主義の、こうした危険な可能性を批判することはない。その代わりに民主至上主義は、純粋なる民主主義と人民による支配の徳を唱道しつつ、同時に断固として反民主主義的な政治的理想像を追求するのである。

興味深いことに、ヤン゠ヴェルナー・ミュラーは、私が民主至上主義を特徴づけているのと同じように、ポピュリズムを特徴づけている。彼が言うには、ポピュリズムは「政治についての特殊に道徳主義的な想像であり、また政治の世界を知覚するあり方であって、それは道徳的に純粋で完全に一体となった——しかし（中略）究極的には虚構の——人民を、腐敗しているか、あるいはいくらか道徳的に劣っていると見なされるエリートに対置するのである」。彼は続けて次のように主張する。ポピュリストとは、「つねに反多元主義的である。ポピュリストは、自分たちが、自分たちだけが、人民を代表していると主張するのであり、またポピュリストの中心的命題には、実際にポピュリスト政党を支持しない人は誰でも、初めから正規の人民の一部ではありえないということが含意されている(12)」。ミュラーの批判は、人民それ自体よりは、ポピュリスト運動の指導者たちに対して展開されているように思われる。これらのうちのいくつかは、本書で概略された民主至上主義の特質である。しかしながら、ミュラーにとって、ポピュリズムは特殊に現代的な現象であり、彼の主張によると、彼が真の民主主義論であると考えている民主主義についてのルソー的な構想とは異なったものなのである。ミュラーが断言するところでは、ルソーの一般意志は、「現実上における市民による参加を要求する」ものである。「他方でポピュリストは、たとえば〈ほんもののアメリカ人〉であることの意味を根拠として、人民の正当な意志を神聖化しうるのである(13)」。

ミュラーの定義するところのポピュリズムは、ルソーの一般意志を完璧に描いたものではないだろうか。この現代のポピュリズムがミュラーの特徴づけたとおりのものであるとするなら、それは、民主至上主義的な思想の長い系譜における、もうひとつの表現であるように思われる。しかしながら、ミュラーや現代におけるポピュリズム運動を「権威主義」や「短絡的」視点と結びつける人々は、実際のところ民主至上主義の一部を演じているのである。ポピュリズムの批判者たちは、この現代的現象を、民衆の不満につけ込もうと策謀する扇動者《デマゴーグ》たちが引き起こしたものとして片づけてしまう傾向にある。そうすることによって、ポピュリズムは、実際にはまったく民主主義的な運動などではなく、権力を追求するエリートの小さな閥による産物であるかのような印象が与えられる。繰り返しになるが、こうして民衆の感情を見下すことは、民主至上主義の本質的要素なのである。民主至上主義者たちの期待に沿わない人民の意志の表現は、間違っており、人民の欲望を現実に代表していないものとして片づけられる。しかしながら、そのように人民の意志を非難することは、ポピュリズムの批判者に非常に深刻な問題を提起することにもなる。そこには、そういった見方が表現されることを許容している統治システムそれ自体も含まれることだろう。民主至上主義のイデオロギーは、民主主義を積極的には批判しようとしないことを特徴とするのだが、同時にまたそれは、現実上の結果にはつねに不平を抱いているのだ。ここでポピュリズムについて言及する目的は、運動としてのそれを評価することではなく、その批判者の何人かにおける民主至上主義的な前提を際立たせるためである。もしポピュリズムと呼ばれているものが、投票箱における候補者の成功によって示唆されるように、それが出現した国々で人民の多様な層や多数派に受け入れられているとすれば、それを非民主主義的で、民主主義にとって危険なものとして片づけることは、控えめに言っても矛盾している。これらの批判者たちは、自分たちにとって実際に問題となっているものが、民主主義それ自体なのかを考慮してみるべきである。

ジェイソン・ブレナンは、『アゲインスト・デモクラシー』において、民主至上主義の真髄ともいえる見方を表現しているが、そこで議論されているのは、知性あるエリートが「エピストクラシー」によって支配するべきだということである。適切な表題ではあるが、この本が望んでいるのは、大衆による政治参加を少なくし、特定の指導者の手にますます権力を集中させることなのである。疑う余地なくブレナンは、政治においてより大きな声をもつ人々のあいだに自分も属していると頭に思い描いている。その一方で残りのアメリカ人たちは、ブレナンが言うところの選良たちによって作成される立法に満足するべきなのである。彼が望んでいるのは、ほとんどの人が、政治について心配する代わりに、「フットボールやNASCAR、トラクター・プリング、セレブのゴシップ、ファミレスでのお食事」で単に気晴らしを続けることである(14)(15)。ブレナンにとってのパンとサーカスがアメリカの中心地における娯楽であるべきだというのは、多くの民主至上主義者たちが一般の市民に対して抱いている自己満足的な軽蔑を如実に示している。ブレナンのような専門知識をもった人々に判断を委ねようとしないような人々は、対抗的で無知蒙昧であり、民主至上主義の楽園への道に立ちふさがるものであると想定されている。民主至上主義の論理は、「道徳的に非合理的で、無知蒙昧で、政治について無能力な市民がいるときには」、何らかの仕方で彼らから公民権を奪われなければならないというブレナンの結論につながっているのである(16)。自らの理論が、より広範な政治への関与や熟議を要求するような他の民主主義論者とは反対の見方をしているというブレナンの信念に反して、「エピストクラシー」を求める彼の欲望は、多くの著名な民主主義論と、実際にはほとんど同じものである。たとえば論理的、実践的な帰結として「エピストクラシー」は、素朴に熟議民主主義のかたちをとるのである。そうして民主主義についての数多くの理論は、多かれ少なかれ、ほんものの人民の意志を識別する隠れたエリートの能力を想定しているのである。

民主至上主義者たちにとって、私たちは皆、一般意志やその民主至上主義的な解釈のうちに一体となって包摂されうるものである。ロシアの侵攻からジョージアを守ることを望んだとき、上院議員のジョン・マケインは、「私たちは皆がジョージア人である」と宣言した。そしてその数年後になって彼は、「私たちは皆がウクライナ人である」と宣言した(17)。あるいは、デイヴィッド・ブルックスの「私たちは皆が新保守主義者である」という主張、ジェファーソンの「私たちは皆が共和主義者であり、私たちは皆が連邦主義者である」という宣言を考えてみればよい(18)。民主至上主義者にとっては、いかなる本質的で有意味な相違も、人民のあいだには存在しないのである。「私たちの価値」のすべては、最終的には、民主至上主義が真理であると考える価値のうちに融合できるのである。民主至上主義は、世界観やその他の重要な事柄において、多様性にほとんど余地を残さない。「普遍的権利を皆で承認する」ためには、疑念を抱くことなく、それを受け入れることが必要となるのであり、そうでなければその人は、原理主義者かファシスト、あるいは昨年の言葉を用いるなら「人民の敵」と見なされるのである(19)。何が理に適っており知的であるか、何が無知であり「憎むべき」ものであるかについて裁定する排他的な権利を要求することによって、民主至上主義は、言葉を操作し、そうして思想を操作することを通じて知識それ自体の基準を構築している。それは、すべてを包括的に支配するイデオロギーなのである。ドストエフスキーの大審問官が主張しているように、「本質的なことは、そのうちではすべてがひとつになりうる」ということなのだ(20)。

大審問官と同じように民主至上主義者は、自由という大いなる「畏怖すべき」重荷から人類を解放し、歴史を巧みな社会工学と再組織化によって救済することを望んでいる(21)。自己愛や悪へと向かう人間の気質を迂回しようとする試みにおいて、ルソーやマリタンやロールズやブレナン、その他の多くの思想家は、これまで永遠平和や博愛を不可能にし続けてきた人間の性格のそういった側面、つまり私たちの堕罪を回避することができるように見える政治システムを考案する。彼らは、正しい合理的な計画と市民の適切かつ合理的な関与によって、民主主義という機械の歯車が最終的に動き始めると想定しているのだ。しかしながら、民主至上主義者が現実の政治的問題について、バートランド・ラッセルの言葉を借りるならば、「詳細に考察をするべく目線を落とす」につれて、彼らの多くはルソーと同じように、「僭主政を巧みに回避するという古くからの問題が残り続けている」ことに気づくのである[22]。そこで彼らは、人間本性をめぐる古くからの問題を迂回するための、より精緻な方法を考案していく。そうしてすぐさま明白になるのは、民主至上主義が置換しようと試みた制度的な建築物の大半が、市民宗教から異なったイデオロギー的方向に沿って新しく階層化された社会までの新たな形式で、彼ら自身の政治的図式のなかに再び出現するということである。

民主至上主義の外交政策は、その理想像を実行するために民主至上主義が権力を必要とすることを、とりわけ浮き彫りにするものである。ウッドロー・ウィルソンは、アメリカの公衆の欲望に必ずしも敬意を払うことなく、「解放」と海外への民主主義の奨励という観点から軍事行動を正当化するような、自らに始まる外交政策を予見し、また開拓した。憲法学者のルイス・フィッシャーは、「一体性こそがエネルギーを導く」というハミルトンの考えが、「国家と憲法システムに多大な損害を与えることにつながり」、しばしば執政府に絶大な権力を付与するような行動を正当化するのに用いられた多くの事例を列挙している。すなわち、「中国による介入と犠牲だらけの袋小路につながったハリー・トルーマンによる朝鮮北部へ進撃するという決断、リンドン・ジョンソンによるヴェトナム戦争の激化、リチャード・ニクソンのウォーターゲート事件、ロナルド・レーガンによるイラン・コントラ事件、サダム・フセインが大量破壊兵器を所有しているという六つの虚偽の主張に基づいたジョージ・W・ブッシュによる対イラク戦争の開戦、リビアを破綻国家としてテロリストの温床にすることとなった、ムアンマル・ガッダーフィーを公職から追放するためのバラク・オバマによる武力行使などである[23]」。ニクソンの行動を例外として、これらの事例はすべて、海外の人民を解放しようとする民主至上主義的な欲望によって動機づけられており、フィッシャーによると、憲法上は委託されていなかった強大な新しい大統領権力へとつながったのである。とりわけウィルソンは、執行権力を拡大するに際しての外交政策の役割について自覚的であった。C・エリック・シュルツケの指摘するところでは、『議会と政府』の一九〇〇年版において、「[ウィルソンは]国家の問題において〈外交問題が傑出した役割を演ずる〉とすれば、執政府は〈必然的にその案内役でなければならない〉ことに気づいている。この〈新しいリーダーシップは〉、〈私たちの統治の方法全体にきわめて広範にわたる効果〉をもたらすことになる[24]」。外国の解放を目標とした第二次世界大戦後における戦争や「軍事行動」はすべて、アメリカ合衆国大統領の権力の尋常ではない増大につながった[25]。しかしながら上記に掲げられた国のうち、どれだけの国がアメリカによる介入の後に改善されたであろうか。

スティーヴン・M・ウォルトの議論によれば、外交政策のエスタブリッシュメントが自由主義の覇権――民主至上主義のイデオロギーの帰結――という現状の永続化に深く傾倒しているのは、それが財政的、政治的な利益を得るのに有利だからである[26]。彼の記しているところでは、「より抑制的な外交政策がとられるようになれば、外交上の政策集団全体が仕事を失い、その地位や重要性は下がり、大学院で外交政策を教える重要度も低下し、何人かの著名な慈善家がこれらの主題に捧げる寄付金も減少することにつながりかねない。この意味において、自由主義の覇権と止《や》むことなきグローバルな行動主義は、外交上の政策集団全体にとって、完全雇用のための戦略なのである[27]」。私ならばこの論理を、民主至上主義一般の評価にも敷衍する。このイデオロギーを支持する人々は、人民により大きな権力を与えるように、もっとも大きな声を上げるが、実際には自らの権力と資源を要求しているのである。自分たちにこそ真っ先に権力の手綱を握らせることを要求するような民主主義についての彼らの理解を永続させることによって、彼らは多くの利益を得るのである。

統制への欲求と既存の体制を転覆しようという欲望――国外と国内において――が暗に示しているのは、民主至上主義的な理想主義が権力への渇望と結びついているということであり、しかもそれが公正さの感情から活力を得ているということである。中東におけるアメリカの大失敗は、「道徳的な透明性」と自然的正の思想によって動機づけられた外交政策の顛末を例証している。西洋型の民主主義に類するいかなる経験ももたないこれらの国々を、そうした存在様式へと外部の人間が導くことができるという確信は、ブルックスも認めているように、子どもじみたものである[28]。レオ・シュトラウスの記すところによれば、古典的な自然的正を信じている人々にとって、「合意は平和を生み出すことはできるかもしれないが、真理を生み出すことはできないのである[29]」。これこそが、民主至上主義を駆り立てている緊張のひとつである。公正さの感情は、グローバルな民主主義による平和への欲望を生み出すと同時に、それを掘り崩すのである。第一次世界大戦へのアメリカの参戦に関するウィルソンの言葉は、民主至上主義のこの次元を鮮明に浮き彫りにするものである。すなわち「力、最大限の力、いかなる制約も限界もない力、高潔にして壮大なる力、それこそが正義を世界の法則とし、あらゆる利己的な支配を葬り去るのだ[30]」。実際に民主至上主義の核心は、「正しさは平和よりも貴重なものである」という信念であるように思われる[31]。軍事技術の発展、とりわけドローンの使用に伴って、戦争の本性がますます抽象的なものとなることにより、この高邁な理念を提唱することは、いっそう容易になっている。

力――強制力の一種としての「手続き的規範」――によって解放が生じるという民主至上主義の主

張は、その深層にある動機づけについて、不穏な疑問を起こさせるものである。自由の産みの苦しみについてのジェファーソンの言葉を思い出してみればよい。「なおも血の河が流れなければならない（中略）。だがその目的は、血の河と何年にもわたる荒廃に値するものである(32)」。理想主義者にとって、不当に高すぎる対価というものは存在しないのだ。フランスの文人であるアナトール・フランス（一八四四－一九二四）は、理想主義者には「もっとも思いやりのある楽観主義によって、もっとも野蛮な残忍さへと導かれる(33)」可能性があると述べている。人類にとっての新たな栄光の可能性についての視座から始まって、理想主義者は、遅かれ早かれ、想像上においては彼の理想から恩恵を受けるはずの人民こそが、その実現の道に立ちふさがっている存在そのものであると考えるようになっていく。「ある人が、人間は自然的に善いもので徳があるという仮定から出発するとき、その人は不可避的に、彼らを皆殺しにしたいと欲することになるのだ」とフランスは語っていた(34)。

ロベスピエールは、このような考え方を体現している。彼はルソーの理想を心に抱き、『社会契約論』における民主主義の解釈が西洋の国々の政治的エリートのあいだに広がっていくような政治の新たな時代を創始する手助けをしたのだ。いまとなってはロベスピエールを、現実の民主主義とはほとんど関係のない戯画や極端な事例、狂信的な革命家として片づけることは容易であるが、しかし彼は、自らが民主主義の敵と考えるものを抑圧することによって民主主義という目的を支援しているのだと信じていた。歴史家のコリン・ジョーンズは、彼の公開処刑に至るまでの毎日について実証している。「一七八九年から一七九一年までの憲法制定議会において、［ロベスピエールは］恐れることなく人民を擁護し、所有権ではなく個人のために戦い、表現の自由のための有力な事例を擁護し、宗教的寛容を礼賛し、死刑制度の廃止を含めた慈悲のある司法改革を要求し、また反植民地主義的な案件に関与した（それは一七九四年二月の奴隷制廃止に収斂している）。彼は、（現在では留保がつくが）世界でもっとも民主主義的な憲章である一七九三年憲法についての議論にも大いに貢献した(35)」。ロベスピエールは、「私が人民［あなた］である(36)」と宣言することで、自らが人民を体現していると心から信じていたのだ。彼は実際に、一般の人民のためによりよい状態を生じさせることを望んでいたとも言える。

ジョーンズの語るところによると、ロベスピエールは「自らのあらゆる言葉と行動において痛切なまでに誠実であり」、「道徳的な透明性の大いなる使徒にして、彼の偉大な偶像だったジャン＝ジャック・ルソーのような様式における高い志をもった行動の範例的なモデルを提供している(37)」。しかしながら、民主主義のための手段としてのテロリズムに対する彼の信念は、その意図を明らかに掘り崩すものとなっている。「テロリズムは、即効性がある冷酷にして断固たる正義以外の何ものでもない。だからこそそれは、徳の発露なのである」。その解放と正当化に自ら貢献したテロリズムの手によって公開処刑されるちょうど五ヶ月前に、このように彼は宣言している(38)。その赤裸々さゆえに驚くべきものではあるが、彼の論理は、民主至上主義の一般的論理を伝えるものである。民主至上主義の世界観にあって、徳と暴力は容易に調停可能なものなのである。前者はしばしば後者を必要とするのだ。民主主義の理想、あるいは自由 *liberté*、平等 *égalité*、博愛 *fraternité* は、あまりに高貴で純粋なものであり、それが人類に対して授けることになる善性において普遍的なものであるがゆえに、それを追求するためには暴力さえもが行使されうるのである。このような考え方と、密接に結びついているのが、理想主義者に付与されるべき権力である。このことは、ロベスピエールによる議会的な手続きの扱いのうちに明白にあらわれている。「もし彼による指令の要点のひとつが拒絶されるようなことがあると、［ロベスピエールは、］高尚な原理や反抗されたことへの感情的な当惑に訴えかけながら、言葉の暴力によって執拗なまでに報復をするので、結果として話者は降参しなければならなくなる(39)」。理想主義者の洞察によれば、彼ないし彼女による社会の再生への道は唯一のものであり、その名の下に法外な権力を要求するものなのである。

他方において、バビットが「道徳的」と名づけている想像力の類型は、根本的に謙虚なものである。それは、自由や平等という目標を実現するために要求される実践的な段階を考慮に入れる。具体的に言えばそれは、何が目標となっており、どのような犠牲が払われるかを問いかける。それはまた、ある特定の視座が、人間存在の限定的な性格を所与としたときに現実上において可能なものであるか、それともその目標がただの高尚な抽象であるかについて考える。道徳的想像力は歴史の自覚によって涵養されるものであり、暴力と強制への危険な誘惑として理想主義を拒絶する。それは、未来の可能性のための範例を与えてくれるものとして過去の出来事に注目する。この種の想像力は、一般的には政治について、特殊にはその野心において穏健な民主主義についての理解につながっている。その外交政策は目標において限定的であり、外国の文化の複雑性と意図せざる帰結の法則をつねに念頭においている。

二〇世紀への変わり目に執筆活動を行ったイタリアの哲学者ベネデット・クローチェは、哲学において優勢を占めていると思われた形而上学的思弁と非歴史主義に対して警戒心を抱いていた。とりわけ彼の祖国における、そのような抽象的な理論的営為のもつ政治に対する危険な帰結を予見しながら、クローチェは、「歴史の外部や上部」に立つ哲学によって影響された実践的行為は、「少なくともその意図においては高貴であったとしても、それ以外では下劣なものである」と語っている。「それはオーギュスト・コントと同じように〈社会を再組織化する〉ことを望むだろうし、またカール・マルクスと同じように社会に革命を起こし、それを合理化することを欲するだろうし、他の哲学者たちと同じように人民を沈黙させ、服従させ続けるために手段を用いようとするだろう。しかしながら、そこにある不一致はいつも変わらない(40)」。すなわち、その不一致とは、理想的なものと目の前にある現実のあいだのそれである。理想主義者にとって現実とは、どれほどそこに痛みが伴うとしても、理想像に順応しなければならないものなのである。他の「取るに足らない」特殊な関心を超えた「崇高な」重要性をもった問題について語りうると主張する非歴史的な哲学はしばしば、「社会や国家の指導者や改革者」になろうとする人々の利害に奉仕するものであると述べたとき、クローチェは正しかったように思われる(41)。彼の信念は、一般意志という概念のうちに、権力を濫用するような命令のために拵《こしら》えられた空虚な抽象を見出したラッセルのそれと変わるところがない。

人民の声を歓迎しながら、実際のところ民主至上主義者たちは、人民をそれ自身の最高の形態へと導くのではなく、民主至上主義者自身の見方を人民に奨励することのできる啓蒙されたエリートに目を向けているのだが、それがほとんどいつも意味しているのは、人民は歴史的に発展してきた自分たちの実践を放棄するように要求されるということである。民主主義についての歴史的、立憲的な見方を提案しているクラース・G・リンは、このような民主至上主義的なエリート主義の類型に対抗する議論を行っている。「自らが変容して欲しいと考えているところの人民のうちに不穏な脆弱さを見て取るような、真の意味でのコスモポリタンな思想家や指導者であれば、本質的に優越するものとして想定されている完全に異なった生活様式のために、人民に自らの歴史的な遺産を放棄することなど要求しないものである。実りあるほんものの変容は、その最高度の基準にしたがいながら、同時にそれを修正していく過程のうちにあることによって、より完全にそれ自身であろうとする特殊な社会からのみ生じてくるのである(42)」。リンが議論するところによれば、民主至上主義者のような合理主義的で非歴史的な思想家が、「人民を人民たらしめているものを放棄するように彼らに要求し、優越すると考えている単一的文化に執着することは、人民からアイデンティティと自己尊敬の源泉を奪うものである。人民は、自分自身の力に拠って立ち、ある意味ではそれ自身であることによってしか、本当の意味で改革をすることはできない。その伝統にとって有害でありながら、誤って普遍的なものと見なされている文化を人民に押しつけることは、ただ機械的で、非有機的な変容を生み出しうるだけなのである(43)」。

特定の民主至上主義者たちは、民主主義についての自らの解釈に妥協なく固執することによって「単一的文化」を提唱しているように見えるかもしれないが、そのような過ちを犯していない、たとえば熟議民主主義論者のような人々もたしかに存在している。このように応答する人もいるかもしれない。たしかに熟議民主主義は、それぞれの共同体に対話を通じて自分自身の規範を発見することを許容しているように見える。しかしながら本書が明らかにしたように、受け入れ可能な議論についての熟議民主主義論者の指標は、受け入れ可能な文化をあらかじめ決定しているのである。すなわちそれは、世俗的で、新自由主義的な文化の変種でしかない。熟議民主主義が繰り返し本書に登場したのは、それが民主至上主義には異なった形態が想定されるし、そのなかには見かけ上は巧妙に民主主義的であるものもありうるということを具体的に示してくれるからである。ある種の手続き主義を好むような特殊な規範的な理想像を発展させたという点において、ロールズやハーバーマスの理論が他のものよりも精緻であるという事実は、彼らを民主至上主義の伝統の外部におくものではない。

人民の声こそが至高であると宣言すること――民主主義の時代において、政治的権力を追求する人々にとって絶対条件となったもの――は、民主至上主義者たちの行動がつねに民主主義的であるという印象を生み出すのに一役買っている。民主至上主義に一般的な方向性を与えている一般意志についてのルソーの概念はまた、「指導者と彼の人民のあいだの神秘的な同一化を可能とするものであり、それは投票箱のような世俗的な装置によって承認される必要のないものである」と、ラッセルは指摘する(44)。一般意志を代表して何かを語っていると主張することによって民主至上主義者たちは、それを吹聴する人々に対する大きな影響力の源泉となっている。その代表者たちは、自分たちだけが人民の声を代表していると主張するがゆえに、民主至上主義は、その行為や動機に疑いを挟もうとするような議論を妨げる。ジョージ・W・ブッシュの言葉によれば、「私たちとともにあるか、それともテロリストとともにあるか」なのである(45)。

レトリック上のポーズにもかかわらず、民主至上主義が追求するのは、その支持者が主張するような直接民主主義ではなく、特殊な類型へと方向づけられた民主主義である。「民主主義」という言葉とそれに対応する自由や平等についての言語は、実際のところは反民主主義的な感情や行為や思考を隠すための覆いを提供しており、また民主至上主義が、法外なまでに野心的で変革的な目標を伴った包括的なイデオロギーであると気づかれるのを免れる手助けをしている。このイデオロギーは甚大な影響力を行使してきたのであり、また西洋世界における近代的な政治の展開の大部分を説明してくれるものである。本書が追求してきたのは、著名な哲学者や政治家、宗教者、知識人、および民主至上主義の範例となるような政治家の思想やレトリックや行動を掘り下げて分析することによって、民主至上主義の本性を明らかにし、またそれを説明することである。代表的な人物の政治哲学における概念や前提や細部を広範にわたって吟味することによって、本書が例証せんと試みたのは、その他の偉大な政治上の「主義」に、それらに等しい射程や内的一貫性をもった、もうひとつの主義が付け加えられるべきだということであり、それこそが民主至上主義なのだ。かつては、他の類型の体制と同じように、せいぜいのところ具体的な善について限定的な可能性しかもたない、ひとつの体制の類型として理解されていたものが、こうして多くの傑出した西洋知識人たちの想像力や思想のうちで、新たな生活様式のための理想へと変容したのである。民主主義についての実体化された理想主義的な観念に導かれながら、これまで多くの人が、解放や平等化や民主化を約束してくれる立法や国内外における政策を追求してきたし、いまも追求し続けている。民主至上主義は、平等と一体性という夢と分かちがたいものとして、制約や不正義からの解放という理想像を伝えるのであり、それが約束する新たな存在のあり方は、すぐそこに迫っていると語る。追加の「増派」、より大きな組織、増大する「自覚」、さらなる教育が、最終的には「ほんものの」民主主義をもたらすと想定されている。「希望となる物事の確証と、まだ見ぬ物事への確信」によって、民主至上主義は、ある種の信仰のもつすべての特徴を有しているのだ(46)。

現代という民主主義の時代における大きな皮肉のひとつは、歴史上初めて民主主義に体制の類型のうちの最高位が与えられている――少なからずルソーの遺産による――一方で、もっとも率直な民主主義の提唱者や理論家が、人民の意志を劇的に改変するか、あるいは迂回するための方法に焦点を当てているということである。近代的な意味における「民主主義者」では決してなかった、民主主義の時代以前の多くの思想家は、ほぼ間違いなく、民主至上主義者たちよりも、現実上の民衆の信念が実際に政治的影響力を発揮することに関心をもっていた。アリストテレスやキケロやアクィナスは、ここで心に浮かぶかつての西洋における政治哲学の伝統を代表する三人である。彼らは、人間の弱さや限界、とりわけ庶民のそれを知ってはいたが、それでも彼らが共通善と見なしたものの擁護者として、それを迂回して避けるよりは、政府が民衆の利害に敬意を払い、それを集積することは適切であると考えていた。人間は本質的に善いものであり、平等な存在として賢明に自己統治する際限のない能力をもつという発想を推し進めることによって、多くの「民主至上主義者」は、旧来の君主政であっても夢みることすらできなかったであろう権力集中の基盤を生み出し、発展させてきたのである。

民主至上主義の影響のひとつは、現行の実践や信念に対する慢性的な不信と、民主至上主義者の善の観念に一致することのない現実上の人民の意見に対する露骨でありながらも隠蔽されている軽蔑を、実際の民主主義の社会のうちにもたらしたことである。本書が定義し、また関連させてきたような、疑わしいが、大きな影響力をもった多くの信念が、これまで批判的な吟味に対して開かれてこなかったという事実は、現代の学術界における紛れもない欠陥と蔓延する自己中心主義を示唆するものである。ある種の近視眼が、民主至上主義を不愉快な詮索から保護してきたのである。

本書のもたらす知見は、疑う余地なく不穏で、仰天させるものですらある。それが十二分に証明したのは、西洋世界における政治的精神には、民主主義の名の下に現実上の人民による支配を掘り崩し、あまりに大量の荒唐無稽で理想主義的な夢想を含み、多かれ少なかれ知的欺瞞に加担し、また重度の傲慢さを含んでいる、そんなイデオロギーが決定的に刻み込まれているということである。道徳的、知的な優越性に対する民主至上主義の要求からは、明らかな欺瞞が浮かび上がっている。民主至上主義者は、既存の民主主義の限定的な改革を推奨するだけでは満足しない。なぜなら、真の意味で多元的かつ民主主義的な社会の構成要素である信念や生活様式の多様性に、彼らはまったく満足していないからである。彼らは、複雑性や不確実性や人間の可謬性が、自分たちの満足のいく整理整頓された公式に取って代わるような抽象的な理論を展開する必要を感じている。そして抽象的で理想主義的な視座を抱きながら、民主至上主義者はたいてい、さもなくば彼らが変容させようとしている人民の思想を形づくっているところの歴史的経験や特定の具体的な環境を、重要ではないものとして退けるのである。

民主至上主義をもっとも特徴づけ、定義づけている側面がいかなるものであるかを正確に示そうと試みるのが、本研究の最終的な締めくくりとして相応しいであろう。近代における抽象的な合理主義とロマン主義的な夢想の混合がこのイデオロギーに含まれていることはすでに示されたし、この矛盾をはらんだ混合は、そこで優勢となっている道徳的‐思想的な動態を説明してくれるものであった。

しかしながら、ひょっとしたら民主至上主義の最たる属性は、多かれ少なかれそこに隠された、そのエリート主義かもしれない――それは、自分たちこそが政治を実行する真の方法についての特別な知識を有しており、また社会をいかに変容させるかについて権威をもって語ることができるという民主主義者たちの信念でもある。大文字の正しさについての自らの解釈に対して極端なまでに自信をもつがゆえに、民主至上主義者が、社会の変容するべき方途についての包括的な宣言をすることに躊躇することはない。この哲学のうちにこそ、近代における民主主義的な僭主政のすべての種子が存在しているのである。

訳者解説に代えて――現代における民主主義「論」の虚妄

民主主義の危機を叫ぶ声は、学術界の内外を問わず、相変わらず喧《かまびす》しい。新自由主義の席捲や歯止めのかからぬ資本主義の昂進、経済格差の拡大やアイデンティティをめぐる分断と対立、右派政党やポピュリズムの台頭、政治的無関心と低調な投票率、フェイクニュースや陰謀論が蔓延する「ポスト真実《トゥルース》」の風潮、AIなどのテクノロジーの加速度的進展、気候変動や戦争や疫病などグローバルな問題の深刻化。数多の脅威に晒されることで、民主主義の命脈がいまや風前の灯火であるかのような調子で記述を始めるのが、当世風の民主主義論の流行のようである(1)。

そうして民主主義の衰退や退潮――極端な場合にはその死や終焉――を慨嘆することから出発したうえで、民主主義が陥った窮状から脱するためのイノベーションやアップデートの可能性を模索し、苦心のすえに民主主義の未来への淡い希望を語って締めくくるのが、ほとんどの学術的著作の常套句となっているとすれば、エミリー・B・フィンレイによる本書『民主至上主義（Emily B. Finley, The Ideology of Democratism, Oxford University Press, 2022)』は、その風潮にあって異端の書であるといえよう。

そもそも「民主主義は反民主主義であるのだろうか（本書七頁）」。この挑発的な問いかけで幕をあける本書の独創性は、そうした民主主義を擁護する隊列に安易に与《くみ》しようとしない点に、まずもって求められるだろう。だがそれ以上に、巷に氾濫する民主主義批判の言説のうちにあって本書が異彩を放つのは、それが民主主義に対して別の「主義」を対置することを主眼としていないことによってである――たしかに本文からは共和主義や保守主義、カトリックなど筆者が棹さしている思想的伝統が断片的には読み取れはするが。むしろ本書が批判の対象とするのは、民主主義それ自体というより、その唱道者である民主主義論者であり、また彼らを呪縛している共通の思考様式や認識枠組みである。そして、それをして彼女は「民主至上主義（democratism）」と名づけるのだ(2)。

まずは訳者解説の通例にならい本書の内容を要約しておくが、各章の内容をたどるのではなく、その骨子を再構成することで読者の理解の一助としたい。その批判の論旨はきわめて明快である。まず筆者が指摘するのは、すべての民主主義論は、それが「民主」を標榜するかぎりにおいて、必ず何かの理想的なデモス＝「人民」の存在を措定していることである。表層上は抽象的理論という一般的な表現形式をとることで不透明になってはいるが、あらゆる民主主義論の根底には、それに従事する各々の思想家が恣意的に構想した「ほんものの民主主義」とその担い手となるべき「人民」の理念が、暗黙の前提として存在しているのである。

ここで彼女が問題視するのは、そこに大抵の場合に無自覚に働く選民主義的な発想である。この思考枠組みにおいては、理論家が思い描く社会変革の夢や政治的信条を肯じようとしない民衆は、ほんものの人民ではない存在として捨象されることになる。また、そうして「善き」人民の手による民主主義が理想的規範とされる反面で、現実上に存在する民衆やその意志、既存の具体的な制度や秩序は、ほんものの民主主義の実現を妨げる「悪しき」阻害要因としてつねに批判の対象としてしか、この理論家たちの眼には映らなくなる。真の民主主義の実現のためには、それらを変容させなければならず、場合によってはそれを革命的に破壊することも正当化されるというわけだ。

そして、「民主至上主義」者の典型的な思考パターンが露呈するのは、彼らが偶像視していた民衆が自らの期待を裏切り、自らの理想を拒絶する苦々しい現実を前に彼らが幻滅を味わうときである。「理想」と「非理想」のあいだのギャップに直面するとき(3)、彼らは人民の擁護者としての仮面をあっさりと捨て去り、突如としてその選民主義的な本性や僭主的な支配願望を曝け出すのだ。その際に民主主義の理念の前進を妨げる悪しき現実を打破するために、彼らが手にする武器は、主として立法ないし制度設計、教育による啓蒙、そして最後に民主主義の名の下に神聖化された暴力である。

第一に、自らが思い描く民主主義を実現するための事実上の困難に直面するとき、民主至上主義者たちは、理想の民主主義が正しく機能するための制度設計やシステムを理論的に想像することで、その難局を乗り越えようと試みる。人民主権を熱烈に信奉していたルソー――筆者によれば、この近代民主主義の提唱者は同時に民主至上主義の始祖である――の政治思想が、究極的に理想的な民主主義の制度を建設する「立法者」を必要としていたことに象徴されるように（本書四〇‐四三頁）、市民の平等な政治参加や民衆の自己決定の価値を何よりも尊重していたはずの民主主義論者たちもまた、実際にはその理論的営為において、真の民主主義が滞りなく機能する制度的な導きを提供する社会工学的な建築士の地位に就こうとする。こうして民主主義論者の手による多種多様な意匠を凝らした制度設計の構想が世の中には溢れかえることになるのだ。

次に、真の民主主義の達成のために民主至上主義者たちが頼みとする第二の常套手段は、「教育」

である。理想的市民への成熟を余すところなく描写した教育論『エミール』を執筆したルソーがまた本書ではその典型として描かれているが（本書四三－四六頁）、自らの空想する民主主義の理想が現実を前に頓挫する局面に直面した民主至上主義者は――制度設計をするだけでは飽き足らず――無知蒙昧なる民衆たちに民主主義の教義を優しく説いて啓蒙する後見人を演じようとする。こうして人々が民主主義者の意図したとおりの真の意味での善き人民となるまで、あらゆる手を尽くして民衆を啓蒙し、彼らに民主主義の徳やエートス、シティズンシップを教え込もうとする飽くなき挑戦に民主主義者は乗り出すのである。

最後に、上述のような民主至上主義者の立法者－説教師的な態度は、民主主義国家の内部に対してのみならず、その普遍的理念を対外的に拡張していこうとする宣教師的態度にもつながっている。民主主義の発展を人間の善性が展開していく必然の進歩として理解する独自の歴史哲学と結びつくことで、民主至上主義者は、しばしば彼らが民主主義的でないと認定した政治体制をもつ国々に対する軍事的行動をも正当化する論理を提供する。そしてまた、物理的暴力それ自体を行使しないまでも、グローバルな場に活躍を求める民主至上主義者は、伝道師として世界各国を渡り歩き、民主主義のさらなる発展を言祝《ことほ》ぐのである。

こうしてジャン＝ジャック・ルソーに始まり、トマス・ジェファーソン（第三章）、ウッドロー・ウィルソン（第四章）、ジャック・マリタン（第五章）、熟議民主主義（第六章）、新保守主義（第七章）と、一見して共通項がないように見える主題を吟味することを通じて焙り出されるのが、民主主義論という理論的営為に不可分のものとして付きまとう民主至上主義という思考様式なのである(4)。

もちろん筆者の懸念は、そのイデオロギーが抽象的な理論構想に依拠した、歴史的現実を無視した政治的革命を鼓吹する危険をはらんでいることへと向けられてはいる。だが、より憂慮するべきは、民主主義論者の自己理解における大いなる錯誤と虚妄である。すなわち彼らは、表面的には「民主主義」の看板を掲げ、人民の味方を自認しているにもかかわらず、その思考‐存在様式において必然的に反民主主義的なのである。フィンレイが辛辣に批判するのは、すべての民主主義の擁護者が、この自らの選民主義的本性に対して無自覚であり続けてきたことである。そうして、いまだに恣意的に民主主義の「友と敵」を区別し、不都合な民衆の意見に対して「ポピュリズム」や「反知性主義」というレッテルを貼りつけるお決まりの言説が増産されることになるのだ。だが民主主義「論」者が照顧するべきは、自らの存在と営為そのものが本質的に民主主義に反するという脚下の現実なのである。

ここで別の観点から付言しておくならば、「民主至上主義」として形容される民主主義論者たちは、本書でも紹介されているエリック・フェーゲリンの概念を用いるのであれば（本書五一頁）、現代における典型的な「グノーシス主義」の徒であるとも言えよう。古代にまで遡行するその思想的伝統の全体についてここで解説をする紙幅はないが、この思考様式の特徴を、彼は以下のように概観する。「民主至上主義」の特徴を理解するための補助線として引用してみることにしよう。

（1）最初に指摘されるべきは、グノーシス主義者たちは現状に不満を抱いているということである。（中略）（2）あまりよく理解できないのは、グノーシス主義的な態度の二つ目の側面であり、つまりは現状にある障害物は、そもそも世界が不完全に組織化されているという事実に原因があると考えていることである。（中略）。所与の状況において何かがあるべき姿になっていないのであれば、その欠陥は世界の邪悪さに見出されるべきなのである。（中略）。（3）第三の特徴は、世界の悪からの救済が可能であるという信念である。（4）続いて導かれるのが、存在の秩序が歴史的過程のうちで変容していくだろうという信念である。悲惨な世界から善い世界へ、世界は歴史的に進歩していかねばならないのだ。（中略）。（5）この第五の点において、狭義におけるグノーシス主義の特質に私たちはたどり着く――すなわちそれは、この存在の秩序における変容は人間の行為の領域のうちにあるものであり、この救済の営みは、人間自身の努力によって可能であるという信念である。（6）他方において、私たちが完全なものとして満足できるように所与の存在の秩序に構造的変容を引き起こすことが可能であるとするならば、そのような変容のための処方箋を模索するのがグノーシス主義者の役目となる。存在を変容させる方法についての知識――グノーシス――こそ、グノーシス主義者の関心の中心となっている。ここからグノーシス主義的な態度の六つ目の特徴として浮かび上がるのが、自己と世界の救済のための方策の構想と、人類の救済のための知識を唱道する預言者をグノーシス主義者がよろこんで自ら名乗り出ることなのである(5)。

近現代におけるグノーシス主義の派生態としてフェーゲリンが念頭においているのは、進歩主義や実証主義、共産主義やマルクス主義、ナチズムやファシズムなどの政治運動やそれらを代表する思想家たちであるが、彼の定義を踏襲するならば、現代の民主主義論もまた、グノーシス主義の特質を余すところなく備えている。神なき時代において神の地位についたのは人民である。そして現代社会は、その無辜なる人民の救済と彼らを抑圧する世界の破壊と浄化を説く使徒たち——事態を複雑にしているのは、この一見して人民の声を代弁する説教師たちの多くが、社会「科学」を生業《なりわい》としているがゆえに、自らはあくまで形而上学的信条から離れて禁欲的に研究をしていると錯覚していることであるが——に事欠かない。再びフェーゲリンの言葉を借りるのであれば、民主主義こそは、世俗の時代に残された唯一の「擬似宗教（Ersatz Religion）」であり——民主主義論者は往々にして自らが政治神学的前提に立っていないことを主張するものであるが(6)——私たちが日々学術界で目にしているのは、民主主義論という「知識＝グノーシス」を手にした理論家たちが、ときに黙示録的な想像力を駆使しながら、預言者として人類をより善い民主主義に導くべく、グローバルな学術上のネットワークを通じて布教活動に勤しむ姿なのである。

ここで要約から一歩進んで、民主至上主義についての本書の洞察がもつ学問的意義をより明確にするべく、昨今の大学の教壇から説かれる民主主義の弁神論の諸類型を一瞥してみよう。もとより訳者は「民主主義論」の専門家でもないし、多種多様な形容詞を民主主義の語に付加することで増大し続ける民主主義の護教論のすべてや、それぞれのセクト内における微細な相違を取り上げることはできないが、はたして現代の民主主義論者の説いている「知識」が、著者の指摘する民主至上主義の思考枠組みの陥穽を逃れているのか、は問うてみる価値があるだろう。

まず本書において槍玉にあげられていたのは、「熟議民主主義」であった（本書第六章）。専門的知見からすれば、本書が批判の対象とする理性を重視する熟議民主主義論は、その最新の類型ではないという反駁もありうるだろう。しかしながら、情念などの理性以外のものがどれだけ「熟議」の内に包摂されようと、あるいは熟議の本質が「反省性」として定義し直されようと、結局のところ理論家が、「熟議できる／できない」人民の線引きや熟議に有益な大小あまたの制度やシステムを評価する尺度を提供できると想定し、あまつさえ熟議を可能とするような制度設計を無反省に開陳してしまう事例があとを絶たないかぎりにおいて、結局のところ熟議民主主義の根底にある思考様式それ自体は、民主至上主義を脱したものではない(7)。

それならば現代民主主義論で、熟議民主主義の好敵手とされる「闘技民主主義（agonistic democracy）」についてはどうだろう。「合意形成ではなく差異の承認に民主主義の本性を認めること、これこそが闘技モデルの特徴の一つである(8)」。だとすれば闘技民主主義は、同質性を伴ったルソー的な人民の理念を掲げようとしない点で、民主至上主義の欠陥を免れているようにも思われる。だが結局のところ、それが主として望ましい民主主義についての制度構想としてではなく、たとえばある種のエートスとして語られたとしても、偶発性を伴った異質な「人民」の声に耳を傾け、社会変革の潜在的契機を発見する権能や役割が理論家に与えられているかぎり、それは民主至上主義的思考の転倒した亜種であることを免れえない(9)。そして合意に収斂されえない「異議申し立て」を遂行する「人民」の所在地を、闘技のアリーナを共有する「対抗者（adversary）」から、さらにその外部の「敵対性（antagonism）」——あるいは無定型な「マルチチュード」という政治的主体(10)——に移しかえることで、よりラディカルな民主主義を目指したとしても、この図式に何ら変わりはない。人民の規定が、非本質主義／ポスト基礎付け主義的なものに変わったとしても、望ましい人民と望ましくない制度を判断する特権的立場を手にしているのが革命の前衛たる政治理論家であるかぎり、その立場は典型的な民主至上主義に陥っている(11)。

もうひとつ、昨今耳にする機会が多くなった「認識的民主主義（epistemic democracy）」にも触れておこう。民主主義社会における専門家の専横に警戒的である点で、この立場は理論家のもつ知の権威性に対して内省を促す可能性を秘めているようにも見える。だが「知者の支配（epistocracy）」に抗して、民主主義が必然的に愚者の支配とは結びつくわけではないことや、民主主義のもつ認識的価値をいくら熱弁したとしても、理論家が自ら率先して認識的に優位で正統な意志決定手続きを評価するための基準を提示したり、あるいはそうした意志決定を可能とする制度的構想を披露するとき、究極的には彼ら自身がもっとも権威ある「知者」として振る舞っているのである。そのことが痛切に反省されないのであれば、実際には人民は愚かであると自ら宣言しているようなものである(12)。そして、それは民主至上主義的な態度以外の何ものでもない。何よりも監視されねばならないのは、市民の熟議と専門家の熟議の二つの領域をメタ的に反省できるような視点からものを語ろうとする民主主義論という専門知の驕慢であろう(13)。

こうして現代民主主義論のいくつかの流派を手短に渉猟してきたが、それによってかえって明白となったのは――これだけの理論的努力が傾注されているにもかかわらず――民主主義に巣食っている民主至上主義という宿痾《しゅくあ》を根治することの不可能性ではなかろうか。そもそも理念として平等を掲げる民主主義を擁護しながら、明らかに非対称な権威や視点を要請する民主主義「論」に従事しようとすることは、どのような理論的ヴァリエーションを発明し続けても、根源的に自己矛盾でしかない。そして、自らが本質的に反民主主義で、ときに僭主的であることへの無自覚から、民主至上主義者の自己欺瞞や他者への凄惨な暴力が生じてくるのだ。

では民主主義論は、いかにしてこの隘路を突破することができるのだろうか。ひとつは、本書の洞察によって明らかになったように、まず自らの営為のもつ反民主主義的な性格を直視することであろう。もうひとつはウロボロスのように理論家や知識人、あるいは彼らの生息域である大学の存在理由や知の権威性すらも水平化し掘り崩していってしまう民主主義の規範的価値の至上性自体に根源的な懐疑の眼差《まなざ》しを向けることであろう(14)――政治思想史上において民主主義分析の不朽の金字塔を残したプラトンが象徴しているように、民主主義を論じるのに民主主義者である必然性はないし、そうではない立場をとるほうが、むしろ自らの実態とは首尾一貫してすらいるだろう（もちろん現代の研究者や理論家が、そうして正しく反民主主義的な地位を要求するに相応しい古代の哲人・賢人に比肩する生き方や知恵を体現できているかどうかは、各人が己の胸に問うてみる必要はあるが）。「永久革命としての民主主義（丸山真男）」や「来たるべき民主主義」への甘い幻想に酔いしれるのをやめて、民主主義が神なき時代の擬似宗教の一形態に過ぎないことを真剣に疑ってみるとき、上述の自己矛盾に盲目なまま輪廻を繰り返す無明から脱して、「新しい政治学」が誕生することがあるかもしれない――トクヴィルが現代のアメリカを旅したとしたら、なおも民主主義の前進を神の摂理と考え、そこに人類の未来を見出すであろうか。いずれにしても民主主義論者に必要なのは、安直に民主主義への希望を語ることではなく、まずは自らの営為の根本的矛盾に臨んで、その克服しがたい自家撞着に絶望することだろう。

かつて或る政治思想史研究の泰斗は、わが国の思想界を支配する気分について、以下のような嘆きの言葉を残している。

今日、民主主義は、世界いたるところで、最も人気のある政治の理論であり、実践となっている。どこで耳にするのも民主主義鑽仰の声である。〝もっと民主主義的に〟という声は聞こえても、民主主義批判の声は、少なくとも公の席上では、まったくない。民主主義は、今やなんぴとも抗しえない〝歴史の流れ〟であり、〝錦の御旗〟となっている。民主主義批判の声をあげようものなら、忽ち〝歴史の歯車を逆転〟させようとする反動という烙印を押されかねないご時世である(15)。

そこから数十年の歳月が流れ、民主主義の危機を叫ぶ声のうちに、なおもその硬直した空気が生き永らえているとすれば、本書の翻訳が、政治学者の大半を無意識に呪縛する民主至上主義という「悪霊」を祓い浄める破邪の書となることを訳者としては願ってやまない。民主主義「論」は本質的に反民主主義的である。だとすれば民主主義者の仮面を被って民主主義論を営むことには必然的に自己欺瞞や偽善が伴う。だが、にもかかわらず民主主義という理念を放棄せずに、どうして民主主義論を営むことが可能だろうか。この簡素な問いが民主主義を信仰する政治理論家に対して訳者が投げかける公案である。重箱の隅をつつくような些末な学術的批評でもなく(16)、小手先の理屈や自らの専門領域における地位や業績への執着心から出たのでもない、民主主義論者からの全身全霊を賭けた渾身の一句をいつでもお待ちしている。このような民主主義それ自体への批判に対して開かれた「再帰性(17)」こそが、むしろ「民主主義の優位」を証明するのだ、という自己言及的な思考停止によって、このアポリアを解決済みにするようなまねは、ゆめゆめしないでいただきたい。

以上で訳者解説を締めくくるにあたり、この場を借りて、いくつかの謝辞を述べさせていただきたい。まず感謝しなければならないのは、本書を翻訳出版する機会を提供して下さった柏書房の皆さまである。とりわけ編集を務めてくれた里村知則さんには、その緻密な仕事ぶりと出版へのご尽力に心より御礼を申し上げたい。民主主義的価値の異端審問官たちによるキャンセル・カルチャー＝魔女狩りが、徐々にその猖獗を極めんとしている我が国にあって、その時代の気分に根源的疑念を突きつけるような反時代的な書物をその経歴の第一歩にしようとする気骨に敬意を払うとともに、出版人としての今後の彼の活躍を祈っている。

次に感謝の意を伝えたいのは、本書を大学院の演習でともに読んでくれた大学院生諸子である。民主主義を「パラダイム」とする通常科学の世界で政治学者として禄を食むことを模索していかねばならない彼らにとって、真っ向からその空気に疑義を呈するような書物を毎週輪読することは頭痛の種であったかもしれないが、根源的に問いかけることと、当世流の学術研究に従事すること、学者としての心情倫理と責任倫理の葛藤を背負いながら、自らの学問の道を何とか見出していっていただければと常々考えている。

最後に本書の翻訳作業に時間を割くことは、同時に家族と過ごす時間を減らすということでもあった。朝晩と部屋にこもり黙々と文字や画面と向き合い、キーボードを叩く不自然な生活を許容してくれた妻と息子にささやかながら謝意を表明することをお許しいただきたい。

（1）近年急増する民主主義の危機を題材とする文献をここで列挙することはしないが、たとえば、細谷雄一・板橋拓巳編著『民主主義は甦るのか？──歴史から考えるポピュリズム』（慶應義塾大学出版会、二〇二四）などがある。国内外を問わず、この種の問いかけが表題となった書物は枚挙に暇がない。

（2）democratism については、理念や政治体制としての「デモクラシー」とその実現を、至上命題として信奉する思考枠組みとして、「民主至上主義」の訳語を採用している。

（3）現代の政治哲学の展開に甚大な影響を与えたジョン・ロールズの理論が、そもそも理想と非理想の架橋をめぐる葛藤に動機づけられていることは興味深い事実である。ロールズにおける両者の定義については、たとえば以下を参照。松元雅和『応用政治哲学』（風行社、二〇一五、一一四－一一九頁）。

（4）たとえば以下のような発言はその典型例といえよう。「いまここで、民主的な多数派が民主的な価値について健全な判断を下すだろうと信用することは、たしかに難しいだろう。だがもし、民主主義の理論家として、私たちが人びとの生活にとって意味あるレベルで政治を記述し、分析することができれば、そしてもし、現在の『政治』を腐敗させ苦しめているいくつかの影響力を取り除くことができるならば、市民の集団的判断を信頼することが可能になるかもしれない」。（ジョアン・C・トロント『ケアリング・デモクラシー──市場・平等・正義』岡野八代監訳、勁草書房、二〇二四、xvii–xviii 頁）。

（5）Voegelin, Eric, “Science, Politics and Gnosticism”, in Modernity without Restraint (The Collected Work of Eric Voegelin: Volume 6), Missouri: University of Missouri Press, 2000, pp. 297–298.

（6）ユルゲン・ハーバーマス「政治的なもの──政治神学のあいまいな遺産の合理的意味」（ユルゲン・ハーバーマス他『公共圏に挑戦する宗教』所収、岩波書店、二〇一四、一五－三二頁）。反面で、たとえば概念分析を生業とする政治哲学者が、突如として「平等」の「宇宙的価値（cosmic value）」について信仰告白を始めるとき、訳者はしばしば困惑を禁じえない。井上彰『正義・平等・責任──平等的正義論の新たな展開』（岩波書店、二〇一七、一二一－一六〇頁）。あるいは以下のような素朴な信条の吐露が、政治理論家の文献にはしばしば散見される。「私が政治哲学をやってきたのは、『自由』や『平等』の理念を、歴史を超えたものとして探りたいという思いからでした」。（宇野重規『実験の民主主義──トクヴィルの思想からデジタル、ファンダムへ』中央公論新社、二〇二三、二〇四頁）。「民主主義を基軸に人類の歴史を振り返ってきた本書の視座からすれば、平等化のメカニズムは停滞したり、一時的に逆行したりすることがあっても、最終的には平等化を隔てるさまざまな障壁を破壊して前進していくはずだ、という前提がまず基本になるべきです」。宇野重規『民主主義とは何か』（講談社、二〇二〇、二六〇頁）。「個人は相互に自由かつ平等であり、それを可能にする政治・経済・社会の秩序を模索し続けるのが人間の存在理由です。民主主義をどこまで信じることができるのか、それがいま、問われています」。（同、二六五頁）

（7）たとえば以下のように語られる。「感情に関わるデモクラシー論の（古来の）課題の1つは、民主的な政治過程においてはつねに感情が作用する（中略）ことを与件としたうえで、それがときとして反民主的な回路（中略）に向かうことを制度と言説の両面からいかにして有効に制御しうるかを考察することにある」。（斎藤純一「デモクラシーにおける理性と感情」、斎藤純一・田村哲樹編『アクセスデモクラシー論』所収、日本経済評論社、二〇一二、一九五頁）。また田村哲樹『熟議民主主義の困難──その乗り越え方の政治理論的考察』（ナカニシヤ出版、二〇一七、七〇－一五五頁）。ここで「許容されるパターナリズム」や「熟議民主主義のためのアーキテクチャ」を導きだす理論的努力がなされていることは、熟議民主主義の民主至上主義的本性をよく示している。もうひとつ熟議民主主義の徒による使徒的熱情を伴った以下の言葉を引用しておく。「だが、理想としての民主主義を理論として示し、その理解を深め、ひいては私たちのあらゆる関係性の『さらなる民主化』を日々の『リアリティのある実践』のうちにそれでもなお紡ぎ続けていくこと。このことだけが『民衆の理由にもとづく真なる支配たる』民主主義を可能とするといっても過言ではない」。（内田智「『民主主義の危機』を超える民主主義の未来—私たちのあいだで紡ぎだす正当化実践の価値と制度」、山崎望編『民主主義に未来はあるのか？』所収、法政大学出版局、二〇二二、一五九頁）。また熟議民主主義との連関で昨今注目されているのが、「くじ引き民主主義（lotocracy）」であるが、不都合な政治的結果を統制するためにくじ引きの偶然性に以下のような留保が付けられるとき、そこには民主至上主義者が顔を覗かせている。「ただ、くじ引き民主主義が、くじ引き民主主義として機能するためには、入念な準備と制度設計が欠かせない」。（吉田徹『くじ引き民主主義—政治にイノヴェーションを起こす』光文社、二〇二一、一九〇頁）。

（8）山本圭『現代民主主義』（中央公論新社、二〇二一、一六二頁）。

（9）乙部延剛「エートスの陶冶とは何か？—成熟の理論としての闘技デモクラシー論」（『年報政治学』70巻2号所収、二〇一九、三六－五七頁）。また闘技民主主義論においても、民主主義論者が「立法者」の地位に就く願望を棄てきれないことは、注目に値する事実である。（山本圭「アゴニズムを制度化する—熟議／闘技論争の第二ラウンドのために」、山崎望編『民主主義に未来はあるのか』所収、法政大学出版局、二〇二二、二三二－二三七頁）。

（10）こうしたカテゴリー分け不可能な「デモス」を中心に据える「絶対的民主主義」については、以下を参照。山崎望『来たるべきデモクラシー—暴力と排除に抗して』（有信堂、二〇一二、一七四－一七五頁）。

（11）「偶発性の論理を受け止めることができるのは民主主義をおいて他にない」としながら、「マイノリティの価値や多元的な価値観」の否定、排外主義的なナショナリズムや消費至上主義など、規範的に望ましくない人民の声は何とか封じ込める「政治的指針」を提示しようとするのが闘技民主主義を奉ずる理論家のお決まりの戦略である。（山本圭『不審者のデモクラシー—ラクラウの政治思想』岩波書店、二〇一六、二三頁）。また本質主義のもつ暴力性や排他性を一方で拒絶しながら、同時に反本質主義から帰結する「何でもあり」を回避しようと試みる「ポスト基礎付け主義」という曲芸的発想は、民主主義者の仮面を被りながらも、自らの政治的立場に不都合な意見は実際には排除してしまいたいという民主至上主義者の欲望の典型的な形而上学的表現であるように思われる。（山本圭「アゴニズム再考—ポスト基礎付け主義と民主主義」、田畑真一・玉手慎太郎・山本圭編『政治において正しいとはどういうことか：ポスト基礎付け主義と規範の行方』所収、勁草書房、二〇一九、二三－四六頁）。

（12）「話し合いには、誰が参加するべきか。集合的な意志決定の参加者は誰であるべきか。認識的デモクラシー論は、正しい選択を導きやすい制度や参加者構成を明らかにすることで、これらの問いに答えるものであった」。このように語るとき、民主主義論者自身は明らかに哲人王的な地位にある。（坂井亮太『民主主義を数理で擁護する—認識的デモクラシー論のモデル分析の方法』勁草書房、二〇二二、一八七頁）。また田畑真一「正統な権威としてのデモクラシー—認識的価値からのデモクラシー擁護論の検討」（『政治思想研究』第二一号所収、二〇二一、七－三七頁）。

（13）齋藤純一『不平等を考える—政治理論入門』（筑摩書房、二〇一七、一九一－一九七頁）。

(14) ナンシー・フレイザーは、「己の存在を支える社会、政治、自然──それはまた、私たち人間を支える土台でもある──を貪り喰うことを、あらかじめ組み込まれた資本主義システムにぴったりのイメージ」として、ウロボロスという「己の尻尾を咥えて円環を成す蛇のシンボル」をあげているが、民主主義の昂進それ自体が民主主義「論」が可能となる非対称な地位やその土壌となる文化的伝統を掘り崩していく──そこから不可避的に生じる事態に反知性主義やポピュリズムという蔑称をつけて狼狽えても手遅れである──皮肉は、そもそも民主主義もまた──学問に限らずあらゆる領域において──私たちを幸福にしないウロボロスである可能性を示唆している。(ナンシー・フレイザー『資本主義は私たちをなぜ幸せにしないのか』江口泰子訳、筑摩書房、二〇二三、九頁)。

(15) 勝田吉太郎「民主主義の幻想」(『勝田吉太郎著作集第八巻』所収、ミネルヴァ書房、一九九五、五頁)。

(16) 政治思想史や政治哲学の研究に携わる人間として、訳者自身もまた、本書の各章における個々の思想家や理論に関する筆者の解釈に対して部分的に疑問がないわけではないが、それよりも重要なことは、本書の呈示する批判の主旨を真摯に受け止めることであろう。

(17) 「近代社会において、政治とりわけ民主主義は、自己反省的(self-reflexive)な営みである。言いかえれば、民主主義とは何であるか、どうあるべきか、という知的な問いや議論が、民主主義自体のプロセスのなかに不可欠な部分として織り込まれているということである」。(森政稔『迷走する民主主義』筑摩書房、二〇一六、一六頁)。こうして民主主義の強みを、その「自己反省的」な性格に求める論調は数多く見られる。たとえば宇野重規・田村哲樹・山崎望『デモクラシーの擁護──再帰化する現代社会で』(ナカニシヤ出版、二〇一一)も参照。ただ民主主義(論)にまた、本書が述べるような「民主至上主義」というイデオロギー的性格が不可分に付随するのであれば、その点をもって「民主主義の優位」を弁護しようとする試みにも根本的な疑念を抱かざるをえない。

Bruce Publishing Company, 1943.
Wallace, Anthony F. C. *Jefferson and the Indians: The Tragic Fate of the First Americans.* Cambridge, Massachusetts: Belknap Press, 1999.
Walt, Stephen M. *The Hell of Good Intentions: America's Foreign Policy Elite and the Decline of U.S. Primacy.* New York: Farrar, Straus and Giroux, 2018.
Walzer, Michael. *Spheres of justice: A Defense of Pluralism and Equality.* New York: Basic Books, Inc., 1983.（山口晃訳『正義の領分：多元性と平等の擁護』而立書房，1999 年）
Weart, Spencer R. *Never at War: Why Democracies Will Not Fight One Another.* New Haven, Connecticut: Yale University Press, 1998.
Weaver, Richard M. *Ideas Have Consequences.* Chicago; University of Chicago Press, 2013.
Weinberg, Albert K. *Manifest Destiny: A Study of Nationalist Expansionism in American History.* Baltimore, Maryland: Johns Hopkins University Press, 1935.
Weinstein, Kenneth R. "Philosophic Roots, The Role of Leo Strauss, and the War in Iraq." In *The Neocon Reader,* ed. Irwin Stelzer. New York: Grove Press, 2004.
Wilson, Woodrow. *The Papers of Woodrow Wilson,* 69 vols. ed. Arthur S. Link. Princeton: Princeton University Press, 1966-1994.
Wilson, Woodrow. "War Message to Congress." Publicly available at the National Archives web-site, archives.gov.
Wilson, Woodrow. *Leaders of Men.* Edited by T. H. Vail Motter. Princeton, New Jersey: Princeton University Press, 1952.
Wilson, Woodrow. *The New Freedom,* ed. William Bayard Hale. New York; Doubleday, Page and Company, 1913.（関和知訳『新自由主義：縮刷』天佑社，1918 年）
Wilson, Woodrow. *Congressional Government.* Baltimore, Maryland: Johns Hopkins University Press, 1956.（小林孝輔・田中勇訳『議会と政府：アメリカ政治の研究』文眞堂，1978 年）
Wilson, Woodrow. *A History of the American People.* New York; Harper and Brothers Publishers, 1902.
Wilson, Woodrow, *Constitutional Government in the United States.* New York: Columbia University Press, 1908.
Wilson, Woodrow. *The Public Papers of Woodrow Wilson: College and State.* Vols. 1-2. New York: Harper and Brothers, 1925-1927.
Wilson, Woodrow. "Address on Flag Day," June 14, 1917. This document is publicly available at The American Presidency Project at https://www.presidency.ucsb.edu/documents/address-flag-day
Wilson, Woodrow. "Address at Cheyenne, Wyoming," September 24, 1919. The American Presidency Project: https://www.presidency.ucsb.edu/documents/address-the-princess-theater-cheyenne-wyoming.
Yarbrough, Jean M. *American Virtues: Thomas Jefferson on the Character of a Free People.* Lawrence; University Press of Kansas, 1998.
Yellin, Mark E., ed. *The Intellectual Origins of Jeffersonian Democracy.* Lanham, Maryland: Lexington Books, 2000.
Zummo, Paul. "Thomas Jefferson's America: Democracy, Progress, and the Quest for Perfection." Doctoral dissertation, The Catholic University of America, 2008.
"Mark Zuckerberg and Jack Dorsey Testimony Transcript Hearing November 17, [2020]," Transcript Library, rev.com/blog/transcripts/mark-zuckerberg-jack-dorsey-testimony-transcript-senate-tech-hearing-november-17.
Zuckert, Catherine H., and Michael P. Zuckert. *The Truth about Leo Strauss: Political Philosophy and American Democracy.* Chicago:University of Cicago press, 2014.

Skinner, Quentin. *Liberty before Liberalism.* New York: Cambridge University Press, 1998.（梅津順一訳『自由主義に先立つ自由』聖学院大学出版会，2001 年）

Skinner, Quentin. *Thomas Hobbes and Republican Liberty.* New York: Cambridge University Press, 2008.

Solzhenitsyn, Aleksandr I. *The Gulag Archipelago: 1918-1956.* Translated by Thomas P. Whitney. New York: Harper & Row, 1973.（木村浩訳『収容所群島』（1 ～ 6）新潮文庫，1975-1978 年）

Sowerby, Emily Millicent, ed., *Catalogue of the Library of Thomas Jefferson,* 5 vols. 1952-1959. Steelier, Irwin, ed. *The Neocon Reader.* New York: Grove Press, 2004.

Stone, Geoffrey R. *Perilous Times: Free Speech in Wartime from the Sedition Act of 1798 to the War on Terrorism.* New York: W. W. Norton, 2005,

Strauss, Leo. *Natural Right and History.* Chicago: University of Chicago Press, 1953.（塚崎智・石崎嘉彦訳『自然権と歴史』ちくま学芸文庫，2013 年）

Strauss, Leo, "On Classical Political Philosophy." In *The Rebirth of Classical Political Rationalism,* ed. Thomas Pangle (Chicago: University of Chicago Press, 1989.（石崎嘉彦監訳『古典的政治的合理主義の再生：レオ・シュトラウスの思想入門』ナカニシヤ出版，1996 年 所収))

Talmon, J. L. *Political Messianism: The Romantic Phase.* New York: Frederick A. Praeger Publishing, 1960.

Talmon, J. L. *The Origins of Totalitarian Democracy.* New York: Frederick A. Praeger Publishing, 1961.

Taylor, Alan. *Thomas Jefferson's Education.* New York: W. W. Norton & Co., 2019.

Terry, Patrick C. R. "The Libya Intervention (2011): Neither Lawful, nor Successful." *The Comparative and International Law Journal of Southern Africa,* Vol. 48, No. 2 (July 2015): 162-182.

Thompson, C. Bradley, with Yaron Brook, *Neoconservatism: An Obituary for an Idea.* Boulder, Colorado: Paradigm Publishers, 2010.

Thompson, Dennis F. "Deliberative Democratic Theory and Empirical Political Science." *Annual Review of Political Science,* Vol. 11 (2008): 497-520.

Tocqueville, Alexis de. *Democracy in America.* Translated by Harvey C. Mansfield and Delba Winthrop. Chicago: University of Chicago Press, 2000.（松本礼二訳『アメリカのデモクラシー』（第 1 巻上・下，第 2 巻上・下）岩波文庫，2005-2008 年）

Tucker, Robert W., and David C. Hendrickson. Empire *of Liberty: The Statecraft of Thomas Jefferson.* New York: Oxford University Press, 1990.

Tucker, Robert W., and David C. Hendrickson. "The Triumph of Wilsonianism?" *World Policy Journal,* Vol. 10, No. 4 (Winter 1993-1994): 83-99.

Tulis, Jeffrey K. *The Rhetorical Presidency.* Princeton, New Jersey: Princeton University Press, 1987.

Tulis, Jeffrey K., and Stephen Macedo, eds. *The Limits of Constitutional Democracy.* Princeton, New Jersey: Princeton University Press, 2010.

Tuveson, Ernest Lee. *Redeemer Nation: The Idea of America's Millennial Role.* Chicago; University of Chicago Press, 1968.

UNESCO. *Human Rights,* Comments *and Interpretations.* Paris: PHS, 1949.（平和問題談話会訳『人間の権利』岩波書店，1951 年）

Vico, Giambattista. *The New Science of Giambattista Vico.* Edited by Thomas Goddard Bergin and Max Harold Fisch. Ithaca, New York: Cornell University Press, 1968.（上村忠男訳『新しい学』中公文庫，2018 年）

Vico, Giambattista. *The Autobiography of Giambattista Vico.* Edited by Max Harold Fisch and Thomas Goddard Bergin. Ithaca, New York; Cornell University Press, 1944.（福鎌忠恕訳『ヴィーコ自叙伝〔新装版〕』法政大学出版局，2015 年）

Voegelin, Eric. *Science, Politics and Gnosticism.* Wilmington, Delaware; ISI Books, 2007.

Voegelin, Eric. "Ersatz Religion." In *Science, Politics and Gnosticism.* Wilmington, Delaware; ISI Books, 2007.

Von Kuehnelt-Leddihn, Erik Ritter. *Liberty or Equality: The Challenge of Our Times.* Edited by John P. Hughes. Auburn, Alabama: The Mises Institute, 2014.

Von Kuehrielt-Leddihn, Erik Ritter. *The Menace of the Herd or Procrustes at Large.* Milwaukee, Wisconsin:

Rousseau, Jean-Jacques. *Discourse on the Sciences and the Arts.* In *The Basic Political Writings,* 2nd ed., ed. Donald A. Cress. Indianapolis, Indiana: Hackett Publishing Co., 2011, pp. 1-26.（前川貞次郎訳『学問芸術論』岩波文庫，1968 年）

Rousseau, Jean-Jacques. *Discourse on Political Economy.* In *The Basic Political Writings,* 2nd ed. Edited by Donald A. Cress. Indianapolis, Indiana: Hackett Publishing Company, 2011, pp. 121-152.（河野健二訳『政治経済論』岩波文庫，1951 年）

Rousseau, Jean-Jacques. *The Confessions.* Translated by J. M. Cohen. New York: Penguin Books, 1953.（桑原武夫訳『告白』（上・中・下）岩波文庫，1965-1966 年）

Rousseau, Jean-Jacques. *Reveries of the Solitary Walker.* Translated by Peter France. New York: Penguin Books, 2004.（今野一雄訳『孤独な散歩者の夢想』岩波文庫，1960 年）

Rousseau, Jean Jacques. *Rousseau, Judge of Jean-Jacques: Dialogues.* Translated by Judith Bush et al. Hanover, New Hampshire: University Press of New England, 1990.（原好男訳『ルソー、ジャン＝ジャックを裁く』現代思潮社，1969 年）

Rousseau, Jean-Jacques. *The Collected Writings of Rousseau,* Vol. 5, trans. Christopher Kelley. Hanover, New Hampshire: Dartmouth College, 1995.

Rousseau, Jean-Jacques. *The Collected Writings of Rousseau,* Vol. 9, trans. Christopher Kelley and Judith R. Bush (Hanover, New Hampshire: Dartmouth College, 2001).

Rousseau, Jean-Jacques. *Emile or On Education,* trans. Allan Bloom. New York: Basic Books, 1979.（今野一雄訳『エミール』（上・中・下）岩波文庫，1962-1964 年）

Rummens, Stefan. "Deliberation and Justice." In *The Oxford Handbook of Deliberative Democracy,* ed. Andre Bächtiger et al, New York: Oxford University Press.

Russell, Bertrand. *The History of Western Philosophy. New* York: Simon & Schuster, 1972.（市井三郎訳『西洋哲学史〔新装合本〕』みすず書房，2020 年）

Russett, Bruce. *Grasping the Democratic Peace: Principles for a Post Cold War World.* Princeton, New Jersey: Princeton University Press, 1993.（鴨武彦訳『パクス・デモクラティア：冷戦後世界への原理』東京大学出版会，1996 年）

Ryn, Claes G. *Democracy and the Ethical Life: A Philosophy of Politics and Community.* 2nd ed. Washington, DC: The Catholic University of America Press, 1990; first published in 1978.

Ryn, Claes G. *The New Jacobinism: America as Revolutionary State.* 2nd expanded ed. Bowie, Maryland: National Humanities Institute, 2011; first published in 1991.

Ryn, Claes G. *Will, Imagination and Reason: Babbitt, Croce and the Problem of Reality.* New Brunswick, New Jersey: Transaction Publishers, 1997; first published in 1986.

Ryn, Claes G. *America the Virtuous: The Crisis of Democracy and the Quest for Empire.* New Brunswick, New Jersey: Transaction Publishers, 2003.

Ryn, Claes G. "A More Complete Realism: Grand Strategy in a New Key." *Humanitas,* Vol. 35, Nos. 1-2 (2022).

Sadat, Kosh, and Stanley McChrystal. "Staying the Course in Afghanistan: How to Fight the Longest War." *Foreign Affairs,* November-December 2017. Available at https://www.foreignaffairs.com/articles/asia/2017-10-16/staying-course-afghanistan.

Saward, Michael. "Rawls and Deliberative Democracy." In *Democracy as Public Deliberation: New Perspectives,* ed. Maurizio Passerin D'Entreves. New York: Manchester University Press, 2002.

Scheiber, Harry N. *The Wilson Administration and Civil Liberties, 1917-.1921.* Ithaca, New York; Cornell University Press, 1960.

Schlesinger, Arthur M. *The* Birth *of the Nation: A Portrait of the American People on the Eve of Independence.* New York: Knopf, 1968.

Schulz, Gerhard. *Revolutions and Peace Treaties: 1917-1920.* Translated by Marian Jackson. London: Methuen & Co., 1972.

Schulzke, C. Eric. "Wilsonian Crisis Leadership, the Organic State, and the Modern Presidency." *Polity,* Vol. 37, No. 2 (April 2005): 262-285.

documents/papa-francesco_20150524_enciclica-laudato-si_en.pdf.（瀬本正之・吉川まみ訳『回勅 ラウダート・シ：ともに暮らす家を大切に』カトリック中央協議会，2016 年）

Pope Leo XIII. "Testem Benevolentiae nostrae," letter to Cardinal James Gibbons, Archbishop of Baltimore, January 22, 1899. https://www.papalencyclicals.net/leo13/l13teste.htm

Pope Paul VI, *Gaudium et Spes,* December 7, 1965. https://www.vatican.va/archive/hist_councils/ii_vatican_council/documents/vat-ii_const_19651207_gaudium-et-spes_en.html.（第 2 バチカン公会議文書公式訳改訂特別委員会『現代世界憲章』カトリック中央協議会，2014 年）

Pope John XXIII, *Pacem in Terris,* April 11, 1963, §§11-27. https://www.vatican.va/content/john-xxiii/en/encyclicals/documents/hf_j-xxiii_enc_11041963_pacem.html.（日本カトリック司教協議会『パーチェム・イン・テリス：地上の平和：教皇ヨハネ二十三世回勅』カトリック中央協議会，2013年）

Pope John Paul II. *Evangelium Vitae.* https://www.vatican.va/content/john-paul-ii/en/encyclicals/documents/hf_jp-ii_enc_25031995_evangelium-vitae.html.（裏辻洋二訳『いのちの福音：教皇ヨハネ・パウロ二世回勅』）

Quirk, Paul, and William Bendix, and Andre Bächtiger. "Institutional Deliberation." In *The Oxford Handbook of Deliberative Democracy,* ed. Andre Bächtiger et al. New York: Oxford University Press.

Ralph, Jason. *America's War on Terror:* The *State of the 9/11 Exception from Bush to Obama.* New York: Oxford University Press, 2013.

Rawls, John. "The Idea of Public Reason Revisited." *The University of Chicago Law Review,* Vol. 64, No. 3 (Summer 1997): 765-807.

Rawls, John. *Political Liberalism: Expanded Edition,* New York: Columbia University Press, 2005.（神島裕子・福間聡訳『政治的リベラリズム 増補版』筑摩書房，2022 年）

Rawls, John. *Justice as Fairness: A Restatement.* Cambridge, Massachusetts: The Belknap Press, 2001; second edition.（田中成明・亀本洋ほか訳『公正としての正義 再説』岩波現代文庫，2020 年）

Rawls, John. *A Theory of Justice.* Rev. ed. Cambridge, Massachusetts: The Belknap Press of Harvard University Press, 1999.（川本隆史・福間聡ほか訳『正議論 改訂版』紀伊國屋書店，2010 年）

Rawls, John. *A Theory of Justice: Original Edition.* Cambridge, Massachusetts: The Belknap Press of Harvard University Press, 1971.

Rice, Condoleezza. "The President's National Security Strategy." In *The Neocon Reader,* ed. Irwin Steelier. New York: Grove Press, 2004.

Richard, Carl J. *The Founders and the Classics: Greece, Rome and the American Enlightenment.* Cambridge, Massachusetts: Harvard University Press, 1994.

Riley, Patrick. *The General Will before Rousseau: The Transformation of the Divine into the Civic.* Princeton, New Jersey: Princeton University *Press,* 1986.

Robespierre, Maximilien. *Robespierre: Virtue and Terror.* Edited by Jean Ducange, trans. John Howe, New York: Version, 2007.

Robles, Jason. "An Honest Heart and a Knowing Head: A Study of the Moral, Political, and Educational Thought of Jean-Jacques Rousseau and Thomas Jefferson." Doctoral thesis, University of Colorado, 2012.

Rommen, Heinrich. *The State in Catholic Thought.* St. Louis, Missouri: B. Herder Book Co., 1950.

Rorty, Richard. *Objectivity, Relativism, and Truth: Philosophical Papers.* Vol. 1. New York: Cambridge University Press, 1991.

Rosenblum, Nancy L., ed. *Liberalism and the Moral Life.* Cambridge, Massachusetts: Harvard University Press, 1996.

Rousseau, Jean-Jacques. *Discourse on the Origin and Foundations of Inequality among Men.* In *The Basic Political Writings,* 2nd ed., ed. Donald A. Cress. Indianapolis, Indiana: Hackett Publishing Co., 2011, pp. 27-92.（本田喜代治・平岡昇訳『人間不平等起原論』岩波文庫，1972 年）

Rousseau, Jean-Jacques. *On the Social Contract.* In *The Basic Political Writings,* 2nd ed., ed. Donald A. Cress. Indianapolis, Indiana: Hackett Publishing Co., 2011, pp. 153-252.（桑原武夫・前川貞次郎訳『社会契約論』岩波文庫，1954 年）

Miller, J. Michael, ed. *The Encyclicals of John Paul II.* Huntington, Indiana: Our Sunday Visitor Publishing Division, 2001.

Minowitz, Peter, *Straussophobia: Defending Leo Strauss and Straussians against Shadia Drury and Other Accusers.* Lanham, Maryland: Lexington Books, 2009.

Müller, Jan-Werner. What *Is Populism?* Philadelphia: University of Pennsylvania Press, 2017.（板橋拓已訳『ポピュリズムとは何か』岩波書店，2017 年）

Nathanson, Stephen. *Economic Justice.* New York: Pearson, 1997.

Neuhouser, Frederick. *Rousseau's Theodicy of Self-Love: Evil, Rationality, and the Drive for Recognition.* New York: Oxford University Press, 2008.

Newton-Matza, Mitchell. *The Espionage and Sedition Acts: World War I and the Image of Civil Liberties.* New York: Routledge, 2017.

Nisbet, Robert. *The Quest for Community.* San Francisco, California: Institute for Contemporary Studies, 1990.

Nisbet, Robert. *The Making of Modern Society. Sussex:* Wheatsheaf Books, 1986.

Nisbet, Robert. *The Present Age: Progress and Anarchy in Modern America.* Indianapolis, Indiana: Liberty Fund, 1988.

Nordholt, Jan Willem Schulte. *Woodrow Wilson: A Life for World Peace.* Berkeley: University of California Press, 1991.

Northrop, Douglas. *Veiled* Empire: *Gender and Power in Stalinist Central* Asia. Ithaca, New York: Cornell University Press, 2004.

Novak, Michael, "The Achievement of Jacques Maritain." In *Catholic Social Thought and Liberal Institutions: Freedom with Justice.* New Brunswick, New Jersey: Transaction Publishers, 1989.

O'Brien, Conor Cruise. "Rousseau, Robespierre, Burke, Jefferson, and the French Revolution." In *The Social Contract and the First and Second Discourses: Jean-Jacques Rousseau,* ed. Susan Dunn, New Haven, Connecticut: Yale University Press, 2002, 306-308.

Onuf, Peter S. "We Shall All Be Americans: Thomas Jefferson and the Indians." *Indiana Magazine of History,* Vol. 95, No. 2 (June 1999): 103-141.

Onuf, Peter S. "Prologue: Jefferson, Louisiana, and American Nationhood." In *Empires of the Imagination: Transatlantic Histories of the Louisiana Purchase,* ed. Peter J. Kastor and François Weil. Charlottesville: University of Virginia Press, 2009.

Onuf, Peter S. "Jefferson and American Democracy." In *A Companion to Thomas Jefferson,* ed. Francis D. Cogliano. Blackwell, 2012.

Paine, Thomas. *Common Sense and Related Writings.* Edited by Thomas P. Slaughter. New York: Bedford/ St. Martin's Press, 2000.（小松春雄訳『コモン・センス 他三篇』岩波文庫，1976 年）

Pangle, Thomas, ed. *The Rebirth of Classical Political Rationalism.* Chicago: University of Chicago Press, 1989.（石崎嘉彦監訳『古典的政治的合理主義の再生：レオ・シュトラウスの思想入門』ナカニシヤ出版，1996 年）

Pestritto, Ronald J. *Woodrow Wilson:* The *Essential Political Writings,* Lanham, Maryland: Lexington Books, 2005.

Pestritto, Ronald J. *Woodrow Wilson and the Roots of Modern Liberalism.* Lanham, Maryland: Rowman and Littlefield, 2005.

Peters, Ralph. "Stability, America's Enemy." *Parameters,* Winter 2001-2002: 5-20.

Peters, Ralph. "Wishful Thinking and Indecisive Wars." *The Journal of International Security Affairs,* No. 16 (Spring 2009).

Peterson, H. C., and Gilbert C. Fite. *Opponents of War, 1917-1918.* Madison: University of Wisconsin Press, 1957.

Plato. *Republic.* Translated by G. M. A. Grube. Indianapolis, Indiana: Hackett Publishing Co., 1992.（藤沢令夫訳『国家』（上・下）岩波文庫，2008 年）

Pope Francis, Laudato si'. Accessible at https://www.vatican.va/content/dam/francesco/pdf/encyclicals/

Locke, John. *The Reasonableness of Christianity.* Edited by I. T. Ramsey. Stanford, California: Stanford University Press, 2005.（加藤節訳『キリスト教の合理性』岩波文庫，2019 年）

Lodge, Henry Cabot. *The Senate and the League of Nations.* New York: Charles Scribner's Sons, 1925.

Lund, Nelson. *Rousseau's Rejuvenation of Political Philosophy: A New Introduction.* London: Palgrave Macmillan, 2016.

MacIntyre, Alasdair. *After Virtue.* Notre Dame, Indiana: University of Notre Dame Press, 1981.（篠崎榮訳『〔新装版〕美徳なき時代』みすず書房，2021 年）

MacIntyre, Alasdair. "Does Applied Ethics Rest on a Mistake?" The *Monist,* Vol. 67, No. 4 (1984): 498-513.

Mahoney, Daniel J., ed. *Privilege and Liberty and Other Essays in Political Philosophy.* Lanham, Maryland: Lexington Books, 1999.

Makarenky, Jay. "Fair Opportunity to Participate: The *Charter* and the Regulation of Electoral Speech." *The Canadian Political Science Review,* Vol. 3, No. 2 (June 2009).

Malia, Martin. *The Soviet Tragedy:* A *History of Socialism in Russia,* 1917-1991. New York: Free Press, 1994.（白須英子訳『ソヴィエトの悲劇：ロシアにおける社会主義の歴史 1917-1991』（上・下）草思社，1997 年）

Mannheim, Karl. *Ideology and Utopia:* An *Introduction to the Sociology of Knowledge.* Translated by Louis Wirth and Edward Shils. New York: Harcourt, Brace & World, Inc., 1936.（高橋徹・徳永恂訳『イデオロギーとユートピア』中公クラッシクス，2006 年）

March, Andrew, and Alicia Steinmetz. "Religious Reasons in Public Deliberation." In *The Oxford Handbook of Deliberative Democracy,* ed, Andre Bächtiger et al. New York: Oxford University Press.

Maritain, Jacques. *Man and the State.* Washington, DC; The Catholic University of America Press, 1998; first published in 1951.（久保正幡・稲垣良典訳『人間と国家』創文社，1962 年）

Maritain, Jacques. *Christianity and Democracy,* in *Christianity and Democracy and The Rights of Man and Natural Law.* Translated by Doris C. Anson. San Francisco, California: Ignatius Press, 1986; first published in 1943.

Maritain, Jacques. *Ransoming the Time.* Translated by Harry Lorin Binsse. New York: Scribner's Sons, 1941.

Maritain, Jacques. *The Peasant of the Garonne.* Translated by Michael Cudahy and Elizabeth Hughes. New York: Holt, Rinehart and Winston, 1968.

Maritain, Jacques. *Integral Humanism, Freedom in the Modern World, and A Letter on Independence.* Edited by Otto Bird. Notre Dame, Indiana: University of Notre Dame Press, 1996.（荒木慎一訳『全きヒューマニズム：新しいキリスト教社会の現世的・霊的諸問題』知泉書館，2023 年）

Marx, Karl, and Friedrich Engels. *The Communist Manifesto.* Edited by L. M. Findlay. Ontario: Broadview Press, 2004.（大内兵衛・向坂逸郎訳『共産党宣言』岩波文庫，1951 年）

Marx, Karl, and Friedrich Engels. *The German Ideology.* Edited by C. J. Arthur. New York: International Publisher Co., 1970.（廣松渉・小林昌人訳『新編輯版 ドイツ・イデオロギー』岩波文庫，2002 年）

Massell, Gregory. *The Surrogate Proletariat.* Princeton, New Jersey: Princeton University Press, 1974.

Matthews, Richard K. *The Radical Politics of Thomas Jefferson:* A *Revisionist View.* Lawrence: University Press of Kansas, 1984.

McCarthy, Thomas. "Kantian Constructivism and Reconstructivism: Rawls and Habermas in Dialogue." *Ethics,* Vol. 105, No. 1 (October 1994): 44-63.

McCoy, Drew R. *The Elusive Republic: Political Economy in Jeffersonian America.* Chapel Hill, 1980.

McDougall, Walter A. *Promised Land, Crusader State: The American Encounter with the World since 1776.* New York: Houghton Mifflin Company, 1997.

McDougall, Walter A. *The Tragedy of U.S. Foreign Policy: How America's Civil Religion Betrayed the National Interest,* New Haven, Connecticut: Yale University Press, 2016.

Mearsheimer, John. *The Great Delusion: Liberal Dreams and International Realities.* New Haven, Connecticut: Yale University Press, 2018.

North Carolina Press, 1955,

Jefferson, Thomas. *Jefferson's "Bible": The Life and Morals of Jesus of Nazareth.* American Book Distributors, 1997.

Johnson, Paul. *Modern Times: The World from the Twenties to the Nineties.* New York: Perennial Classics Ed., 2001.

Jones, Colin. *The Fall of Robespierre: 24 Hours* in *Revolutionary Paris.* London: Oxford University Press, 2021.

Kagan, Robert. *Dangerous Nation.* New York: Vintage Books, 2006.

Kagan, Robert. "Power and Weakness." In *Policy Review,* No. 113. June-July 2002.

Kamp, Marianne. *The New Woman in Uzbekistan: Islam, Modernity and Unveiling under Communism.* Seattle; University of Washington Press, 2006.

Keller, Christian B. "Philanthropy Betrayed: Thomas Jefferson, the Louisiana Purchase, and the Origins of Federal Indian Removal Policy." *Proceedings of the American Philosophical Society,* Vol. 144, No. 1 (March 2000): 39-66.

Kirk, Russell. *The Politics of Prudence.* Wilmington, Delaware: ISI Books, 1993.

Kirk, Russell. *The Roots of American Order.* Wilmington, Delaware: ISI, 2003.

Kissinger, Henry. *Diplomacy.* New York: Simon & Schuster, 1994.（岡崎久彦『外交』（上・下）日本経済新聞社，1996 年）

Knight, J., and J. Johnson. "What Sort of Political Equality Does Democratic Deliberation Require?" In *Deliberative Democracy,* ed, J. Bohman and W. Rehg. Cambridge, Massachusetts: MIT Press, 1997.

Kolnai, Aurel. "Between Christ and the Idols of Modernity: A Review of Jacques Maritain's *Man and the State.*" In *Privilege and Liberty and Other Essays in Political Philosophy,* ed. Daniel J. Mahoney (Lanham, Maryland: Lexington Books, 1999.

Kozinski, Thaddeus J. *The Political Problem of Religious Pluralism.* Lanham, Maryland: Lexington Books, 2010.

Krauthammer, Charles. "Democratic Realism: An American Foreign Policy for a Unipolar World." Irving Kristol Lecture at American Enterprise Institute for Public Policy Research, January 1, 2004.

Kristol, William, and Robert Kagan. "Toward a Neo-Reaganite Foreign Policy." *Foreign Affairs,* Vol. 75, No, 4 (July 1996).

Kristol, William, and Robert Kagan, eds. *Present Dangers: Crisis and Opportunity* in *American Foreign and Defense Policy.* New York: Encounter Books, 2000.

Kristol, Irving, *The Neo-conservative Persuasion: Selected Essays, 1942-2009.* New York: Basic Books, 2011.

Lacey, Robert J. *American Pragmatism and Democratic Faith.* DeKalb: Northern Illinois University Press, 2008.

Lawrence, Michael A. "Justice-as-Fairness as Judicial Guiding Principle: Remembering John Rawls and the Warren Court." *Brooklyn Law Review,* Vol. 81 (2016).

Ledeen, Michael A. *The War against the Terror Masters: Why It Happened. Where We Are Now. How We'll* Win. New York: Truman Talley Books, 2003.

Legutko, Ryszard. *The Demon* in *Democracy: Totalitarian Temptations in Free Societies.* Translated by Teresa Adelson. New York: Encounter Books, 2016.

Lenin, Vladimir. *What Is to Be Done? Burning Questions of Our Movement.* New York: International Publishers, 1929.（山内房吉訳『何をなすべきか』改造社，1933 年）

Link, Arthur. *Higher Realism of Woodrow Wilson.* Nashville, Tennessee: Vanderbilt University Press, 1971.

Link, Arthur. *The Papers of Woodrow Wilson.* Princeton, New Jersey: Princeton University Press, 1966-1994.

Lipset, Seymour Martin. *Political Man: The Social Bases of Politics.* New York: Doubleday, 1960.（内山秀夫訳『政治のなかの人間：ポリティカル・マン』東京創元新社，1963 年）

Locke, John. *Second Treatise of Government.* Edited by C. B. Macpherson. Indianapolis, Indiana: Hackett Publishing, 1980.（加藤節訳『完訳 統治二論』岩波文庫，2010 年）

Messianic Nation, Wilmington, Delaware: ISI Books, 2013.
Garrison, Justin D. "An *Empire of Ideals*": *The Chimeric Imagination of Ronald Reagan.* New York: Routledge, 2013.
Garrison, Justin D. "Friedrich Nietzsche: The Hammer Goes to Monticello." In *Critics of Enlightenment Rationalism,* ed. Gene Callahan and Kenneth B. McIntyre. New York: Palgrave Macmillan, 2020, pp. 61-78.
Gravel, Mike, ed. *The Pentagon Papers.* Vol. 4. Boston: Beacon Press, 1971.
Green, F. C. *Jean-Jacques Rousseau: A Critical Study of His Life and Writings.* Cambridge: Cambridge University Press, 1955.
Gregg, Gary, ed. *Vital Remnants.* Wilmington, Delaware: ISI Books, 1999.
Gregory, Horace. "Our Writers and the Democratic Myth." *The Bookman,* August 1932, 377-382.
Gutmann, Amy, and Dennis Thompson, "Moral Conflict and Political Consensus." *Ethics,* Vol. 101, No. 1 (October 1990): 64-88.
Gutmann Amy, and Dennis Thompson. *Why Deliberative Democracy?* Princeton, New Jersey: Princeton University Press, 2004.
Gutmann Amy, and Dennis Thompson. "Reflections on Deliberative Democracy: When Theory Meets Practice." In *The Oxford Handbook of Deliberative Democracy,* ed. Andre Bächtiger et al. New York: Oxford University Press.
Habermas, Jürgen. *Between Facts* and *Norms: Contributions to a Discourse Theory of Law and Democracy.* Translated by William Rehg. Cambridge, Massachusetts: MIT Press, 1996.（河上倫逸・耳野健二訳『事実性と妥当性：法と民主的法治国家の討議理論にかんする研究』（上・下）未來社，2002-2003 年）
Habermas, Jürgen. "Three Normative Models of Democracy." *Constellations,* Vol, 1, No. 1 (1994).
Habermas, Jürgen. *Moral Consciousness and Communicative Action.* Translated by Christian Lenhardt and Shierry Weber Nicholsen. Cambridge, Massachusetts: MIT Press, 1990.
Habermas, Jürgen. *The Theory of Communicative Action in* two volumes. Translated by Thomas McCarthy. Boston: Beacon Press, 1984-1985.（河上倫逸・平井俊彦ほか訳『コミュニケイション的行為の理論』（上・中・下）未來社，1985-1987 年）
Halberstam, David. *The Best and the Brightest.* New York: Ballantine Books, 1992.（浅野輔訳『ベスト＆ブライテスト』サイマル出版会，1976 年）
Harland, Michael. *Democratic Vanguardism: Modernity, Intervention, and the Making of the Bush Doctrine.* Lanham, Maryland: Lexington Books, 2013.
Hartz, Louis. *The Liberal Tradition* in *America.* San Diego, California: Harcourt Brace and Co., 1991; originally published in 1955.（有賀貞訳『アメリカ自由主義の伝統：独立革命以来のアメリカ政治思想の一解釈』講談社学術文庫，1994 年）
Hellenbrand, Harold. "Not 'to Destroy but to Fulfill': Jefferson, Indians, and Republican Dispensation." *Eighteenth-Century Studies,* Vol. 18, No. 4 (Autumn 1985): 523-549.
Henretta, James A. "Families and *Farms: Mentalité* in Pre-Industrial America." *William and Mary Quarterly,* Vol. 35 (January 1978): 3-32.
Hitchens, Christopher. *Thomas Jefferson: Author of America.* New York: Harper Collins, 2005.
Hobbes, Thomas. *Leviathan.* Edited by A. P. Martinich. Toronto: Broadview Publishing, 2005.（水田洋訳『リヴァイアサン』（1〜4）岩波文庫，1992 年）
Holowchak, Mark Andrew. *Thomas Jefferson's Philosophy of Education: A Utopian Dream.* New York: Routledge, 2014.
Holston, Ryan. "Deliberation in Context: Reexamining the Confrontation between the Discourse Ethics and Neo-Aristotelianism." *Telos,* Vol. 181 (Winter 2017): 151-175.
Hudson, Deal W. *Sed Contra: The Neocon Question.* July 1, 2003. https://www.crisismagazine.com/2003/sed-contra-the-neocon-question
Jefferson, Thomas. *Notes on the State of Virginia.* Edited by William Peden. Chapel Hill: University of

Deliberative Democracy, ed. Andre Bächtiger et al. New York: Oxford University Press.
Diderot, Denis. "Natural Rights:" In *The Encyclopedia of Diderot and d'Alembert: Collaborative Translation Project,* translated by Stephen. J. Gendzier. Ann Arbor: Michigan Publishing, University of Michigan Library, 2009, 115-116.
Dixon, William J. "Democracy and the Peaceful Settlement of International Conflict." *American Political Science Review,* Vol. 88 (March): 14-32.
Dodge, Toby. "The Ideological Roots of Failure: The Application of Kinetic Neo-liberalism to Iraq." *International Affairs,* Vol. 86, No. 6 (November 1, 2010): 1269-1286.
Dostoevsky, Fyodor. *The Brothers Karamazov.* NewYork: Modern Library, 1996.（原卓也訳『カラマーゾフの兄弟』（上・中・下）新潮文庫，1978 年）
Drury, Shadia. *Leo Strauss and the* American *Right.* New York: St. Martin's Press, 1999.
Dryzek, John S. "Theory, Evidence, and the Tasks of Deliberation:" In *Deliberation, Participation and Democracy: Can the People Govern,* ed. Shawn W. Rosenberg. New York: Palgrave Macmillan, 2007, pp. 237-250.
Durant, Will and Ariel Durant, *The Story of Civilization: Rousseau* and *Revolution*, vol. 10. New York: Simon & Schuster, 1967.
Falk, Barbara J. "1989 and Post-Cold War Policymaking: Were the 'Wrong' Lessons Learned from the Fall of Communism?" *International Journal of Politics, Culture, and Society,* Vol. 22, No. 3 (September 2009): 291-313.
Farr, James and David Lay Williams, eds. *The General Will: The Evolution of a Concept.* New York: Cambridge University Press, 2015.
Faulkner, Robert K. "Spreading Progress: Jefferson's Mix of Science and Liberty." *The Good Society,* Vol. 79, No. 1 (2008): 26-32.
Feasby, Colin. "Libman v. Quebec (A.G.) and the Administration of the Process of Democracy under the *Charter:* The Emerging Egalitarian Model." *McGill Law Journal,* Vol. 44 (1999).
Federici, Michael P. *The Rise of Right-Wing Democratism in Postwar America*. Westport, Connecticut: Praeger Publishers, 1991.
Ferguson, Michaele L. "'W' Stands for Women: Feminism and Security Rhetoric in the Post-9/11 Bush Administration." *Politics* and *Gender, Vol.* 1, No. 1 (March 2005): 9-38.
Finlay, Barbara. *Bush and the War on Women: Turning Back the Clock on Women's Progress.* New York: Zed Books, 2006.
Finley, Emily B. "Women's Liberation in Sino, Soviet, and American State-Building: Theory and Practice," *Humanitas,* Vol. 35, Nos. 1-2 (2022),
Fisher, Louis. "Unconstitutional Wars from Truman Forward." *Humanitas,* Vol. 30, Nos. 1-2 (2017): 5-29.
Fried, Albert, ed. *A Day of Dedication: The Essential Writings and Speeches of Woodrow Wilson.* New York: Macmillan Co., 1965.
Frisch, Morton J., ed. *Selected Writings and Speeches of Alexander Hamilton.* Washington, DC: American Enterprise Institute, 1985.
Fluri, Jennifer L. and Rachel Lehr. *The Carpetbaggers of Kabul and Other* American-Afghan *Entanglements: Intimate Development, Geopolitics, and the Currency of Gender and Grief.* Athens: University of Georgia Press, 2017.
Flynn, Jeffrey. "Communicative Power in Habermas's Theory of Democracy." *European Journal of Political Theory,* Vol. 3, No. 4 (2004): 433-454.
Fukuyama, Francis. *The End of History and the Last Man.* New York: Avon Books, 1992.（渡部昇一『新版 歴史の終わり』（上・下）三笠書房，2020 年）
Gabriel, Ralph Henry. *The Course of American Democratic Thought.* New York: Ronald Press Co., 1940.
Gamble, Richard M. *In Search of the City on a Hill: The Making and Unmaking of an American Myth.* New York: Bloomsbury Academic, 2012.
Gamble, Richard M. *The War for Righteousness: Progressive Christianity, the Great War, and the Rise of the*

Northern Mariner, Vol, 17, No. 3 (July 2007): 41-66.
Carlyle, Thomas. *The French Revolution: A History,* 3 vols, Boston: Dana Estes & Company, 1985.
Cassirer, Ernst. *The Question of Jean-Jacques Rousseau,* 2nd edition. Edited by Peter Gay. New Haven, Connecticut: Yale University Press, 1989.（生松敬三訳『ジャン＝ジャック・ルソー問題〔新装版〕』みすず書房，2015 年）
Chafee Jr., Zechariah. *Free Speech* in *the United States.* Cambridge, Massachusetts: Harvard University Press, 1954.
Christiano, Thomas, ed. *Philosophy and Democracy:* An *Anthology.* New York: Oxford University Press, 2003.
Clinton, Bill, "Remarks by the President at Presentation of the National Medal of the Arts and the National Humanities Medal," White House, September 29, 1999, https://clintonwhitehouse4.archives.gov/WH/New/html/19990929.html.
Cohen, Joshua. *Rousseau:* A *Free Community of Equals.* New York: Oxford University Press, 2010.
Cohen, Joshua. "Procedure and Substance in Deliberative Democracy." In *Philosophy and Democracy: An Anthology,* ed. Thomas Christiano. New York: Oxford University Press, 2003.
Cohen, "Reflections on Habermas on Democracy." In *Ratio. Juris,* Vol. 12, No. 4 (December 1999): 385-416.
Collins, Peter, *Ideology after the Fall of Communism.* New York: Boyars/Bowerdean, 1992.
Conolly-Smith, Peter. "'Reading between the Lines': The Bureau of Investigation, the United States Post Office, and Domestic Surveillance during World War I." *Social Justice,* Vol. 36, No. 1 (2009): 7-24.
Constant, Benjamin. *Principles of Politics Applicable to All Governments.* Indianapolis, Indiana: Liberty Fund, 2003.
Cooper Jr., John Milton, ed. *Reconsidering Woodrow Wilson: Progressivism, Internationalism, War, and Peace.* Baltimore, Maryland: Johns Hopkins University Press, 2008.
Croce, Benedetto. *History as the Story of Liberty.* Indianapolis, Indiana: Liberty Fund, 2000; first published in 1938.
Croce, Benedetto. *The Philosophy of Giambattista Vico.* Translated by R. G. Collingwood. New Brunswick, New Jersey: Transaction Publishers, 2002.
Croce, Benedetto. *History as the Story of Liberty.* Indianapolis, Indiana: Liberty Fund, 2000.
Croce, Benedetto. *Aesthetic: As Science of Expression and General Linguistic.* Translated by Douglas Ainslie. New Brunswick, New Jersey: Transaction Publishers, 1995.
Dahl, Robert. *How Democratic Is the American Constitution?* New Haven, Connecticut: Yale University Press, 2003.（杉田敦訳『アメリカ憲法は民主的か』岩波書店，2014 年）
Deane, Herbert A. *The Political and Social Ideas of St. Augustine.* New York: Columbia University Press, 1963.
de Jouvenel, Bertrand. *The Ethics of Redistribution,* Indianapolis, Indiana: Liberty Fund, 1990.
Delli Carpini, Michael X., Fay Lomax Cook, and Lawrence R. Jacobs. "Public Deliberation, Discursive Participation, and Citizen Engagement: A Review of the Empirical Literature." *Annual Review of Political Science,* Vol. 7 (2004): 315-344.
Deneen, Patrick. *Democratic Faith.* Princeton, New jersey: Princeton University Press, 2005.
Deneen, Patrick. *Why Liberalism Failed.* New Haven, Connecticut; Yale University Press, 2018（角敦子訳『リベラリズムはなぜ失敗したのか』原書房，2019 年）
de Crèvecoeur, J. Hector St. John. Letters From an American Farmer. https://avalon.law.yale.edu/subject_menus/letters.asp.
D'Entreves, Maurizio Passerin, ed. *Democracy as Public Deliberation: New Perspectives.* New York: Manchester University Press, 2002.
Derathé, Robert. *Le Rationalisme de J.-J. Rousseau* and *Jean Jacques Rousseau et la science politique de son temps,* Paris: Presses Universitaires, 1950.
Deveaux, Monique. "Deliberative Democracy and Multiculturalism." In *The Oxford Handbook of*

Bell, Daniel. *The End of Ideology: On the Exhaustion of Political Ideas in the Fifties,* Cambridge, Massachusetts: Harvard University Press, 2000, originally published 1960.（岡田直之訳『イデオロギーの終焉 —— 1950 年代における政治思想の涸渇について』東京創元社，1983 年）

Bell, Daniel, and Irving Kristol. "What Is the Public Interest?" *The Public Interest, Vol.* 1, No. 1 (Fall 1965):1-5.

Benhabib, Seyla. "Liberal Dialogue versus a Critical Theory of Discursive Legitimation." In *Liberalism and the Moral Life,* ed. Nancy L. Rosenblum. Cambridge, Massachusetts: Harvard University Press, 1996.

Bergen, Peter. *The Longest War: The Enduring Conflict between America and Al- Qaeda.* New York: Free Press, 2011.

Berns, Walter. *Making Patriots.* Chicago: University of Chicago Press, 2001.

Berry, *Kim.* "The Symbolic Use of Afghan Women in the War on Terror." *Humboldt Journal of Social Relations,* Vol. 27, No. 2 (2003): 137-160.

Bloom, Allan. *Giants and Dwarfs: Essays 1960-1990.* New York: Simon & Schuster, 1990.

Bonomi, Patricia U. *Under the Cope of Heaven: Religion, Society, and Politics in Colonial America.* New York; Oxford University Press, 2003.

Boot, Max. "We Didn't Kick Britain's Ass to Be This Kind of Country: Donald Trump's Abandonment of Human Rights Is a Repudiation of the Country's Founding Principles." *Foreign Policy,* July 3, 2017. https://foreignpolicy.com/2017/07/03/we-didnt-kick-britains-ass-to-be-this-kind-of-country/ .

Boot, Max. "I'm No Democrat—but I'm Voting Exclusively for Democrats to Save Our Democracy." *Washington Post,* October 11, 2021. https://www.washingtonpost.com/opinions/2021/10/11/im-no-democrat-im-voting-exclusively-democrats-save-our-democracy/

Boyer, John W. "Drafting Salvation," *University of Chicago Magazine,* December 1995. Jason Brennan, *Against Democracy.* Princeton, New Jersey: Princeton University Press, 2016.（井上彰・小林卓人ほか訳『アゲインスト・デモクラシー』（上・下）勁草書房，2022 年）

Brownson, Orestes. *The American Republic: Its Constitution, Tendencies, and Destiny. New* York: P. O'Shea, 1866.

Burke, Edmund. *Reflections on the Revolution in France.* Edited by J. G. A. Pocock. Indianapolis, Indiana: Hackett Publishing Co., 1987; originally published in 1790.（半澤孝麿訳『フランス革命の省察』みすず書房，1997 年）

Burke, Edmund. *Further Reflections on the Revolution* in *France.* Edited by Daniel E. Ritchie. Indianapolis, Indiana: Liberty Fund, 1992.

Burnham, *James. Congress and the American Tradition.* Chicago: Henry Regnery Co., 1959.

Burns, James MacGregor. *The Power to Lead.* New York: Simon and Schuster, 1984.

Burns, James MacGregor. *The Deadlock of Democracy.* Englewood Cliffs, New Jersey: Prentice Hall, 1963.

Bush, George W. Second Inaugural Address, January 20, 2005. https://www.npr.org/templates/story/story.php?storyId=4460172 .

Butler, Gregory S. "Visions of a Nation Transformed: Modernity and Ideology in Wilson's Political Thought," *Journal of Church and State,* Vol. 39. Winter 1997.

Byron, George Gordon. *Childe Harold's Pilgrimage.* H.C. Baird, 1854.（東中稜代訳『チャイルドハロルドの巡礼：物語詩』修学社，1994 年）

Calhoun, Frederick S. *Power and Principle: Armed Intervention* in *Wilsonian Foreign Policy.* Kent, Ohio: Kent State University Press, 1986.

Cantirino, Matthew. "The Dictatress and the Decisionmakers," *Humanitas,* Vol. 35, Nos. 1-2 2022.

Cappon, Lester J. *The Adams-Jefferson Letters.* Chapel Hill: Omohundro Institute and University of North Carolina Press, 1988.

Carey, George W., and James McClellan, eds. *The Federalist: The Gideon Edition.* Indianapolis, Indiana: Liberty Fund, 2001.（斎藤眞・中野勝郎訳『ザ・フェデラリスト』岩波文庫，1999 年）

Carey, George W. *In Defense of the Constitution.* Indianapolis, Indiana: Liberty Fund, 1995. Carlisle, Rodney, "The Attacks on U.S. Shipping That Precipitated American Entry into World War I," *The*

Abramowitz, Michael J. "Democracy in Crisis." Freedom House. https://freedomhouse.org/report/freedom-world/freedom-World-2018#anchor-one, accessed May 16, 2018.

Ackerman, Bruce. "Why Dialogue?" *The Journal of Philosophy,* Vol. 86, No. 1 (January 1989): 5-22.

Addis, Cameron. "Jefferson and Education," *The Journal of Southern History,* Vol. 72, No. 2. 2006.

Al-Ali, Nadje, and Nicola Pratt. *What Kind of Liberation?* Berkeley: University of California Press, 2009.

Ambrosius, Lloyd E. *Wilsonian Statecraft: Theory and Practice of Liberal Internationalism during World War I.* Wilmington, Delaware: Scholarly Resources, 1991.

Appleby, Joyce. "Commercial Farming and the 'Agrarian Myth' in the Early Republic." *The Journal of American History,* Vol. 68, No. 4 (March 1982): 833-849.

Arendt, Hannah. *On Revolution.* Penguin Classics. 2006.（志水速雄訳『革命について』ちくま学芸文庫，1995年）

Aristotle. *Nicomachean Ethics,* trans. Martin Ostwald. Upper Saddle River, New Jersey: Prentice Hall, 1999.（高田三郎訳『ニコマコス倫理学』（上・下）岩波文庫，1972年）

Aristotle. *Politics.* Edited by Ernest Barker. New York: Oxford University Press, 1958.（山本光雄訳『政治学』岩波文庫，1961年）

Armenteros, Carolina. "Rousseau in the Philosophy of Eric Voegelin," paper delivered at American Political Science Association Annual Meeting, 2011.

Augustine. *The Political Writings.* Edited by Henry Paolucci. Washington, DC: Regnery Publishing, Inc., 1962.

Augustine. *City of God.* Translated by Marcus Dodd. Peabody, Massachusetts: Hendrickson Publishing Company, 2009.（服部英次郎・藤本雄三訳『神の国』（1〜5）岩波文庫，1982-1991年）

Babbitt, Irving. *Democracy and Leadership.* Indianapolis, Indiana: Liberty Fund, 1979; originally published in 1924.

Babbitt, Irving. *Rousseau and Romanticism.* New Brunswick, New Jersey: Transaction Publishers, 2004; originally published in 1919.

Bächtiger, Andre, John S. Dryzek, Jane Mansbridge, and Mark Warren. "Deliberative Democracy: An Introduction," In *The Oxford Handbook of Deliberative Democracy,* ed. by Andre Bächtiger et al. Oxford University Press Online Publication, 2018.

Bächtiger, André, Marco Steenbergen, Thomas Gautschi, and Seraina Pedrini, "Deliberation in Swiss Direct Democracy: A Field Experiment on the Expulsion Initiative." In *The National Centres of Competence in Research (NCCR) Newsletter.* February 2011.

Bacon, Francis. *Novum Organum* (1620). Available in the public domain and can be accessed at: https://oll.libertyfund.org/title/bacon-novum-organum.（桂寿一訳『ノヴム・オルガヌム（新機関）』岩波文庫，1978年）

Babík, Milan; *Statecraft and Salvation: Wilsonian Liberal Internationalism as Secularized Eschatology.* Waco, Texas: Baylor University Press, 2013.

Bailey, Thomas A. *Woodrow Wilson and the Lost Peace.* Chicago: Quadrangle Books, 1963.

Baker, Ray Standard. *Woodrow Wilson: Life and Letters.* Garden City, New York: Doubleday, 1927-1939.

Banning, Lance. *The Jeffersonian Persuasion: Evolution of a Party Ideology.* Ithaca, New York: Cornell University Press, 1978.

Barker, Derek W. M., Noëlle McAfee, and David W. Mclvor, eds. *Democratizing Deliberation: A Political Theory Anthology.* Dayton, Ohio: Kettering Foundation Press, 2012.

Bedini, Silvio A. *Thomas Jefferson: Statesman of Science.* New York: Macmillan Publishing Co., 1990.

Beauchamp, Zach. "The Anti-Liberal Moment" *Vox,* September 9, 2019. https://www.vox.com/policy-and-politics/2019/9/9/20750160/liberalism-trump-putin-socialism-reactionary.

Beetharn, David. "The Contradictions of Democratization by Force: The Case of Iraq." *Democratisation,* Vol. 16, No. 3 (2009): 443-454.

Beiner, R., and W. J. Booth, eds. *Kant and Political Philosophy*. New Haven, Connecticut: Yale University Press, 1993.

照。
(39) Jones, *The Fall of Robespierre*, 37.
(40) Benedetto Croce, *History as the Story of Liberty* (Indianapolis, Indiana: Liberty Fund, 2000), 160.
(41) Ibid, 159.
(42) Claes G. Ryn, "A More Complete Realism: Grand Strategy in a New Key," *Humanitas*, Vol. 35, Nos. 1-2 (2022): 19. これは、リンによる *Democracy and the Ethical Life* において、より完全に展開されている考え方である。
(43) Ryn, "A More Complete Realism," 20.
(44) Russell, *The History of Western Political Philosophy*, 700.（市井三郎訳『西洋哲学史〔新装合本〕』みすず書房）
(45) George W. Bush, address to joint session of Congress, September 20, 2001.
(46) Hebrews 11: 1.

(19) Abramowitz, "Democracy in Crisis."
(20) Fyodor Dostoevsky, *The Brother Karamazov* (New York: Modern Library, 1996), 282.（原卓也訳『カラマーゾフの兄弟』（上・中・下）新潮文庫，1978 年）
(21) Ibid.
(22) Bertrand Russell, *The History of Western Philosophy* (New York: Simon & Schuster, 1972), 700.（市井三郎訳『西洋哲学史〔新装合本〕』みすず書房，2020 年）
(23) Louis Fisher, "Unconstitutional Wars from Truman Forward," *Humanitas*, Vol. 30, Nos. 1-2 (2017): 15.
(24) C. Eric. Schulzke, "Wilsonian Crisis Leadership, the Organic State, and the Modern Presidency," *Polity*, Vol. 37, No. 2 (April 2005):273.
(25) バラク・オバマは、計画された作戦の「限定的な性格、範囲、時期」を理由に、リビアに対するアメリカの軍事介入を「戦争」と呼ぶのを拒否している。Fisher, "Unconstitutional Wars form Truman Forward," 19-20. を参照。
(26) 私が依拠している「外交上の政策集団」の定義はウォルトのものである。すなわち、それは「定期的な頻度で国際問題上の論点に積極的に関与する個人や組織というものである。この定義は、公式の政府上の組織と、平常の活動の一部として外交政策を扱う多くの集団や個人を包含している」。Stephen M. Walt, *The Hell of Good Intentions: America's Foreign Policy Elite and the Decline of U.S. Primacy* (New York: Farrar, Straus and Giroux, 2018), 95, 強調は原文ママ。
(27) Ibid., 112.
(28) 以下のものは、アメリカの中東への介入の結果を証言する、いくつかの例である。Toby Dodge, "The Ideological Roots of Failure: The Application of Kinetic Neo-Liberalism to Ira," *International Affairs*, Vol. 86, No. 6 (November 1, 2010): 1269-1286; Barbara J. Falk, "1989 and Post-Cold War Policymaking: Were the 'Wrong' Lessons Learned from, the Fall of Communism?," *International Journal of Politics, Culture, and Society*, Vol. 22, No. 3 (September 2009): 291-313; David Beetham, "The Contradictions of democratization by Force: The Case of Iraq," *Democratization*, Vol. 16, No. 3 (2009): 443-454; Peter Bergen, *The Longest War: The Enduring Conflict between America and Al-Qaeda* (New York: Free Press, 2011); Noral Niland, "Democratic Aspiration and Destabilizing Outcomes in Afghanistan," Watson Institute, October 15, 2014, http://watson.brown.edu/costofwar/files/cow/imce/papers/2014/COW%20Niland%2061615. pdf,（2018 年 2 月 22 日にアクセス）; Patrick C. R. Terry, "The Libya Intervention (2011): Neither Lawful, nor Successful," *The Comparative and International Law Journal of Southern Africa*, Vol. 48, No. 2 (July 2015): 162-182.
(29) Leo Strauss, *Natural Right and History* (Chicago: University of Chicago Press, 1953), 11.（塚崎智・石崎嘉彦訳『自然権と歴史』ちくま学芸文庫，2013 年）
(30) Woodrow Wilson, address, April 6, 1918, in Arthur Link, *The Papers of Woodrow Wilson*, Vol. 47 (Princeton, New Jersey: Princeton University Press, 1984), 270.
(31) Woodrow Wilson, "War Message to Congress," April 2, 1917, in Albert Fried, ed., *A Day of Dedication: The Essential Writings and Speeches of Woodrow Wilson* (New York: Macmillan Co., 1965), 309.
(32) Thomas Jefferson to John Adams, September 4, 1823.
(33) Irving Babbitt, *Democracy and Leadership* (Indianapolis, Indiana: Liberty Fund, 1979), 104.
(34) Ibid.
(35) Colin Jones, *The Fall of Robespierre: 24 Hours in Revolutionary Paris* (London: Oxford University Press, 2021), 34.
(36) Ibid., 29.
(37) Ibid., 36.
(38) Maximilien Robespierre, "On the Principles of Political Morality That Should Guide the National Convention in the Domestic Administration of the Republic," February 5, 1794, in *Robespierre: Virtue and Terror*, ed. Jean Ducange, trans. John Howe (New York: Version, 2007), 108-125. を参

(115) Donald Trump, “State of the Union Address,” January 30, 2018, https://www.whitehouse.gov/briefings-statements/president-donald-j-trumps-state-of-union-address/,（2018 年 2 月 26 日にアクセス）
(116) https://dod.defense.gov/Portals/1/Documents/pubs/2018-National-Defense-Strategy-Summary.pdf
(117) Walt, *The Hell of Good Intentions*, 16.
(118) David Brooks, “Voters, Your Foreign Policy Views Stink!,” *New York Times*, June 13, 2019, https://www.nytimes.com/2019/06/13/opinion/foreign-policy-populism.html,（2018 年 2 月 26 日にアクセス）
(119) Ibid.
(120) Patrick C.R. Terry, “The Libya Intervention (2011): Neither Lawful, nor Successful,” *The Comparative and International Law Journal of Southern Africa*, Vol. 48, No. 2(July 2015): 179.

第 8 章

(1) Alexis de Tocqueville, *Democracy in America*, trans. Harvey C. Mansfield and Delba Winthrop (Chicago: University of Chicago Press, 2000), 663.（松本礼二訳『アメリカのデモクラシー』（第 1 巻上・下，第 2 巻上・下）岩波文庫，2005-2008 年）
(2) Ibid., 663, 664.
(3) Ibid., 665.
(4) André Bächtiger, Marco Steenbergen, Thomas Gautschi, and Seraina Pedrini, “Deliberation in Swiss Direct Democracy: A Field Experiment on the Expulsion Initiative,” *The National Centres of Competence in Research (NCCR) Newsletter*, February 2011. を参照。
(5) クラース・G・リンは、国民投票的と立憲的という 2 つの対立する異なった民主主義の類型を定義している。前者をして彼は、本質的にルソー的、民主至上主義的なものとして特徴づけている。後者は、起案者たちによって考案されたアメリカのシステムと類似するものである。民主主義についてのルソー的な理解と、バーク的、アメリカ合衆国憲法的な理解のあいだの二律背反に関する全体的な分析については、Claes G. Ryn, *Democracy and the Ethical Life: A Philosophy of Politics and Community*, 2nd ed. (Washington, DC: The Catholic University of America Press, 1990), esp. Ch. XI, “Constitutionalism versus Plebiscitarianism.” を参照。
(6) 国民投票的な民主主義についての徹底した議論については、ibid. を参照。
(7) Aristotle, *Politics*, ed. Ernest Barker (New York: Oxford University Press, 1958), IV, xi, § 20, p. 184. を参照。（山本光雄訳『政治学』岩波文庫，1961 年）
(8) Aristotle, *Nicomachean Ethics*, trans. Terrence Irwin (Indianapolis, Indiana: Hackett Publishing Company, 1999), Book III, Ch. 3, § 12, p. 35. を参照。（高田三郎訳『ニコマコス倫理学』（上・下）岩波文庫，1972 年）
(9) Orestes Brownson, *The American Republic: Its Constitution, Tendencies, and Destiny* (New York: P. O’Shea, 1866), 183.
(10) Aristotle, *Politics*, IV, xi, § 1, p. 180.（山本光雄訳『政治学』岩波文庫，1961 年）
(11) Michael J. Abramowitz, “Democracy in Crisis,” Freedom House, https://freedomhouse.org/report/freedom-world/freedom-world-2018#anchor-one,（2018 年 5 月 16 日にアクセス）。
(12) Jan-Werner Müller, *What is Populism?* (Philadelphia: University of Pennsylvania Press, 2017), 3.（板橋拓巳訳『ポピュリズムとは何か』岩波書店，2017 年）
(13) Ibid., 29.
(14) Jason Brennan, *Against Democracy* (Princeton, New Jersey: Princeton University Press, 2016), 5（井上彰・小林卓人ほか訳『アゲインスト・デモクラシー』（上・下）勁草書房，2022 年）
(15) Ibid., 3.
(16) Ibid., 17.
(17) John McCain, interview, *Time*, March 3, 2014.
(18) Jefferson, First Inaugural Address. https://avalon.law.yale.edu/19th_century/jefinau1.asp. で利用可能である。

(98) Boot, "We Didn't Kick Britain's Ass to Be This Kind of Country."

(99) 2018年2月13日に集計されたアメリカ国防総省のイラク遺体数プロジェクトによる。https://www.iraqbodycount.org/,（2018年2月13日にアクセス）またCNN report by Ben Westcott, October 31, 2017. も参照。この報告は、the Watson Institute at Brown University, Stanford, and the Special Inspector General for Afghanistan Reconstruction, https://www.cnn.com/2017/08/21/asia/Afghanistan-war-explainer/index.html,（2018年2月13日にアクセス）のデータに依拠している。

(100) ブラウン大学のワトソン研究所による「戦争の費用」プロジェクトによる。「この数値に含まれるのは以下のものである。議会を通した直接的な戦争予算、ペンタゴンの基本予算における戦争関連の支出増大、退役軍人の介護と障害、国土安全保障の予算増大、直接的な戦時借款に対する利払い、対外援助の費用、将来において概算される退役軍人の介護義務。これら全体からは、たとえばアメリカ経済に対するミクロ経済的な費用、戦争用のドルを別の選択肢となる部署に投資しないことの機会費用、戦時借款の将来的な利払い、地方政府と私的な戦費など、その他の多くの支出が省略されている」。Watson Institute, "Costs of War," http://watson.brown.edu/consofwar/costs/economic,（2018年2月13日にアクセス）

(101) Krauthammer, "Democratic Realism," 15. 国内において失われた機会費用については、Watson Institute, "Costs of War," https://watson.brown.edu/consofwar/costs/economic/economy,（2018年2月22日にアクセス）を参照。無形の財産に対する戦争の国内的な影響については、Lisa Graves, "Burdens of War: The Consequences of the U.S. Military Response to 9/11: The Costs to Civil Liberties and the Rule of Laws in the U.S.," Watson Institute, http://Watson.brown.edu/consofwar/costs/economic/economy,（2018年2月22日にアクセス）を参照。

(102) Norah Niland, "Democratic Aspiration and Destabilizing Outcomes in Afghanistan," Watson Institute, http://watson.brown.edu/costofwar/files/cow/imce/papers/2014/COW%20Niland%2061615.pdf,（2018年2月22日にアクセス）を参照。ナイランドの結論が皮肉にも多くの新保守主義者のそれを反映しているにもかかわらず（彼女は、アメリカとNATOの軍隊の「撤退」、「アフガニスタンにおける失敗の原因となった不適切な民主主義のモデル」を非難している）、彼女のプロジェクトが伝えているのは、アフガニスタンにおけるアメリカの外交政策の邪悪な動機と期待されていた結果である。

(103) Madeleine Albright, interview by Leslie Stahl, *CBS's 60 Minutes*, May 12, 1996, https://www.youtube.com/watch?v=FbIX1CP9qr4,（2018年2月22日にアクセス）

(104) Kristol and Kagan, "Introduction," 20. Michael Novak, *Catholic Social Thought and Liberal Institutions: Freedom with Justice* (New York: Routledge, 2017).

(105) Krauthammer, "Democratic Realism," 14.

(106) George W. Bush, "Adress before a Joint Session of the Congress on the State of the Union," January 20, 2004.

(107) "Toward a Neo-Reaganite Foreign Policy," 32. における「国家の偉大さ」についてのクリストルとケーガンの議論を参照。

(108) Kristol and Kagan, "introduction," 23.

(109) Ibid., 22. またKristol and Kagan, "Toward a Neo-Reaganite Foreign Policy," 18-19; Brooks, "Politics and Patriotism." を参照。

(110) Strauss, *Natural Right and History*, 13.（塚崎智・石崎嘉彦訳『自然権と歴史』ちくま学芸文庫）

(111) Ibid., 139.

(112) Ibid., 140-141. シュトラウスが物語っているのは、自然的正に対するプラトンの理解だけではなく、彼自身のものでもあることに注意されたい。シュトラウスが言うには、「古典的な自然的正の教説は、その原初的な形態において完全に発展したとすれば、最善の体制についての教説と同じものなのである」(144)。

(113) Ibid., 153.

(114) David Brooks, "A Return to National Greatness: A Manifesto for a Lost Creed," *Weekly Standard*, March 3, 1997.

newsroom/reports-publications/item/1741-summary-of-information-regarding-u-s-counterterrorism-strikes-outside-areas-of-active-hostilities,（2018年2月19日にアクセス））。調査報道局の報告によれば、その時期において殺害された民間人の数は380人から801人であり、殺害された人々の総数は2753人であった（https://www.thebureauinvestigates.com/stories/2016-07-01/obama-drone-casualty-numbers-a-fraction-of-those-recorded-by-the-bureau/,（2018年2月19日にアクセス））。調査報道局は、これらの数値が、オバマ大統領期の「テロリズムに対する隠密の戦争」における、ブッシュ大統領期の10倍以上のドローン攻撃を反映したものであると報告している（https://www.thebureauinvestigates.com/stories/2017-01-17/obamas-covert-drone-war-in-numbers-ten-times-more-strikes-than-bush,（2018年2月19日にアクセス））。

(85) Kristol and Kagan, "Toward a Neo-Reaganite Foreign Policy," 32.

(86) Thompson and Brook, *Neoconservatism*, Ch. 4, "The Road to Nihilism," and Ch.10, "National-Greatness Conservatism"; Drury, *Leo Strauss and the American Right*, 11-19を参照。Jason Ralph, *America's War on Terror: The State of the 9/11 Exception from Bush to Obama* (New York: Oxford University Press, 2013), 8-10;

(87) David Brooks, "Politics and Patriotism: From Teddy Roosevelt to John McCain," *Weekly Standard*, April 26, 1999.

(88) Ibid.

(89) Ibid.

(90) ブラウン大学のワトソン研究所の「戦争の費用」プロジェクトは、2015年4月に以下のように要約している。「アフガニスタンにおいては、信用を失った軍司令官の権力への復帰、その他の集団の周縁化、大統領への権力の集中が、アフガニスタン人の大多数の利害を代表しない政府の存在に寄与している。アフガニスタンにおいて、女性は政治的決定から締め出されたままであり、健康医療、食事、居住、安全などの基本的人権の侵害に多くの人が苦しんでいる。(中略)。イラク政府には政治的、経済的な包摂が欠如しており、市民たちに基本的な安全を提供することがないまま、近年においては権威主義に向かって退行している。政府が市民に対して基本的な安全を提供したり、法の支配を護持したりできないことは、イラク女性に対して広がるジェンダー的暴力の一因となっているが、多くの国際組織がこれらの問題について口を閉ざし続けている」。http://watson.brown.edu/costofwar/costs/social,（2018年2月15日にアクセス）

(91) David Rose, "Neo Culpa," *Vanity Fair*, December 5, 2006, https://www.vanityfair.com/news/2007/01/neocons200701. を参照。

(92) Barack Obama, interview with *Vice News*, March 10, 2015. また Jason Hanna, "Here's How ISIS Was Really Founded," CNN, August 13, 2016. を参照。

(93) Watson Institute, "Current United States Counterterror War Locations," https://watson.brown.edu/costofwar/papers/map/conterterrorwarlocations,（2018年2月15日にアクセス）

(94) タリバンは権力を掌握するために、その国への支配をすこしずつ拡大していた。"Fivefold Increase in Terrorism, Fatalities since 9/11, Say Report," *The Gurdian*, November 17, 2014; Idrees Ali, "Taliban Increases Influence, Territory in Afghanistan: U.S Watchdog," Reuters, October 31, 2017; Ken Dilanian, "Taliban Control of Afghanistan Highest since U.S. Invasion," NBC News, January 29, 2016; Vanda Felbab-Brown testimony before the Subcommittee on Terrorism, Nonproliferation, & Trade of the House Foreign Affairs Committee on Afghanistan's terrorism resurgence: "Afghanistan's terrorism resurgence: Al-Qaida, ISIS and beyond,," Brookings, April 27, 2017, https://www.brookings.edu/testimonies/afghanistans-terrorism-resurgence-al-qaida-isis-and-beyond/,（2018年2月15日にアクセス）を参照。

(95) Freedom House, "Freedom in the World 2017," https://freedomhouse.org/report/freedom-world/freedom-world-2017,（2018年2月15日にアクセス）

(96) Kagan, *Dangerous Nation*, 40.

(97) Krauthammer, "Democratic Realism," 2, 17, 強調は原文ママ。

24, 2010.

(67) 別の箇所として、この言葉は雑誌『タイム』における2007年の「今年の人」において言及されている。Joe Klein, "Runners-Up: David Petraeus," *Time*, December 19, 2007.

(68) John McCain, speech at the Republican National Convention.

(69) Chuck Hagel, "Leaving Iraq, Honorably," *Washington Post*, November 26, 2006.

(70) "U.S. Policy on Iraq," an interview with Henry Kissinger, November 19, 2006, on *BBC Sunday Morning with Andrew Marr.*

(71) Kosh Sadat and Stanley McChrystal, "Staying the Course in Afghanistan: How to Fight the Longest War," *Foreign Affairs*, November-December 2017. https://www.foreignaffairs.com/articles/asia/2017-10-16/staying-course-afghanistan で利用可能。

(72) 2009年10月1日にロンドンの国際戦略研究所においてマクリスタル将軍が、軍関係者は国家戦略に対して助言をしないという伝統を破って、アメリカ軍のさらなる増派を要求する演説をした。「増派」はトランプ大統領の下でも続き、彼は追加の軍隊を配備する権限を国防長官のジェームズ・マティスに与えている。2018年1月には、さらなる派兵がなされることを予期しつつ、1万4000人の追加の軍隊がアフガニスタンに配備された。Greg Jaffe and Missy Ryan, "Up to 1000 More U.S. Troops Could Be Headed to Afghanistan This Spring," *Washington Post*, January 21, 2018, https://www.washingtonpost.com/world/national-security/up-to-1000-more-us-troops-could-be-headed-to-afghanistan-this-spring/2018/01/21/153930b6-fd1b-11e7-a46b-a3614530bd87_story.html?utm?_term=.fb7b6dee379c.（2018年2月19日にアクセス）を参照。トランプは、中央情報局に対してテロリストの容疑者を殺害するためにドローン攻撃を使用する権限を与えているが、その実践はオバマが始めたものである。Gordon Lubold and Shane Harris, "Tramp Broadens CIA Power to Launch Drone Strikes," *Wall Street Journal Online*, March 13, 2017, https://www.wsj.com/articles/trump-gave-cia-power-to-launch-drone-strikes-1489444374?mod=rss_US_News,（2018年2月19日にアクセス）

(73) ジョンソン政権に関わる多くの人物、とりわけ意思決定にもっとも近かった人々の思想や行動についての徹底した説明については、David Halberstam, *The Best and the Brightest* (New York: Ballantine Books, 1992) を参照。（浅野輔訳『ベスト＆ブライテスト』サイマル出版会, 1976年）

(74) Memorandum for the President from George Ball, "A Compromise Solution in South Vietnam," July 1, 1965, in Mike Gravel, ed., *The Pentagon Papers*, Vol. 4(Boston: Beacon Press, 1971), 615-619.

(75) Ralph Peters, "Wishful Thinking and Indecisive Wars," *The Journal of International Security Affairs*, No. 16 (Spring 2009), http://archive.is/mqqb,（2018年2月16日にアクセス）

(76) Ibid.

(77) Arthur Brooks, "For Iraqis to Win, the U.S. Must Lose," in *The New York Times*, May 11, 2004. https://www.nytimes.com/2004/05/11/opinion/for-iraqis-to-win-the-us-must-lose.html.

(78) Sadat and McChrystal, "Staying the Course in Afghanistan."

(79) Ibid.

(80) Martin Malia, *The Soviet Tragedy: A History of Socialism in Russia, 1917-1991* (New York: Free Press, 1994), Ch 4, "A Regime Is Born: War Communism, 1918-1921." を参照。共産主義と自由民主主義のあいだの類似性についての説得的な議論については、Ryszard Legutko, *The Demon in Democracy: Totalitarian Temptations in Free Societies*, trans. Teresa Adelson (New York: Encounter Books, 2016).

(81) Kristol and Kagan, "Introduction," 18.

(82) Ibid., 17.

(83) Robert Kagan, "Power and Weakness," *Policy Review*, No. 113 (June-July 2002): 8.

(84) Ibid., 8, 16; Boot, "American Imperialism?" アメリカ合衆国国家情報長官によって2016年に発表された報告によれば、2009年1月20日から2015年12月31日のあいだに、ドローンによる攻撃によって、2372人から2581人の戦闘員と64人から116人の非戦闘員が、アフガニスタン、イラン、シリアの外部において殺害されている（https://www.dni.gov/index.php/

(55) Mission statement form USAID website: https://www.foreignassistance.gov/,（2018 年 2 月 21 日にアクセス）

(56) https://www.foreignassistance.gov/categories/Education-Social-Services,（2018 年 2 月 21 日にアクセス）. John Locke, *Second Treatise of Government*, ed. C.B. Macpherson (Indianapolis, Indiana: Hackett Publishing, 1980), 26, 52, Ch. V, "Of Property," esp. § 42:「土地とそれを利用する権利の拡大こそが偉大な統治の術である」、および Ch. III, esp. § 95:「政治社会の始まりについて」を参照。（加藤節訳『完訳 統治二論』岩波文庫，2010 年）

(57) John McCain, speech at the Republican National Convention, August 29, 2012. https://www.politico.com/story/2012/08/john-mccain-rnc-speech-transcript-080399. で草稿が利用可能。

(58) 2001 年 12 月 12 日に通過したアフガニスタン女性・子ども救済法、合衆国法典 22 巻 2374 条は、アフガニスタンの女性にとって利益となるような教育的、健康医療上の手段について認可するものであった。2002 年には、アフガニスタンの女性に対して教育や小規模金融のプログラムを提供するために、アメリカ－アフガニスタン女性会議が設立された。この組織は、「両国間や関係政府間や、公的、私的セクター間のパートナーシップを促進するのを手助けする」ことを目的としており、その鍵となる機能は、「政府やＮＧＯや私企業の垣根を越えて、資源や専門技術やネットワーク形成力を動員、結集する」―― そして、その目標は、とりわけそれらを女性のための実践的なプロジェクトに方向づける ―― ことであった。U.S. Department of State archive, https://2001-2009.state.gov/g/wi/rls/46289.htm や https://2001-2009.state.gov/g/wi/rls/10684.htm,（2019 年 8 月 13 日にアクセス）を参照。イラク女性贈与型基金のようなプロジェクトは、政府による支援、アメリカの企業や私的市民からの基金を、「イラクの女性の経済的、政治的な能力の開花」を支援するために組み合わせたものである。U.S. Department of State archive, https://2001-2009.state.gov/g/wi/rls/72237.htm,（2019 年 8 月 13 日にアクセス）

(59) Nadje Al-Ali and Nicola Pratt, *What Kind of Liberation?* (Berkley: University of California Press, 2009), 63. より引用

(60) Ibid.

(61) たとえば Michaele L. Ferguson, "'W' Stands for Women: Feminism and Security Rhetoric in the Post-9/11 Bush Administration," *Politics and Gender*, Vol. 1, No. 1(March 2005): 9-38; Al-Ali and Pratt, *What Kind of Liberation?*; Barbara Finley, *Bush and the War on Women: Turning Bach the Clock on Women's Progress* (New York: Zed Books, 2006); Kim Berry, "The Systematic Use of Afghan Women in the War on Terror," *Humboldt Journal of Social Relations*, Vol. 27, No. 2 (2003): 137-160; Jennifer L. Fluri and Rachel Lehr, *The Carpetbaggers of Kabul and Other American-Afghan Entanglements: Institute Development, Geopolitics, and the Currency of Gender and Grief* (Athens: University of Georgia Press, 2017), Ch. 4, "'Conscientiously Chic': The Production and Consumption of Afghan Women's Liberation." を参照。

(62) ソヴィエトによる中央アジアの女性の「解放」のためのイデオロギー的な動機については、多くの人が指摘してきた。代表的な著作に含まれるのは、Gregory Massell, *The Surrogate Proletariat* (Princeton, New Jersey: Princeton University Press, 1974); Douglas Northrop, *Veiled Empire: Gender and Power in Stalinist Central Asia* (Ithaca, New York: Cornell University Press, 2004); Marianne Kamp, *The New Woman in Uzbekistan: Islam, Modernity and Unveiling under Communism* (Seattle: University of Washington Press, 2006). などである。ムスリムの女性に対するアメリカとソヴィエトの扱いの比較については、Emily B. Finley, "Women's Liberation in Sino, Soviet, and American State-Building: Theory and Practice," *Humanitas*, Vol. 35, Nos. 1-2 (2022). を参照。

(63) Ferguson, " 'W' Stands for Women," 28.

(64) U.S. Department of State archive, https://2001-2009.state.gov/g/wi/rls/10684.htm,（2019 年 8 月 13 日にアクセス）

(65) George W. Bush, "Remarks by the First Lady and the President on Efforts to Globally Promote Women's Human Rights," The East Room of the White House, March 12, 2004.

(66) Richard Holbrooke, "Is U.S. Economy Recovering?," Interview with Fareed Zakaria GPS, October

(28) Charles Krauthammer, "Democratic Realism: An American Foreign Policy for a Unipolar World," Irving Kristol Lecture at American Enterprise Institute for Public Policy Research, January 1, 2004, 14.

(29) たとえば Russell Kirk, *The Roots of American Order* (Wilmington, Delaware: ISI, 2003); Geroge W. Carey, *In Defense of Constitution* (Indianapolis, Indiana: Liberty Fund, 1995); Claes G. Ryn, *Democracy and the Ethical Life* (Washington, DC: The Catholic University of America Press, 1990), 154-165. を参照。

(30) John Quincy Adams, "An Address Delivered at the Request of a Committee of the Citizens of Washington; On the Occasion of Reading the Declaration of Independence, On the Fourth of July, 1821," (Washington DC: Davis and Force, 1821), 29.

(31) Allan Bloom, "Rousseau: The Turning Point," in *Giants and Dwarfs: Essays 1960-1990* (New York: Simon & Schuster, 1990), 208.

(32) ウィリアム・クリストルとロバート・ケーガンは、"Introduction: National Interest and Global Responsibility," in *Present Dangers: Crisis and Opportunity in American Foreign and Defense Policy*, ed. William Kristol and Robert Kegan (New York: Encounter Books, 2000). において、体制転換の役割を強調している。

(33) Strauss, *Natural Right and History*, 18.（塚崎智・石崎嘉彦訳『自然権と歴史』ちくま学芸文庫）

(34) Kagan, *Dangerous Nation*, 40.

(35) Ibid.

(36) Condoleezza Rice, "The President's National Security Strategy," in *The Neocon Reader*, ed. Irwin Steelier (New York: Grove Press, 2004), 85.

(37) Krauthammer, "Democratic Realism," 14, ここで彼はジョン・F・ケネディを引用している。

(38) William Kristol and Robert Kagan, "Toward a Neo-Reaganite Foreign Policy," *Foreign Affairs*, Vol. 75, No. 4 (July 1996): 20.

(39) Krauthammer, "Democratic Realism," 14.

(40) Kristol and Kagan, "Introduction," 22.

(41) Max Boot, "American Imperialism? No Need to Run Away from the Label," *USA Today*, May 5, 2003. トマス・ドネリーとウィリアム・クリストルもまた、このジェファーソンの形容を、『ウィークリー・スタンダード』の自らの記事のタイトルに採用している。"An Empire for Liberty," *Weekly Standard*, October 2, 2017.

(42) Boot, "American Imperialism?".

(43) Max Boot, "We Didn't Kick Britain's Ass to Be This Kind of Country: Donald Tramp's Abandonment of Human Rights Is a Repudiation of the Country's Founding Principles," *Foreign Policy*, July 3, 2017.

(44) George W. Bush, speech at Whitehall Palace, London, November 20, 2003.

(45) George W. Bush, "Address before a Joint Session of Congress on the State of the Union," January 31, 2006.

(46) George H. W. Bush, "Address before a Joint Session of Congress on the State of the Union," January 29, 1991.

(47) Rice, "The President's National Security Strategy," 83.

(48) Bush, Second Inaugural Address.

(49) Kristol and Kagan, "Introduction," 20.

(50) Kagan, "Power and Weakness," 14-15; Kristol and Kagan, "Introduction," 23.

(51) Daniel Bell and Irving Kristol, "What Is the Public Interest?," *The Public Interest*, Vol. 1, No.1 (Fall 1965):5.

(52) George W. Bush, Speech to United Nations General Assembly, September 21, 2004.

(53) Ralph Peters, "Stability, America's Enemy," *Parameters*, Winter 2001-2002, 6.

(54) Michael A. Ledeen, *The War against Terror Masters: Why It Happened, Where We Are Now, How We'll Win* (New York: Truman Talley Books, 2003), 213.

この用語に言及した彼の論考の集成については、Irving Kristol, *The Neo-conservative Persuasion: Selected Essays, 1942-2009* (New York: Basic Books, 2011).

(8) Deal W. Hudson, *Sed Contra: The Neocon Question*, July 1, 2003, https://www.crisismagazine.com/2003/sed-contra-the-neocon-question,（2018 年 3 月 10 日にアクセス）

(9) 新保守主義とシュトラウスならびにシュトラウス主義者とのあいだの関連については、数多くの学術研究やジャーナリズムによって究明がなされている。新保守主義の勃興についてシュトラウスを糾弾している 2 人のもっとも著名な研究者は、シャディア・ドラリーとＣ・ブラッドリー・トンプソンである。Shadia Drury, *Leo Strauss and the American Right* (New York: St. Martin's Press, 1999) と Thompson and Brook, *Neoconservatism.* を参照。シュトラウスの学生たちは自らの著作を通じて、これらの主張に対して応答している。Catherine H. Zuckert and Michael P. Zuckert, *The Truth about Leo Strauss: Political Philosophy and American Democracy* (Chicago: University of Chicago Press, 2014): Peter Minowitz, *Straussophobia: Defending Leo Starauss and Straussians against Shadia Drury and Other Accusers* (Lanham, Maryland: Lexington Books, 2009).

(10) ブッシュ政権とレーガン政権に関わった大勢のシュトラウス主義者の詳細な一覧については、Kenneth R. Weinstein, "Philosophic Roots, The Role of Leo Strauss, and the War in Iraq," in *The Neocon Reader*, ed. Irwin Stelzer (New York: Grove Press, 2004), 204-205. を参照。

(11) Leo Strauss, *Natural Right and History* (Chicago: University of Chicago Press, 1953), 11.（塚崎智・石崎嘉彦訳『自然権と歴史』ちくま学芸文庫，2013 年）

(12) Ibid., 15.

(13) Ibid., 11.

(14) Book III of Plato's *Republic.* を参照。（藤沢令夫訳『国家』（上・下）岩波文庫，2008 年）

(15) Strauss, *Natural Right and History*, 133.（塚崎智・石崎嘉彦訳『自然権と歴史』ちくま学芸文庫）

(16) Ibid., 141-142.

(17) Leo Strauss, "On Classical Political Philosophy," in *The Rebirth of Classical Political Rationalism*, ed. Thomas Pangle (Chicago: University of Chicago Press, 1989), 55.（石崎嘉彦監訳『古典的政治的合理主義の再生：レオ・シュトラウスの思想入門』ナカニシヤ出版，1996 年）

(18) Strauss, *Natural Right and History*, 133.（塚崎智・石崎嘉彦訳『自然権と歴史』ちくま学芸文庫）

(19) Strauss, "On Classical Political Philosophy," 55.（石崎嘉彦監訳『古典的政治的合理主義の再生：レオ・シュトラウスの思想入門』ナカニシヤ出版）

(20) Strauss, *Natural Right and History*, 144.（塚崎智・石崎嘉彦訳『自然権と歴史』ちくま学芸文庫）

(21) Strauss, "On Classical Political Philosophy," 55, 50.（石崎嘉彦監訳『古典的政治的合理主義の再生：レオ・シュトラウスの思想入門』ナカニシヤ出版）

(22) Strauss, *Natural Right and History*, 141, 142.（塚崎智・石崎嘉彦訳『自然権と歴史』ちくま学芸文庫）

(23) たとえば Thompson and Brook, *Neoconservatism.* を参照。トンプソンは多くの新保守主義者、とりわけシュトラウスの学生であるアーヴィング・クリストルに対する彼の影響を説得力あるものにしているが、トンプソンの議論は、彼自身のシュトラウス主義者としての背景から相当の影響を受けているように思われる。トンプソンは、イデオロギー的範囲にかなりの広がりがあり、新保守主義者にも左翼にも力を及ぼした、その他の強力な文化的影響力を無視して、シュトラウスの方法論を強調している。

(24) Louis Hartz, *The Liberal Tradition in America* (San Diego, California: Harcourt Brace and Co., 1991)（有賀貞訳『アメリカ自由主義の伝統：独立革命以来のアメリカ政治思想の一解釈』講談社学術文庫，1994 年）、特に Robert Kagan, *Dangerous Nation* (New York: Vintage Books, 2006). を参照。

(25) Kagan, *Dangerous Nation*, 42.

(26) J. Hector St. John de Crèvecoeur, Letter III, 1782, https://avalon.law.yale.edu/18th_century/letter_03.asp.

(27) Kagan, *Dangerous Nation*, 42.

岩波文庫，2008 年）の第 3 巻を参照。
(87) Rawls, *A Theory of Justice: Original Edition*, 87.
(88) Ibid., 87-88.
(89) Ibid. 88.
(90) Thompson, “Deliberative Democratic Theory and Empirical Political Science,” 498-500. を参照。
(91) Ibid., 500.
(92) Michael X. Delli Carpini, Fay Lomax Cook, and Lawrence R. Jacobs, “Public Deliberation, Discursive Participation, and Citizen Engagement: A Review of the Empirical Literature,” *Annual Review of Political Science*, Vol. 7(2004): 325.
(93) Thompson, “Deliberative Democratic Theory and Empirical Political Science,” 509, 506.
(94) Patrick Deneen, *Democratic Faith* (Princeton, New Jersey: Princeton university Press, 2005), 27.
(95) Habermas, *Between Facts and Norms*, 318.（河上倫逸・耳野健二訳『事実性と妥当性：法と民主的法治国家の討議理論にかんする研究』（上・下）未來社）
(96) Thompson, “Deliberative Democratic Theory and Empirical Political Science,” 500.
(97) Rousseau, *The Social Contract*, in *The Basic Political Writings* (Indianapolis: Hackett Publishing, 2011), 199. Book III, Ch. 4.（桑原武夫・前川貞次郎訳『社会契約論』岩波文庫，1954 年）
(98) Thompson, “Deliberative Democratic Theory and Empirical Political Science,” 500.
(99) Rawls, *A Theory of Justice: Original Edition*, 87.
(100) Plato, *Republic*, 95.（藤沢令夫訳『国家』（上・下）岩波文庫）
(101) Zach Beauchamp, “The Anti-Liberal Moment,” *Vox*, September 9, 2019, http://www.vox.com/policy-and-politics/2019/9/9/20750160/liberalism-trump-putin-socialism-reactionary,（2019 年 9 月 10 日にアクセス）を参照。人気のある左派の雑誌『ヴォックス』がロック的、ロールズ的な種類の自由主義に対する近年の批判について特集を組んでいるが、そのことはむしろ広範に及ぶ不満の証拠となっている。
(102) Barker et al, “Introduction,” 7.
(103) Jean-Jacques Rousseau, “On the Social Contract”, in *The Basic Political Writings*, 2nd ed., trans. Donald A Cress (Indianapolis, Indiana: Hackett Publishing Co., 2011), Book II, Ch 5., 167.（桑原武夫・前川貞次郎訳『社会契約論』岩波文庫）
(104) “Mark Zuckerberg and Jack Dorsey Testimony Transcript Hearing November 17, [2020],”, Transcript Library, rev.com/blog/transcripts/mark-zukerberg-jack-dorsey-testimony-transcript-senate-tech-hearing-november-17.

第 7 章

(1) George W. Bush, Second Inaugural Address, January 20, 2005. 本章で引用されるジョージ・W・ブッシュの一次資料は、https://georgewbush-whitehouse.archives.gov/index.html. で利用可能である。
(2) John Mearsheimer, *The Great Delusion: Liberal Dreams and International Realities* (New Haven, Connecticut: Yale University Press, 2018), 153.
(3) ミアシャイマーが政治的自由主義を分析した ibid. esp. chap. 3, を参照。Stephen M. Walt, *The Hell of Good Intentions: America's Foreign Policy Elite and the Decline of U.S. Primacy* (New York: Farrar, Status and Giroux, 2018).
(4) Mearsheimer, *The Great Delusion*, 217.
(5) これは Yaron Brook, *Neoconservatism: An Obituary for an Idea* (Boulder, Colorado: Paradigm Publishers, 2010) とともに、C・ブラッドリー・トンプソンを典拠としている。
(6) Max Boot, “I'm No Democrat – but I'm Voting Exclusively for Democrats to Save Our Democracy,” *Washington Post*, October 11, 2021, https://www.washingtonpost.com/opinions/2021/10/11/im-no-democrat-im-voting-exclusively-democrats-save-our-democracy/,（2021 年 11 月 2 日にアクセス）
(7) アーヴィング・クリストルは、さまざまな機会に新保守主義を「信仰」として定義している。

Perspectives, ed. Maurizio Passerin D'Entreves (New York: Manchester University Press, 2002), 117.
(64) Ibid.
(65) John Rawls, *Political Liberalism*: Expanded Edition (New York: Columbia University Press, 2005), 225,（神島裕子・福間聡訳『政治的リベラリズム 増補版』筑摩書房，2022年）Saward, "Rawls and Deliberative Democracy," 115. より引用。
(66) Rawls, *Political Liberalism*, 225, Saward, "Rawls and Deliberative Democracy," 115. より引用。
(67) John Rawls, *A Theory of Justice*, rev. ed. (Cambridge, Massachusetts: The Belknap Press of Harvard University Press, 1999), 107（川本隆史・福間聡ほか訳『正議論 改訂版』紀伊國屋書店，2010年）; Rawls, "The Idea of Public Reason Revisited," 774.
(68) Rawls, "The Idea of Public Reason Revisited," 774.
(69) ロールズによる福祉国家擁護の議論については、Stephen Nathanson, *Economic Justice*(New York: Pearson, 1997), "Rawls's Defense of the Liberal Democratic Welfare State," 81-99, esp. 92-93. を参照。*Justice as Fairness: A Restatement* (Cambridge, Massachusetts: The Belknap Press, 2001; second edition)（田中成明・亀本洋ほか訳『公正としての正義 再説』岩波現代文庫，2020年）においてロールズは、財産所有権ないし自由主義的社会主義を正義は要求するとたしかに語っているが、このことは、ロールズを、福祉国家的な資本主義からというよりは、いわゆる共産主義者や完全な社会主義者から区別するものであって、前者について彼は是認しているように思われる。
(70) John Rawls, *A Theory of Justice: Original Edition* (Cambridge, Massachusetts: The Belknap Press of Harvard University Press, 1971), 87.
(71) Rawls, "The Idea of Public Reason Revisited," 773-774.
(72) Habermas, "Three Normative Models of Democracy," 6.
(73) 熟議民主主義の非歴史主義や合理主義の扱いについては、Ryan Holston, "Deliberation in Context: Reexamining the Confrontation between the Discourse Ethics and Neo-Aristotelianism," *Telos*, Vol. 181 (Winter 2017):151-175. を参照。
(74) Bächtiger et al., "Deliberative Democracy," 1.
(75) Gutmann and Thompson, "Reflection on Deliberative Democracy," 900.
(76) Gutman and Thompson, "Moral Conflict and Political Consensus," 77.
(77) Stefan Rummens, "Deliberation and Justice," in *The Oxford Handbook of Deliberative Democracy,* ed. Andre Bächtiger et al. (New York: Oxford University Press), 136.
(78) Monique Deveaux, "Deliberative Democracy and Multiculturalism," in *The Oxford Handbook of Deliberative Democracy*, ed. Andre Bächtiger et al. (New York: Oxford University Press), 161, 163. より引用。
(79) Ibid., 161.
(80) Ibid., 163.
(81) Benhabib, "Liberal Dialogue versus a Critical Theory of Legitimacy," 150.
(82) Andrew March and Alicia Steinmatz, "Religious Reasons in Public Deliberation," in *The Oxford Handbook of Deliberative Democracy*, ed. Andre Bächtiger et al. (New York: Oxford University Press), 208.
(83) Jeffrey Flynn, "Communicative Power in Habermas's Theory of Democracy," *European Journal of Political Theory* 3 (4) 2004: 446. より引用。
(84) ロールズですらも、これらの抽象的な概念を体現するような個人をめぐる自らの想定が、仮説的な目的のためのものであり、現実上の人民はしばしば、これらの理念を欠いていることを認めている。Rawls, *A Theory of Justice: Original Edition*, 443 と Rawls, *Political Liberalism*, 20. を参照。
(85) St. Paul Letter to the Romans 7:15-19 (New Revised Standard Version).
(86) 「金属の神話」や、神話や歌やその詞、レトリック、芸術、詩が都市における若者の心の形成にとって占める中心的な重要性についての彼の理解に当てられた Plato, *Republic*, trans. G. M. A. Grube (Indianapolis, Indiana: Hackett Publishing Co., 1992)（藤沢令夫訳『国家』（上・下）

Democracy, trans. William Rehg (Cambridge, Massachusetts: MIT Press, 1996), 304（河上倫逸・耳野健二訳『事実性と妥当性：法と民主的法治国家の討議理論にかんする研究』（上・下）未來社，2002-2003 年）; Cohen, "Reflections on Habermas on Democracy," 400.

(37) 熟議民主主義とミルの関係については、Amy Gutmann and Dennis Thompson, *Why Deliberative Democracy?* (Princeton, New Jersey: Princeton University Press, 2004), 9: Chambers, "The Philosophical Origins of Deliberative Ideals," 60. を参照。

(38) Cohen, "Reflections on Habermas on Democracy," 387.

(39) Ackerman, "Why Dialogue?,"17-18.

(40) Amy Guttmann and Dennis Thompson, "Moral Conflict and Political Consensus," *Ethics*, Vol. 101, No. 1(October 1990): 78.

(41) Thompson, "Deliberative Democratic Theory and Empirical Political Science," 509.

(42) Ibid., 506.

(43) Ibid.

(44) Bächtiger et al., "Deliberative Democracy," 6.

(45) シモーヌ・チェンバースの説明するところでは、「その解釈にしたがうならば、熟議が一般意志の土台を掘り崩しうるとルソーが示唆するとき、（中略）彼は熟議民主主義の核心にある理念を拒絶しているわけではない。そうではなく彼が提案しているのは、党派性や、市民が共通善によってではなく自己や集団の利害のために理性を用いているような類型の不一致から熟議が護られなければならないということなのである」。("The Philosophical Origins of Deliberative Ideals," 57).

(46) Cohen, "Procedure and Substance in Deliberative Democracy," 18.

(47) Jamse MacGregor Burns, *The Deadlock of Democracy* (Englewood Cliffs, New Jersey: Prentice Hall, 1963). を参照。

(48) Bächtiger et al., "Deliberative Democracy," 5.

(49) Gutmann and Thompson, "Moral Conflict and Political Consensus," 86.

(50) Robert J. Lacey, *American Pragmatism and Democratic Faith* (DeKalb: Northern Illinois University Press, 2008), 21.

(51) Ibid.

(52) Gutmann and Thompson, "Moral Conflict and Political Consensus," 77. また、J. Knight and J. Johnson, "What Sort of Political Equality Does Democratic Deliberation Require?," in *Deliberative Democracy*, ed. J. Bohman and W. Rehg (Cambridge, Massachusetts: MIT Press, 1997), 280, 292. を参照。

(53) André Bächtiger, Marco Steenbergen, Thomas Gautschi, and Seraina Pedrini, "Deliberation in Swiss Direct Democracy: A Field Experiment on the Expulsion Initiative," *National Centres of Competence in Research(NCCR) Newletter*, February 2011, 5.

(54) Ibid., 6-7.

(55) Ibid., 5.

(56) Paul Quirk, William Bendix, and Andre Bächtiger, "Institutional Deliberaltion," in *The Oxford Handbook of Deliberative Democracy*, ed. Andre Bächtiger et al. (New York: Oxford University Press), 287.

(57) Amy Gutmann and Dennis Thompson, "Reflections on Deliberative Democracy: When Theory Meets Practice," in *The Oxford handbook of Deliberative Democracy*, ed. Andre Bächtiger et al. (New York: Oxford University Press), 905-906.

(58) Chambers, "The Philosophical Origins of Deliberative Ideals," 60.

(59) Ibid. より引用。

(60) Gutmann and Thompson, "Moral Conflict and Political Consensus," 77.

(61) Gutmann and Thompson, "Reflections on Deliberative Democracy," 904-905.

(62) Bächtiger et al., "Deliberation in Swiss Direct Democracy," 5.

(63) Michael Saward, "Rawls and Deliberative Democracy," in *Democracy as Public Deliberation: New*

(10) Bächtiger et al., "Deliberative Democracy," 2.
(11) Cohen, "Procedure and Substance in Deliberative Democracy," 21.
(12) Dennis F. Thompson, "Deliberative Democratic Theory and Empirical Political Science," *Annual Review of Political Science*, Vol. 11(2008): 498.
(13) Seyla Benhabib, "Liberal Dialogue versus a Critical Theory of Discursive Legitimation," in *Liberalism and the Moral Life*, ed. Nancy L. Rosenblum (Cambridge Massachusetts: Harvard University Press, 1996), 143.
(14) Bruce Ackerman, "Why Dialogue?," *The Journal of Philosophy*, Vol. 86, No. 1 (January 1989):10.
(15) Jürgen Habermas, "Discourse Ethics: Notes on a Program of Philosophical Justification," in *Moral Consciousness and Communicative Action*, trans. Christian Lenhardt and Shierry Weber Nicholsen (Cambridge, Massachusetts: MIT Press, 1990), 91.
(16) Benhabib, "Liberal Dialogue versus a Critical Theory of Legitimacy," 150.
(17) John Rawls, "The Idea of Public Reason Revisited," *The University of Chicago Law Review*, Vol. 64, No. 3(Summer 1997):769.
(18) Derek W. M. Barker, Noëlle McAfee, David W McIvor, "Introduction," in *Democratizing Deliberation: A Political Theory Anthology,* ed. Derek W. M. Barker, Noëlle McAfee, David W. McIvor (Dayton, Ohio: Kettering Foundation Press, 2012), 4. しかしながら論者のなかには、「〈国家規模における民主主義の政治を理解すること〉が問題となるときには適切ではないとして」、熟議民主主義を退ける者もいる。Bächtiger et al., "Deliberative Democracy," 1. より引用。
(19) Bächtiger et al., "Deliberative Democracy," 3.
(20) コミュニケーション的行為についてハーバーマスは、「自らの言語行為のうちに含まれている提案のもつ発話内的拘束効果（*Bindungseffekt*）に依拠しつつ、ある行為者が合理的に他者を動機づけようと試みる」過程として定義している。Habermas, "Discourse Ethics," 58 を参照。また Habermas, *The Theory of Communicative Action in two volumes*, trans. Thomas McCarthy(Boston: Beacon Press, 1984-1985). を参照。（河上倫逸・平井俊彦ほか訳『コミュニケイション的行為の理論』（上・中・下）未來社，1985-1987 年）
(21) Jürgen Habermas, "Three Normative Models of Democracy," *Constellations*, Vol. 1, No. 1(1994): 7.
(22) Habermas, "Discourse Ethics," 58.
(23) Ibid., 67.
(24) Ibid., 58,
(25) Ibid., 63.
(26) Ibid., 66. 強調は原文ママ。
(27) Habermas, "Three Normative Models of Democracy," 4-5.
(28) Edmund Burke, *Reflections on the Revolution in France*, ed. J. G. A. Pocock (Indianapolis, Indiana: Hackett Publishing Co., 1987). を参照。（半澤孝麿訳『フランス革命の省察』みすず書房，1997 年）
(29) Habermas, "Three Normative Models of Democracy," 5, ただし強調を付け加えている。
(30) Thomas McCarthy, "Kantian Constructivism and Reconstructivism: Rawls and Habermas in Dialogue," *Ethics*, Vol. 105, no. 1 (October 1994): 47.
(31) Ibid.
(32) Rawls, "The Idea of Public Reason Revisited," 772.
(33) Ibid., 773.
(34) ロールズも含めて、『政治的リベラリズム』は、『正義論』における形而上学の歴史的な適用を意図したものだと主張する人がいる。たとえばリチャード・ローティは、『政治的リベラリズム』は、公正としての正義の歴史的性質を具体的に示したものと主張している。*Objectivity, Relativism, and Truth: Philosophical Papers*, Vol. 1 (New York: Cambridge University Press, 1991).
(35) Cohen, "Reflections on Habermas on Democracy," in *Ratio Juris*, Vol. 12 Issue 4 (December 1999): 387.
(36) Jürgen Habermas, *Between Facts and Norms: Contributions to a Discourse Theory of Law and*

(69) Orestes Brownson, *The American Republic: Its Constitution, Tendencies, and Destiny* (New York: P. O'Shea, 1866), 184.
(70) Ibid., 181.
(71) Ibid., 181-182.
(72) Rommen, *The State in Catholic Thought*, 477.
(73) Brownson, *The American Republic*, 183.
(74) Rommen, *The State in Catholic Thought*, 478,
(75) Brownson, *The American Republic*, 186.
(76) Ibid., 274-275.
(77) Ibid., 272-273.
(78) Ibid., 185.
(79) Maritain, *Man and the State*, 202.（久保正幡・稲垣良典訳『人間と国家』創文社）
(80) Ibid., 199.
(81) Kolnai, "Between Christ and the Idols of Modernity," 179.
(82) Ibid., 178-179.
(83) Pope Francis, Laudato si', §219. https://www.vatican.va/content/dam/francesco/pdf/encyclicals/documents/papa-francesco_20150524_enciclica-laudatio-si_en.pdf でアクセス可能。（瀬本正之・吉川まみ訳『回勅ラウダート・シ：ともに暮らす家を大切に』カトリック中央協議会，2016年）
(84) Ibid., §231.
(85) Ibid., §220.
(86) Michael Novak, "The Achievement of Jacques Maritain," in *Catholic Social Thought and Liberal Institutions: Freedom with Justice* (New Brunswick, New Jersey: Transaction Publishers, 1989) を参照することでまた、ノヴァクの思想とマリタンとの連続性が明らかとなる。
(87) Brownson, *The American Republic*, 186.
(88) Maritain, *Man and the State*, 216.（久保正幡・稲垣良典訳『人間と国家』創文社）

第6章

(1) Andre Bächtiger, John S. Dryzek, Jane Mansbridge, and Mark Warren, "Deliberative Democracy: An Introduction," in *The Oxford Handbook of Deliberative Democracy*, ed. Andre Bächtiger et. al., (New York: Oxford University Press, 2018), 2.
(2) 多くの熟議民主主義者は、自覚的にルソーの政治的理想に依拠している。熟議民主主義の哲学的起源についての概観は、Simone Chambers, "The Philosophical Origins of Deliberative Ideals," in *The Oxford Handbook of Deliberative Democracy*, 55-69.
(3) Ibid.
(4) Bächtiger et al., "Deliberative Democracy," 2.
(5) "Remarks by the President at Presentation of the National Medal of the Arts and the National Humanities Medal," White House, September 29, 1999, https://clintonwhitehouse4.archives.gov/WH/New/html/19990929.html.
(6) The National Conversation at the Wilson Center, https://www.wilsoncenter.org/the-national-conversation-the-wilson-center（2017年9月21日にアクセス）
(7) 第2世代の熟議民主主義者は、「物語りやレトリックのようなコミュニケーションの異なった様式」をも包摂し、討議における情念の役割にも説明を付け加えることによって、合理性の観念を拡張している。Bächtiger et al., "Deliberative Democracy," 3. を参照。
(8) マイケル・ウォルツァーのような共同体主義者の主張によれば、ロールズは、自らの政治的正義の構想において、歴史的な共同体の規範を十分に考慮することができていない。Michael Walzer, *Sphere of Justice: A Defense of Pluralism and Equality* (New York: Basic Books, Inc., 1983). を参照。（山口晃訳『正義の領分：多元性と平等の擁護』而立書房，1999年）
(9) Joshua Cohen, "Procedure and Substance in Deliberative Democracy," in *Philosophy and Democracy: An Anthology*, ed. Thomas Christiano (New York: Oxford University Press, 2003), 21.

る」と名づけられているこの論文は、民主至上主義的な楽観主義の継続的な流行り廃りを明らかにするものである。John W. Boyer, "Drafting Salvation," *University of Chicago Magazine*, December 1995, http://magazine.uchicago.edu/archives にてアクセス可能。

(36) Maritain, *Man and the State*, 214, 215-216.（久保正幡・稲垣良典訳『人間と国家』創文社）

(37) Ibid., 214, 215.

(38) Ibid., 207.

(39) Ibid., 208.

(40) Ibid., 199.

(41) Ibid., 207-208.

(42) Marx and Engels, *The Communist Manifesto*, 62-69.（大内兵衛・向坂逸郎訳『共産党宣言』岩波文庫）

(43) Pope Paul VI, *Gaudium et Spes*, Introduction, §5.（第 2 バチカン公会議文書公式訳改訂特別委員会『現代世界憲章』カトリック中央協議会）

(44) Jacques Maritain, *Integral Humanism, Freedom in the Modern World, and A Letter on Independence*, ed. Otto Bird (Notre Dame, Indiana: University of Notre Dame Press, 1996), 181n8.（荒木慎一訳『全きヒューマニズム：新しいキリスト教社会の現世的・霊的諸問題』知泉書館，2023 年）

(45) Ibid., 181.

(46) Ibid., 182.

(47) Ibid., 177-178.

(48) Maritain, *Man and the State*, 199.（久保正幡・稲垣良典訳『人間と国家』創文社）

(49) Ibid., 213

(50) Maritain, *Christianity and Democracy*, 41.

(51) Ibid., 38.

(52) Maritain, *Man and the State*, 50-51.（久保正幡・稲垣良典訳『人間と国家』創文社）すべての民族がアメリカとともに「その政治的発展の成人時代に近づいているか、入りつつある」というウィルソンの発言と比較せよ。Woodrow Wilson, "The Moden Democratic State,", in *The Papers of Woodrow Wilson* (Princeton, New Jersey: Princeton University Press, 1966-1994), 5:74.

(53) Maritain, *Man and the State*, 142.（久保正幡・稲垣良典訳『人間と国家』創文社）

(54) Ibid., 141.

(55) Maritain, *Christianity and Democracy*, 48, 13.

(56) UNESCO, *Human Rights, Comments and Interpretations* (Paris: PHS, 1949), 2.（平和問題談話会訳『人間の権利』岩波書店，1951 年）

(57) Thaddeus J. Kozinski, *The Political Problem of Religious Pluralism* (Lanham, Maryland: Lexington Books, 2010), 69.

(58) Ibid.

(59) Maritain, *Man and the State*, 176.（久保正幡・稲垣良典訳『人間と国家』創文社）

(60) Aurel Kolnai, "Between Christ and the Idols of Modernity: A Review of Jacques Maritain's *Man and the State*," in *Privilege and Liberty and Other Essays in Political Philosophy*, ed. Daniel J. Mahoney (Lanham, Maryland: Lexington Books, 1999), 180.

(61) Ibid.

(62) Ibid.

(63) Jacques Maritain, *The Peasant of the Garonne*, trans. Michael Cudahy and Elizabeth Hughes (New York: Holt, Rinehart and Winston, 1968), 201.

(64) Ibid.

(65) Eric Voegelin, "Ersatz Religion," in *Science, Politics and Gnosticism* (Wilmington, Delaware: ISI Books, 2007), 75.

(66) Maritain, *The Peasant of the Garonne*, 203.

(67) Ibid., 204.

(68) Voegelin, "Ersatz Religion," 83.

(12) Ibid., 18.
(13) Ibid., 21.
(14) Ibid., 21.
(15) Ibid., 27.
(16) Ibid., 24.
(17) Erik Ritter Von Kuehnelt-Leddihn, *Liberty or Equality: The Challenge of Our Times*, ed. John P. Hughes (Auburn, Alabama: The Mises Institute, 2014), 90.
(18) Maritain, *Man and the State*, 172.（久保正幡・稲垣良典訳『人間と国家』創文社）
(19) Ibid., 104-105.
(20) Thomas Aquinas, *Summa Theologica* 2.2, Question 66, Article 7.（山田晶訳『神学大全』（I・II）中公クラシックス , 2014 年）
(21) Pope Paul VI, *Gaudium et Spes*, December 7, 1965, introduction §4. この資料は、以下のヴァチカンのデジタルアーカイヴ https://www.vatican.va/archive/hist_councils/ii_vatican_council/documents/vat-ii_const_19651207_gaudium-et-spes_en.html. において公的に利用可能である。（第 2 バチカン公会議文書公式訳改訂特別委員会『現代世界憲章』カトリック中央協議会, 2014 年）
(22) Ibid., Part I, Ch. 2, §26.
(23) Pope Jon XXIII, *Pacem in Terris*, April 11, 1963, §§11-27. https://www.vatican.va/content/john-xxiii/en/encyclicals/documents/hf_j-xxiii_enc_11041963_pacem.html.（日本カトリック司教協議会『パーチェム・イン・テリス：地上の平和：教皇ヨハネ二十三世回勅』カトリック中央協議会, 2013 年）
(24) Ibid., §§ 41, 42-43.
(25) Maritain, *Christianity and Democracy*, 111.
(26) Karl Marx and Friedrich Engels, *The Communist Manifesto*, ed. L. M. Findlay (Ontario: Broadview Press, 2004)（大内兵衛・向坂逸郎訳『共産党宣言』岩波文庫, 1951 年）ならびに Karl Marx and Friedrich Engels, *The German Ideology*, ed. C. J. Arthur (New York: International Publisher Co., 1970)（廣松渉・小林昌人訳『新編輯版 ドイツ・イデオロギー』岩波文庫, 2002 年）を参照。
(27) Pope John Paul II, *Sollicitudo Rei Socialis*, §41.1, in J. Michael Miller, ed., *The Encyclicals of John Paul II* (Huntington, Indiana: Our Sunday Visitor Publishing Division,2001), 411.
(28) John Paul II, *Evangelium Vitae*, §70, https://www.vatican.va/content/john-paul-ii/en/encyclicals/documents/hf_jp-ii_enc_25031995_evangelium-vitae.html.（裏辻洋二訳『いのちの福音：教皇ヨハネ・パウロ二世回勅』）
(29) Maritain, *Christianity and Democracy*, 18.
(30) Ibid., 4-5.
(31) Ibid., 12.
(32) Ibid., 12-13.
(33) Book of Revelation, Ch. 21.（小河陽訳『ヨハネの黙示録』講談社学術文庫, 2018 年）
(34) Maritain, *Man and the State*, 114-115.（久保正幡・稲垣良典訳『人間と国家』創文社）
(35) Ibid., 201. 世界政府を構築しようという思想は 1990 年代まで続いている。マリタンが『人間と国家』において礼賛している世界政府のモデル —— ハッチンズ報告や世界憲法制定委員会 —— は、半世紀後に再び注目を集めた。この委員会の思想的発祥地である『シカゴ大学雑誌』の 1995 年 12 月号において、そのようなグローバルな政治のための枠組みがついに実現しうるかもしれないという新たな希望を表明する論文が掲載されたのだ。その著者の記すところでは、「ナショナリズムや国家の自己利益を超えた普遍的な正義を保障する世界秩序という委員会の夢は、冷戦初期の時代にそうであったほどには、ドン・キホーテ的なもののようには思われないのである」。彼は、北米自由貿易協定や欧州連合のような、すでに多様な仕方で実行されている憲法草稿のいくつかの要素を列挙してはいるのだが、その 2 つの制度はいまや、その政治的有用性という点において深く政治的に再吟味がなされている。的確にも「救済を起草す

York: Charles Scribner's Sons, 1925), 179.

(93) Gerhard Schulz, *Revolutions and Peace Treatise: 1917-1920*, trans. Marian Jackson (London: Methuen & Co., 1972), 189. より引用。

(94) Ibid., 182

(95) Ibid., 183.

(96) Johnson, *Modern Times*, 14.

(97) Wilson, "Address on Flag Day," June 14, 1917.

(98) Woodrow Wilson, address at Cheyenne, Wyoming, September 24, 1919. The American Presidency Project: https://www.presidency.ucsb.edu/documents/address-the-princess-theater-cheyenne-wyoming.

(99) Babbit, *Democracy and Leadership*, 122.

(100) Ibid., 103.

(101) Jean-Jacques Rousseau, *The Confessions*, trans. J. M. Cohen (New York: Penguin Books, 1953), 398.（桑原武夫訳『告白』（上・中・下）岩波文庫，1965-1966 年）

(102) Nordholt, *Woodrow Wilson*, 52.

(103) Tuveson, *Redeemer Nation*, 211. より引用。

(104) Wilson, "Americanism and the Foreign Born," may 10, 1915; Wilson, speech at the opening of the Third Liberty Loan Campaign, both in Link, *Papers*, 47:270; Wilson's words to Frank Cobb, Johnson, *Modern Times*, 14. より引用。

(105) Wilson at Oakland, September 18, 1919, Tuveson, *Redeemer Nation*, 210-211. より引用。バビクの言うところでは、「ウィルソンの国際的な政治的ユートピア主義は、その重要な部分において、彼の宗教的なユートピア主義に由来している。すなわちそれは、歴史とは贖罪のプロセスであるという聖書によって触発された信念であり、そこには、摂理によって人類の救済者に任命されたものとしてのアメリカが付随している」。(*Statecraft and Salvation*, 3)。

(106) Wilson, speech at the opening of the Third Liberty Loan Campaign in Link, *Papers*, 47:270.

(107) Thomas Carlyle, *The French Revolution: A History*, 3 vols. (Boston: Dana Estes & Company, 1985), 2:56.

第 5 章

(1) 社会学者で哲学者のダニエル・ベルは、自由民主主義はイデオロギー的ではありえないと考えている。*The End of Ideology: On the Exhaustion of Political Ideas in the Fifties* (Cambridge, Massachusetts: Havard University Press, 2000; originally published 1960)（岡田直之訳『イデオロギーの終焉 —— 1950 年代における政治思想の涸渇について』東京創元社，1983 年）を参照。そこで彼が主張するところによれば、いまや体系的なイデオロギーは消滅しつつあり、イデオロギー以後の世界に道を譲ろうとしているのだ。

(2) Maritain, Jacques. *Man and the State*. (Washington, DC: The Catholic University of America Press, 1998; first published in 1951), 108.（久保正幡・稲垣良典訳『人間と国家』創文社，1962 年）

(3) Ibid., 60.

(4) Ibid., 61.

(5) Ibid., 59.

(6) Ibid., 59.

(7) Ibid., 59.

(8) Jacques Maritain, *Christianity and Democracy*, in *Christianity and Democracy and The Rights of Man and Natural Law*, trans. Doris C. Anson (San Francisco, California: Ignatius Press, 1986), 46.

(9) Jacques Maritain, *Ransoming the Time*, trans. Harry Lorin Binsse (New York: Scribner's Sons, 1941), 18.

(10) Heinrich Rommen, *The State in Catholic Thought* (St. Louis, Missouri: B. Herder Book Co., 1950), 501.

(11) Maritain, *Ransoming the Time*, 17.

(71) Wilson, "War Message to Congress," 309; Carlisle, "The Attacks on U.S. Shipping," 63.
(72) たとえば William Kristol and Robert Kagan, "Introduction: National Interest and Global Responsibility," in *Present Dangers: Crisis and Opportunity in American Foreign and Defense Policy*, ed. Robert Kagan and William Kristol (New York: Encounter Books, 2000), 3-24. を参照。
(73) Wilson, "War Message to Congress," 309.
(74) Riezler's diary, April 18, 1915, Johnson, *Modern Times*, 107. より引用。
(75) Wilson's letter to Chairman Edwin Webb of the House Judiciary Committee, in "Wilson Demands Press Censorship," *New York Times*, May 23, 1917.
(76) Peter Conolly-Smith, "'Reading between the Lines': The Bureau of Investigation, the United States Post Office, and Domestic Surveillance during World War I," *Social Justice*, Vol. 36, No. 1 (2009): 16.
(77) Amendment to the Espionage Act, 65th Congress, Session II, Ch. 75 (1918). ウィルソン政権下における市民の自由に関する議論については、H.C. Peterson and Gilbert C. Fite, *Opponents of War, 1917-1918* (Madison: University of Wisconsin Press, 1957); Harry N. Scheiber, *The Wilson Administration and Civil Liberties, 1917-1921* (Ithaca, New York: Cornell University Press, 1960); Zechariah Chafee Jr., *Free Speech in the United States* (Cambridge, Massachusetts: Harvard University Press, 1954); Geoffrey R. Stone, *Perilous Times: Free Speech in Wartime from the Sedition Act of 1798 to the War on Terrorism* (New York: W.W. Norton, 2005), 135-235; Mitchell Newton-Matza, *The Espionage and Sedition Acts: World War I and the Image of Civil Liberties* (New York: Routledge, 2017). を参照。
(78) Conolly-Smith, " 'Reading between the Lines,' " 10. より引用。
(79) Ibid., 13.
(80) Ibid., 12.
(81) Geoffrey R. Stone, "Mr. Wilson's First Amendment," in *Reconsidering Woodrow Wilson: Progressivism, Internationalism, War, and Peace*, ed. John Milton Cooper Jr. (Baltimore, Maryland: Johns Hopkins University Press, 2008), 196.
(82) Stone, "Mr. Wilson's First Amendment," 196-198.
(83) Benjamin A. Kleinerman, "'In the Name of National Security' Executive Discretion and Congressional Legislation in the Civil War and World War I," in *The Limits of Constitutional Democracy*, ed. Jeffrey K. Tulis and Stephen Macedo (Princeton, New Jersey: Princeton University Press, 2010), 93. より引用。
(84) Wilson, "Address on Flag Day," June 14, 1917. この資料は、The American Presidency Project (https://www.presidency.ucsb.edu/documents/address-flag-day) で公的に利用可能である。
(85) Woodrow Wilson, speech at the opening of the Third Liberty Loan Campaign, delivered in the Fifth Regiment Armory, Baltimore, April 6, 1918, in Arthur Link, *The Papers of Woodrow Wilson* (Princeton, New Jersey: Princeton University Press, 1984), 47: 270.
(86) Ross Gregory, "To Do Good in the World: Woodrow Wilson and America's Mission," in *Makers of American Diplomacy*, ed. Frank J. Merli and Theodore A. Wilson (New York: Charles Scribner's Sons, 1974), 363.
(87) Johnson, *Modern Times*, 24-25.
(88) Henry Kissinger, *Diplomacy* (New York: Simon & Schuster, 1994), 235.（岡崎久彦『外交』（上・下）日本経済新聞社，1996 年）
(89) Johnson, *Modern Times*, 31. より引用。
(90) Johnson, *Modern Times*, 32.
(91) Wilson, *Leader of Men*, 50.
(92) ヘンリー・カボット・ロッジは上院における連盟の挫折について議論しつつ、連盟に対する「アメリカ人民の大衆における反対の漸進的な増大」について言及している。「それは、議論を重ねるほど日に日に強いものとなっていき、平均的なアメリカ人は、決断されるべき問題について理解していくようになった」。Henry Cabot Lodge, *The Senate and the League of Nations* (New

(43) Woodrow Wilson, *Congressional Government* (Baltimore, Maryland: Johns Hopkins University Press, 1956), 210.（小林孝輔・田中勇訳『議会と政府：アメリカ政治の研究』文眞堂，1978年）
(44) Wilson, *Leaders of Men*, 26.
(45) Wilson, *Congressional Government*, 209-210.（小林孝輔・田中勇訳『議会と政府：アメリカ政治の研究』文眞堂）
(46) Jeffrey K. Tulis, *The Rhetorical Presidency* (Princeton, New Jersey: Princeton University Press, 1987), 120.
(47) Woodrow Willson, "Cabinet Government in the United States" (August 1879), in *The Public Papers of Woodrow Wilson: College and State*, Vols. 1-2 (New York: Harper and Brothers, 1925-1927), 1: 33-34.
(48) Ibid., 1:35. 研究者のなかには、このようなウィルソンの大統領のあり方の側面を「危機のリーダーシップ」と名づける者もいる。Tulis, *The Rhetorical Presidency*, 126; C. Eric Schulzke, "Wilsonian Crisis Leadership, the Organic State, and the Modern Presidency," *Polity*, vol. 37, No. 2 (April 2005): 262-285.
(49) Wilson, "Cabinet Government in the United States," 1: 34; Woodrow Wilson, *A History of the American People* (New York: Harper and Brothers Publishers, 1902), 299; Schulzke, "Wilsonian Crisis Leadership," 275.
(50) Wilson, *Constitutional Government*, 67, ただし強調を付け加えている。
(51) Wilson, "Cabinet Government in the United States," 1: 35.
(52) Wilson, *Constitutional Government*, 65.
(53) James MacGregor Burns, *The Power to Lead* (New York: Simon and Schuster, 1984), 190.
(54) Wilson, "The Modern Democratic State," 5:72.
(55) Ibid., 5:73.
(56) Niels Aage Thorson, *The Political Thought of Woodrow Wilson* (Princeton, New Jersey: Princeton University Press, 1988), 185. より引用。
(57) Wilson, *Leaders of Men*, 39.
(58) Wilson, *The New Freedom*, 54.（関和知訳『新自由主義：縮刷』天佑社）
(59) Wilson, First Inaugural Address, March 4, 1914.
(60) Gamble, *The War for Righteousness*, 76-77. を参照。
(61) McDougall, *Promised Land, Crusader State*, 132. たとえば Link, *Higher Realism of Woodrow Wilson* や Thomas A. Bailey, *Woodrow Wilson and the Lost Peace* (Chicago: Quadrangle Books, 1963) を参照。さらに Paul Johnson, *Modern Times: The World from the Twenties to Nineties* (New York: Perennial Classics Ed., 2001), 22 は、中立性を通じての道徳的権威をウィルソンが望んでいたと考えている。マクドゥーガルもまた、そのように考えている。
(62) Gamble, *The War for Righteousness*, 138. より引用。
(63) McDougall, *Promised Land, Crusader State*, 191; Wilson., "Declaration of Neutrality" delivered before the U. S. Senate, August 19, 1914.
(64) McDougall, *The Tragedy of U. S. Foreign Policy*, 148.
(65) Ibid., 157.
(66) Rodney Carlisle, "The Attacks on U.S. Shipping That Precipitated American Entry into World War I," *The Northern Mariner*, Vol. 17, No. 3 (July 2007): 43.
(67) McDougall, *Promised Land, Crusader State*, 135.
(68) McDougall, *The Tragedy of U.S. Foreign Policy*, 148.
(69) Wilson, "War Message to Congress," 309. the National Archives website, archives. gov. で公的に利用可能である。
(70) カーライルの指摘によると、ウィルソンの中立性や参戦への決断についての二次的な学術研究の大部分が、戦争の現実上の原因を無視している。Uボートの軍事行動によって沈没した特定のアメリカの艦船について、そのほとんどが何の言及もしておらず、しかも船舶の損失について触れてさえいないものもある。Carlisle, "The Attacks on U.S. Shipping," 42n1.

(13) Butler, "Visions of a Nation Transformed,", 43.
(14) Woodrow Wilson, "The Modern Democratic State," in *The Papers of Woodrow Wilson* (Princeton, New Jersey: Princeton University Press, 1966-1994), 5:71.
(15) Ibid., 5:63-78.
(16) Ibid., 5:70.
(17) Woodrow Wilson, *Constitutional Government in the United States* (New York: Columbia University Press, 1908).
(18) Wilson, "The Modern Democratic State," 5:75, 強調は原文ママ。
(19) Ibid., 5:76.
(20) 同様にウィルソンは、エドマンド・バークとの哲学的な類縁性について主張しているが、彼とこのアイルランド人とのあいだに共通するものはほとんどない。ウィルソンが申し立てる保守主義とバークへの愛好は多分に誇張されてきたと、多くの人が議論している。August Heckscher, *Woodrow Wilson*(New York: Scribner, 1991), 112; Babík, *Statecraft and Salvation*, 166-169; Butler, "Visions of a Nation Transformed," 46-49. ウィルソンとルソーの連関を指摘する研究者もいる。ロバート・ニスベットは、ウィルソンのうちに国民国家的な共同体についての「ルソー的な視座」を見て取っている。*The Present Age*, 51-54. "*Democracy and Leadership*" (Indianapolis, Indiana: Liberty Fund, 1979), 295-296. においてアーヴィング・バビットは、ルソー的な「牧歌的妄想」に触発されたウィルソンの「感傷的な帝国主義」を見出している。イーサン・M・フィッシュマンは、"*The Prudential Presidency: An Aristotelian Approach to Presidential Leadership*" (Westport, Connecticut: Praeger, 2001), 51-52. において、際限のなさについての2人の理想主義者の近似性を指摘している。
(21) Wilson, "The Modern Democratic State," 5:76.
(22) Jean-Jacques Rousseau, "On the Social Contract," in *The Basic Political Writings*, 2nd ed., ed. Donald A. Cress (Indianapolis, Indiana: Hackett Publishing Co., 2011), 171.（桑原武夫・前川貞次郎訳『社会契約論』岩波文庫，1954 年）
(23) Ibid., 173.
(24) Wilson, "The Modern Democratic State," 5:80.
(25) Rousseau, "On the Social Contract," 164.（桑原武夫・前川貞次郎訳『社会契約論』岩波文庫）
(26) Wilson, "The Modern Democratic State," 5:75.
(27) Ibid., 5;83.
(28) Ibid.
(29) Ibid., 5:84.
(30) 「人類の指導者」は、もともとウィルソンが多くの機会に行った卒業式の演説であった。それが後になって評論として出版されたのである。
(31) Wilson, "The Modern Democratic State," 5:83.
(32) Wilson, *The New Freedom*, ed. William Bayard Hale. (New York: Doubleday, Page and Company, 1913), 10.（関和知訳『新自由主義：縮刷』天佑社，1918 年）
(33) Woodrow Wilson, *Leaders of Men*, ed. T.H. Vail Motter (Princeton, New Jersey: Princeton University Press, 1952), 44-45.
(34) Wilson, *Constitutional Government*, 68.
(35) Rousseau, "On the Social Contract," 182.（桑原武夫・前川貞次郎訳『社会契約論』岩波文庫）
(36) Wilson, *Leaders of Men*, 29.
(37) Ibid.
(38) Ibid., 33.
(39) Babitt, *Democracy and Leadership*, 218. ここでバビットはナポレオンの有名な言葉を引用している。
(40) Wilson, *Leaders of Men*, 33.
(41) McDougall, *Promised Land, Crusader State*, 128.
(42) Wilson, *Leaders of Men*, 26, 強調は原文ママ。

第4章

(1) アメリカにおける外交政策についてのこの種の思想の歴史については、Walter A. McDougall, *Promised Land, Crusader State: The American Encounter with the World since 1776* (New York: Houghton Mifflin Company, 1997) と *The Tragedy of U.S. Foreign Policy: How America's Civil Religion Betrayed the National Interest* (New Haven, Connecticut: Yale University Press, 2016). を参照。

(2) John Quincy Adams, "An Adress Delivered at the Request of the Citizens of Washington; on the Occasion of Reading the Declaration of Independence, on the Fourth of July, 1821," McDougall in *Promised Land, Crusader State*, 36. より引用。

(3) Ernst Lee Tuveson, *Redeemer Nation: The Idea of America's Millennial Role* (Chicago: University of Chicago Press, 1968), viii; McDougall, *Promised Land Crusader State*, 118; Ralph Henry Gabriel, *The Course of American Democratic Thought* (New York: Ronald Press Co., 1940), 339; Richard Gamble, *The War for Righteousness: Progressive Christianity, the Great War, and the Rise of the Messianic Nation* (Wilmington, Delaware: ISI Books, 2003), 111. を参照。

(4) Gabriel, *The Course of American Democratic Thought*, 339.

(5) McDougall, *Promised Land, Crusader State*, 118.

(6) Woodrow Wilson, "A Campaign Address in Jersey City, New Jersey," in Arthur S. Link, ed. *The Papers of Woodrow Wilson*, 69 vols. (Princeton: Princeton University Press, 1966-1994), 24: 443. May 25, 1912.

(7) Woodrow Wilson, First Inaugural Address, March 4, 1913.

(8) ウィルソンに対する社会的福音の影響には、十分な資料的裏付けがある。Tuveson, *Redeemer Nation*, 173-175; Gamble, *The War for Righteousness*; McDougall, *Promised Land, Crusader State*, Ch. 6; Milan Babík, *Statecraft and Salvation: Wilsonian Liberal Internationalism as Secularized Eschatology* (Waco, Texas: Baylor University Press, 2013), Ch. 6; Gregory S. Butler, "Visions of a Nation Transformed: Modernity and Ideology in Wilson's Political Thought,", *Journal of Church and State*, Vol. 39 (Winter 1997); Lloyd E. Ambrosius, *Wilsonian Statecraft: Theory and Practice of Liberal Internationalism during World War I* (Wilmington, Delaware: Scholarly Resources, 1991), 3. を参照。またウィルソンの自由主義的なプロテスタントの信仰が、彼の政治に及ぼした甚大な影響を明らかにするために、多くの著作が執筆されている。この主題については多種多様な仕方で、Butler, "Visions of a Nation Transformed"; Babík, *Statecraft and Salvation*; Gamble's, *The War for Righteousness*; Jan Willem Schulte Nordholt, *Woodrow Wilson: A Life for World Peace* (Berkley: University of California Press, 1991), 46, で扱われている。Ray Standard Baker, *Woodrow Wilson: Life and Letters* (Garden City, New York: Doubleday, 1927-1939), 1:68; Arthur Link, *Higher Realism of Woodrow Wilson* (Nashville: Vanderbilt University Press, 1971), 4（その他多くの箇所）を含む、さまざまなウィルソンの伝記作家たちが、彼の政治における信仰の中心的性格について言及してきた。ロナルド・J・ペストリットは、"*Woodrow wilson and the Roots of Modern Liberalism*" (Lanham, Maryland: Rowman and Littlefield, 2005), 1-33. において、ウィルソンの思想に対するヘーゲルとドイツ観念論の影響について資料的に裏付けている。

(9) Gamble, *The War for Righteousness*, 61. より引用。

(10) Gamble, *The War for Righteousness*, 58.

(11) Babík, *Statecraft and Salvation*, 21. Augustine, *City of God*, trans. Marcus Dodd (Peabody, Massachusetts: Hendrickson Publishing Company, 2009)（服部英次郎・藤本雄三訳『神の国』(1〜5) 岩波文庫, 1982-1991年）を参照。人間の苦難や対立が恒久的に平和と同胞愛に道を譲るだろうという期待は、「キリスト教において支配的であった態度を数世紀にわたって転倒させてきた」とテューヴソンは述べている（*Redeemer Nation*, 12)。

(12) カトリックすらもすでに、伝統的なカトリック信者であれば異端的な「近代主義」や「アメリカニズム」として非難したような新しい進歩的な神学の影響下にあった。たとえば、教皇レオ13世がボルティモアの大司教であるジェームズ・ギボンズ枢機卿に対して1899年1月22日に送った使徒的書簡を参照。http://www.papalencyclicals.net/leo13/l13teste.htm.

(79) Jefferson to William Henry Harrison, February 27, 1803.
(80) Andrew Jackson, Second Annual Message to Congress, December 6, 1830, National Archives, https://www.archives.gov/historical-docs/todays-doc/index.html?dod-date=1206, (2021年9月10日にアクセス) ジェファーソンとジャクソンのインディアン排除政策の関係については、Keller, "Philanthropy Betrayed," 39-66; Peter S. Onuf, "We Shall All Be Americans: Thomas Jefferson and the Indians," *Indiana Magazine of History*, Vol. 95, No. 2(1999): 103-141; Harold Hellenbrand, "Not 'to Destroy but to Fulfill': Jefferson, Indians, and Republican Dispensation," *Eighteenth-Century Studies*, Vol. 18, No. 4 (Autumn 1985): 523-549. を参照。
(81) Jefferson to William Henry Harrison, February 27, 1803.
(82) Jefferson to William Ludlow, September 6, 1824. ロバート・ニスベットは、*The Making of Modern Society* (Sussex: Wheatsheaf Books, 1986), 72-74 において、コントとスペンサーとテイラー、ならびに他の人々を比較する方法によって、この進歩の観念に光を当てながらたどっている。
(83) Peter S. Onuf, "Thomas Jefferson's Christian Nation," in *Religion, State, and Society: Jefferson's Wall of Separation in Comparative Perspective*, ed. R. Fatton and R. Ramazini (New York: Palgrave Macmillan, 2009), 23.
(84) この点においてジェファーソンは、*The Reasonableness of Christianity*, ed. I. T. Ramsey (Stanford, California: Stanford University Press, 2005)（加藤節訳『キリスト教の合理性』岩波文庫, 2019年）において同様の探究をしたジョン・ロックの足跡を踏襲している。
(85) Jefferson to Joseph Priestley April 9, 1803.
(86) Justin D. Garrison, "Friedlich Nietzsche: The Hammer Goes to Monticello," in *Critics of Enlightenment Rationalism*, ed. Gene Callahan and Kenneth B. McIntyre (New York: Palgrave Macmillan, 2020), 69.
(87) Ibid., 68-69. Jefferson to Joseph Priestley, March 21, 1801. を参照。
(88) Jefferson to Gideon Granger, May 3, 1801.
(89) Jefferson to Benjamin Galloway, February 2, 1812.
(90) Jefferson to John Taylor, June 4, 1798.
(91) Jefferson to Roger C. Weightman, June 24, 1826.
(92) Jefferson to Peter Carr, August 10, 1787.
(93) Jefferson to Joseph Priestley, March 21, 1801.
(94) Jefferson to John Taylor, June 4, 1798.
(95) Jefferson to John Taylor, May 28, 1816.
(96) Jefferson to Horatio Gates, March 8, 1801.
(97) Richard Hofstadter, *The Idea of a Party System: The Rise of Legitimate Opposition in the United States, 1780-1840* (Berkley: University of California Press, 1972), 205, David N. Mayer, *The Constitutional Thought of Thomas Jefferson* (Charlottesville: University Press of Virginia, 1994), 123. より引用。
(98) Mayer, *The Constitutional Thought of Thomas Jefferson*, 123.
(99) Jefferson to Benjamin Galloway, February 2, 1812. を参照。
(100) Jefferson to David Hall, July 6, 1802.
(101) Jefferson to Richard Rush, October 20, 1820.
(102) Henry Adams, *The History of the United States during the Administrations of Thomas Jefferson* (New York: Library of America, 1986), 101.
(103) Jefferson to Richard Rush, October 20, 1820.
(104) Jefferson, unaddressed letter, March 18, 1793.
(105) Jefferson to François D'Ivernois, February 6, 1795.
(106) Jefferson to William Short, January 3, 1793.
(107) Adams, *The History of United States*, 100.
(108) Jefferson to William Smith, November 13, 1787.

ルソー問題〔新装版〕』みすず書房，2015年）

(49) Joyce Appleby, "Commercial Farming and the 'Agrarian Myth' in the Early Republic," *The Journal of American History*, Vol. 68, No. 4 (March 1982): 833; Jefferson to Benjamin Rush, January 16, 1811. より引用。

(50) Jefferson to Samuel Kercheval, July 12, 1816.

(51) Ibid.

(52) Hannah Arendt, *On Revolution* (Penguin Classics, 2006), 241.（志水速雄訳『革命について』ちくま学芸文庫，1995年）

(53) Francis Bacon, *Novum Organum* (1620), Book I, XXXI.(桂寿一訳『ノヴム・オルガヌム（新機関）』岩波文庫，1978年）を参照。https://oll.libertyfund.org/title/bacon-novum-organum にてパブリックドメインとして利用可能。

(54) この逸話の最新版については、Alan Taylor, *Thomas Jefferson's Education* (New York: W. W. Norton & Co., 2019), 246-249. を参照。

(55) Jefferson to Adams, October 28, 1813.

(56) Jefferson to Pierre Samuel DuPont de Nemours, April 15, 1811.

(57) Mark Andrew Holowchak, *Thomas Jefferson's Philosophy of Education: A Utopian Dream* (New York: Routledge, 2014), xvii.

(58) Taylor, *Thomas Jefferson's Education*, 193.

(59) Ibid., 214.

(60) Ibid., 258-259.

(61) Jefferson to Thomas Cooper, November 2, 1822.

(62) Taylor, *Thomas Jefferson's Education*, 259.

(63) 実際にジェファーソンは、ヴァージニア大学が、いつしか奴隷制を廃止することになる新しい世代を育てうると望んでいた。Taylor, *Thomas Jefferson's Education*, 214. を参照。

(64) Jefferson to Thomas Cooper, November 2, 1822.

(65) この表現をジェファーソンは、いくつかの機会で用いている。Jefferson to George Rogers Clark, December 25, 1780. と Jefferson to James Madison, April 27, 1809. を参照。

(66) Jefferson to Roger Weightman, June 24, 1826.

(67) Ibid.

(68) Jefferson to Robert R. Livingston, April 18, 1802.

(69) Peter S. Onuf, "Prologue: Jefferson, Louisiana, and American Nationhood," in *Empires of the Imagination: Transatlantic Histories of the Louisiana Purchase*, ed. Peter J. Kastor and François Weil (Charlottesville: University of Virginia Press, 2009), 32.

(70) Robert W. Tucker and David C. Hendrickson, *Empire of Liberty: The Statecraft of Thomas Jefferson* (New York: Oxford University Press, 1990), 157. より引用。

(71) Jefferson to John Breckinridge, August 12, 1803.

(72) Tucker and Hendrickson, *Empire of Liberty*, 159.

(73) Walter A. McDougall, *The Tragedy of U.S. Foreign Policy: How America's Civil Religion Betrayed the National Interest* (New Haven, Connecticut: Yale University Press, 2016), 57.

(74) Anthony F. C. Wallace, *Jefferson and the Indians: The Tragic Fate of the First Americans* (Cambridge, Massachusetts: Belknap Press, 1999), 206.

(75) Christian B. Keller, "Philanthropy Betrayed: Thomas Jefferson, the Louisiana Purchase, and the Origins of Federal Indian Removal Polity," *Proceedings of the American Philosophical Society*, Vol. 144, No. 1 (2000): 42.

(76) Jefferson to John Adams, September 4, 1823.

(77) ネイティヴ・アメリカンに対するジェファーソンの処遇の歴史についての説明は、Wallace, *Jefferson and the Indians*, chapter 7. "President Jefferson's Indian Policy," pp. 206-240. を参照。ジェファーソンが用いた策謀やサラミ戦術については、とりわけ pp. 221-23. を参照。

(78) Jefferson, "Memorandum for Henry Dearborn," December 29, 1802.

(17) Jefferson to Adamantios Coray, October 31, 1823.
(18) Jefferson to William Johnson, June 12, 1823.
(19) Jefferson, first inaugural address, March 4, 1801.
(20) Locke, *Second Treatise of Government*, Ch. V, "Of Property," esp. §42を参照。「土地とそれを使用する権利の拡大こそが偉大な統治の術である」。また Ch. VIII, "Of the Beginning of Political Societies," esp. §95も参照。John Locke, *Second Treatise of Government*, ed. C. B. Macpherson (Indianapolis, Indiana: Hackett Publishing, 1980), 26, 52.（加藤節訳『完訳 統治二論』岩波文庫, 2010年）
(21) Jefferson to Pierre Samuel Du Pont de Nemours, April 4, 1816.
(22) St. John de Crèvecoeur, "Letters from an American Farmer: Letter III" (1782).
(23) Jefferson to Joseph Priestley, March 21, 1801.
(24) Jefferson To François D'Ivernois, February 6, 1795.
(25) Jefferson, *Notes on the State of Virginia*, Query XIX.
(26) Jefferson to John Taylor, May 28, 1816.
(27) Patricia U. Bonomi, *Under the Cope of Heaven: Religion, Society, and Politics in Colonial America* (New York: Oxford University Press, 2003), 274. を参照。
(28) Jefferson to William Short, August 4, 1820.
(29) Edmund Burke, *Reflections on the Revolution in France*, ed. J. G. A. Pocock (Indianapolis, Indiana: Hackett Publishing Co., 1987), 30.（半澤孝麿訳『フランス革命の省察』みすず書房, 1997年）
(30) Jefferson to Joseph Priestley, March 21, 1801.
(31) Ernest Lee Tuveson, *Redeemer Nation: The Idea of America's Millennial Role* (Chicago: University of Chicago Press, 1980), 109.
(32) Jean-Jacques Rousseau, "Discourse on Inequality," in *The Basic Political Writings*, ed. Donald A. Cress (Indianapolis, Indiana: Hackett Publishing Co., 2011), 66.（桑原武夫・前川貞次郎訳『社会契約論』岩波文庫）
(33) Jefferson, *Notes on the State of Virginia*, Query XIX, 165.
(34) Tuveson, *Redeemer Nation*, 109.
(35) Irving Babbit, *Democracy and Leadership* (Indianapolis, Indiana: Liberty Fund, 1979), 139.
(36) Ibid.
(37) ここでルソーとの対比を、彼の『エミール』との比較によって、継続しうるかもしれない。その名ばかりの性格は、エミールの後見人に指導を期待するものとなっているが、矛盾したことに、啓蒙された教育者は、この少年から自発性と自然的善性からなる徳を導き出す必要があるのである。このような教育を受けることで最終的にエミールは、人を堕落させる都市の生活から距離をとって準－自然状態とも呼びうる田舎に住むことを選択するのである。
(38) Jefferson to Thomas Cooper, August 14, 1820; Jefferson to Peter Carr, August 10, 1787.
(39) Jefferson to Peter Carr, August 10, 1787.
(40) Jefferson to John Adams, August 1, 1816.
(41) Jefferson to Pierre Samuel Dupont de Nemours, April 24, 1816.
(42) Jefferson to Joseph C. Cabell, September 10, 1817.
(43) Jefferson to Charles Yancey, January 6, 1816.
(44) Jefferson to Levi Lincoln, January 1, 1802.
(45) Paul Zummo, "Thomas Jefferson's America: Democracy, Progress, and the Quest for Perfection" (doctoral dissertation, The Catholic University of America, 2008), esp. chap. 1. を参照。
(46) Cameron Addis, "Jefferson and Education," *The Journal of Southern History*, Vol. 72, No. 2 (2006): 457.
(47) Robert K. Faulkner, "Spreading Progress: Jefferson's Mix of Science and Liberty," *The Good Society*, Vol. 79, No. 1 (2008): 26. また Silvio A. Bedini, *Thomas Jefferson, Statesman of Science* (New York: Macmillan Publishing Company, 1990). も参照。
(48) Cassirer, *The Question of Jean-Jacques Rousseau*, 127より引用。（生松敬三訳『ジャン＝ジャック・

Durant and Ariel Durant, *The Story of Civilization: Rousseau and Revolution*, vol. 10(New York: Simon & Schuster, 1967), 891. を参照。ジェイソン・ロブレスは、"An Honest Heart and a Knowing Head: A Study of the Moral, Political, and Educational Thought of Jean-Jacques Rousseau and Thomas Jefferson"(doctral thesis, University of Colorado, 2012) において、「〈人民の人民による人民のための〉共和主義的な統治についてのジェファーソンの見方は、ルソーの理論に容易に寄り添うものである」(iii) と主張している。コナー・クルーズ・オブライエンは、イギリスは革命フランスによって強制的に「自由にされる」べきであるというジェファーソンの願望と、一般意志によって人民が「自由へと強制される」というルソーの理念を対比している。またオブライエンは、管見のかぎりにおいてジェファーソンがルソーに何かを負っていることを決して明示的に認めていないにもかかわらず、「そこに貸し借りは何もない」と理解されるべきではないとも述べている。というのも、「つねに抜け目なく用心深かったジェファーソンは、大統領の地位に至る彼の長い歩みにあって、政治的な利益と不利益を考慮しつつ、ルソーに影響を受けていると認めることが政治的に瑕疵になりうることにきわめて自覚的であり続けたに違いないのだ」。Conor Cruise O'Brien, "Rousseau, Robespierre, Burke, Jefferson, and the French Revolution," in *The Social Contract and the First and Second Discourses: Jean-Jacques Rousseau*, ed. Susan Dunn(New Haven, Connecticut: Yale University Press, 2002), 306-8.

(4) Richard K. Matthews, *The Radical Politics of Thomas Jefferson: A Revisionist View* (Lawrence: University Press of Kansas, 1984), 15.

(5) Jefferson to John Taylor, May 28, 1816.

(6) Ibid.「ジェファーソン的な民主主義」の遺産について考慮するに際して、彼が自らを生粋の「民主主義者」と考えることを拒絶していたことにはほとんど意味がない。その原因となっているのは、明らかに、民主主義と結びつけられていた群衆の支配という古代以来の含意なのである。

(7) Ibid.

(8) Jefferson to David Hartley, July 2, 1787.

(9) Query XIX in Thomas Jefferson, *Notes on the State of Virginia*, ed. William Peden (Chapel Hill: University of North Carolina Press, 1955), 164-165.

(10) Ibid.

(11) Jefferson to John Jay, August 23, 1785.

(12) Jefferson to David Williams, November 14, 1803.

(13) Jefferson to Horatio G. Spafford, March 17, 1817.

(14) アダムズは、ボストンの街頭における「ごちゃごちゃ」から、「心に生気ある落ち着いた雰囲気をもたらしてくれる」自らの農場へと逃避しようとしている。その他の点においてジェファーソンとはまったく異なるハミルトンですら、農業というものは、「人間の精神の自由と独立にもっとも好ましい状態を生み出すという点で」、「他のいかなる種類の産業に対しても優位を本質的に強く要求するものである」と認めている。ジェームズ・マディソンも、農業をして「個人の慰めと幸福にとりわけ適したもの」と呼んでいる。アメリカのキンキナトゥスとして崇拝されるジョージ・ワシントンは、「大地から植物が育ち、労働者たちの卓越した技術や思いやり深さによって、それが生長していくことを眺めることは、口で語らずとも容易に思い浮んでくるような思想で、観想的精神を満たしてくれる」と、愛情を込めて振り返っている。Carl J.Richard, *The Founders and the Classics* (Cambridge Massachusetts: Harvard University Press, 1995), 165; Alexander Hamilton, "Report on Manufactures," in Morton J. Frisch, ed., *Selected Writings and Speeches of Alexander Hamilton* (Washington, DC: American Enterprise Institute, 1985), 280.

(15) Jefferson to James Madison, December 20, 1787.

(16) たとえばゴードン・ウッドとルイス・ハーツは、アメリカ革命のうちにジョン・ロックの面影を見て取っている。Gordon S. Wood, *The Radicalism of the American Revolution* (Vintage Books, 1991) と Louis Hartz, *The Liberal Tradition in America* (San Diego, California: Harcourt Brace and Co.,1991)（有賀貞訳『アメリカ自由主義の伝統：独立革命以来のアメリカ政治思想の一解釈』講談社学術文庫，1994 年）を参照。

(29) Rousseau, "On the Social Contract," 177.（桑原武夫・前川貞次郎訳『社会契約論』岩波文庫）
(30) とりわけ皮肉なのは、民主主義の敵と見なされている、もっとも新しい人民の類型が「ポピュリスト」であるということである。というのも、歴史的に「ポピュリズム」という用語は、政治的なエリート主義を嫌った人民による草の根の政治運動を意味するものだったからである。
(31) Rousseau, "On the Social Contract," 177.（桑原武夫・前川貞次郎訳『社会契約論』岩波文庫）
(32) Jefferson to James Monroe, March 7, 1801. https://founders.archives.gov/documents/Jefferson/01-33-02-0166. にて利用可能。

第3章

(1) 本章は、ある点においては、ジャン・M・ヤーブローの1998年の著作 *"American Virtues"* における命題 —— いまとなっては風変わりで時代おくれのものだが —— を転倒させるものである。ヤーブローが言うには、「近代の共和主義が推奨し、またそれに依拠しているジェファーソンの徳についての理解を、真摯かつ批判的に探求することによって、私たちは今日においてもっとも喫緊となった道徳的、政治的問題について、よりよく語ることができるであろう」。Jean M. Yarbrough, *American Virtues: Thomas Jefferson on the Chapter of a Free People* (Lawrence: University Press of Kansas, 1998), xx.
(2) ジェファーソンは、「民主主義」よりは「共和主義」という用語を好む傾向にあり、しばしば後者の言葉を —— 古代の哲学者たちにしたがって —— 群衆による支配と結びつけている。しかしながら、「ジェファーソン的な民主主義」という言葉が有意義な概念として発展していったということそれ自体が、ジェファーソンの時代からこの言葉に重大な変化が生じたことを明らかにしている。他の人々と同じように、直接的な人民による支配が共和主義の基準であるという考え方を促進するのに、ジェファーソンは一役買っている。本章において探求するのは、いま一般的に「民主主義」として言及される事柄についてのジェファーソンの理解——それが最小限の媒介物による人民の支配にせよ、代表者たちによる「濾過」によるにせよ——である。本章が主張しているように、抽象的な用語は、それらに生と意味を賦与している具体的現実に比べれば、はるかに重要ではない。ある人が民主主義と共和主義のどちらを褒め讃えているかは、些末なことに過ぎないのである。それらの抽象の背後にある信念の体系を綿密に吟味してみることによって、その意味や、またある人がどんな種類の民主主義者なのかが浮かび上がってくるのである。ジェファーソンの「民主主義」との関係それ自体については、Peter S. Onuf, "Jefferson and American Democracy," in *A Companion to Thomas Jefferson*, ed. Francis D. Cogliano (Blackwell, 2012), 397 を参照。
(3) Jean-Jacques Rousseau, "On the Social Contract" in *The Basic Political Writings,* 2nd ed., ed. Donald A. Cress (Indianapolis, Indiana: Hackett Publishing Co., 2011), 173（桑原武夫・前川貞次郎訳『社会契約論』岩波文庫，1954年）を参照。トマス・ジェファーソンは、ルソーの『社会契約論』のコピーをモンティチェロの自らの図書館に蔵書していた。Emily Millicent Sowerby, ed., *Catalogue of the Library of Thomas Jefferson*, 5 vols. (1952-1959), vol. 3, no. 2338 を参照。彼は、フランス政治に関心をもつ熱狂的なフランス愛好者として、ジュネーヴ的な共和主義の理論にもかなり精通していたに違いないし、それは多くの点において彼自身の理論も反映されている。

多くの人々がジェファーソンとルソーを比較してきた。わずかなものにだけ言及すれば、ジェファーソンとルソー、それぞれの民主主義的な傾向という点についての比較に関しては、Claes G. Ryn, *Democracy and the Ethical Life: A Philosophy of Politics and Community*, 2nd ed. (Washington, DC: The Catholic University of America Press, 1990), chap. 11, "Constitutionalism versus Plebiscitarianism," and chap. 12, "The General Will." を参照。リンは、「あらゆる統治形態は、多数派の意志がつねに獲得され、またそこにいかなる障害もないように、完全に工面されるべきである」というジェファーソンの欲望と、ルソーの一般意志、ならびに「人民が個々人として承認していない、いかなる法も空虚であるか、あるいはまったく法ですらない」という彼の信念を比較している。ウィル・デュラントやアリエル・デュラントを含む他の人々は、独立宣言を執筆するに際してのジェファーソンへのルソーの影響について言及している。Will

Will, Imagination, and Reason: Babbit, Croce, and the Problem of Reality (New Brunswick, New Jersey: Transaction Publishers, 1997), first published in 1986. を参照。

(9) 民主至上主義と共和主義とのあいだにあるいくつかの顕著な相違を概略せんとする以下の素描は、民主主義の根底にある想定が、古典的な類型の共和主義を特徴づけるそれとはきわめて異なっているということを、例証することを意図している。この 2 つの思想のあいだのいくつかの主要な相違が具体的に示されることは、民主至上主義を歴史的、思想的文脈に位置づけるとともに、民主至上主義を定義するのに役立つだろう。ここでの共和主義についての説明が包括的なものからほど遠いことは言うまでもない。しかし、ここで共和主義についての膨大な文献に触れることはほとんど不可能であり、それは、民主至上主義を定義するという眼前の目的からも逸脱するものである。

(10) Federalist No. 10, in George W. Carey and James McClellan, eds., *The Federalist: The Gideon Edition* (Indianapolis, Indiana: Liberty Fund, 2001), 46.（斎藤眞・中野勝郎訳『ザ・フェデラリスト』岩波文庫，1999 年）

(11) Thomas Jefferson to John Taylor, May 28, 1816. ジェファーソンの書簡についてのすべての典拠は、http://founders.archives.gov/ に見出される。そこでは電子化されたトマス・ジェファーソンの全書簡が保持されており、その全体が検索可能である。

(12) *Social Contract*, Book II, Ch, 3: Jean-Jacques Rousseau, "On the Social Contract", in *The Basic Political Writings*, 2nd ed., ed. Donald A. Cress (Indianapolis, Indiana: Hackett Publishing Co., 2011), 173. を参照。（桑原武夫・前川貞次郎訳『社会契約論』岩波文庫，1954 年）

(13) Quentin Skinner, *Liberty before Liberalism* (New York: Cambridge University Press, 1998), 1-2.（梅津順一訳『自由主義に先立つ自由』聖学院大学出版会，2001 年）

(14) Ibid., 4.

(15) Ibid. 4-5.

(16) ホッブズにおける自由についての全体的な議論については、Quentin Skinner, *Thomas Hobbes and Republican Liberty* (New York: Cambridge University Press, 2008), esp. 154-158. を参照。

(17) Ibid., 161. より引用。

(18) Book II, Ch. 1: Aristotle, *Nicomachean Ethics*, trans. Martin Ostwald (Upper Saddle River, New Jersey: Prentice Hall, 1999), 33.（高田三郎訳『ニコマコス倫理学』（上・下）岩波文庫，1972年）

(19) Jean-Jacques Rousseau, *Emile or On Education*, trans. Allan Bloom (New York: Basic Books, 1979), 213.（今野一雄訳『エミール』（上・中・下）岩波文庫，1962-1964 年）

(20) 『エミール』と『社会契約論』の関係をアリストテレスにおける『ニコマコス倫理学』と『政治学』の関係と比較対照してみよう。『エミール』においてルソーは、教育を通じて子どもの自然的善性を引き出すことに関心をもっている。他方で『ニコマコス倫理学』においてアリストテレスが考えているのは、家族や社会のような既存の制度によって倫理的性格が形成されなくてはならないということである。ここに、2 つの異なった政治哲学の起源のひとつがある。

(21) Jefferson to James Madison. *The Papers of Thomas Jefferson*, Volume 15: 27 March 1789 to 30 November 1789 (Princeton University Press, 1958), 394.

(22) Matthew Cantirino, "The Dictatress and the Decisionmakers," *Humanitas*, Vol. 35, Nos. 1-2(2022): 116. を参照。

(23) Alexis de Tocqueville, *Democracy in America*, trans. Harvey C. Mansfield and Delba Winthrop (Chicago: University of Chicago Press, 2000), 6.（松本礼二訳『アメリカのデモクラシー』（第 1 巻上・下，第 2 巻上・下）岩波文庫，2005-2008 年）

(24) John Quincy Adams, "An Adress Delivered at the Request of a Committee of the Citizens of Washington; On the Occasion of Reading the Declaration of Independence, On the Fourth of July, 1821," Cantirino, "The Dictatress and the Decisionmakers,"117. より引用。

(25) Adams, "An Address Delivered at the Request of a Committee of the Citizens of Washington."

(26) Rousseau, "On the Social Contract," 156.（桑原武夫・前川貞次郎訳『社会契約論』岩波文庫）

(27) Babbitt, *Democracy and Leadership*, 154.

(28) Ibid., 294.

(110) Rousseau, *Discourse on the Origin and Foundations of Inequality among Men*, 41.（本田喜代治・平岡昇訳『人間不平等起原論』岩波文庫）
(111) キリスト教が特定の政治的秩序、すなわち民主主義を要請すると強く信じていたキリスト教思想家を代表するのがマリタンである。本書の第5章において私は、彼を民主至上主義者として吟味する。
(112) Garsten, "Benjamin Constant's Liberalism,", 387.
(113) Benjamin Constant, *Principles of Politics Applicable to All Governments* (Indianapolis, Indiana: Liberty Fund, 2003), 19.
(114) ルソーは人間の有限性を考慮することなく、マルブランシュによる一般意志の形而上学的なカテゴリーづけを採用している、というアルベルト・ポスティリオーラの考察について、パトリック・ライリーはたしかに指摘している。Riley, "The General Will before Rousseau,", 56-57.
(115) Nelson Lund, *Rousseau's Rejuvenation of Political Philosophy: A New Introduction* (London: Palgrave Macmillan, 2016), 5.

第2章

(1) Edmund Burke, *Reflections on the Revolution in France*, ed. J. G. A. Pocock (Indianapolis, Indiana: Hackett Publishing Co., 1987), 49.（半澤孝麿訳『フランス革命の省察』みすず書房，1997年）
(2) 数多くの著作が、私が「民主至上主義」と名づけているものの側面について言及している。民主主義についての特定の見方がイデオロギーと見なしうる可能性を示唆するものには以下が含まれ る。Claes G. Ryn, *Democracy and the Ethical Life: A Philosophy of Politics and Community*, 2nd ed. (Washington, DC: The Catholic University of America Press, 1990), first published in 1978, *The New Jacobinism: America as Revolutionary State*, 2nd expanded ed. (Bowie, Maryland: National Humanities Institute, 2011), first published in 1991, and *America the Virtuous: The Crisis of Democracy and the Quest for Empire* (New Brunswick, New Jersey: Transaction Publishers, 2003); Ryszard Legutko, *The Demon in Democracy: Totalitarian Temptations in Free Societies*, trans. Teresa Adelson (New York: Encounter Books, 2016); Peter Collins, *Ideology after the Fall of Communism* (New York: Boyars/Bowerdean, 1992); Michael P. Federici, *The Rise of Right-Wing Democratism in Postwar America* (Westport, Connecticut: Praeger Publishers, 1991); Richard M. Gamble, *The War for Righteousness: Progressive Christianity, the Great War and the Rise of the Messianic Nation* (Wilmington, Delaware: ISI Books, 2003); Patrick Deneen, *Democratic Faith* (Princeton, New Jersey: Prinston University Press, 2005) and *Why Liberalism Failed* (New Haven, Connecticut: Yale University Press, 2018)（角敦子訳『リベラリズムはなぜ失敗したのか』原書房，2019年）; Irving Babbit, *Democracy and Leadership* (Indianapolis, Indiana: Liberty Fund, 1979). さらにエドマンド・バークの古典である "*Reflections on the Revolution in France*"（半澤孝麿訳『フランス革命の省察』みすず書房）が挙げられる。これらの著作の多くは民主至上主義という一般的現象に言及し、それらについて考察をめぐらせている。しかし、いずれも、その中心的な信念を吟味かつ定義し、さらにこのイデオロギーの思想的、政治的歴史をたどるために、この主題に焦点を当ててはいない。
(3) James Burnham, *Congress and the American Tradition* (Chicago: Henry Regnery Co., 1959), 41.
(4) Eric Ritter Von Kuehnelt-Leddihn, *The Menace of the Herd or Procrustes at Large* (Milwaukee, Wisconsin: Bruce Publishing Company, 1943), 28, 10 (written under the name Francis Stuart Campbell).
(5) Ryn, *America the Virtuous*, 16.
(6) Irving Babbitt, *Rousseau and Romanticism* (New Brunswick, New Jersey: Transaction Publishers, 2004), 75, first published in 1919.
(7) Jefferson to James Madison. *The Papers of Thomas Jefferson*, Volume 15: 27 March 1789 to 30 November 1789 (Prinston University Press, 1958), 394.
(8) バビットの言うところでは、「お花畑的な」想像力は、普遍的かつ理念型のものである。この種の想像力がもつ認識論上の役割の類型をめぐるさらなる議論については、Claes G. Ryn,

Columbia University Press, 2005)（神島裕子・福間聡訳『政治的リベラリズム 増補版』筑摩書房, 2022 年）を参照。

(87) De Jouvenel, *The Ethics of Redistribution*, 14.

(88) Rousseau, *Discourse on the Sciences and Arts*, 14.（前川貞次郎訳『学問芸術論』岩波文庫）

(89) Eric Voegelin, "Ersatz Religion," in *Science, Politics and Gnosticism* (Wilmington, Delaware: ISI Books, 2007), 75. グノーシス主義という現象をめぐる彼の洞察全体のうちにおいて、彼はそれとルソーの哲学とのつながりには言及していない。事実としてフェーゲリンは、ルソーについては沈黙している。膨大な著作において、彼はルソーについて数十行以下しか語っていない。Carolina Armenteros, " Rousseau in the Philosophy of Eric Voegelin," paper delivered at American Political Science Association Annual Meeting, 2011. を参照。

(90) Voegelin, "Ersatz Religion," 100.

(91) Rousseau, Discourse on the Origin and Foundations of Inequality among Men, 46.（本田喜代治・平岡昇訳『人間不平等起原論』岩波文庫）

(92) Ibid., 74.

(93) Ibid., 100n.ix.

(94) Rousseau, *On the Social Contract*, 172.（桑原武夫・前川貞次郎訳『社会契約論』岩波文庫）

(95) Rousseau, *Discourse on the Origin and Foundations of Inequality among Men*, 46.（本田喜代治・平岡昇訳『人間不平等起原論』岩波文庫）

(96) Jean-Jacques Rousseau, *Reveries of the Solitary Walker*, trans. Peter France (New York: Penguin Books, 2004), 27.（今野一雄訳『孤独な散歩者の夢想』岩波文庫, 1960 年）

(97) Letters to Malesherbes in Rousseau, *The Collected Writings of Rousseau*, Vol. 5, 575.

(98) Rousseau, *Rousseau, Judge of Jean-Jacques*（原好男訳『ルソー、ジャン＝ジャックを裁く』現代思潮社）; *Reveries*（今野一雄訳『孤独な散歩者の夢想』岩波文庫）および、*The Confessions*, trans. J. M. Cohen (New York: Penguin Books), 1953（桑原武夫訳『告白』（上・中・下）岩波文庫, 1965-1966 年）を参照。

(99) Rousseau, *Discourse on the Origin and Foundations of Inequality among Men*, 48, 51.（本田喜代治・平岡昇訳『人間不平等起原論』岩波文庫）

(100) Rousseau, *Reveries*, 43, 31（今野一雄訳『孤独な散歩者の夢想』岩波文庫）; Rousseau, *Rousseau, Judge of Jean-Jacques*, 246.（原好男訳『ルソー、ジャン＝ジャックを裁く』現代思潮社）

(101) Rousseau, Reveries, 37.（原好男訳『ルソー、ジャン＝ジャックを裁く』現代思潮社）

(102) Rousseau, *Discourse on the Origin and Foundations of Inequality among Men*, 100n.ix.（本田喜代治・平岡昇訳『人間不平等起原論』岩波文庫）抽象的な意味における「人類」は善いものであるが、生きて呼吸をしている個々の人間はしばしば悪であるという彼の信念の例については、Reveries, 37, 50 and 55（今野一雄訳『孤独な散歩者の夢想』岩波文庫）を参照。

(103) Bryan Garsten, "Benjamin Constant's Leberalism," in Farr and Williams, *The General Will*, 383.

(104) ここで自由主義と民主至上主義の実質的な相違について細かく分析する余地はないが、次のように述べておけば十分であろう。すなわち、民主至上主義が正当性や統治を理解するに際して人民の意志の概念にとりわけ注意を払うのに対して、概念としての自由主義ははるかに輪郭が不明瞭なものであり、その全員が自由主義についてのイデオロギー的観点をもつわけではないにせよ、多くの支持者がいる。それに対して民主至上主義は、民主主義の思想におけるとりわけイデオロギー的な成分について言及するものである。

(105) Riley, "The General Will before Rousseau," 16. より引用。

(106) Rousseau, *On the Social Contract, 178.* ルソーはある箇所で「国家にとって存在可能な善き統治はただひとつしかない」(193) と述べている。（桑原武夫・前川貞次郎訳『社会契約論』岩波文庫）

(107) Ibid. 193.

(108) Rousseau, *Reveries*, 27.（今野一雄訳『孤独な散歩者の夢想』岩波文庫）

(109) An Adress, April 6, 1918, in Arthur Link, *The Papers pf Woodrow Wilson* (Princeton, New Jersey: Princeton University Press, 1984), Vol. 47, 270.

(53) Ibid., 167.
(54) Rousseau, *Discourse on Political Economy*, 128.（河野健二訳『政治経済論』岩波文庫）
(55) Ibid., 132.
(56) Rousseau, *On the Social Contract*, 182.（桑原武夫・前川貞次郎訳『社会契約論』岩波文庫）
(57) Ibid., 181.
(58) Ibid.
(59) Hobbes, *Leviathan*,129.（水田洋訳『リヴァイアサン』(1〜4) 岩波文庫）
(60) Plato, *Republic*, trans. G. M. A. Grube (Indianapolis, Indiana: Hackett Publishing Co., 1992), 414b-415d. を参照。（藤沢令夫訳『国家』（上・下）岩波文庫，2008 年）
(61) Rousseau, *On the Social Contract*, 182.（桑原武夫・前川貞次郎訳『社会契約論』岩波文庫）
(62) Ibid., 183.
(63) Rousseau, *Discourse on the Origin and Foundations of Inequality among Men*, in *The Basic Political Writings*, 2nd ed. trans. Donald A. Cress (Indianapolis, Indiana: Hackett Publishing Company, 2011), 32.（本田喜代治・平岡昇訳『人間不平等起原論』岩波文庫，1972 年）
(64) Rousseau, *On the Social Contract*, 183.（桑原武夫・前川貞次郎訳『社会契約論』岩波文庫）
(65) Rousseau, *Rousseau, Judge of Jean-Jacques*, 23.（原好男訳『ルソー、ジャン＝ジャックを裁く』現代思潮社）
(66) Frederick Neuhouser, *Rousseau's Theodicy of Self-Love: Evil, Rationality, and the Drive for Recognition* (New York: Oxford University Press, 2008), 21-22. を参照。
(67) Rousseau, *Discourse on the Origin and Foundations of Inequality*, 55.（本田喜代治・平岡昇訳『人間不平等起原論』岩波文庫）
(68) Rousseau, *On the Social Contract*, 188.（桑原武夫・前川貞次郎訳『社会契約論』岩波文庫）
(69) F. C. Green, *Jean-Jacques Rousseau: A Critical Study of His Life and Writings* (Cambridge: Cambridge University Press, 1955), 280-281.
(70) Thomas Jefferson to Roger C. Weightman, June 24, 1826. Available at the Library of Congress digital archive: https://www.loc.gov/exhibits/declara/rcwltr.html.
(71) Woodrow Wilson, *Leaders of Men*, ed. T. H. Vail Motter (Princeton, New Jersey: Princeton University Press, 1952), 24.
(72) Letters to Malesherbes in Jean-Jacques Rousseau, *The Collected Writings of Rousseau*, Vol. 5, trans. Christopher Kelley(Hanover, New Hampshire,: Dartmouth College, 1995), 575.
(73) Letters to Beaumont in Jean-Jacques Rousseau, *The Collected Writings of Rousseau*, Vol. 9, trans. Christopher Kelley and Judith R. Bush (Hanover New Hampshire: Dartmouth College, 2001), 28.
(74) Rousseau, *On the Social Contract*, 161.（桑原武夫・前川貞次郎訳『社会契約論』岩波文庫）ただし強調を付け加えている。また「現実の関係」ということで彼が意味しているのは、財産のことである。
(75) Rousseau, "Discourse on the Origin of Inequality," 69.（本田喜代治・平岡昇訳『人間不平等起原論』岩波文庫）
(76) Letters to Beaumont, in Rousseau, *The Collected Writings of Rousseau*, Vol. 9, 28.
(77) Rousseau, *Discourse on the Sciences and Arts*, 14.（前川貞次郎訳『学問芸術論』岩波文庫，1968 年）
(78) Rousseau, *Discourse on Political Economy*, 128.（河野健二訳『政治経済論』岩波文庫）
(79) Rousseau, *On the Social Contract*, 171.（桑原武夫・前川貞次郎訳『社会契約論』岩波文庫）
(80) Ibid., 172.
(81) Ibid., 166.
(82) 1 Corinthians 12:19.
(83) Rousseau, *On the Social Contract*, 167.（桑原武夫・前川貞次郎訳『社会契約論』岩波文庫）
(84) 1 Corinthians, 12:26.
(85) Bertrand de Jouvenel, *The Ethics of Redistribution* (Indianapolis, Indiana: Liberty Fund, 1990), 15.
(86) John Rawls, *A Theory of Justice: Original Edition* (Cambridge, Massachusetts: The Belknap Press of Harvard University Press, 1971) および、*Political Liberalism: Expanded Edition* (New York:

(23) Derathé, *Le Rationalisme de J.-J. Rousseau*, 169, 176, および、Gay, "Introduction" to Cassirer, *The Question of Jean-Jacques Rousseau*, 26. より引用。(生松敬三訳『ジャン＝ジャック・ルソー問題〔新装版〕』みすず書房には未収録。)
(24) Rousseau, *On the Social Contract*, 167.（桑原武夫・前川貞次郎訳『社会契約論』岩波文庫）
(25) David Lay Williams, "The Substantive Elements of Rousseau's General Will," in Farr and Williams, *The General Will*, 219.
(26) Ibid., 220. より引用。
(27) Ibid., 220.
(28) Rousseau, *On the Social Contract*, 173.（桑原武夫・前川貞次郎訳『社会契約論』岩波文庫）
(29) Ibid.
(30) Patrick Riley, "The General Will before Rousseau: The Contributions of Arnauld, Pascal, Malebranche, Bayle, and Bossuet," in Far and Williams, *The General Will*, 14. より引用。
(31) Ibid., 15. より引用。
(32) Ibid., 11.
(33) ディドロは「自然権」という論文において、「各々の個人のうちにある一般意志とは、彼が自らの同胞に対して何を要求してよく、また同胞が自らに対して何を然るべく要求してよいかについて、情念を鎮めたうえで推論する純粋な知性の行為である」と述べている。さらには、この一般意志は「つねに善きもの」であり「決して間違わない」のである。Denis Diderot, "Natural Rights", in *The Encyclopedia of Diderot and d'Alembert: Collaborative Translation Project*, trans. Stephen J. Gendzier(Ann Arbor: Michigan Publishing, University of Michigan Library, 2009), http://hdl.handle.net/2027/spo.did2222.0001.313（2009年2月8日にアクセス）; originally published as "Droit naturel," in *Encyclopédie ou Dictionnaire raisonné des sciences, des arts et des métiers*, Vol. 5 (Paris, 1755), 115-116. を参照。
(34) 私はこの表現をパトリック・ライリーの著作 *"The General Will before Rousseau: The Transformation of the Divine into the Civic"* (Princeton, New Jersey: Princeton University Press, 1986) から借用している。
(35) Ibid., 14.
(36) Ibid., 16. より引用。
(37) Alberto Postigliola, "De Malebranche à Rousseau: Les Apories de la Volonté Générale et la Revanche du 'Raisonner Violent'," in Riley, "The General Will before Rousseau," 57.
(38) Riley, " The General Will before Rousseau," 57.
(39) David Lay Williams, *Rousseau's Social Contract: An Introduction* (New York: Cambridge University Press, 2014), 247-248.
(40) Joshua Cohen, *Rousseau: A Free Community of Equals* (New York: Oxford University Press, 2010), 10.
(41) Ibid., 179n12.
(42) Rousseau, *On the Social Contract*, 173.（桑原武夫・前川貞次郎訳『社会契約論』岩波文庫）
(43) Ibid.
(44) Williams, *Rousseau's Social Contract*, 246. より引用。
(45) Williams, "The Substantive Elements of Rousseau's General Will", 228-230. を参照。
(46) Ibid., 227.
(47) Jean-Jacques Rousseau, *Discourse on Political Economy*, in *The Basic Political Writings*, 2nd ed., trans. Donald A. Cress(Indianapolis, Indiana: Hackett Publishing Company, 2011), 127. を参照。（河野健二訳『政治経済論』岩波文庫，1951年）
(48) Ibid., 58.
(49) Williams, "The Substantive Elements of Rousseau's General Will," 221.
(50) Ibid., 222.
(51) Rousseau, *On the Social Contract*, 167.（桑原武夫・前川貞次郎訳『社会契約論』岩波文庫）
(52) Ibid., 159.

原註

第 1 章

(1) 「彼より来たる／デルフォイの秘儀が古えの洞窟より来れるがごとく／かの神託は世界を燃え上がらせ／もはや王国が滅びるまで燃えることを止めじ」。Lord Byron, *Childe Harold's Pilgrimage* (H.C.Baird, 1854), 151, 153.（東中稜代訳『チャイルドハロルドの巡礼：物語詩』修学社，1994 年）

(2) Robert Nisbet, *The Present Age: Progress and Anarchy in Modern America* (Indianapolis, Indiana: Liberty Fund, 1988), 54.

(3) Jacob L. Talmon, *Political Messianism: The Romantic Phase* (New York: Frederick A. Praeger Publishing, 1960), 127.

(4) James Farr and David Lay Williams, eds., *The General Will: The Evolution of a Concept* (New York: Cambridge University Press, 2015), editors' introduction xvi. より引用。

(5) Ernst Cassirer, *The Question of Jean-Jacques Rousseau*, 2nd edition, ed. Peter Gay (New Haven, Connecticut, Yale University Press, 1989), 76.（生松敬三訳『ジャン＝ジャック・ルソー問題〔新装版〕』みすず書房，2015 年）

(6) Jean-Jacques Rousseau, *Rousseau, Judge of Jean-Jacques: Dialogues*, trans. Judith Bush et al. (Hanover, New Hampshire: University Press of New England, 1990), 213.（原好男訳『ルソー、ジャン＝ジャックを裁く』現代思潮社，1969 年）

(7) ジェラルド・ガウスは、ルソーの一般意志をめぐる 4 つの異なった解釈について説明しているが、それらはすべて、ルソーにとって「適切に構成された民主主義ならば人民の意志ないし判断を表現しているはずのものである」という考えを共有している。Gerald Gaus, "Does Democracy Reveal the Voice of the People? For Takes on Rousseau," *Australasian Journal of Philosophy*, Vol 75, no. 2 (1997), 141-162. を参照。

(8) Judith Shklar, "General Will," in *The Dictionary of the History of Ideas: Studies of Selected Pivotal Ideas*, Vol. 2, ed. Philip Wiener (New York: Charles Scribner's Sons, 1973), 275.

(9) Farr and Williams, *The General Will*, xv-xvi.

(10) Ibid., xvi.

(11) Aristotle, *Politics*, ed. Ernest Barker, (New York: Oxford University Press, 1958), Book I–II, 1252a-1253b.（山本光雄訳『政治学』岩波文庫，1961 年）

(12) *Leviathan*, Part II in *Of Commonwealth*, Ch. XVII を参照。そのなかでホッブズは、人間は自然本性的に非社会的であり、「多数の声からなる彼らのすべての意志をひとつの意志へと」統一する、と述べている。Thomas Hobbes, *Leviathan*, ed. A. P. Martinich (Tronto: Broadview Publishing, 2005), 128.（水田洋訳『リヴァイアサン』（1〜4）岩波文庫，1992 年）

(13) Ibid.

(14) Ibid., 129.

(15) John Locke, *Second Treatise of Government*, ed. C. B. Macpherson (Indianapolis, Indiana: Hackett Publishing, 1980), 8. を参照。（加藤節訳『完訳 統治二論』岩波文庫，2010 年）

(16) Ibid., 45-46.

(17) Ibid., 47.

(18) ホッブズとロック（およびそれ以前の自然法思想家たち）とルソーのあいだの連続性については、Robert Derathé, *Le Rationalisme de J.-J. Rousseau* and *Jean-Jacques Rousseau et la science politique de son temps* (Paris: Presses Universitaires, 1950). を参照。

(19) 交換の手段としての貨幣の導入は富の不平等を生み出す。Locke, *Second Treatise of Government*, 23. を参照。（加藤節訳『完訳 統治二論』岩波文庫）

(20) Jean-Jacques Rousseau, *On the Social Contract*, in *The Basic Political Writings*, 2nd ed., trans. Donald A. Cress (Indianapolis, Indiana: Hackett Publishing Company, 2011), 164.（桑原武夫・前川貞次郎訳『社会契約論』岩波文庫，1954 年）

(21) Gay, "Introduction" to Cassirer, *The Question of Jean-Jacques Rousseau*, 26.（生松敬三訳『ジャン＝ジャック・ルソー問題〔新装版〕』みすず書房には未収録。）

(22) Rousseau, *On the Social Contract*, 164.（桑原武夫・前川貞次郎訳『社会契約論』岩波文庫）

ラ行
ライス，コンドリーザ　283, 285
ライリー，パトリック　32-33, 35
ラッセル，バートランド　327, 334, 336
ランド，ネルソン　57
リーツラー，クルト　156
リップマン，ウォルター　286
リン，クラース・G.　63, 334-335
ルーズヴェルト，セオドア　279, 307
ルーズヴェルト，フランクリン・デラノ　279
ルソー，ジャン＝ジャック　8-9, 20-59, 64-65, 67-69, 71-73, 75, 78-80, 82, 90, 92, 99-100, 104, 135-138, 140, 142, 144, 147-148, 159, 164-166, 170, 175-177, 179, 184, 189, 207-209, 218, 222, 230-232, 235-237, 259-260, 262, 264, 267, 270, 274-275, 278-280, 282, 286, 301, 308, 311, 319, 324, 327, 331-332, 336, 338
レーガン，ロナルド　279, 328
レーニン，ウラジーミル　296-297
レオ 13 世　203
レディーン，マイケル　288
ローズ，デイヴィッド　302
ロールズ，ジョン　23, 78, 180, 183, 196-197, 215, 219-223, 225, 227, 229-232, 235, 244-247, 251-258, 260-261, 272, 327, 336
ロック，ジョン　26-27, 29, 70, 95, 104, 289
ロッジ，ヘンリー・カボット　161
ロベスピエール，マクシミリアン　20, 331-333
ロンメン，ハインリッヒ　178, 203, 209, 212, 320

ワ行
ワシントン，ジョージ　94, 108, 114, 120, 146, 282

67, 70, 94–95, 119–120, 140–141, 147, 232, 318–319, 328
ハンキー，モーリス　160
ファー，ジェームズ　22
フィッシャー，ルイス　328
ブート，マックス　271, 284, 295, 306
フェーゲリン，エリック　51, 199–200
フセイン，サダム　305, 313, 328
ブッシュ，ジョージ・H. W.　285
ブッシュ，ジョージ・W.　78, 111, 266–268, 270–274, 283, 285–287, 290–291, 302, 306, 328, 336
ブライト，ジョン　142
ブラウンソン，オレステス　201–205, 209, 212, 214, 318, 320–321
プラトン　41, 118, 120, 175, 231–232, 254, 261, 275–276, 278, 308
フランクリン，ベンジャミン　282
フランシスコ　211–212
フランス，アナトール　331
ブルーム，アラン　63, 282
ブルックス，デイヴィッド　294–295, 299–301, 307, 312, 326, 330
ブレナン，ジェイソン　325–327
ペイン，トマス　194, 280–281
ヘーゲル，チャック　293
ベーコン，フランシス　104, 106, 116
ペータース，ラルフ　287, 294
ヘッカー，アイザック　203
ペトレイアス，デイヴィッド　292–293
ベネディクト16世　209, 213
ベヒティガー，アンドレ　225, 239, 241, 243
ベル，ダニエル　286
ベンハビブ，セイラ　223, 225, 248
ボーモン大司教　46
ボール，ジョージ　294
ボスティリオーラ，アルベルト　33–35, 49
ホッブズ，トマス　24–25, 27, 29, 41, 49, 70–73
ポドレツ，ジョン　274
ホフスタッター，リチャード　124
ホロウチャク，マーク　107

マ行

マイヤー，デイヴィッド・N.　124
マクドゥーガル，ウォルター　112, 133, 143, 152-　154
マクリスタル，スタンリー　293, 295–296
マケイン，ジョン　299, 326
マシューズ，シェラー　135
マッカーシー，トマス　228–229
マッキンリー，ウィリアム　132, 134, 144–145
マディソン，ジェームズ　66–67, 95, 141, 146–147, 318
マリタン，ジャック　34, 42, 56, 78, 117–118, 170–202, 204–209, 272–273, 279, 327
マルクス，カール　47, 174, 185, 191–193, 199, 214, 279, 334
マルブランシュ，ニコラ　32–35, 38, 42, 48, 54
マレー，ジョン・コートニー　209, 212
ミアシャイマー，ジョン　269
ミュアー，デイヴィッド　219–220
ミュラー，ヤン＝ヴェルナー　323–324
ミル，ジョン・ステュアート　233, 243

ヤ行

ヨハネ・パウロ2世　185–186, 213
ヨハネ23世　185, 210–212

ザッカーバーグ，マーク　263-264
サワード，マイケル　244-245
シィエス，アベ　23
ジェファーソン，トマス
10, 16, 45, 65-66, 68-69, 75-76, 79-80, 83, 86, 90-129, 132, 136, 146, 174-176, 194-195, 233, 266, 268, 272, 277, 279-282, 284, 287, 320, 322, 326, 331
シャイデマン，フィリップ　162
ジャクソン，アンドリュー　115
ジュヴネル，ベルトラン・ド　50
シュクラー，ジュディス　22
シュトラウス，レオ　267, 270, 274-280, 282-283, 299, 307-308, 330
シュミット，カール　54
シュルスキー，アブラム　274
シュルツケ，C. エリック　329
ジョーンズ，コリン　331-332
ジョンソン，ポール　163
ジョンソン，リンドン　294, 328
スキナー，クエンティン　70-71
ストーン，ジェフリー　158

タ行
ダーウィン，チャールズ　137
タルモン，ジェイコブ　20
チェスタトン，G. K.　300-301
チェンバース，シモーヌ　243
ディドロ，ドニ　32, 102
テイラー，アラン　108-109
デヴォー，モニーク　250
デニーン，パトリック　259
テューヴソン，アーネスト・リー　98-99
ドゥラテ，ロベール　30
ドーシー，ジャック　263-264
トクヴィル，アレクシ・ド　77, 206, 316-318
トランプ，ドナルド　86, 272-273, 295, 309-310
トルーマン，ハリー　328
トンプソン，デニス・F.
223, 234, 236, 239, 242-243, 256, 259-260

ナ行
ナポレオン・ボナパルト　79, 105, 112
ニクソン，リチャード　328
ニスベット，ロバート　20-21, 208
ニュートン，アイザック　104
ノヴァク，マイケル　209, 212, 306

ハ行
パーカー，ヘンリー　70
バーク，エドマンド　62, 228-229, 301, 318-319
バーナム，ジェームズ　62-63
バーバー，ベンジャミン　239
ハーバーマス，ユルゲン
220-231, 247-248, 250-251, 260, 336
パール，リチャード　274
バールソン，アルバート・S.　158
バーンズ，ジェームズ・マクレガー　146, 237
バイデン，ジョー　272
バイロン卿　20
パウエル，コリン　290
ハウス，カーネル　159
パウロ　49, 137, 254
パウロ６世　183-185, 191, 210-212
パスカル，ブレーズ　32
ハドソン，ディール・W.　273
バビット，アーヴィング
64, 79, 99-100, 142, 164-166, 318, 333
ハミルトン，アレクサンダー

ア行

アーレント，ハンナ　105
アウグスティヌス　135, 179–180, 186, 201, 209, 232
アクィナス，トマ　173, 179–180, 183, 202, 214, 254, 338
アダムズ，ジョン　66–67, 70, 94–95, 113, 119–120, 123, 146–147, 318–319
アダムズ，ジョン・クインシー　77, 79, 132–133, 282
アダムズ，ヘンリー　111, 125–126
アッカーマン，ブルース　224, 234
アブラモヴィッツ，マイケル・J,　322–323
アリストテレス　23, 43, 67–68, 70, 74–75, 178, 202, 214, 228–229, 232, 254, 318, 320–321, 338
アレクシー，ロバート　224
アンブロシウス　183
ヴァイゲル，ジョージ　209, 212
ウィリアムズ，デイヴィッド・レイ　22, 31, 34–35, 38
ウィルソン，ウッドロー　42, 45–46, 56, 78–80, 85, 118, 129, 132, 134–161, 163–168, 170, 172, 174–176, 180, 187–189, 266–268, 272, 279–280, 287, 328–329
ウェーバー，マックス　12
ウォルト，スティーヴン・M.　269, 311, 329
ウォルフォウィッツ，ポール　274
オナフ，ピーター　110–111, 117
オバマ，バラク　219, 273, 292, 303, 328
オブライエン，ジョン・ロード　158
オルブライト，マデレーン　305

カ行

カーク，ポール　241, 262
カーライル，トマス　168
カーライル，ロドニー　154–155
カッシーラー，エルンスト　20–21, 28
ガッダーフィー，ムアンマル　312–313, 328
ガットマン，エイミー　234, 239, 242–243
ガブリエル，ラルフ・ヘンリー　133
ガリソン，ジャスティン　118
ガルステン，ブライアン　56
キケロ　67–68, 70, 338
キッシンジャー，ヘンリー　160, 293
キューネルト=レディーン，エリック・フォン　63, 181, 212–213
クラウトハマー，チャールズ　281, 284, 304, 306
クリール，ジョージ　158
グリーン，F. C.　44–45
クリストル，アーヴィング　274, 286
クリストル，ウィリアム　284, 289, 297, 299, 307
クリントン，ビル　219, 305
クレヴクール，ヘンクター・セント・ジョン・ド　96
クローチェ，ベネデット　333–334
ケーガン，ロバート　271, 281, 283–284, 286, 289, 297–299, 307
ケラー，クリスチャン・B.　113
コーエン，ジョシュア　36, 223, 233, 237
コーン，ハンス　281
コルナイ，オーレル　197–198, 207–208, 213–214
コンスタン，バンジャマン　57
コント，オーギュスト　334

サ行

サダト，コシュ　296

著者
エミリー・B・フィンレイ（Emily B. Finley）
ペパーダイン大学講師。トリニティ大学で古典学の学士号を取得後、アメリカ・カトリック大学にて政治学博士号を取得。専門は政治思想史。プリンストン大学とスタンフォード大学に博士研究員として勤務しながら、“Wall Street Journal” をはじめとする雑誌に記事やエッセイを寄稿。また、政治・文学・文化についての学術誌 “Humanitas” の共同編集者を務める。

訳者
加藤 哲理（かとう・てつり）
1981年生まれ。名古屋大学大学院法学研究科教授。京都大学大学院法学研究科博士課程修了。博士（法学）。専門は政治思想史。著書に『ハンス＝ゲオルグ・ガダマーの政治哲学』（創文社，2012年）。編著に『ハーバーマスを読む』（ナカニシヤ出版，2020年）など。

民主至上主義《みんしゅしじょうしゅぎ》

2024年9月10日　第1刷発行

著　者　エミリー・B・フィンレイ
訳　者　加藤　哲理
発行者　富澤　凡子
発行所　柏書房株式会社
〒113-0033　東京都文京区本郷 2-15-13
Tel.（03）3830-1891［営業］
（03）3830-1894［編集］

装　丁　Boogie Design
組　版　株式会社キャップス
印　刷　壮光舎印刷株式会社
製　本　株式会社ブックアート

ISBN 978-4-7601-5570-5　　C0031